应用型本科规划教材

秘书理论与实务

MISHU LILUN YU SHIWU

◆ 主　编　孙芳芳
　副主编　章玫平

ZHEJIANG UNIVERSITY PRESS
浙江大学出版社

图书在版编目（CIP）数据

秘书理论与实务 / 孙芳芳主编. —杭州：浙江大学出版社，2007.8(2020.1重印)
应用型本科规划教材
ISBN 978-7-308-05476-8

Ⅰ.秘… Ⅱ.孙… Ⅲ.秘书学－高等学校－教材
Ⅳ.C931.46

中国版本图书馆 CIP 数据核字（2007）第 131927 号

秘书理论与实务
主编 孙芳芳

责任编辑 葛 娟
封面设计 刘依群
出版发行 浙江大学出版社
（杭州市天目山路 148 号 邮政编码 310007）
（网址：http://www.zjupress.com）
排　版 杭州中大图文设计有限公司
印　刷 杭州良诸印刷有限公司
开　本 787mm×960mm 1/16
印　张 23
字　数 401 千
版 印 次 2007 年 8 月第 1 版 2020 年 1 月第 7 次印刷
书　号 ISBN 978-7-308-05476-8
定　价 49.00 元

序

　　今天,我们正处于一个急剧变化的生存和工作环境中,面临着经济全球化、社会信息化和工作现代化带来的机遇和挑战。在这样的社会背景和变革中,工商企业的行政秘书和各类专业秘书,如公司秘书、董事会秘书、经理秘书、法律秘书、生活秘书、新闻秘书等的数量都在迅速增长,私人秘书的数量也呈上升的趋势,秘书人员的构成正在朝多元化的方向发展。传统的纸质办公环境已经变成了电子办公环境,越来越多的新技术、新工具和新系统正被用于工作之中。而应对变幻莫测的外部世界的需要,也使许多组织在结构上走向扁平,在决策和管理中更多地依赖具有现代管理理念和综合处理信息能力的管理型、参谋型助手。新时代对秘书人员的新要求,使秘书工作职业化和现代化成为迫切需要。同时,秘书人员角色的转变和综合素质的提升不仅能有效和高效地辅助领导,实现组织目标,推动中国秘书工作的职业化进程,而且还可以给自身的发展和价值的实现获得更大的空间和舞台。

　　《秘书理论与实务》一书是在总结和继承传统的秘书工作经验和成果的基础上,立足现实,面向未来所做的有益尝试。该书以行政秘书工作和商务秘书工作为主线进行编著,在内容取舍和信息组织上坚持宽视角、应用性和国际化。其具体特点主要表现在三个方面:一是**中西贯通,全面整合**。该书在秘书类综合教材、涉外秘书类教材、国外原版教材和相关的译本等不同类型教材的基础上进行了全面整合,以体现当代中西方在这一领域的研究成果和工作经验。二是**突出应用,强化技能**。该书在选材和内容组织上,以应用为出发点,对行政管理和秘书工作中的办文、办事、办会、公关礼仪、文档与信息管理、办公室管理等主要工作内容和现实问题,在工作原则、技术技巧、方式方法等应用层面上,给予了更多的关注。三是**深入浅出,生动直观**。该书在编写手法上,突破了传统的全文字叙述模式,而大量使用导文和说明、图示和列表、情景案例和思考练习、内容线索链接等形式,结合文字来组织信息内容,并突出需要掌握的重点内容,以方便读者的阅读、学习和理解,尽快将知识转化为实际应用能力。

不断学习是更新知识结构和提高工作能力的一个重要途径。衷心希望该书能成为广大秘书专业学生、秘书从业人员和行政办公人员做好秘书工作的入门指南,能成为广大秘书专业学生和秘书从业人员工作中的好帮手。

张梦新

2007 年 7 月 8 日

前　言

　　秘书工作是秘书部门和秘书人员辅助领导和组织有效开展工作的一项管理活动。秘书工作作为"隐藏的财富",作为"具有增值能力的管理生产力",其存在和发展是社会组织管理的客观需要。随着我国政治、经济体制改革的深化,对外开放的加强和社会全面的现代化、信息化,秘书工作也在随之发生历史性的变革。这种变革是全面的,包括秘书人员格局多元化的发展,秘书工作理念、工作范围、工作方法和手段的调整和更新。秘书人员全面提升自己的综合素质,不断完善秘书工作机制,推动中国秘书的职业化进程,有效和高效地辅助领导,实现组织目标,这已成为新的时代对秘书人员的新要求,也是新的时代赋予秘书人员的新使命。

　　本书以行政秘书工作和商务秘书工作为主线进行编著,在内容取舍和信息组织上坚持宽视角、应用性和国际化,以方便读者的阅读、学习和理解,并尽快将知识转化为实际应用能力。本书还大量链接了相关信息线索,以帮助读者自学和扩大知识面。因此,该书不仅适用于大专院校秘书专业的教学,也适用于秘书职业和办公室人员的培训,以及广大秘书或办公室从业人员的自学。希望该书能成为广大秘书人员的入门指南。

　　本书共分八章,其中前两章为秘书和秘书工作概论部分,后六章为秘书实务部分。编著分工为:第一章,章玫平(浙江树人大学);第二章,钟小安(绍兴文理学院);第三章,芮嵘(浙江工业大学之江学院);第四章,耿志红(浙江大学城市学院);第五章,孙芳芳(浙江大学城市学院);第六章,刘静(浙江万里学院);第七章,孙芳芳;第八章,章玫平。戴红红老师参与了部分章节的资料收集工作。全书在讨论的基础上形成,书稿最终由孙芳芳修改、统稿和定稿。

　　本书在编著过程中,借鉴了众多秘书界同仁和相关学者的教材、著作和论文,也得到了浙江大学城市学院的大力支持,更是得到了浙江大学出版社孙秀丽编辑自始至终的关心,其中有许多宝贵意见都被采纳。在此一并表示至诚感谢!

　　由于本书内容涉及面广,编写时间紧迫,仓促之中定有纰漏和差错,恳请大家批评指正,以便再版时更正修订。

编者

2007 年 3 月于杭州

CONTENTS 目 录

第一章

秘书是什么

办公室秘书：从速记打字员到网络助手

路易斯·奥特罗：西班牙《趣味》月刊

掌握大秘密的小角色　办公室有一位能干的秘书，对企业是多么重要。秘书不但要接听电话，为老板"过滤"掉一些不必要的"骚扰"，还要写信、组织会议、整理票据，负责向其他同事提供材料。更重要的是，身为秘书，必须忠于自己的公司和岗位，并且知道在必要的时候守口如瓶。对这项职业来说，行事谨慎是关键。对公司来说，秘书是许多重要信息的保管员，掌握着公司的一些重要信息，也是最接近上司的人。英国曾对1000多名公司秘书进行过一次调查，他们中30％以上的人可以处理公司的银行账户，一半以上的人对公司银行账户的资金流动一清二楚。

秘书与"秘密"相关的职业特征，使人们无法很好地了解秘书们的职责，也无法正确地评价他们的重要性。更糟糕的是，秘书在一些人的眼睛里还变了味：如果在互联网上搜索"秘书"一词，会搜索到很多与色情有关的网站。

从速记员到管理者　科技的进步改变了秘书的职责：他们现在已经不需要整天坐在打字机前撰写一封封的信件了，电子邮件大大方便了公司之间的通信和交流，公司老板可以轻松地自己写邮件、管理公司的资料和信息。尽管如此，那些与管理有关的工作，如处理票据、账单、购买机票、接待客户、准备会议等却一直没有减轻。在《趣味》月刊担任秘书的安娜·阿吉拉尔说："秘书永远也不知道他的工作从哪里开始，又将在哪里结束。"他们唯一知道的是，他们必须有很好的素养、开朗的性格、足够的耐心和机敏的反应，以应付办公室中纷乱的工作。

今天的秘书已经不是以往的"全能女孩",不再是那种把咖啡送到上司面前、只会"听指示、做记录、保持沉默"的温顺雇员。如今,越来越多的秘书已经承担起管理甚至决策的任务,尤其是那些工作在企业或单位管理者身边的秘书。英国现在出现了"executary"一词,是"executive"(执行者)和"secretary"(秘书)两个词的混合体。这个词很好地描绘了现代秘书这个多面手的特点。据西班牙网络杂志 secretariaplus.com 的调查显示,西班牙50%的秘书希望自己在工作中能扮演领导助手的角色。

<u>与上司的"共生关系"</u>　技术的发展不但使秘书从写信、填写表格等一些传统的工作中解脱出来,还大大减少了企业对秘书的需求。美国进行的一项研究显示,1972 年,每 5 位担任领导职位的人就需要一位秘书,1995 年时下降到 8 位,目前这一数字已经下降到 12 位。在美国,现在只有那些"超级执行官"才需要私人助理。此外,秘书承担的任务在不断增多,对其组织能力、交流能力、信息搜索能力、处理突发事件能力甚至管理能力提出了更高的要求。网页设计、信息搜索和收集以及调研能力,将是未来的秘书所必需的能力和素质。

秘书工作中最重要的就是要做好上司与外部世界的"过滤器"。这一特点赋予了秘书很大的权力,同时也要求秘书知道如何与形形色色的人打交道。从某种意义上说,秘书是上司的"形象代言人",上司不在时又是上司的"发言人"。秘书任何一个不恰当的举动、一个错误的做法都会给他所代表的上司造成损害。

关于上司与秘书之间的"共生关系",荷兰心理学家克特斯·德弗里斯指出:"上司的个性对包括秘书在内的下属的行为方式会产生重要影响。如果老板自己是个完美主义者,那他就需要一个像他一样的秘书,对所有的细节都非常关注。如果老板的个性咄咄逼人,具有很强的支配欲,那他肯定就需要一个很听话的秘书。"

在"上司—秘书"的关系中,秘书显然处于更为脆弱的地位,有时会导致上司滥用权力现象的发生。多洛雷斯·贝尔加认为,在企业中,秘书是很难做好的职位之一,因为它距离上司很近,而且工作量很大。长时间一起工作、密切的身体接触、承受共同的压力、共同掌握公司的秘密……这些因素都可能使"上司—秘书"的关系超越工作的范畴,拓展到私密生活的层次。如果上司很年轻,这种可能性就更大。美洲经理人联合会的一份调查显示,35 岁以下的企业老板中,38%的人曾与一位下属保持过密切关系。

<u>为何女秘书居多</u>　工业革命之前,办公室里的事情大多由男性秘书处

理和完成。工业革命之后,办公室事务渐渐落到女性秘书手中。研究显示,西班牙从事秘书工作的人中,98%是女性。为什么秘书里女性比较多?

社会学家米格尔·贝尼特斯认为:"20世纪初,女性基本上不离开家庭寻找工作,大部分工作职位都由男性占据。当女性逐渐摆脱全职家庭主妇的角色,进入就业市场寻找工作时,秘书成为她们面临的第一个机会。后来,女性担任秘书的情况得到进一步的巩固,其中部分原因是男性对秘书这一职业存在一定的偏见。对他们来说,秘书和护士一样,都是全职为别人服务的人。"当然,企业的倾向也是女性秘书越来越多的原因之一。调查显示,很多企业认为,在处理复杂事务方面,女性比男性更为迅速、高效,处理事务的效果也更为有序、准确。

(资料来源:mdxpapr.com2005/11/28,有改动)

提示:上文较为全面地描述了西方秘书职业,介绍了秘书角色、职能、素养、与上司的关系等方面的发展变化,以及秘书职业的特征。对学习与理解本章内容会带来帮助。你以为呢?

秘书是秘书学中最基本、最重要的概念,是秘书学研究的逻辑起点。我国对秘书学进行全面的研究始于20世纪80年代,在研究的过程中,争议最大的莫过于秘书的概念。据有人统计,目前秘书学界对秘书的定义不下100种。80年代秘书学界还专门对秘书的定义展开过大讨论,被誉为秘书理论的"珠峰"之争。本章通过分析古今中外的秘书含义及其演变,来揭示秘书概念的本质;通过分析现代秘书的分类分层、秘书职业发展趋势和秘书人员的素养,使我们对秘书职业有一个全面而客观的认识。

1.1 中国古代秘书概念

"秘书"一词最早在我国汉代出现,但直至清末,含义与今天所理解的仍有很大区别。

一、中国古代"秘书"的含义

综观历代王朝,"秘书"一词有如下四种意思:

■ 指宫中秘藏之书,即宫中收藏的图书典籍。如汉朝班固的《汉书》中多次提及"御史掌秘书"、"刘歆校秘书";《汉书·刘向传》有:"诏向领校中五经秘书,讲六艺、传记、诸子、诗赋、数术、方技,无所不究。"《后汉书》《晋书》也常有"秘书"一词出现。

■ 指谶(chèn)纬图箓之书,即用隐语来预测吉凶、预卜未来之类的书籍。《后汉书·郑玄传》记载:"(郑玄)遂博稽六艺,粗览传记,时睹秘书纬术之奥。"《说文》中有"秘书说曰:日月为易"。段玉裁注:"秘书,谓纬书。"

■ 官职名称。东汉桓帝最初设立了"秘书监"一职,"以其掌图书秘记,故曰秘书"。这一官职相当于今天的国家图书馆馆长。三国曹操曾在其魏王府设立秘书令、秘书左右丞,掌管魏王府"尚书奏事"。晋朝的秘书监、秘书丞、秘书郎,从事典籍修撰,或者掌管文书图籍。唐朝的秘书令掌管经、史、子、集等等。"秘书"一词由最初指"物"发展到指"人"。

■ 官署名称。如晋朝的秘书寺,南朝梁时改为秘书省,下设国史、著作两局,主管国史修编和著作事务,类似今天的国家新闻出版署。清代内三院中的秘书院,掌管撰写与外藩往来的书札和敕谕、祭文,并录写各衙门的奏疏和词状等。

上述四种含义,除了曹操设立的秘书令(秘书左右丞)是名实相符的秘书官职,清朝的秘书院承担了部分秘书工作之外,其余冠以"秘书"二字的官吏和机构大多与秘书工作无关。

二、中国古代的秘书机构和秘书名称

那么,我国历代的秘书工作实际上由什么机构和官吏承担呢? 根据历史的发展进程,在这里简要加以介绍。

目前秘书学界多数人认为,我国的秘书工作起源于距今4500至4100年的黄帝时期,最迟启端于尧舜时期。《史记》《汉书》中都说黄帝不仅设立了分管各项事务的"六相",而且设置了专门的"秘书官"——史官,有名的如仓颉、沮诵、孔甲等。禹舜时,任命龙为纳言,《尚书·舜典》记载,龙的职守是"为纳言,夙夜出入朕命"。孔氏传说"纳言,喉舌之官,听下言纳于上,受上言宣于下"。传递下情、宣布帝命是秘书工作。

公元前21世纪的夏朝是我国第一个奴隶制国家,有了国家,才有严格意义上的官职。在夏朝重要的官职中,太史令、秩宗属于秘书官职,太史令是辅助夏王处理国政的机要秘书长。

商朝的官职可分为四类:政务官、武官、史官和事务官。史官主要从事秘书工作,除了太史还是商王的机要秘书长外,还有许多名目繁多而分工明确的各类史官,如尹、多尹、乍册、卜、多卜、工、多工、史、北史、卿史等。这些史官可以分成两类:第一类是神职史官,包括贞卜史官和祭祀史官,处理人与神灵、先祖关系的事务;第二类是人事史官,包括作册史官和记事史官,处理统治者和臣民关系的事务。从工作性质上看,人事史官更接近今天的秘书。

西周时期,中央政府形成以卿为首的政务部门"卿事寮",和以太史为首的事务部门"太史寮"两者并列的局面。太史寮是为王室服务的秘书处,是我国最早的综合性秘书机构。太史和小史、内史、外史、御史合称"五史",《史通》说:"太史掌帮国之典,小史掌帮国之志,内史掌书王命,外史掌使乎四方",御史则负责接受四方文书、保管档案和典籍等。等级有高低,执掌有分工,说明"太史寮"是一个组织相当严密的秘书机构。

春秋战国时期,史官数量依然较多,但地位却急剧下降。到战国时期,各国另设秘书官职,例如秦国的尚书、魏国的主书、齐国的掌书、楚国的左徒等等。史官从此成了保管国家档案文献的官职,不再是主要的秘书官职。

秦代中央政府主要秘书机构是御史府,御史大夫与丞相、太尉并称"三公"。御史府是中央政府的办公厅,还兼有监察百官之责。御史府的副官叫御史中丞、下隶御史、典御史等。御史府内分曹办事,各曹中设有令史、下隶吏禄等秘书小吏,处理具体的文书档案工作。同时,皇帝在御史府之外又设了直接为皇帝服务的皇室秘书,分为两类:①为皇帝处理具体事务的秘书官,如尚书、太史令、符玺令等;②谋士性质的秘书官,如博士、给事中、侍中等。

在中央各府衙如丞相府、太尉府中设有长史一职,协助主官处理公务,相当于秘书长,另有主簿一人具体掌管府中秘书业务。在各地方郡县府衙中,郡县的副职郡丞、县丞兼管秘书工作,其下有典领文书和处理日常事务的主簿,负责文书起草、保管和收发工作的记室令史等。

西汉前期御史府为中央政府主要秘书机构。汉武帝为巩固君主集权,启用皇宫所属尚书署掌管中央政府机要,并以宦官为尚书之职。西汉末年,汉成帝将尚书署升为尚书台,以尚书仆射为其主官,哀帝时尚书台已经成为皇帝实际上的机要秘书处。到汉光武帝,中枢机要进一步"政归台阁",取代了御史府的大部分的秘书职权。汉代皇宫还设有两类秘书官:一类是以参谋言谏为职责的官职,如博士、谏议大夫、光禄大夫等;另一类是由宦官充任的处理日常事务的贴身秘书官,如中常侍、侍中、黄门侍郎、中书令等。

汉代王府、州郡县各级政府和将军幕府中,设有专门的秘书机构"记室",以及长史、主簿、掌书记、书佐、令史等秘书官职。

　　魏晋南北朝时期逐渐形成了中书、门下、尚书并列的"三省制"，并一直延续到宋代。三省之间，"中书出令，门下审议，尚书执行"。从分工看，门下省是审议机关，尚书省是执行机关，中书省是典型的中央政府秘书机关。中书省主官是中书令和中书侍郎，实际上是行政长官，而最主要的秘书官是中书舍人（专掌诏书拟制，参与机密），还有通事舍人（负责皇宫礼仪）、起居舍人（负责记录皇帝起居言行）、主书（负责保管文书，抄写诏书）、书吏（负责文书抄录誊写）等中低级秘书职务。宋代中书省内设有"通进银台司"，"掌受三省、枢密院、六曹及寺、监、百司奏牍，文武进臣表疏，及章奏房所领天下章奏案牍、具事目进而颁布于中外"。可见它是宋代上下公文总枢纽机构，是朝廷的咽喉。

　　三省中，门下省中的给事中、起居郎、符宝郎等属于门下省的秘书官。尚书省内部的办事机构——都省，是其办公厅，尚书省的六部都设有"都事"一职，负责收发文书等秘书工作，是真正的秘书官。

　　唐玄宗为限制中书省权力，宫中设置翰林院，启用部分翰林为皇帝起草重要文件，翰林学士实际上成为皇帝的机要秘书。宋代称"翰林学士院"，除了起草文件外，还侍从皇帝以备顾问应对，成为皇帝的机要秘书处，取代了中书省的部分职权。

　　唐中期以后，在宫中设立枢密院，以宦官为"内枢密使"，掌朝廷机密，负责接受表章，向中书省、门下省传达皇帝旨意。宋代废除了内宫的枢密院，在外朝设立了专掌军务的枢密院，它不是秘书机构。

　　唐朝武则天在中书省设立了我国最早的信访机构——匦使院，主官称"知匦使"。宋代在中央设立两个不同层次的独立信访机构——鼓院和检院，鼓院为初级信访机构，检院为高一级信访部门。

　　魏晋以后，中央政府其他官署、王府和地方郡县官府之内，设有长史、主簿，负责文书簿记，掌管印鉴。节度使府有专职秘书——掌书记，下属衙门的秘书叫"孔目"，文书人员叫"录事"，高适、辛弃疾都做过掌书记。两宋时期，还出现两种没有官品的低级秘书人员——押司和贴司。

　　辽、金、元三个王朝都是少数民族建立的军事帝国，在秘书工作方面有相似之处。辽代的"大林牙院"，金代的"翰林学士院"，元代的"蒙古翰林院"，负责为皇帝起草、颁布重要诏书，是皇帝的机要秘书处。这三朝的中书省实际上都不是朝廷的秘书机构。辽代仍然设"三省"，但不掌实权，中书省已经不是朝廷的秘书机构。元代中书省、枢密院、御史台三足鼎立，中书省掌行政，枢密院管军事，御史台掌监察。元代州以上官署中设有特殊的秘书,如专门从事公文翻译的"译史",充当口头翻译的"通事"。元代尚武,主官多为武将,文化水平较低,不得不选用汉人充任低级职务的"吏员"作为自己的助手。

明太祖朱元璋设立"文渊阁",是为内阁之始,永乐皇帝登基以后组成内阁。内阁参与机务,充当顾问,出纳帝命,收阅奏章,起草诏诰谕敕,典藏御笔文书、档案、图书及一切文书记录整理材料等,实际上是皇帝的机要秘书处。内阁中设有两级机构。后来内阁权力扩大,内阁"首辅"增加"票拟批鉴(即对奏章提出拟办意见)"的"票拟权"。明朝中期以后,朝廷形成庞大的宦官机构,有十二监、四司、八局共二十四衙门,其中司礼监是总掌朝廷核心机务的秘书处,皇帝通过授予司礼监(代皇帝)"批红权"控制内阁"票拟权"。

清初内阁称"内三院",即内国史院(记注皇帝起居、诏令、编立史册、纂修实录、拟撰祝文、诰布以及机密文稿)、内秘书院(撰拟国书及敕谕、祭文等,并录各衙门之奏疏等)和内弘文院(注释古今政事之得失、为皇帝进讲、为皇子侍讲,以及颁行制度等)。康熙时在内宫设立的南书房,接管了内阁的部分职能,与内阁并为皇帝的秘书机构。乾隆以后,机要事务转军机处办理。军机处由雍正皇帝设立,原为处理西北战事的临时军务机构,乾隆以后军机处成为常设机构,成为皇帝亲信的秘书处和参谋部。军机处人员精干,办事效率高,高度保密。内阁成为仅办例行事务的无关紧要的秘书机构。

明清两代皇帝自任丞相,直接领导六部,为此皇帝专门设立了协助其处理六部事务的秘书机构——"六科"。六科中设都给事中、左右给事中各一人,给事中若干人,直接对皇帝负责,具体分管与各部的联系,六部奏章必经其手。

明清都设立"通政司",是中央政府收发公文的总机构,兼信访监察机构。清雍正皇帝大兴密奏之风,在通政司外,又设了专门收受密奏的机构——奏事处,此后,通政司收受例行公文,涉及机密的密奏由奏事处处理。

清代内外各官署中负责文书起草、修改、缮写、收发以及文卷保管的文员通称"书吏"。

另外,中国古代还有非官方秘书,不属于国家公职人员,由主官付给薪酬。如春秋末年一些卿大夫的家臣,如孔子曾为齐国高昭子的家臣,孔子的弟子有许多人做过季氏家臣;战国时期上层贵族养士成风;魏晋南北朝很多手握军权的权臣都有自己的霸府,霸府的中心人物是幕僚和将军,幕僚其实就是霸主的私人秘书;隋代以后,一些有真才实学的文人科举失意,就通过关系到地方官府和节度使府中充当幕僚,特别是清代的幕僚,叫西席,俗称师爷,工作目标明确,专业性很强。

1.2 现代秘书概念

秘书是什么

英国德布勒·欧科克在他的《老板如何与秘书共事》说:今天的秘书和80年前的秘书在某些方面已经有了很大的差别。然而令人失望的是,很多人仍然对秘书和秘书工作存在误解,即便在秘书工作已经社会化的发达国家也是如此。不少人认为秘书是妇女的工作(妇女的工作:煮饭、打扫卫生和打字),认为妇女对事业没有兴趣,她们工作只是为了在结婚或拥有家庭之前能打发时间。男人和女人对秘书的普遍误解是:

秘书不是一个职业;

秘书是一个填补漏洞的工作;

秘书不需要非常聪明,也不需要任何证书;

秘书最适合非常年轻的妇女;

秘书是一个意味着妇女能遇到未来丈夫的工作;

秘书是金发碧眼、戴着假睫毛、染着长长的红指甲的洋娃娃做的工作。

对秘书认识的误区在我国同样存在。很多人认为,秘书工作似乎没什么难度,每天只是收发、整理文件,接待来访,跟领导开开会、做个记录,连脑子都不用动。有一篇文章《40个理由:秘书不是"东西"》,列举了40个目前我国对秘书的称呼,如花瓶、出气筒、保姆、管家、采办、交际花、小蜜、枪手、卧底、大内密探、美人痣、橡皮泥、灭火器、功夫茶、掌中宝、开胃酒等等。显然这些称呼带有偏见。

思考:为什么说上述说法和称呼是不正确的呢?

"秘书"一词虽然是汉语的固有词语,但是现代意义上的"秘书"概念系来源于英文 secretary。1894 年,孙中山建立兴中会,曾聘请宋霭龄、宋庆龄做自己的秘书,可算是首开聘用现代秘书之先河。清光绪三十三年(1907年),安徽巡抚冯煦上奏,经皇帝批准在总督巡抚衙门设置秘书、助理秘书等职,掌管机密奏折、文电、函牍和处理公文等事宜。这是我国官方首次引进和使用秘书职名。而我国现代秘书工作体制,始于 1912 年元旦成立的南京临时政府。总统府成立秘书处,政府各部设立专门的秘书机构——承政厅,均设秘书长一人,秘书若干人。秘书处、承政厅实际上是中央政府、各部的总秘书机构。至此,我国秘书的含义发生了质的变化:其一是彻底摆脱图书的含义,完全转变为特指从事秘书工作的人或职位;其二是对从事秘书工作的人或职位正式冠以秘书之称,对秘书的旧式称谓全部退出历史舞台。

既然现代意义上的秘书一词源自西方,因此,我们有必要了解国外的"秘书"概念。

一、国外秘书的含义

国外秘书工作起源也很早。在古埃及法老统治时期,专门有一批掌握书写极其难写的象形文字的书吏阶层;古希腊、罗马时期也有专门管理典籍和从事文书工作的官员。但是秘书演变为一种社会职业,并得到全社会的普遍承认,则是在资产阶级革命和资本主义工商业迅猛发展以后。

秘书一词最早出自拉丁文"secretarius",意思是"可靠的职员"。英文中的 secretary 一词,由拉丁文演化而来,由 secret(秘密)加后缀"-ary"构成的,而后缀"-ary"是从事某种职业的意思。作为名词的 secretary,其含义有四:①秘书;②书记(the Secretary of a party branch 党支部书记);③干事,文书;④部长,大臣(the Secretary of State[英]国务大臣,[美]国务卿)。欧美以 secretary 命名的部分官职相当于我国的行政首长,如内务部长称之为"Home Secretary",外交大臣称之为"Foreign Secretary"。而企业主管的办公室通常都聘有 clerk(相当于职员、办事员、秘书、店员),其主要工作是接打电话、收发文件、打字速记、接待来访等事务性工作,实际上是初级的秘书人员。

■ 国际职业秘书协会(PSI)的"秘书"定义是:"秘书是具有熟练的办公室工作能力,不需要上级敦促即能主动负责,积极进取,干练果断,能在授权范围作出正确决定的经理助手。"

■ 英国《牛津大辞典》对"秘书"的定义是:①受委托处理私人或秘密事务的人;②为他人书写文稿,特别是受聘用为某一个人或某一社团、公司或公共团体处理来往信件,保存记录并通常从事各种其他业务事项的人。该辞典还专门指出 private secretary(私人秘书)是受雇于国务大臣或其他高级官员,处理与其官职有关的个人来往信函的秘书,也指受雇于某一个个人的秘书(以区别于为社团服务等的秘书)。

■ 美国《韦氏大辞典》对"秘书"这样解释:①受委托处理上司的机密事务

者。②受雇用为上司处理来往信件和处理日常工作及琐碎事务者。③a.企业中的职员,有权发布通知,保管主管人员与股东的会议文件,监管和保存股票所有权及股票交易的档案以及公司其他事务的档案,并协同公司法律顾问监管公司的合法权益;b.某一组织或会社的职员,负责该组织的档案及信函工作。

■ 美国《韦氏秘书手册》:"今天的秘书绝不再是单纯的接待员兼打字员",而应当是"行政管理的助手","不仅是经理和工作人员之间的桥梁,而且还应当是协助经理的左右手"。

■ 苏联卡捷琳娜等编著的《机关秘书》:"秘书是一项普通的职业,其职能主要是为机关提供称作秘书的辅助性、事务性和信息性的服务。"

■ 日本《广辞苑》解释"秘书"为:"帮助身兼要职的人掌管机密文件和掌管要务的职位。"田中笃子在《秘书理论与实务》中比较了日本和英美的秘书概念后,得出自己的结论:"秘书是为肩负重任的人提供辅助从而使他们工作顺利的人。"

值得注意的是,鉴于82%的会员已不再使用秘书这一称谓,为与当今不断变化的工作名称和职责增加保持一致,1998年,国际职业秘书协会(PSI)改名为国际行政管理者协会(International Association of Administrative Professionals,IAAP)。2000年,国际行政管理者协会宣布将每年4月最后一周的秘书周和该周周三的秘书节更名为行政专员周和行政专员节,这一活动目前已经成为全世界秘书工作者和行政助理一年一度最盛大的职业庆典活动。

二、我国现代秘书的定义

目前我国关于秘书的定义不下百种,但至今没有一个被普遍认同的定义。不同时期、不同研究者对秘书概念的概括和表述,各不相同,争议诸多。下面列举一些有代表性的定义。

■ 秘书"是社会主义国家工作人员职务名称之一。其职责是协助领导综合情况,研究政策,密切各方面工作的联系,办理文书、档案、人民来信来访、会务工作以及其他日常行政事务和交办事项。在党政机关、企业事业单位从事这一类工作的干部,统称为秘书工作人员,或简称为秘书"。(王千弓等编著:《秘书学与秘书工作》,光明日报出版社,1984)

■"秘书,在我国现代主要是指党和政府机关、企业事业单位、社会团体、军队、院校内的一种行政职位。其主要职能是辅助管理,综合服务;主要工作是撰拟文稿、管理文书、接待来访、组织会议、调查研究、处理信息、办理事务、参谋咨询、联络协调等等。"(袁维国主编：《秘书学》,高等教育出版社,1990)

■"秘书是领导、专家、管理人员在履行其职务时的辅助人员。"[杨永清：《领导·秘书·智囊》,《华中师范大学学报(哲学社会科学版)》1986 年第 2 期]

■"秘书是在管理系统决策者近身,以沟通信息、参谋决策、处理事务的综合职能,辅助决策者有效控制全的工作人员。"[张清明等：《关于秘书定义的思考》,《武汉大学学报(社会科学版)》1986 年第 6 期]

■"秘书是身处领导机构或附着个人,撰制掌管文书,辅助决策,并处理日常事务的服务人员。"(张家仪：《也谈"秘书"的定义》,《秘书》1986 年第 2 期)

■"所谓秘书,就是掌管文书并直接辅助领导者全面处理事务的工作人员。"(史玉峤、陶菊怀主编：《现代秘书学》,青岛出版社,2000)

■"秘书是从事办公室程序性工作、协助上司处理政务及日常事务并为决策及实施提供服务的人员。"(劳动和社会保障部《秘书国家职业标准》)

以上定义,各有特点。

范立荣主编的《现代秘书学教程》则把它们归纳为四种类型：①比喻式概念。即以比喻代定义的方法来揭示秘书概念,比如说秘书是参谋,是助手,是智囊,是管家,是耳目,是喉舌等。②列举式概念。即界定秘书概念时,采用罗列概念所含的内容来说明秘书概念,这是一种词语诠释的方法。③指事式概念。即把秘书界定为专指某事,认定秘书是一种职务、一种职位、一种职业。④指人式概念。即认为秘书是指人,比如认为秘书是公务人员、工作人员、服务人员、执行人员、承办人员、辅助人员、脑力劳动者等某类人员。

司徒允昌在其《秘书学综论》中把众说纷纭的秘书定义分为两类：一类是传统的观点,最大的特点是把秘书工作和文书工作捆绑起来,以文书工作作为界定的核心；一类是现代的观点,通过综观秘书的职能来提出秘书的定义,秘书职责发生变化,秘书的含义也就不同。

由此可见,对于现代秘书的理解存在着不同看法,比较典型的有"职位说"和"人员说"。人员说里又有带秘书头衔和不带秘书头衔的广义和狭义的理解。

有学者从五个方面分析了我国"秘书"概念难以定义的原因。其一,我国开展秘书学研究才二十几年,正在探索过程中,有不同看法是完全正常的,随着研究的深入,近年来观点在逐步接近;其二,对于"什么人属于秘书",至今还没有一个法定的权威性的确认,也没有一个公众一致的认识,造成秘书称呼的随意性(如称秘书为秘书、助理、文秘、文员、内勤、干事、参谋等);其三,秘书不是职称,不是职业,不是职位,而是一种职务的认识观,也是难以界定的一个原因;其四,秘书部门是综合部门,它所承担的职责是多方面的,各个岗位工作的性质有所不同,有的甚至差别很大,也给界定带来困难;其五,秘书工作的内容仍在发展变化,要准确判断正在变化中的事物的性质和特点也不容易。

我们认为,探讨秘书的现代定义应该立足于人员从秘书的职责出发。秘书的职责或许会受到所服务组织的性质(如机关、事业单位、企业、个体等)、规模(如特大、大、中、小型企业)、行业(制造业、商贸、IT、医药、学校等)、国家(本土企业、外资企业)等因素的制约,也会受到秘书个人的经验、知识、能力、技能和地位、工作方式等因素的影响,而千差万别,各不相同。但是,把古今中外秘书的职责及其作用综合起来加以考察,就不难揭示出秘书的本质特点。第一,都具有辅助的作用。这就涉及辅助谁的问题。从总统、主席到局长、科长,从董事长、总经理到中下层管理者,包括私人雇主,他们统称领导。领导和组织由于工作需要设置秘书部门,聘用秘书人员,秘书和领导的最大区别是秘书不是决策者,不拥有决策权。秘书工作的产生源于领导工作的辅助需求。所以,我们可以明确得出结论:**秘书的直接辅助对象就是领导,辅助性是秘书工作的本质属性**。第二,中外秘书都通过事务的管理和办理来辅助领导,具有管理性特点。领导工作到哪里,秘书工作就到哪里。领导的辅助需求依据领导岗位和特殊需要来决定,可以是综合性需求,如总经理助理,也可以是专业性辅助需求,如法律秘书。秘书如何辅助领导呢?无论是综合性辅助还是专业性辅助,秘书通常会通过文书、信息会议、时间、财务等具体事项的管理和操办,来实现领导和组织的意愿或提供必要的支持。

由上我们可以概括出秘书的定义:**秘书是辅助领导和组织实施管理和处理日常事务的人员。**

这个定义突出了秘书工作的辅助性和管理性的特点,同时揭示了秘书工作的主要内容:一是辅助性管理工作,二是事务性服务工作。最近,网上有文章说,有70%的办公室人员对琐碎的事务性工作感到厌烦。这一现象说明他们对秘书类职业的本质认识不足,缺乏必要的思想准备。国外也有统计显示,50％以上的老板表示他们根本离不开秘书,75％以上的老板会在发生突发事件时,首先给他的秘书打电话。这些情况也反映了秘书的角色和地位。

1.3 现代秘书的分类及分层

高级秘书高在何处

秘书作为公司承上启下的"万金油",一向为人所关注。如何扮好这一角色? 在"数字时代的秘书"精品研讨会上,阿里巴巴、联想、神州数码等多家企业的高级秘书畅谈了各自的经验。

执行力要高于老板 据北京高级秘书学院董事长王世红介绍,目前我国的秘书职业从业人员达2300万人。高级秘书,区别于普通的行政秘书,目前在职场上正扮演着重要角色。高级秘书以自己丰富的工作经验和综合能力协助上司思考,帮助上司决策,代理上司工作,其作用是对上司工作的补充和完善。进一步说,高级秘书是无决策权的总经理、领导团队的编外成员。高级秘书的职责和地位还体现在:经上司授权处理有关业务和人事并参与决策;根据上司的授权,参与企业的经营或管理;妥善处理上司与股东大会、董事会及其他上司之间的关系,创造和谐双赢的效果。

衡量高级秘书的工作能力,主要看他的执行能力。一个出色的高级秘书,其执行能力必高于上司。比如安排上司日程,是一个秘书的主要工作内容。如果上司不需要你帮他安排,那这个秘书就是可有可无的。而那些出色的秘书,则可以使老板无法安排自己的日程。他们对老板的日程安排甚至是带有强制命令性质的。

有自己的想法和思路 北京睿德晟企业管理顾问有限公司的懿萌认为,高级秘书的身份就是助手。从目前的秘书职业发展规律看来,转型是多数秘书人才的必由之路。而想要成功转型,用心是首要条件。高级秘书工作的优势在于能接触高端,这无形中扩大了自己的学习面。比如开董事会,虽然作为秘书没有发言权,但可以在旁仔细观察,观察领导对各种问题的反应及应对方式,如果这个时候只知道机械记录,就错失了大好的学习机会。

高级秘书是老板的得力助手。出色的助手不应是鹦鹉学舌式的重复者。有自己的想法和思路,才能被特别器重,并为自己争取到机会。

牢记助手身份 隋宁是一位总裁秘书。高级秘书的工作性质决定了她必须在特定场合下表达自己的意见,但又要避免与老板意见相左,否则后果严重。高级秘书作为助手,在某些事情上,尤其是老板已有明确底线的时候,还是需要配合老板,而绝不是和他产生意见分歧。

同时,作为执行者,落实公司精神,团结公司同事是必要事务。要能够提振士气,以未来远景说服、鼓励人心,以聚成一股推动团队前进的力量。还要切记戒骄戒躁,体察下情,以亲切的态度面对众人。

(资料来源:《北京娱乐信报》,2004/11/16,有改动)

提示:不同层次的秘书,其工作职责和能力要求是有区别的。以上几位著名 IT 企业高级秘书的感受,对你今后秘书职业生涯的发展有何启示?

随着社会的发展,社会的劳动分工越来越细。社会劳动分工的细化,必然要求秘书工作分类的细化。所以,秘书职业要适应社会经济发展对其服务水平和工作效率的要求,秘书职位的分类分级日益细化是发展的必然趋势。

一、现代秘书的分类

对我国的秘书进行分类,意义有四:一是有益于我国秘书职业化的发展进程,秘书职业化一个重要的标志就是秘书工作的专业化,专业化程度越高,秘书的分类和分级必然越清晰;二是为了具体地展示秘书机构的职能,以便于人们更加清楚地认识秘书机构总体职能的构成情况;三是有利于秘书机构岗位的设置,秘书部门可以根据岗位的不同性质和要求来配备合适的秘书;四是可以使秘书更加清晰地明确自己的职责,主动地做好各项工作。

英、美、日等发达国家都是秘书职业非常成熟和高度发达的国家,对秘书的分类、职位等级、相应职责和就业薪水都有明确的规定,值得我国借鉴。

美国劳工部根据秘书职务的性质,把秘书分为两大类:一类是担任行政性职务的行政秘书(含工商企业),另一类是担任专业性职务的专业秘书。行政秘书包括公司秘书和一般的行政秘书,其职位占了美国秘书的大多数。专业秘书,简称"OT"类,实际上是根据秘书所从事的专业工作(occupational titles)这一标准进行分类的。具体分为:①法律秘书,指受聘于法院、法官个人、律师事务所或大公司法律部门等的秘书。②医学秘书,指受聘于各类医院、医生个人、政府的医疗保健部门、大公司的卫生部门、生产医药医疗用品的大公司、医学研究机构和医药图书出版部门等的秘书。③教育秘书,这类秘书主要受聘于各类教育机构和教授个人。④财经秘书,也称经济秘书,指受聘于各类企业或企业领导人的秘书,如总经理助理等。⑤通信秘书(也叫文字处理员)。美国的许多公司都设有文字处理中心。这些公司一般将行政办公室的秘书职位分成两类:一类是一般的行政秘书,另一类就是通信秘书,是专门担任文字处理事务的秘书职位。⑥科技秘书,也叫工艺秘书,这类秘书主要供职于科学家和工程师,他们通常不是在办公室而是在实验室工作。其他还有:如主要负责协调其上司社交业务和个人事务的社交秘书;供职于各种协会、学会等社会团体的会员秘书等。

我国许多秘书学著作都谈到了秘书的分类问题,但看法分歧明显。原因有二:第一,秘书部门作为一个组织的综合办事部门,其内部有很多分工,如果加上组织的规模、性质、业务等因素,不同的秘书所从事的工作以及所发挥的功能是有很大差别的。对秘书工作内容的认识不同,对秘书的分类自然不同。第二,分类标准的不同导致分类不一,什么样的标准就有什么样的分类,传统的观点是按照秘书的主要工作职责来划分。

下面是我国目前秘书学界比较主流的分类方法。

1. 按职业性质划分

秘书按职业性质划分,或更确切地说按聘用关系来划分,可以分为公务秘书和私人秘书。公务秘书指在国家机关、国有或集体企业事业单位担任秘书工作的公职人员;私人秘书指在民营企业、外资企业及私人雇主那里担任秘书工作的雇佣人员。

2. 按业务范围划分

秘书按业务范围划分可以分为通用秘书和行业秘书。通用秘书指我国党政机关办公厅(室)担任秘书工作的公职人员;行业秘书指在不同行业中担任专业秘书工作的人员,如法律秘书、医药秘书、外事秘书、商务秘书、教学秘书等。

3. 按工作岗位划分

秘书按工作岗位划分可以分为综合秘书和专项秘书。综合秘书指承担全局性秘书工作的人员,如综合部门的秘书、主要领导的秘书、董事会秘书等;专项秘书指专门承担某项秘书工作的人员,如文字秘书、机要秘书、生活秘书、新闻秘书等。董事会秘书为公司高级管理人员,他不仅具有与机关秘书和企业秘书相同的事务处理权,还具有处理公司上层事务的责任和权力。

4. 按工作领域划分

秘书按工作领域划分可以分为党政秘书、商务秘书、法律秘书、涉外秘书等等。其中涉外秘书是我国改革开放和经济全球化之后产生的新的秘书类型。它是指在我国"三资"企业、外国驻华机构、我国涉外单位和部门供职的秘书。

5. 按辅助对象的多寡划分

秘书按辅助对象的多寡可以分为集体秘书和个人秘书。集体秘书指辅助领导群体的秘书,他们不是只辅助某一位领导。在我国,大多数公务秘书都属于集体秘书,专职为一人服务的较少。这与我国公务系统秘书的群对群主流服务模式有关。个人秘书指辅助某位领导,而不是辅助领导群体的秘书。由于欧美国家的秘书服务模式主要采用一对一服务模式,因此个人秘书在欧美国家非常普遍。这类秘书目前在我国的私营企业中有明显增加,也是涉外秘书的主要类型。

6. 按工作方式划分

秘书按工作方式划分可以分为传统秘书和现代秘书。传统秘书指沿用传统工作方式办公的秘书;现代秘书指使用现代工作方式办公的秘书。利用网络平台进行远程办公的网络秘书就是其中最前卫的现代秘书。

二、现代秘书的分层

根据秘书所服务的组织层级、规模、领导职务不同,秘书的职务、职责、作用不同,秘书的资历、学历、能力不同,在纵向上有层次之分。

美国劳工部根据两个不同的标准,对秘书进行分层。根据秘书所服务的管理人员的级别高低进行分级(Level of Secretary's Supervisor),简称为"LS"类,从低到高一共分为四个级别:LS-1 级、LS-2 级、LS-3 级和 LS-4 级;根据秘书所担负的职责的大小进行分级(Level of Secretary Responsibility),简称"LR"类,分为两级:LR-1 级和 LR-2 级。美国行政管理学会将一般的行政秘书分为三个级别,即 B 级秘书、A 级秘书、经理秘书(也叫行政助理)。

英国政府机关的秘书,有四个等级:①行政级,政府首脑、各省部长的主要助手和顾问,相当于秘书长或者办公厅主任,其职责为参与政要、草拟政策方案、协调内部事务、组织掌管财务和人员考核等;②执行级,管理较小范围内的事务,直接指导、处理日常行政、文书、事务工作,相当于办公室主任、秘书处长或科长;③文书级,按法规记录、撰写、制定文件,统计资料,处理日常行政及事务工作;④助理文书级,多为打字、速记、缮印、接待等工作人员。企业招聘秘书时会明确等级,薪水也不相同,并对不同等级的秘书的基本职责予以描述。

我国政府机关,从中央机关到地方基层,根据秘书的职务和行政级别,中央机关有政治局候补委员、国务委员和正部级秘书,省部机关有厅局级秘书,地厅机关有处级秘书,县处机关有科级秘书,基层只有科员秘书了。企(大中型国有企业)事业单位、社会团体也有相应的行政级别,秘书的级别与同级政府机关有关人员相当。其他企业根据性质、规模可以分成董事会秘书、董事长秘书、总经理秘书(助理)、总经理办公室(厅)主任、总经办秘书、部门经理秘书和部门办公室秘书等。秘书界有一种说法:高级秘书是动脑子出点子的,中级秘书是动手摇笔杆子的,初级秘书是跑腿办事的。这形象地反映了人们对秘书的工作性质和所起作用的层次划分。

我国劳动和社会保障部颁布的现行秘书国家标准,把秘书分为四个等级:五级秘书、四级秘书、三级秘书和二级秘书。对不同等级秘书应具有的资历、学历、知识和技能提出了不同的要求。这个等级标准,体现了不同等级的秘书从低到高的辅助内容和作用,体现了事务性、技术性、智能性等不同层次工作量及其相应的秘书结构比例(大概在 4∶3∶2∶1),体现了不同层次的秘书在知识、经验和能力上和在级别、工资待遇上的级差。

秘书的层次为秘书的发展和晋升提供了方向。

案例 1-1

毛泽东招聘秘书

毛泽东在 1962 年 3 月 25 日曾写信给中共中央办公厅,要求选送秘书,原信如下。

小平、尚昆、冷西同志:

林克下放,我这里缺少一个替我看国际资料的人,也没有人帮我读英文了。因此,请你们替我从新华社国际部编辑及翻译同志中,找一位适当的人。年龄不要太大,以 25—28 岁之间、又有过翻译英语新闻一段经验的为宜,又是聪明、诚实、有朝气、有造就为理论干部可能的。又性格较温和,说话不甚刺耳。英文程度,有中等水平即可。说明初来只是试用,如不行,仍回原职。他作林克的助手,林克要回来,他就下放,他回来,林克再下放,如此循环下去。还有,要能保守机密。

此外,我这里的两位秘书,文化、政治水平都低,不能很好地替我阅选内部文件,更不能向我提意见,需要有一位文化、政治水平较高的同志来帮助我。此人最好是在地方群众工作中有过实际经验的。如能找到,也要讲明试用,不行另换他人。至于"收发"性质的秘书,有一个就够了,可以减去一人。

以上两事,请你们费心一办为盼。

毛泽东
三月二十五日

(资料来源:《建国以来毛泽东文稿》第 10 册,中央文献出版社 1996 年版)

思考:1. 毛泽东需要招聘怎样类型和层次的秘书?为什么?

2. 结合谈谈你对秘书的认识。

1.4 面向未来的秘书需求分析

"管理型"秘书成职场新宠

秘书向来是职场上供需两旺的热点职位,不少企业管理者发出这样的感叹:"经理好找秘书难求啊!"不过企业急找的不是普通助理,而是集现代秘书职业技能与职业素质于一身、具有高度执行力的"管理型"秘书。

记者在采访中发现,现在的秘书职位要求更强调业务背景。对于秘书职业而言,有专业背景,才有更美好的前景。

<u>承上启下不可或缺</u> Amy 担任秘书工作已经八年了,在这八个年头里,经理走了一个又一个,而她却还干着秘书的工作。因为专业,她可以让新上任的经理更快地接手工作;可以把档案整理得井井有条,让自己和其他同事都能快速找到需要的信息。她成为连接上司与下属的桥梁,在公司的地位也逐步提高。Amy 觉得,秘书虽是个小职位,但依然可以成为公司不可或缺的角色。

<u>秘书需要五种能力</u> ①语言能力。秘书应懂得两国甚至三国以上的语言,具有一定的语言处理能力和计算机技能。②组织能力。秘书应当是一个组织者,他要为各种会议和活动做计划,并落实安排。同时,他还需要应付一大堆的工作日记、计划表、文件和电子档案。③沟通能力。秘书需要和老板、同事以及客户打交道,要善于协调企业内外部的关系。④获取新知识的能力。秘书必须通过继续深造来不断增长知识和提高技能,特别是在办公技能方面,需要跟上计算机应用的发展步伐。⑤团队合作能力。秘书要参加到许多实际项目中去,因此团队合作能力也是秘书工作的一个关键部分。

告别"花瓶职业",走向专业、管理型

调查一:秘书很难耐得住寂寞。不少企业人力资源部门负责人感叹:在国内找一个有10年从业经验的秘书很难。可锐职业顾问事业集团总裁卞秉彬表示,秘书对自己过低的要求和企业较高的要求,使两者之间难以达到一个平衡点。企业希望秘书不但有一个好的人格基础,还有一个较强的判断力和职业技能。

调查二:男秘书悄然走俏。秘书人才市场由女秘书一统天下的局面已被打破,男秘书正悄然走俏。相对女性而言,男性从事秘书岗位有着不可替代的优势:更擅长抽象思维,分析问题往往较为深刻,女上司一筹莫展时,男秘书的逻辑分析能力可以为她打开思路;做事快速果断、立竿见影、工作适应性强,耐力更强,能身兼体力劳动,这些优势都是女秘书难以企及的。

调查三:秘书并非吃"青春饭"。尽管秘书被看做"花瓶职业",但是秘书并不是一个吃"青春饭"的职业。在西方国家,年资很长的秘书会更受青睐。像比尔·盖茨的秘书就是一位很老练成熟的秘书。因为他们自身的素质以及对企业文化的认同,使他们在职业生涯中游刃有余。

展望:专业才有更美前景　一项关于"秘书是否需要专业背景"的调查显示,有40.41%的人认为好的秘书最好具备本行业的专业知识背景;34.30%的人觉得具备专业知识的秘书更有出路,而只有9.92%的人认为不需要。

记者发现,如今企业招聘秘书的条件也发生了变化,和以往的大学本科、形象气质好、良好的组织沟通协调能力、文笔好、优秀的语言表达能力、能熟练使用电脑及各种办公设备等要求相比,现在的职位要求更强调业务背景,如生产部秘书职位要求有化工或理工科背景;资深秘书职位要求有英语专业八级证书或高级口译证书;公关部门秘书职位要求具备公共关系管理的基础知识和一定的实践经验等。

可见,对于秘书职业,有专业背景,才有更美好的前景。

(资料来源:李琼　广州日报网络版,2006/03/15)

思考:从这篇报导,你看到了秘书职业怎样的发展变化呢?

秘书职业化是社会发展到市场经济阶段的必然产物,在市场经济发达的国家和地区,秘书职业化的过程早已完成。在我国内地,秘书职业化起步很晚,但发展很快,我国行政机关秘书人员占整个秘书队伍的比例正在逐步缩小,我国秘书工作正在实现从行政职位到社会职业的转变。了解秘书职业的特征,把握国内外秘书职业的发展趋势,可以更加坚定自己的职业理想,明确自己的努力方向。

一、现代秘书的职业特征

秘书职业与其他社会职业相比,有它自己明显的特征。

1. 服务领导的直接性

秘书职业是一种服务性职业。秘书部门的主要任务"三服务",即为本级领导服务,为其他部门服务,为人民群众服务。"三服务"的立足点是为本级领导和组织服务。相对于其他部门和其他服务性职业而言,秘书服务于领导显得更加直接。这种直接性体现在:在行政组织上,秘书机构直接隶属于领导机构或者领导者个人;在岗位设置上,秘书直接在领导者身边工作,即使秘书与领导者级别、地位相差再悬殊也不存在中间层次;在工作程序上,秘书机构和秘书人员直接听命于领导机构和领导人,直接对领导机构负责,直接向领导人提供信息,直接处理领导交办的事项;在工作范围上,秘书工作的内容与领导工作的内容是一致的,即领导做什么秘书也做什么,领导工作到哪里秘书就要服务到哪里。

2. 服务对象的稳定性

相对于营销员与顾客、医生与病人、教师与学生等等这种服务对象广泛、服务偶然性强的服务关系,秘书与其服务对象之间却有相对的固定性。秘书服务于领导,短则一年半载,长则几年几十年。秘书这种服务的稳定性,再加上秘书对领导辅助的全方位、全过程,使得秘书和领导之间在"业缘关系"之外,还往往有一层更深的"人情关系",从而也使得秘书因此增强了在组织内部的影响力。

3. 服务要求的专业化和知识化

随着社会政治、经济的不断发展,秘书职业不仅广泛存在于政府机关、社会团体和企事业单位,而且渗透到社会各个角落,私人雇佣秘书的现象日益增多。一方面,秘书职业的社会化使得秘书职业成为一种全新的行业;同时秘书又是任何一个行业所必需的职位。这要求秘书适应社会分工,服务好各行各业,做好不同行业、不同等级的服务工作。秘书职业本身的分类、分层出现了日益细化的要求,充分体现了秘书职业的专业化特点。另一方面,秘书职业服务内容的广泛性和高要求,使得任何一个秘书必须具有较丰富的文化知识和特定的专业知识、掌握先进的现代化办公技术,才能胜任秘书工作。

4. 服务人员的年轻化、女性化

从世界范围看，秘书职业的年轻化和女性化是一个显著特征，在我国这个趋势也日益明显。一方面，秘书工作繁忙，对体力、脑力要求较高，尤其是记忆力、灵敏度、准确性等，这些都是年轻人的优势；另一方面，女性的生理和心理特点决定了大多数女性温柔体贴，善于管理，长于形象思维，乐于做程序性、重复性工作，适于体力较轻而技术要求规范、单纯的工作。很多企业认为，在处理复杂事务方面，女性比男性更为迅速、高效，处理事务的效果也更为有序、准确。我国高校秘书专业 80％以上都是女生，发达国家的秘书人员平均年龄为 26 岁左右，90％的初中级秘书都是女性，都充分说明了这一特征。

二、面向未来的秘书需求分析

当国民经济发展到一定程度，必然会对服务业提出加快发展的要求。目前第三产业（服务业）占我国国民生产总值的 30％多，相对于发达国家服务业占 GDP70％的比值，我国服务业还有相当大的发展潜力。加快发展服务业已经写进我国国民经济"十一五"计划之中。秘书职业属于服务业，正是加快发展的最佳机遇。根据人事部发布的人才需求统计，文秘人员的需求量在人才需求排行榜上排名均在前十位。

据调查，秘书人才将在未来的几年内处于需大于求地位。高级秘书的需求量最为突出。高级秘书包括跨国公司首脑秘书、董事会秘书、地区总裁秘书等。这些秘书位居高级领导层的要职，他们的领导能力、协调能力、管理能力都需要多年甚至十几年的培养和修炼。

那么，高级秘书需要具备什么条件呢？他们应该是：年龄在 35～45 岁，有长期的外企工作经历，要有高级秘书的工作经验，良好的中英文沟通能力、协调能力、判断能力、分析观察能力和应变能力，能熟练地草拟日常公文及往来函件，熟悉合同、协议类文件的基本起草框架；精通电脑操作及网络应用；能为决策者快速草拟重要文件；有陪同最高管理者参与国内外企业高层决策者之间谈判的经验；能熟练而准确的翻译英语对话及经贸类英文资料，善于搜集、利用信息资源；能协助决策者高效处理日常公务；有着丰富的职业工作经验；勇于接受挑战和承担责任，身体健康，有良好的职业操守、敬业精神。

秘书将有怎样的发展趋势呢？台北市专业秘书协会的一位资深顾问指

出:"毫无专业知识的漂亮宝贝,未来在办公室里可能找不到秘书工作。没有语言能力及电脑相关操作能力的秘书,在办公室不出三年一定被淘汰。"可以说,这即是未来秘书人员将面临的挑战性形势。无论是从秘书工作自身的发展速度来看,还是从社会尤其是企业对于秘书人才的需求状况来分析,现代企业对于传统型秘书的大量需求正逐渐减弱,取而代之的将是介乎经理与秘书之间的办公室主管,他能独立完成这两个角色所承担的一切工作,并成为办公室里的"台柱"。在信息化、网络化的社会环境里,成为"台柱"必须具备如下条件:①充分了解新型办公室的科技工具,熟悉各种软件;②必须成为信息检索和利用方面的行家里手,对于诸如老板需要的信息资料要到哪里去找、找到的资料如何判断是否正确可用等此类问题应能作出正确决定,迅速检索,提供使用;③必须善用管理工具、管理知识,及时协助主管做好一切管理工作。21世纪将是快速变化的时代,同时也是信息化的时代,电脑科技会帮助人们迅速地进行沟通和联系,因此要求秘书人员能熟练运用电脑科技。因组织的扁平化将使中间层的经理人快速消失约2/3,秘书因其功能的扩大而成为"专业的通才",将取代中间层经理人员,这正是未来企业急需的人才。作为专职秘书人员,要获得取代中间层经理人员的资本,唯有不断通过学习和开发自身的潜能,才能适应社会发展的要求。这是秘书人员需要努力的方向。

以上的现状也十分符合国内外秘书职业的发展趋势。

第一,秘书职业日益向智能型转化。随着办公自动化水平不断提高,大量事务性工作已经由计算机来处理,这样秘书就有更多的时间和精力来从事高层次的辅助参谋工作,帮助领导综合管理、辅助决策。秘书职能日益向行政管理方向扩张,"国际职业秘书协会"更名为"国际行政管理者协会"是一个很好的证明。另外,秘书接受各种培训的机会越来越多,更新的知识结构对组织的发展和高层决策具有重要意义,秘书正在向智囊型人才转化。难怪有人说,现在的秘书越来越像经理了。

第二,秘书的学历日益提高,秘书职业日趋永业化。办公自动化技术和通讯技术的不断发展,不但改变了秘书的工作方式,极大地提高了工作效率,而且也使秘书得以超越事务性工作,从组织整体运作需要来开展工作,工作内容变得越来越广,作用越来越重要。这就对秘书的学历和专业技能提出了更高的要求。据西班牙《趣味》杂志报道,西班牙43%的秘书有硕士或者多学位的学历背景。秘书学历的提高,说明秘书职业的专业性得到社会公认,秘书的社会地位日益提高,以秘书职业为终身职业者也日益增多,秘书职业的永业化趋势日趋明显。

　　秘书人员要顺应秘书职业的发展趋势,必须转变观念,树立以秘书职业为终身职业的思想,不断加强学习和培训,提高专业技能,丰富职业历练,努力提高自己的素养,适应秘书工作智能化和国际化的发展要求。

1.5　现代秘书的素养(KAQ)

专业秘书的时代使命

　　秘书的角色,在过去十年里,可以说有着极大的转变。以往企业将秘书定位在专业领域者不多,而今天,很多事业体都会很重视秘书工作,并且给予专业的训练。秘书的经验不仅可以传承,而且可以著书立说,为更广泛的社会需要提供知识及技术的服务。今天的秘书,已经成为办公室团队的一份子,为企业提供无微不至的服务。她们也是未来女性经理人的摇篮,是推动办公室资讯化革命的关键人物。

　　因此,专业秘书的时代使命,就绝对不只是把办公室的女配角或决策者的守门人这样的角色扮演好就行了。他们还必须在企业转型、企业改造,乃至国际化的过程中不断的努力,充分配合组织需要变化,使得转折更加快速与顺利。

　　……

　　秘书被赋予的任务,将不只是行政的琐碎事务而已;而是以决策为核心的领导性幕僚工作。秘书被要求的条件将更高,所从事的工作将更加复杂及专业。秘书的忠诚度及持久和耐力也将相对地提高。秘书的工作机会将缓慢减少,但有能力的秘书需求量将更为增加。

　　今天的秘书因此应该比以往更需要充实自己的资讯供应能力,努力学习沟通,扩大自己的视野,增强管理知识的能力。一个全新的时代,正在等待中。

　　　　　　　　　　　　　　　(资料来源:石咏琦:《专业秘书的时代使命》)

　　思考:随着历史车轮的转动,秘书角色在不断地发生着变化。台湾石咏琦先生认为,在 21 世纪的变动中,秘书人员需要努力学习和充实自己,把握机会,承担起历史赋予的重要使命。你认为面对变革的时代和未来的发展趋势,现代秘书需要什么样的素养呢?

　　任何工作,就其各要素(人、制度、环境、设备用具、手段方法等)而言,人是核心,是关键。秘书工作也是如此。中国现代秘书究竟应具有怎样的综合素质,其KAQ的具体内涵是什么?秘书怎样算是合格,怎样算是优秀?认识这些问题可以更好地确定自己的奋斗方向。

所谓KAQ就是知识、能力和基本素养的总和,它体现的是一个人的全面素质。K(knowledge)代表知识;A(ability)代表能力;Q(quality)代表基本素养或个性质量,包括思想品德、职业道德、心理素质和个人气质等,因此秘书KAQ就是秘书知识、能力和基本素养的总和。不同类型、不同层次的秘书在知识和能力架构上会有要求上的差异,但在基本素养上具有趋同性要求。

一、西方秘书的 KAQ 要求

对于秘书KAQ要求,西方有一些原则性规定或典型的认识,可供我们参考。

1.“全美秘书协会”对秘书的要求

作为秘书工作最为发达的美国,“全美秘书协会”对秘书的要求有九条:

- 像心理学家一样善于观察和理解他人;
- 像政治家一样灵敏的头脑;
- 像外交官一样潇洒的风度;
- 有调查各种棘手问题的丰富经验;
- 有良好的速记能力及文字功夫;
- 谙熟各种商业往来中的法律关系;
- 能熟练地使用各种办公自动化设备;
- 具备相当的金融和税务方面的知识;
- 能熟练地对各种文件资料进行整理归类。

以上九条几乎是一个“情商＋智商＋形象＋通才＋专才＝完美的秘书”的理想境界。由此也可以看到美国秘书人员的任职要求是很高的,而且明显体现了对企业秘书要求的倾向性。

2. 美国玛丽·A.德弗里斯的认识

美国玛丽·A.德弗里斯在其《涉外秘书全书》序言《新信息时代的秘书》中认为,一个成功的职业秘书应该具备三种素质:

(1)基本素质。了解新机器、新系统的工作情况,知道如何正确使用它们,是一个成功秘书必须具备的基本条件。另一个先决条件是更多地了解老板的生意及所在公司在全球经济中的地位。秘书很少单独工作,他们必须学会在日常工作中与其他人相处,学会处理好办公室中好的和坏的人际关系。

(2)重要的个人素质。要想在这一不断发展的职业中取得成功,秘书们必须:既能作为小组成员有效开展工作,也能独立地发动和管理工作计划;与人打交道时需善于合作、善解人意;对自己和其他人的工作更加注重细节性、完整性和精确性;在工作中严守秘密,恪守道德;用有条不紊的工作作风和积极乐观的工作态度,树立良好的个人形象和公司形象;恪尽职守,诚恳待人,精干内行。

(3)把自己想象成行家。人们常说,你越是把自己想象成行家,你的言行举止就越像行家。这虽然是条古训,但仍然很适合于新信息时代的秘书。

这是美国秘书专家的经验之谈,很有针对性。

3.《韦氏秘书手册》对秘书的技能要求

在全球具有一定影响力的《韦氏秘书手册》对秘书的技能要求做了非常具体的规定。

• 掌握速记和速记符号的翻译:要求初任职的秘书每分钟能记录口语的速度为 90～100 字,并能将其准确翻译;

• 打字:要求新秘书在准确的基础上每分钟打出 40～60 个单词;

• 校对与编辑技术:要求秘书能准确无误地校对文书、报表、信函,掌握编辑技能;

• 能做商业数学运算:在准备工资单和保险业务上必不可少;

• 听辨能力:秘书应十分细致地聆听上司的讲话,非常准确地领会上司的指示,并如实传达;接听电话时,秘书应听清对方姓名、用意,精确地记下内容;会议记录时,秘书应有目的地辨听,去除无关大局的细节,记下必须记录的事项;

• 创造力:职业秘书要具有丰富的想象力,并将其发挥到工作中去,如设计吸引人的办公室布局、简化工作程序;

• 运用自动化办公设备。

从上述的技能要求可以看到,在美国即使对基层的秘书,在基本技能和素养上也有一定的要求。

4. 其他国家的秘书要求

其他国家对秘书的要求也可以从秘书职业培训中得以一窥。比如,设在奥地利的"欧洲女秘书高等专科学院"的学生要通过德国女秘书协会(DSV)和国际商业通信组织(IHK)的考试,德文打字要求达到 280 键/分,英文打字 240 键/分,德文速记 150 词/分,英文速记 120 词/分,另外还要考核英语、法语、商贸语言、交际语言、德文和英文信函写作等。考核内容的职业特征突出,量化标准具体明确。英国"剑桥秘书证书考试"由文字处理、沟通和项目管理、办公室管理、速记、信息与沟通技术、客户服务、人际商务技巧、组织会议和活动八个模块组成。其中文字处理、沟通和项目管理、办公室管理、速记四门课程是重点考核内容,为闭卷考试;客户服务、人际商务技巧、组织会议和活动三门课程为作业考试。日本东京秘书协会亦将全美秘书协会的条件作为对自己会员的要求,同时把经营学、经济法规、会计财务、生产技术、广告、贸易、国际营销等知识列入考查范围。这说明国外秘书的培训考试主要是适应整个社会的商务环境而针对企业秘书、商务秘书的。

对比西方发达国家,我国秘书工作水平还比较落后,对秘书人员的要求也不太严格。但事物总在发展。我国劳动和社会保障部已开始组织实施"秘书职业资格鉴定考试",其考核内容涉及职业道德、经济法规、文书、办公自动化、速记、企业管理、财税、金融、商务活动和公关礼仪等基本知识,商务沟通、办公室事务和管理、常用事务文书拟写、会议与商务活动、信息与档案等理论知识与专业能力,分五、四、三、二级四个不同等级,不同等级有不同要求。

二、现代秘书的基本素养

如前所述,现代秘书的 KAQ 要求由现代秘书的基本素养、知识素养和能力素养构成,其中基本素养是首位的。

秘书的基本素养即秘书的基本素质和修养,包括思想品德、心理素质和身体素质等。

1. 思想品德

要做一个称职的现代秘书,首先应该一个合格的现代人。由于秘书职业的特殊性,一个秘书必须在政治、职业道德、作风等方面具备一定素养,否则无法成为称职的秘书。

(1)政治素养。首先,应具有作为一个公民的公民意识,自重和尊重他人,自觉维护国家利益并对组织忠诚。也就是说现代秘书应具有起码的爱国意识、守法护宪意识、自由平等的信念、权利与义务的意识;在组织利益与国家利益产生矛盾时,比如违法经营、偷税漏税、隐瞒事故等,要能坚持正义立场;在忠诚国家利益的前提下,忠诚于领导,忠诚于公司,忠诚于自己的职责。忠诚是秘书职业道德中最重要的内容。

其次,一个称职的秘书还要具有一定的马克思主义基本理论修养,主要包括马克思列宁主义、毛泽东思想、邓小平理论和"三个代表"重要思想。这样才能更加准确地把握现行政策法规的精神实质,全面领会和辅助领导贯彻落实党和国家的各项政策,推动组织的自身建设和事业的发展。

最后,一个称职的秘书要具有法纪观念。由于秘书贴近领导的特殊地位,秘书开展工作都是以领导或组织的名义进行的,是为领导的权力运行服务的,是执行权的实际运行者,所以秘书虽然没有领导权力,却隐含领导权力。这就要求秘书在工作中牢固树立遵纪守法的观念。

(2)职业道德。道德包括社会公德、职业道德和家庭美德。职业道德是人们在职业活动中遵循的行为准则,是职业的生命。秘书的职业道德是秘书在履行职务中应该遵循的行为准则。秘书的职业道德可以概括为四个字,就是"克己奉公",它包括克己自律和奉公敬业。

第一,克己自律。克己自律是秘书人员重要的职业道德,主要内容有守礼仪、尽本分、遵纪律。守礼仪,就是要求秘书应按礼仪规范待人接物行事。比如对上尊敬诚信,不玩阴谋诡计;对下谦虚平等,不狐假虎威;对公事正直公平,不弄虚作假等。尽本分,就是要求秘书人员尽心尽职做好本职工作。参谋归参谋,行动归行动。秘书人员不可自行其是,越权行动。领导拍板前可以搞创新提建议,拍板之后就必须按领导决策和政策办事。不同类型与级别的秘书不仅要按规矩办事,而且要依职权办事,不得越级和越轨。遵纪律,就是要求秘书人员自觉遵守秘书工作的各项规章制度和组织纪律,自觉地把自身与纪律融为一体,严格保守机密,不能公开的不公开,不能说的不说,更不能拿机密做交易。通常秘书人员知密度很深,既是保密的重点对象,又是窃密的重点对象。

第二,奉公敬业。秘书与领导之间的关系,就像一台戏里的主角与配角,就像红花与绿叶。虽然上级领导的决策和工作方案的实施离不开秘书工作,但秘书人员的服务性、助手性和参谋性决定他们不是决策人员,无法运筹帷幄,挥洒自如。秘书人员只有以"公"(服务的整体对象)的利益为最高利益,以上级领导的意志为意志,才能将自己的努力通过机关单位和上级领导的工作业绩体现出来,才能实现自身价值。美国艾森豪威尔总统的一位私人秘书在离开白宫之前说:"衡量一个好的总统秘书,要以他的献身精神、艰苦奋斗和工作效率为标准,而不是他的成就,一切成就属于总统。"所以,秘书如果没有奉公的献身精神,没有踏实敬业的工作作风,是难以成为一个好秘书的。

（3）作风修养。一位人力资源总监说："老板对某些秘书在工作中的拖沓、松懈、低效的工作作风感到难以容忍。他们需要的是工作井井有条、在办公室一呼即应的秘书；是在工作紧张的时候能自觉自愿地加班加点而毫无怨言的秘书；是一个用脑多于用手、善于管理时间，而不是整天忙忙碌碌、穷于应付而毫无成就感的秘书。"

作风是指人们在思想、工作、生活上表现出来的习惯化的态度和行为特征。这里要阐述的是秘书的工作作风，可以概括为"五要五忌"。

第一，要任劳任怨，忌患得患失。秘书的工作性质决定秘书责任重大，事情繁多。秘书如果总是患得患失，做什么事情都把个人得失放在首位，生怕吃亏，偶尔多做一点就牢骚满腹，这样是不可能做好秘书工作的。因此，秘书要讲一点奉献精神，培养任劳任怨的工作作风。

第二，要勇于负责，忌相互推诿。勇于负责含义有二：一是遇到有一定难度和一定风险的工作任务敢于主动承担，这是一个锻炼自己能力、展示自己才华的机会，也是为组织作贡献的好时机；二是在工作（特别是多人协作的工作）中出现失误的时候，要主动承担责任。主动承担责任体现出一个人高度的责任感，也是取得领导和同事信任的前提。相反，不敢承担有风险的工作，遇到困难总是退避三舍，出现失误喜欢把责任往别人头上推或者千方百计找借口，这种人缺少责任感，也阻碍了自己发展的道路。

第三，要雷厉风行，忌拖拉磨蹭。一个称职的秘书必须树立高度的时间观念和效率意识，秘书工作要"快准细严"。任务要完成得快，除了与秘书的能力直接相关外，与秘书的工作作风也直接关联。秘书要养成雷厉风行的工作习惯，说干就干，有效利用时间，绝不把今天的任务拖到明天去做。相反，做事被动拖拉会影响士气，导致工作低效率和低质。

第四，要一丝不苟，忌粗枝大叶。秘书工作的性质决定了秘书工作无小事。细小的差错，比如文件、合同中字、词、句乃至标点错误，会务、接待等工作中疏漏往往影响大局。所以秘书做任何事情都要高标准严要求，注意细节，谨小慎微，防止出错。相反，如果粗枝大叶，敷衍马虎，必然会影响领导工作和组织的运转，这样的人是不适宜从事秘书职业的。

第五，要井然有序，忌杂乱无章。井然有序包括三层含义：一是人员分工合理有序；二是秘书对自己的工作任务能根据轻重缓急，决定工作次序，有条不紊地去做；三是秘书对所保管的文件物品摆放得井然有序，一旦要用，能立即找到。相反，如果办公桌上堆得乱七八糟，做事眉毛胡子一把抓，整天忙忙碌碌，穷于应付，这样的秘书肯定没有什么效率可言。

2. 心理素养

心灵与行为具有密切联系。秘书人员应具备的最重要的心理素质是自信心、乐观与幽默、竞争与合作精神。

(1)自信心。"有志者事竟成。"秘书人员要培植做人与做事的自信心，有了自信心，才能正视现实，克服困难，取得成绩。自信心来自对自己、对环境的清醒分析和正确判断，否则就是盲目自信。既要看到自己的长处，也要看到自己的短处；既要不满足、不陶醉于长处，也要不忌讳短处。只有正视自己的长处和短处，才能取长补短，不断进步和取得成绩。

秘书缺乏自信心的表现主要有：上下交往，特别是交上拘谨；对失败感到气馁；对问题感到为难；对利益损失怨恨；对前途感到迷茫等。一旦发现自己出现类似状况，应注意及时调整心理。

(2)乐观与幽默。许多人喜欢站在台上，喜欢聚焦的感觉。秘书通常是站在台下，即使上台通常也是抛砖引玉，引出别人。

秘书人员通常事务重、任务紧、时间迫、责任大。胡乔木同志曾回忆到，毛泽东同志有一次曾要求他在一星期内拿出四篇文章。因此，秘书人员常常会感到精神紧张、压力很大，有时甚至有如履薄冰、如走钢丝之感。如果在工作中遇到挫折、不顺、瞎指挥、背黑锅的事还会灰心、烦躁等，这都不利于工作和自身的健康。秘书的这种职业特点，要求秘书注意培植乐观精神和幽默感。联合国秘书长安南曾幽默地说："SG 代表联合国秘书长，也意味着替罪羊。"(SG stands for Secretary General, but it also means scapegoat.)

培植乐观精神与幽默感，需要长期的努力，尤其在缺乏幽默感的环境中。一要注意增强自信心。乐观与幽默一方面是自信心的表现，另一方面也有助于增强自信。二要不断地学习和实践幽默的语言艺术。幽默表现为一种语言艺术，常常拿人、拿物、拿事来开玩笑，在这个过程中，要注意不能伤人，尤其不能伤害交谈的对方，较好的办法是拿自己开玩笑。三要有一颗宽容的心，能包容万事，能宽容他人。

(3)竞争与合作精神。竞争是社会的客观存在，不是我们选择竞争，而是竞争选择我们。在这个竞争的社会里，秘书人员不仅要和组织在一起参与社会竞争，而且也会无形地生活在内部竞争的环境中。面对竞争和挑战，一方面，要勇于进取，不怕挫折和失败；另一方面，也是更重要的，要有竞争中合作的心理和准备，这就要求要有爱心、宽容心和体谅心，能够去欣赏和学习他人的优势，去包容他人的不足，去体贴关心他人的难处，只有这样，秘书人员才能在职业的风浪中向前航行。

3. 身体素质

从事秘书工作,身体健康是必要条件。日本人说当秘书要准备三年没得休息。由秘书工作的性质决定,秘书人员马不停蹄,加班加点,属于家常便饭;同时秘书又是一个组织的形象、公司的商标,要给人以精神、热情的印象。这些都需要秘书有健康的身体。这不仅要求秘书能经常保持良好的心态,以心态保健康;还要求秘书能学会忙里偷闲地随时随地休息和加强健身活动,注意自身保健,以维持饱满的精神和充沛的精力。

三、现代秘书的知识和能力素养

秘书工作的综合性和专业性,要求现代秘书横向上具有较宽广的知识面,纵向上具有较深厚的专业知识;秘书工作的复杂性和多样性,要求现代秘书具备多种能力。

1. 现代秘书的知识素养

当今世界是知识经济时代。谁掌握知识多,谁就能跟上时代的发展,与时俱进,开拓创新。现代秘书由于工作内容的广泛性,必须具备一定的与秘书工作相关的基础知识、专业知识和相关知识。

(1)基础知识。主要有三类:①工具类基础知识,如计算机、外语、数学等,以备后续学习和工作所需;②修养类文史哲知识,如中国通史、世界文明史、中西方哲学思想、逻辑学、文学名著赏析等,以开阔视野,增加底蕴,培植人文精神,树立正确的人生观、价值观和方法论;③常识类科普知识,如自然科学史、三论(信息论、控制论和系统论)、法律基础等,以进一步了解世界与社会发展趋势,建立科学的世界观和方法论。

(2)专业知识。包括两大部分:一是秘书工作的专业知识。主要有:秘书学理论、办公室事务与管理、文书拟写与处理、档案管理、信息处理、会议组织与管理、公关礼仪等。二是秘书所在行业的专业知识。不同的行业和不同的组织有各自不同的业务,如教育部门、医药部门、IT行业、汽车制造、酒店宾馆等行业或组织。如果秘书对所在组织的业务一窍不通,就不可能成为一个合格的秘书。

(3)相关知识。秘书除了秘书专业工作以外,还肩负着很多管理层面的工作,这就需要了解和掌握相关知识。这些知识有助于秘书更加有效地开展工作,拓宽视野,改进工作方式,提高工作效率。这方面的知识包括管理、法律、经济、商贸、金融、财税、地方志等方面的知识等。

现代秘书对自己的知识结构要有一个清醒的认识,要不断学习和接受培训,不断充实和调整自己的知识结构,以适应工作的需要。

2. 现代秘书的能力素养

秘书工作的广、多、杂、变是它的特点,所以秘书不仅要与人打交道,而且要与各种工具打交道;不仅要用脑,还常常要手脚并用;不仅要处理日常事务,而且要处理紧急事务。因此,秘书人员需要具备多种能力。其中比较主要的有思维能力、操作能力、表达能力、公关能力、管理能力、业务能力、应变能力等。在这里,借用香港特区在秘书人员的选聘任用上对能力的要求,和美国劳工部 21 世纪就业技能调查委员会提出的现代秘书的能力标准。

(1)香港在秘书人员的选聘任用上,注重能力是一个明显的特点。其能力要求主要有:①适应工作环境的能力,即秘书人员要迅速适应新的环境和人员,善于将自己融合在组织之中,依靠团队的力量来开展工作。这与现代企业管理中提倡"团队精神"是一致的。②处理业务的能力,即创造性完成任务的能力,包括敏捷的思考分析能力、信息情报辨析处理能力、时间管理能力、语言能力(英语、普通话、日语等)、写作及翻译能力、计算机操作能力等等。③与人相处的能力,或者说公关能力。大企业中一般均设有公关部,是主要沟通业务联系的机构,与秘书部门是两个概念。但在中小型企业中,人手较少,往往不单独设公关部门,而由秘书承担公关业务。所以秘书人员必须具备相应的公关能力,掌握公关的技巧并熟练地加以运用。④创新超前能力。在企业管理、运行走向国际化的时代,不仅要求秘书人员掌握先进的现代化技术手段,更要求他们具备创新的观念和意识,具备明晰的洞察力、超前的思考力和果断的行动力,要善于创新、善于应变,能为企业领导者提供同步或超前的服务。

(2)美国劳工部 21 世纪就业技能调查委员会提出了就业的"五大能力"和"三大基础",也许能给秘书从业人员和准从业人员以有益的启示。

五大能力是:①统筹能力——具有统筹人员、资源、时间、财力及物资设备的能力。②合作与交际能力——具备团队精神,作为团队一员,对团队负责,能与之共同努力、为之奉献;能给他人传授新知识、新技能;能为顾客服务并令服务对象满意。③获取并利用信息的能力——能获取信息、评价信息;能组织信息,保持信息;能诠释信息,交流信息;能用计算机处理信息。④系统动作能力——能认识社会系统、组织系统及科技系统的运作机制并有效地进行支配;能辨别动向,预测影响系统运作的因素,发现问题,及时纠正;能对现有系统提出修正建议并开发新系统以改正运作。⑤能利用多种科技手段工作——能选择适当的步骤、工具或设备,包括计算机及其相关的技术,熟悉设备装置、调试、设备的运作内涵及适当的工作程序和步骤;能防止、识别并解决设备故障问题,能及时保养设备,包括计算机及其他技术设备。

三大基础是:①能力基础——具有较高的读、写、算、听、说的能力。②思维基础——能进行创造性思维,有决策能力及解决问题的能力,有想象能力、学习能力和思维能力。③素质基础——有责任心和自尊心,善交际,能自律,为人诚实正派。

这些是知识经济时代和秘书工作国际化的大背景下对现代秘书能力的挑战,现代秘书应该努力通过各种途径提高自己的能力,以适应时代发展的要求。

四、涉外秘书的 KAQ

涉外秘书是我国改革开放后产生的秘书新类型。他们既不是西方秘书,又有别于中国传统秘书,通常处于跨文化的工作背景之中,是最早接触西方秘书工作模式的群体。

与我国传统秘书不同的是,涉外秘书有三大特点,即涉外性、高技能、国际化。其中涉外性是最基本的特点,其他两个特点是由它派生的。涉外秘书的涉外性表现为涉外的语言、涉外的知识、涉外的技能和涉外的礼仪等;涉外秘书的高技能主要体现在涉外办公环境相对现代化以及多才多艺的适应需要;涉外秘书的国际化不仅指涉外秘书具有国际化工作的环境和身份,而且需要按照国际惯例和规则来为人处世。因此,涉外秘书要有效和高效地工作,就应从其自身的特点出发,架构自己的 KAQ,塑造自己的职业形象。一名优秀的涉外秘书除了要具备现代秘书的一般素养外,还应注意满足涉外秘书 KAQ 的特殊要求,这主要有:

1. 涉外的语言要求

涉外秘书需要掌握一国以上的外国语言,尤其需要掌握世界通用语英语。因为涉外秘书的工作环境是一个外向型的工作环境。涉外秘书要么需要与外国人、外国公司打交道,要么直接服务于外国公司或外国人上司。而这种相互交往与服务的前提条件是语言,包括口语与书面语。因此涉外秘书掌握英语或一国以上的语言是生存与发展的必需。熟练地掌握外语,其标准包括:准确地听懂,流利地说清,快速地阅读,熟练地书写和翻译。良好的外语口语标准是:发音规范、语调自然、语气温和、语速适中。

2. 涉外的技能要求

涉外秘书的工作环境一般是一个管理工具、手段和方法比较现代化的工作环境,此外也存在其特有的工作需要和习惯,因此涉外秘书要具有各种新技术、新设备、新系统的操作能力,快速打字和速记能力,按规范格式和要求自如撰写各类国际通用商务公文的能力等等。

3. 涉外的知识要求

涉外秘书的跨文化环境和国际化业务决定了涉外秘书必须学习和了解涉外的知识,主要包括涉外秘书的专业知识、从业单位的业务知识、对外经贸知识、涉外法律知识和涉外文化知识。

4. 涉外的礼仪要求

涉外秘书要在多元文化中与人和谐相处,合作共事,没有基本的礼仪常识是不行的。了解和尊重外国人的行为方式和礼俗习惯的有效方法是了解他国的文化,包括礼仪文化。不同的民族、不同的国家有自己的历史、文化与宗教,并由此产生不同的思维方式和价值观、不同的风俗礼仪。涉外秘书了解涉外文化知识对待人接物、办事处世大有裨益,有助于人际交往中的相互尊重和处事中的恰如其分。

五、现代秘书的情商和智商

情商和智商都是人的重要的心理品质,都是事业成功的重要基础。正确认识这两种心理品质之间的差异,有利于成为更优秀的职业秘书。

1. 现代秘书的情商

情商,即情绪智商(emotional intelligence quotient,EQ),指情感智力(也称非智力因素),是相对智商(IQ)而言的心理学概念。美国哈佛大学心理学教授丹尼尔·弋尔曼博士认为,情商包括五方面能力:了解自己情绪的能力、控制自己情绪的能力、以自己的情绪激励自己行为的能力、了解别人情绪的能力、与别人友好相处的能力。其中情绪的控制力是关键。

情商是指一个人控制自己情绪、承受外界压力、把握自己心理平衡的能力,是测定和描述人的情绪、情感,衡量人的非智力活动的一种量化指标。情商属非认知性心理功能系统,对活动的起始、维持、强化、定向、引导和调节等起一定作用。秘书提高情商可以从情商的五方面构成着手努力。

(1)自我意识,即对自己的认识、评价和期望,这是情商的基础。秘书一定要正确认识自己,正确对待别人。

(2)自我激励。一个人要有所成就,没有热情和干劲是做不到的。如何激发热情和干劲呢?必须自我激励和受到他人激励,才能产生内在的动力,朝着目标坚定前进,才能达到预期的目的。一个成功的秘书总是善于自我激励。

(3)情绪控制。人的情绪常常受到内外因素的影响而有所波动。优秀的秘书,总会做到控制情绪并保持情绪平衡,始终保持一种积极、乐观、自信的心态,避免受到不良情绪的影响,喜怒不形于色。

(4)人际交往。人际关系的基础是对别人的爱心和关心,是对别人的宽容和饶恕,是对别人的尊重和谅解。优秀的秘书对别人总是充满关心和同情。

(5)对挫折的承受力。对挫折的承受力是情商的重要组成部分。每一个人不可能都是一帆风顺,会经历挫折失败,但要懂得从失败中吸取教训,愈挫愈勇,最终获得成功。优秀的秘书,面对挫折不是自卑畏惧,而是有良好的心态和必胜的信念。

当今社会,信息流、资金流和人际交往的频率日益频繁,情商越来越被人所重视,被认为是人们通往成功的必备素质。丹尼尔·戈尔曼博士认为,一个人的成功,智商优劣占 20%,而情商优劣占 80%。

2. 现代秘书的智商

智商(intelligence quotient,IQ),就是通过测验测量出来的人的智力指数。智商由观察力、想象力、记忆力、思维能力、创造力等五个方面构成。智商的具体计算方式如下:

IQ(智商)＝MI(智力年龄)÷MA(实际年龄)×100

在日常生活中,许多人把 IQ 视为智力。智力是一个人的聪明程度,秘书人员的智力,就是了解问题、分析问题、解决问题的能力。高智商,就是秘书的智力超过自己的实际年龄的智力。

现代秘书要想增强智力,提高智商,可以从以下五个方面入手,加强训练,持之以恒,必有所获。

(1)积累知识。主要包括马克思主义基本理论、国际政治、国内政策、历史、文化、逻辑科学、领导方法、决策科学等知识的积累。此外,工作经验、社会阅历也属需要积累的知识,而且是开发智力和才能的重要知识。知识积累的宽度和深度可以根据需要决定。

(2)训练思维。人的智能高低,是由思维能力的开发程度决定的。若从认识论的角度来说,人的智慧,则是社会实践活动的结果。因此,加强智能训练的途径之一,就是积极参加社会实践活动。训练思维能力,就是使人能熟练地运用逻辑思维,辨别、认识事物的本质和现象。从秘书工作角度看,加强思维训练,应当加强语言能力、逻辑能力、思辨能力、认识能力、领会能力等诸种能力的训练。

（3）训练灵机智力。灵机智力包括应变能力，以及在一切情况下所表现的反应迅速、机智灵活的智能。它是以知识、经验和思维能力做后盾的，并与心理素质、行为智能和精神状态密切相关。这些一要靠思维开发，二要在实际工作中学习和锻炼。秘书工作内容丰富、千头万绪，缺乏灵机智力的秘书是不成熟的。

（4）训练记忆力。记忆力是秘书人员的基本功。秘书人员必须善于认人、记人、记事。这会使秘书人员强记博取，应付自如。记人，除了要求掌握方法、诀窍之外，主要的还得靠平时勤下工夫，多动脑子。懒惰是学不到本领、开发不出智力的。

（5）训练反思能力。一个人要随时回顾自己的言行，善于总结自己的成功经验和教训，特别要善于发现自己的过失和不足。"吾日三省吾身"，"见贤思齐焉，见不贤而内自省焉"。善于自省的人，容易开发智能和增长才干。秘书人员在多数情况下要靠个人发挥聪明才智去完成各种各样的工作任务，而他们的工作又是为组织、领导人服务的，特别要求把事情办得妥善、得体，这就要不断反思自己的言行，使智慧和才干在不断的总结中增长。

秘书要提高工作能力，需要同时对情商和智商加以培养。

美国国家创业指导基金会（NFTE）的创办者史蒂夫·马若堤在他的著作《青年创业指南》中指出了创业者 12 种素质（见下），这也可作为优秀秘书素质的重要参考。

- 适应能力——应付新情况的能力，并创造性地找到解决问题的方法；
- 竞争性——愿意与其他人相互竞争；
- 自信——相信自己能做好计划中的事情；
- 纪律——专注并坚持计划原则的能力；
- 动力——有努力工作实现个人目标的渴望；
- 诚实——讲实话并以诚待人；
- 组织——有能力安排好自己的生活，并使任务和信息条理化；
- 毅力——拒绝放弃，愿意明确目标，并努力实现，哪怕有障碍；
- 说服力——劝服别人明白你的观点并使他们对你的观点感兴趣；
- 冒险——有勇气使自己面临失败；
- 理解——有倾听并同情他人的能力；
- 视野——能够在努力工作实现目标时，看清最终目标并知道努力的方向。

【本章小结】本章是秘书学理论最基础和最核心的部分。本章通过古今中外秘书概念的发展演变，科学地揭示秘书概念的内涵和外延，阐述了对现代秘书进行分类分层的标准和意义,分析了现代秘书的职业特征及其发展趋势,提出了现代秘书适应秘书职业国际化背景的任职资格和条件。

思考与训练

1. 请你谈谈秘书的含义。

2. 我国古代秘书官职有哪些名称?

3. 对秘书进行分类分层有什么意义?

4. 不同层次的秘书工作有什么区别?

5. 现代秘书职业有什么特征和发展趋势?

6. 现代秘书应该有什么样的职业道德?

7. 现代秘书应该有什么样的知识和能力素养?

8. 现代秘书要有什么样的健康心理?

9. 现代秘书如何提高自己的情商和智商?

10. 案例分析:

比尔·盖茨的女秘书——露宝

微软公司在创业之初连间正式的办公室都没有。比尔·盖茨每每想到此时都感慨万分。他说,在他最艰难的创业阶段,是他的秘书露宝为他扫除了很多工作上的障碍,让他能够全身心地投入到这个行业。

"邂逅"大龄女秘书　微软公司当时基本上都是年轻人,这些人搞业务、搞推销都是一把好手,可是弄起内务、管理方面的杂事,没有人能有耐心。

一次,为了接待即将来访的惠普公司人员,盖茨才在亚帕克基市中心租了一套四个房间的办公室,可里边还是空荡荡的。盖茨动员大家连夜去寻找办公用品,自己则亲手安装终端设备。可这时,他的第一任秘书——一个年轻的女大学生一副不闻不问的冷漠劲儿,让盖茨大伤脑筋。

盖茨深切地感到,公司应该有一位热心肠、事无巨细地把后勤工作都能揽下来的总管式女秘书,不能总让这方面的事来分他们的心。

不久,盖茨在自己的办公室召见了总经理伍德,问他需要的女秘书找到了没有。伍德一连交上几个年轻女性的应聘资料,盖茨看后都连连摇头。

伍德犹犹豫豫地拿出一份资料递给盖茨:"这位女士做过文秘、档案管理和会计员等不少后勤工作,只是她年纪太大,又有家庭拖累,恐怕……"不等伍德说完,盖茨已看完了这份应聘资料,丢下句"就是她了"后扬长而去。就这样,42岁的露宝上任了。她是4个孩子的母亲。

在"娃娃公司"的日子　露宝刚进公司几天后的一个早上,她看到一个男孩直闯董事长的办公室,经过她面前时只是"嗨"地打了一声招呼,像孩子

· 36 ·

对待母亲似的那么自然，然后摆弄起办公室的电脑。

因为先前伍德曾特别提醒她，严禁任何闲人进入盖茨的办公室操作电脑，所以她立刻告知伍德说有小孩闯进了董事长的办公室。

伍德表情淡漠地说："他不是小孩，他是我们的董事长。"

"什么，他就是比尔·盖茨？"

"没错。"

露宝回到自己的办公室，愣了几分钟还是不死心，又跑去问伍德："对不起，请问盖茨几岁了？"

"21岁。"

露宝想：一个给人印象如此稚嫩的董事长办实业，遇到的困难恐怕很多吧！她以一个成熟女性特有的缜密与周到，考虑起自己今后在娃娃公司应尽的责任与义务。

一些日子后，露宝发现盖茨和艾伦行为颇异于常人。他们通常是中午到公司上班，一直工作到深夜。假如偶然要在第二天早上会客，他们就在办公室睡到天亮。累了的时候，只要拉过一条毛毯盖在头上，不管何时也不管环境如何喧闹，他总能马上进入甜甜的梦乡。

细心的露宝就适时为他准备毛毯，特别是出差的时候，无论时间多紧张，盖茨想睡觉时总能随手拉出毛毯。关心盖茨的起居饮食，成了露宝日常工作的一项重要内容，这使盖茨感到了一种母性的关怀和温暖。

<u>"垃圾"事件</u>　露宝把微软公司看成一个大家庭，她对公司的每个员工、每份工作都有一份很深的感情。很自然，她成了微软公司的后勤总管，负责发放工资、记账、接订单、采购、打印文件等工作，这引得周围好多人的羡慕。

然而，此时的她却有了新的苦恼。每天早上9点左右，清洁工会进入微软公司进行清理工作。有一天，一位软件工程师突然从办公室里嚷着冲出来，板起脸孔问露宝有没有把他的程序扔掉。露宝莫名其妙地问："没看见什么程序呀！"经过仔细询问，方知是清洁工误把这位软件工程师放在电脑旁、写在废纸上的一叠程序当做垃圾给扔了。这位工程师懊恼不已，那可是他的灵感之作呀。

这件事后，露宝定了制度：在微软公司的办公室，清洁工只能清除垃圾桶里的东西，其他地方的东西一律不准移动。

可是问题又来了。程序设计师把喝完饮料的空罐随手扔在电脑旁或桌子角，清洁工也不敢去碰。没过多久，办公室里空罐堆积如山。露宝又得向清洁工解释：哪些东西是有用的，不可以碰；哪些东西是垃圾，应该清除。

露宝成了公司的灵魂,盖茨和其他员工对她都有很强的信赖心理。当微软公司决定迁往西雅图,而露宝因为家庭不能随迁时,盖茨对她依依不舍。盖茨、艾伦和伍德联名写了一封推荐信,信中给露宝的工作能力以很高的评价。露宝凭着这封推荐信,重找一份工作不成问题。临别时盖茨握住露宝的手动情地说:"微软公司为你留着空位,随时欢迎你来!"

3年后,露宝先是一个人从亚帕克基来到西雅图,后又说服丈夫举家迁来。

露宝一直无法忘掉和盖茨相处的日子。她对朋友说:"一旦你和盖茨共过事,就很难长久离开他。他精力充沛,平易近人,和他共事可以无忧无虑,很开心!"

是的,盖茨从露宝那里得到了信赖,露宝则从盖茨那里得到了尊重。相辅相成,唇齿相依,成了微软公司一道独特的风景。

(资料来源:中国经济网　2006/05/16)

简析:微软是个传奇,传奇的背后则是很多普通人的努力,其中包括比尔·盖茨的秘书露宝。上文从秘书露宝的角度,说明了秘书对营造公司文化的独特作用,同时也揭示了秘书工作职责既具有明确性又具有模糊性的现实。只有优秀的秘书才能驾驭秘书工作并在其中体现自身的价值。

问题讨论:1. 秘书怎样才能成为老板的称职助手?

2. 比尔·盖茨说:"我和微软的成功因为有露宝。"这是为什么?

3. 谈谈你对秘书素养和职责的看法。

第二章

秘书工作

谭一平在《一个外企女秘书的日记》中有这样一些段落：

"穿山甲一天到晚躲在地底下，埋头打洞穿山，对外面的事它一概不管；而狐狸则整夜蹲在山顶上，望着天上的月亮，想着怎么才能啃一块月亮……一个优秀的秘书既要像只穿山甲，立足现实，有埋头苦干的精神；又要像只狐狸，胸怀全局，有勤于思考的习惯。只有这样，才有可能成为一个优秀的职业秘书。"

在社会上的许多人眼里，"秘书工作没有一点职业特点，既不能像销售人员那样用销售业绩来证明自己的工作能力和成绩，也不能像研发人员那样在技术图纸上自豪地签上自己的大名。在他们眼里，秘书就像盒万金油，什么病都能治，什么病都治不好。的确，秘书工作就是'打杂'，把它比作万金油并没有错。与鹿茸、人参这些药材相比，它既不名贵，也没有特效。但是，人不能一天到晚都吃鹿茸人参吧？伤风、感冒这类病天天都可能发生，而在辅助治疗这种常见病的时候，万金油既便宜又方便。从这个角度来说，万金油和鹿茸、人参一样是药。一个现代企业，就像一辆高级轿车，虽然秘书在企业中的作用，既不是发动机，也不是方向盘，只是一桶润滑油，但不管你是奔驰还是宝马，如果你只用汽油而不用润滑油，你能开得动吗？"

提示：上述内容试图给秘书工作以正确的定位和指导，包括它的地位、作用和工作方式。你是如何理解秘书工作的？上述的一些比喻和理解你认为合适吗？为什么？

秘书工作是人类社会发展到一定历史阶段的必然产物，它的产生、发展有其内在的原因，并经历了相当长的历史过程。秘书工作的性质、特点和作用是秘书学科研究的重要内容，掌握了解秘书工作的本质属性和现代秘书工作的发展趋势，是研究和做好秘书工作的基础。

2.1 秘书工作的基本概念

一、秘书工作的定义

1. 定义

现代秘书学创立以来,对秘书工作概念的界定见仁见智,说法不一。秘书工作的含义很广,当前有多种解释,下面列举一些典型的秘书工作定义。

■ 欧阳周先生等在《现代秘书学》中认为:所谓秘书工作,指的是以为领导中枢与领导者的工作运转和决策服务为目的,由秘书完成的一系列综合性、辅助性的服务工作的通称。

■ 邓乃行先生等在《秘书与写作》上编第一章中指出:如果罗列一下,诸如为领导机关和领导人起草文稿、校核文稿、调查研究、采集信息、查办问题、处理文书、办理会务、安排公务活动、承理电话、印刷打字、递送文件(机要交通)、信访事务、立卷归档、交际接待、办理交办事项等等,都可算秘书工作。

■ 朱传忠、叶明在《秘书理论与实务》中指出:秘书工作,是指协助领导决策与管理所进行的各项辅助性工作。

■ 范立荣先生主编的《现代秘书学教程》中认为:秘书工作有狭义秘书工作和广义秘书工作之分。狭义的秘书工作,是指秘书人员为完成辅助领导工作的任务而从事的实践活动;广义的秘书工作,是指秘书人员为完成辅助领导工作的任务和机关工作任务而从事的实践活动。

■ 安忻女士在《秘书工作概论与实务》一书指出:秘书工作是辅助领导部门和领导者处理信息、综合情况、协调关系、管理事务,以保证本系统高效能运转和正确决策的辅助性管理活动。

■ 洪清源、龚浩在《机关秘书工作概论》里提出,秘书工作,是指秘书人员和秘书部门所做的各项工作。

上述定义有从秘书工作的辅助本质出发定义的,有从秘书工作的职责范围罗列定义的,有从秘书和秘书部门的角度定义的,有从广义和狭义两个角度定义的,有混合定义的。

我们认为,对秘书工作的定义和认识应从中国秘书工作的实际现状出发,并能够概括地揭示秘书工作的本质属性,满足社会对于秘书工作的需要。为此,我们给秘书工作定义如下:**秘书工作是指秘书部门和秘书人员辅**

助领导和组织开展决策和管理的各项实践活动。

2. 秘书工作需求分析

秘书工作主要是辅助领导开展工作。那么为什么各级领导需要秘书工作来辅助自己进行管理呢？这并不仅由领导者的主观愿望决定，更由社会实践的客观需要决定。因为不论是国家机关、人民团体或者是企业事业单位，其所管理的单位、部门比较多，情况比较复杂，在管理过程中，领导者经常会碰到以下几个方面的困难：

首先，要制定正确的决策，就必须掌握大量的信息，而收集信息、综合分析信息，在此基础上提出各种可行的方案，是一项十分繁杂艰巨的任务。领导干部要自己动手来做这些工作，既无此时间，也无此精力。

其次，在整个管理过程中，为了统一各方面的认识，下达指令，交流经验，沟通情况，领导干部要经常举行各种会议。要召开会议，就有许多组织准备工作。在日常工作中还有许多联系、接待工作以及事务性工作。这些工作如果都要领导亲自准备、处理，势必使领导者陷于事务工作中。

第三，在制定政策和下达指示的过程中，有许多文书工作，包括起草计划、决议、通知、请示、报告等需要的文件；负责公文的正常流传和处理；做好文件和档案管理工作等。诸如此类的工作不是领导者个人都能处理的。

正是上述各种客观情况，决定了领导者在管理过程中必须要有得力的助手，协助自己开展各种参谋性、管理性和操作性的工作。这助手就是秘书和秘书工作机构。由此可见，秘书工作是领导工作的客观需要，更是社会实践的客观需要。任何一级领导，离开辅助性质的秘书工作，就很难进行有效和高效的管理。这也是秘书工作存在与发展的内在原因。

二、秘书工作的本质属性

秘书工作的本质属性是指秘书工作本身所具有的区别于其他工作或职业的特性。从秘书工作的定义和实践分析，秘书工作的本质属性主要有辅助性、综合性、事务性和管理性等。

1. 辅助性

从秘书工作和领导工作的关系考察，秘书工作具有辅助性，秘书工作是为领导工作服务的。从古至今，尽管朝代更迭，政权性质不同，但作为秘书工作和秘书，都是随领导集团的产生而产生，随国家管理功能的不断扩大而发展的，也随着领导机构的撤销而消失。这种密切的依存关系，说明秘书工作从它诞生起，就是服从、服务于领导工作的，其实质是辅助领导者从事各项管理工作。任何机关的秘书机构，都是为该机关的领导工作和领导人提供方便的服务机构。辅助性是秘书工作的根本属性。秘书工作的辅助性主要表现在两个方面：

（1）精力辅助。秘书通过辅助领导处理许多耗时的琐碎事务，使领导腾出精力和时间，处理重要事务，提高工作效率。如保管机密文件和日常文件、拟写或笔录口授的信件、安排上司的日程等。

（2）智力辅助。通过收集、分析、提供信息，提供预案，逆向思维推敲等方式为领导决策与管理提供辅助。

秘书工作的辅助性决定了秘书服务工作的总体被动性，即以领导工作为核心来运行。需要注意的是，秘书职业化的一个趋势是领导工作与秘书工作较之于传统将会有越来越明确的分工，作为领导工作保障的秘书工作的专业化程度也将日益提高，这意味着领导与秘书之间的相互依存关系将得到加强，秘书工作的主动性将得到加强。秘书工作的辅助性与秘书人员对领导的"绝对服从"不能画等号，后者实为秘书工作中的封建遗毒。秘书人员在辅助领导工作中，要正确处理被动与主动这一对立统一的矛盾关系。秘书工作变被动为主动可以从以下几方面着手：

■ 把日常工作做得井井有条，并服务周到、热情。不以"事小而不为"，使秘书机构充满热情与活力。

■ 超前研究现实工作中的情况与问题，为领导及时提供高质量的咨询服务。咨询服务是无止境的。领导没想到的，你可以先想到；领导没发现的，你可以先发现。许多优秀的秘书人员正是在这种工作中充分发挥了参谋助手作用，为领导排忧解难，同时也锻炼了自己的才干。

■ 强化主动工作意识，追求工作的成效。例如，关系人民群众切身利益的信访工作，如果消极被动地做，可以按流程收信、看信、接谈、上报，怎么解决不管；而积极主动地做，则可以在例行公事的基础上做些调查研究，发现一些带有倾向性的问题，这样有时可以使整个领导工作变被动为主动。

秘书人员认识秘书工作的辅助性，有助于端正自己的定位和角色，正确处理与领导之间分工与合作的共事关系，采取合适行为，做到"既不失职，又不越权"，积极主动，尽量出色地完成职责范围内的工作。

2. 综合性

从一个组织秘书工作的枢纽地位和内容范围考察，秘书工作具有全局性，是涉及全局的综合性工作。秘书工作的综合性特点是相对于各业务职能部门工作的相对单一性而言的。

俗话说:"下面千条线,上面一根针。"秘书工作是一项"面"上的工作而非"点"上的工作。在机关、企事业单位内,各职能部门业务比较专一,财务部门管财务收支、供销部门管采购和销售等,而秘书部门并不分管某一方面的具体业务,但它的工作又涉及每一个业务职能部门,涉及一个组织方方面面的工作。有人称它"不管部",其实更确切地说应为"总管部",别的部门不管的事它要承担,别的部门在管的是它也会涉及。秘书工作的综合性是由领导工作的综合性决定的,领导工作要总揽全局,秘书自然要跟着向四处延伸。

认识秘书工作的综合性有利于秘书人员树立全局观念,主动了解和掌握上下左右各个方面的情况、特点和规律,不断提高自身的综合协调能力和公关能力,以达到有效和高效工作的目的。

3. 事务性

从秘书工作的工作对象考察,秘书工作大量涉及的是繁杂琐碎的事务性工作,而非决策性工作。如收发文件、起草公文、打印校对、加盖公章、组织会议、安排洽谈、接听电话、回答咨询、送往迎来、派车买票、安排食宿、财务报销等等,都要一件一件地去办,一点也疏忽不得。这一性质是由秘书工作的辅助性和综合性派生的。

秘书工作机构是领导机关或领导对内对外常设的办事机构,它需要为领导、为组织内各部门和人员,以及为外单位人员办实事。这决定了秘书工作与上下左右的密切关系。上有领导机关,下有从属机关和人民群众。比如预约接待、开具介绍信等等。管理事务是秘书机构的一个重要职能,它全面承担着机关内部的事务性工作,即使是参与决策和管理,其中也有许多工作是事务性的,这是秘书工作一个很大的特点。

秘书部门的办事态度和效率,某种程度上就是该单位领导机关和领导作风及效率的反映。因此,一个组织要提高领导工作的效率,首先要提高秘书工作和行政工作的效率;要改变领导机关的作风,首先要改变秘书机构的作风。

认识秘书工作的事务性,有助于秘书人员提前做好心理准备,培养自己的耐心和吃苦耐劳的精神,自觉提高办事的能力,积累和掌握高效办事的方法。比如将办事的线性工作流程改为网络工作流程就能明显提高办事效率。

4. 管理性

从秘书工作的社会角色和属性看,它属于管理工作范畴,是一个组织行政管理系统的必要组成,这与科技工作、经济工作、司法工作、文艺工作等社会活动是有区别的。秘书工作无论是参谋性工作还是操作性工作，无论是办文还是办会或具体办事，无论是微观工作还是宏观的体制建设、制度建设，说到底都是在做管理工作，都属管理系统的建设问题。

认识秘书工作的管理性，有助于秘书人员正确地对待秘书工作，自觉地学习、掌握和运用现代管理理念和方法手段，不断提高秘书工作水平，由管理促效益，由管理促发展。

此外，在国家的党政机关中，秘书工作还具有政治性的特点。这里的政治性也就是党性，即在秘书工作中，要坚持正确的政治方向，要坚持中国共产党的领导，要坚持与党的方针政策、基本路线保持一致。

三、秘书工作的基本功能

秘书工作的功能作用与秘书、秘书部门和秘书工作的特点密切相关，具有相通性。总体来看秘书工作具有三大最基本的功能：辅助功能、协调功能和窗口功能。

1. 辅助功能

辅助领导是秘书工作最重要的功能。秘书工作的辅助功能可以表现为辅助决策、辅助管理、辅助办事。辅助范围可大可小，层次可高可低，具体辅助内容需依据聘用秘书的类型和等级来定。

2. 协调功能

秘书工作作为全局性、综合性工作，需要开展大量的沟通、协调和公关工作，以协调各部门的思想、行动和资源，以及与外部人员的联络，以达到人对事的理解及人际间的相互合作，贯彻执行领导意图和实现组织整体目标。这是秘书工作的又一个重要功能。

3. 窗口功能

秘书岗位还是一个内外接待站，是外界与领导联系的通道、"关口"或"窗口"，秘书的气质形象和综合素质关系到组织形象和领导者形象，起着重要的窗口作用。

案例 2-1

如此辅助

张局长大事不糊涂，小事不检点。有人称他是工作上的大将、酒席上的醉仙。对改革、对大政方针、对重要工作任务，他从不含糊，魄力大、点子多、信心足，再大的困难也能克服。但对于吃吃喝喝，往来应酬，虽在组织生活会上主动检讨了多次，还虚心听取同志们的批评意见。可是酒杯一端，一切忘干,不醉不归。

一次在传达上级"关于反对公款大吃大喝"文件的大会上,张局长讲话获得了雷鸣般的掌声。他不仅原原本本地传达了上级文件精神,而且当众深刻解剖了自己,并且提出了一套制止公款吃喝的具体办法。局办公室秘书小吴听了既高兴又担心。他高兴张局长对公款吃喝认识的提高,担心他说起来容易做起来难。

小吴想,这次要趁热打铁,让局长改掉这老毛病。会后,他对张局长说:"群众说您这次讲的真好。我建议按您今天讲的精神,下发一个'制止公款吃喝的规定',以后就照规定办事,您说行吗?"

"行。你起草吧。"张局长满口答应。小吴起草后,张局长很快就签发了。

从此,局里的吃喝之风就此煞住。张局长"醉仙"的"美名"也逐渐被人遗忘了。

(资料来源:方国雄、方晓蓉著:《秘书学》,高等教育出版社 2003 年版)

思考:1.秘书小吴辅助领导廉洁自律的行动有何独到之处?

2.领导者对小吴的行动起了怎样的作用?

3.秘书小吴的参谋活动说明了什么问题?

2.2 秘书工作的职责

一、我国秘书工作的职责

1. 原则性职责

秘书工作从职业化角度分析,有自己的本职或本分工作,但实际上本职工作范围的边界有时又不非常明确,有模糊性。各级党政机关、企事业单位的内部机构,按其所担负任务的性质,从横向可以分为领导部门、职能(业务)部门和综合性服务部门三大板块。秘书部门就属于综合性服务部门的一部分,而且是其主体部分,秘书工作主要由秘书部门负责。

秘书工作的职责原则上讲就是凡是领导工作需要的都属于秘书工作的职责范围,包括直接为领导工作提供的一切服务。即领导工作到哪里,秘书工作就延伸到哪里。由于秘书部门的职责是通过具体的秘书人员来实现的,因此秘书人员的总体职责与秘书部门的职能是一致的。即使是被个体雇主雇用的私人秘书,他们不一定在特定的秘书部门中工作,但其基本职责也是直接为其雇主的工作提供服务。

2. 基本职责

我国传统秘书以往以收发抄写文件为其主体工作内容和基本职责。随着秘书工作新观念的形成,秘书工作的内容有所充实,范围有所拓宽。1990年1月,江泽民同志《在省、自治区、直辖市党委秘书长座谈会上的讲话》中指出:"办公厅至少有这样一些任务:一是为领导提供情况;二是领导决策以后参加贯彻实施;三是对党委决策前后出现的一些矛盾进行协调,要做好文件把关;四是承担处理领导机关的一些日常事务。我看起码有这么几条。由此可见,党委要实施领导,没有办公厅的服务是不行的。"这段话中所讲到的四个任务实际上也是各级各类秘书工作的基本任务和基本职责。

秘书工作的基本职责还可以按总体性质来分,主要有两大项:一是辅助办事,二是当参谋。

(1)辅助办事。辅助办事是秘书工作的重要内容和基本职责,其基本组成是秘书办文、秘书办会和秘书办事(特指秘书日常事务的处理),这些内容将在后续的章节中展开。秘书工作中辅助办事的事务包括日常事务、临时交办事务及突发事务三种。其中,日常事务是指反复出现的、大量的、琐细的,可按一定的操作规程和标准办理的工作,又称为程序化工作。领导临时交办事务、突发事务是指随机出现的,往往没有固定的办事程序和规范要求可依循的工作,又称非程序化工作。上述类型的办事都包含有操作性办事和管理性办事两个不同层次的办事,都是协助领导推动整个机关工作运转的活动。秘书在履行办事职责时,只有将规范性和灵活性相结合,才能取得良好的办事效果。

(2)当参谋。当参谋就是在秘书辅助领导办事过程中献计献策。比如在处理文书、起草文稿、综合信息、协调关系、调查研究、检查督办等活动中,都需要秘书的智慧和才能,主动开展工作,提供建议方案,直接辅助领导工作,这就是参谋职责。参谋是在办事过程中体现出来的。

将秘书称为领导助手和参谋也反映了秘书工作的这两项基本职责。

办事与参谋这两个基本职责常常融合在一起的,不能截然分开。办事是秘书工作最基本的职责和内容。参谋职责在办事中履行和体现,在办事职责基础上产生、发展和提高。比如处理文书和起草文稿是办事,有收发传递抄写等具体事务。但如何科学办文和撰写,却又是一项智力型的参谋工作。一个优秀的秘书,在办事过程中,总有自己的主见、建议和方案,而这些智慧信息的提供就是在从事参谋工作。秘书在工作中如果要事事等领导指示、拿办法，说一说，动一动，不说不动，这样的秘书不是尽职的秘书。

3. 具体职责

我国秘书工作的基本职责如果做一归纳，目前大致有以下 12 个方面：①拟写文稿，即撰制各种公文、报表、领导人讲话稿等；②文书处理，即文书的收发、传阅、处理等；③档案保管，即文件与档案的收集、整理、保管和提供利用；④会务筹办，即各种会议的准备、安排、组织、服务、记录和善后事务；⑤接待宾客，即对各类来宾的联系、迎接、招待、送行等服务；⑥信访工作，即接待群众来访，处理群众来信、投诉；⑦议案、提案办理，即整理、办理各级人民代表大会、政协会议和职工代表大会等所提交的议案、提案、意见和建议事宜；⑧调查研究，即遵照领导的指示，以走访、开座谈会、实地察看等方法，了解事物的第一手材料，并进行分析研究，以得到正确的认识的活动；⑨信息管理，即信息的采集、整理、传递、存储、分析和开发利用；⑩协调关系，即调整、改善上下级之间、部门与部门之间的关系，以达到内部团结；⑪督促检查，即对实施的政策、方案、领导的指示进行督促检查，它是秘书参与贯彻的重要方法和手段；⑫领导交办事项，即领导临时交代办理的各种事务。

以上 12 项中前 6 项和第 12 项为我国秘书传统业务，其余为新增内容。

二、中外秘书工作职责范围的差别

西方秘书工作的职责一般是根据具体的岗位和等级来确定的。这在第一章第三节"现代秘书的分类及分层"部分有所述及，可供参考。

涉外秘书工作作为我国秘书工作的新领域，在工作的基本职责上与我国传统的秘书工作职责有些区别，这可以从其普遍性的具体职责中得以说明。涉外秘书工作的一般职责主要有 14 项：剪报；处理邮件；安排上司工作日程；草拟信函文件；保管和使用印章；接待来客；安排约见；筹办会议；协助上司谈判；组织和参与公关活动；办理上司出差事宜；办理出国手续；档案保管；管理办公室财务。

不同的涉外机构部门，由于情况不同，其秘书的工作职责也存在差异，如外商独资企业总经理秘书与中外合资合作企业总经理秘书的工作职责就存在一些差异。从涉外秘书工作的一般职责出发，也可以看出中西方在秘书工作职责范围上的差别。

秘书工作的职责任务，概言之，就是掌管文书，辅助决策，综合服务。由于机关、团体及企事业单位的机构性质与管理模式不同，工作或业务范围不一,因此可以依据具体情况和需要确定秘书和秘书部门的工作职责。

案例 2-2

秘书的信息服务

江华服装公司董事长兼总经理代立佳近来吃不香、睡不安。公司的一批出口服装因质量问题,被外方退货。服装界有名的混混杨光杆找到代总,说是他有路子,只要对退回的服装稍作变动,换个商标,就可转手卖到某发展中国家去。若采纳杨光杆的建议,作为受到省市多次表彰的民营企业家,与混混一起干非法勾当;若不采纳,就要损失几百万美元。

代总的秘书梅正是了解代总的。他知道代总此时最需要帮助,但又不愿向人表露内心世界。梅秘书找来有关法规文件、加入 WTO 后对我国服装业出口的影响方面的文章,以及国际服装市场行情等资料,放在代总的办公桌上,有的资料上还划上记号或写了摘要,供代总阅知。

代总认真地阅读了梅秘书为他准备的文件资料。三天后,代总对梅秘书说:“退货问题,按合同办。杨光杆若再来找我,你给我回绝了,就说他的建议我不接受,劝他不要再出这种歪点子。”

代总又恢复了往日的风采,梅秘书知道他已渡过了难关。

(资料来源:方国雄:《秘书工作案例分析》,兰州大学出版社 1997 版)

简析与思考:领导遇到困难需要帮助,但又不愿向人表露内心世界,秘书应协助他渡过难关。如果你的上司遇到类似问题,你会怎样处理?还有更好的方法吗?

2.3 秘书工作的基本规律

任何工作都有其基本规律,只有按照工作的基本规律办事,才能做好工作,并不断地将工作向前推进。秘书工作也是如此。因此,秘书人员认识和把握秘书工作的基本规律是非常必要的。那么什么是秘书工作的基本规律呢?

秘书工作的基本规律就是秘书工作基本矛盾的运动规律。要认识和把握秘书工作的基本规律,首先要认识和把握秘书工作的基本矛盾,其次要认识和把握秘书工作基本矛盾的运动规律。在这一认识过程中,可以学习毛泽东同志的《矛盾论》。毛泽东同志在《矛盾论》中指出:事物矛盾的法则,即对立统一的法则,是自然和社会的根本法则。按照辩证唯物论的观点看来,矛盾存在于一切事物的发展过程中,每一事物的发展过程中存在着自始至终的矛盾运动。任何运动形式,其内部都包含着本身特殊的矛盾。这种特殊的矛盾,就构成一事物区别于他事物的特殊的本质。在事物的发展过程中,有许多的矛盾存在,其中必有一种是主要矛盾。它的存在和发展,规定或影响着其他矛盾的存在和发展。其他则处于次要和服从的地位。捉住了这个主要矛盾,一切问题就迎刃而解了。无论什么矛盾,矛盾的诸方面,其发展是不平衡的。有时候似乎势均力敌,然而这只是暂时的和相对的情形,基本的形态是不平衡。矛盾着的两方面中,必有一方面是主要的,他方面是次要的。其主要的方面,即所谓矛盾起主导作用的方面。矛盾的双方互为存在的条件,事物内部矛盾着的两方面,在一定的条件下可向相反的方面转化。一事物转化为他事物,就是新陈代谢的过程。

秘书工作是社会客观存在的现象和事物,有其基本的构成要素以及自身的矛盾存在和矛盾运动。

一、秘书工作的基本矛盾

1. 秘书工作的基本构成要素

分析秘书工作实践可以看到,秘书工作的构成有五项基本要素:组织、领导、秘书、秘书事务和秘书工作环境,这些要素互相独立又互相依存、互相作用。

(1)组织。是领导工作和秘书工作依托的实体,组织目标规定了领导工作和秘书工作的目标,是秘书和领导合作共事的基础。

(2)领导。包括领导层和领导者,是秘书工作的直接服务对象,是秘书工作的需求方,一般情况下对秘书工作的方向起决定性作用。不同组织中领导层的整体情况和领导者的水平是有差别的,有好坏的差别、高低的差别,这些情况会直接影响秘书工作状况和发展。

(3)秘书。是秘书工作的主体,是秘书工作的供给方。秘书为组织各部门等服务可以看作间接地为领导服务。秘书自身的素质直接关系到工作的质量和效率,从而对领导工作和组织行政效率产生影响。

(4)秘书事务。是秘书工作的基本内容,秘书人员是通过完成具体的秘书事务来为领导提供辅助和为组织提供服务的。秘书事务不明确,秘书工作就无从做起。

(5)秘书工作环境。由秘书工作为主体,以组织和领导的需要为导向的秘书工作总是在特定的环境中运行的,无论是秘书部门内部的小环境还是一个组织乃至社会的大环境,对秘书工作都会产生极大的影响,最典型的是在目前这个信息化的时代,秘书工作就不能没有工作的翼翅——计算机和网络的支持,否则必定削弱甚至杀伤其辅助和参谋功能。

2. 秘书工作的基本矛盾

明确了秘书工作的基本构成要素后,就可以来寻找秘书工作的基本矛盾。任何一个组织的秘书工作现状是该组织秘书工作矛盾运动的一种存在形式和外在表现。秘书工作中存在许多矛盾,但其中秘书工作基本矛盾或主要矛盾对秘书工作具有主导作用。

秘书工作的基本矛盾是组织整体和领导者的辅助需求与秘书工作者的辅助水平之间的矛盾,它是秘书工作的特殊矛盾。该矛盾实际上是秘书工作中的供求矛盾。

为什么"组织整体和领导者的辅助需求与秘书工作者的辅助水平之间的矛盾"是秘书工作的基本矛盾?原因主要有三点:一是因为这一矛盾自始至终贯穿于秘书工作产生和发展的全过程,这从秘书工作的历史演变可以证实。没有国家的管理、组织的管理和领导工作就没有秘书工作的产生。二是因为它是秘书工作的特殊矛盾,它构成了秘书工作区别于社会上其他工作的特殊的本质,如前面所述的辅助性、综合性、事务性、管理性等。三是因为它是秘书工作发展过程中的主要矛盾,它的存在和发展,规定或影响着秘书工作中其他矛盾的存在和发展。秘书工作中的其他矛盾包括事务性与思想性的矛盾,即秘书工作中操作类事务性工作和参谋类思想性工作之间的矛盾;综合性与专业性的矛盾,即秘书工作中通才要求和专才要求之间的矛盾;常规性与突发性的矛盾,即秘书工作中日常的常规性工作和临时的突发性工作之间的矛盾;被动性与主动性的矛盾,即秘书工作中服从指示工作和主动开拓工作之间的矛盾;保密与利用的矛盾,即秘书工作中保守信息机密和开发利用信息之间的矛盾;等等。这些矛盾与基本矛盾相比属于次要矛盾,处于服从地位,而基本矛盾起着领导的、决定的作用。由此可见,在秘书工作中要注意抓住主要矛盾,解决主要矛盾,这样其他矛盾自然就容易化解。

二、秘书工作基本矛盾的运动规律

按照唯物辩证法的观点,一事物的同一矛盾之中有矛盾的主要方面和次要方面之分,它们互相依存,又可以在一定的条件下互相转化,形成矛盾运动,推动事物的发展。秘书工作基本矛盾的运动规律表现如下:

1. 组织整体和领导者的辅助需求对秘书工作水平的提高起主导作用

秘书工作的基本矛盾是由矛盾的两个方面构成的,即组织整体和领导者的辅助需求与秘书工作者的辅助水平,其中领导层、领导者的辅助需求是矛盾的主要方面、主导的一方,是推动秘书工作基本矛盾运动的主导因素,是秘书工作产生、存在、发展和提高的动因。

总体上考察,秘书工作总是围绕领导的需要和要求而展开,由此而不断提升秘书工作水平的。领导要求高,秘书工作就趋高,要求低就趋低,总是尽可能接近领导的这个或那个要求。随着事物和时空条件变异,领导工作需要和要求会不断变化。为了适应这种需求,秘书工作总是不断追求,不断改进:适应了,秘书工作就前进、发展一步;过一段不适应了,又追求、改进。秘书工作的机构设置、人员配备、工作方式、工作方法、工作内容等都是根据领导工作的需要而变化。因此,可以形象地把它说成是两条线:一条是领导工作的需求线;一条是秘书工作的追靠线。需求线高了,秘书人员就努力追靠,逐步贴近这需求线。从整体上说这是个客观规律,谁也改变不了,违反不得。需求——追靠——再需求——再追靠,就这样不断追、不断赶,构成秘书工作向前的运动规律。

2. 秘书的辅助水平对满足组织整体和领导者的辅助需求具有影响作用

在秘书工作基本矛盾中,尽管秘书工作者的辅助水平一般为矛盾的次要一方,但它对提高领导效能和实现组织目标会产生直接而重要的影响,在一定的条件下甚至起决定作用。

一方面,秘书工作者的辅助水平会影响领导的科学决策。在由经验决策转向科学决策的过程中,秘书人员可以通过提供组织内外的可靠信息,以及在此信息基础上研究形成的建议和方案对领导者决策产生影响。

另一方面,秘书工作者的辅助水平会影响组织的行政管理效率,进而影响领导效能。很难设想,在没有明确分工、没有规范工作流程和工作规章的秘书工作机制下,一个组织内能有高效的行政管理,能持续地实现组织目标。

3. 秘书工作的基本矛盾有一个运动变化的过程

秘书工作的基本矛盾的矛盾双方不是不变化的,特定时期的秘书工作状态只是这一时期组织整体和领导者的辅助需求与秘书工作者的辅助水平之间矛盾运动的暂时存在形式。矛盾双方的不平衡是经常出现的。比如秘书人员无法满足领导的决策和管理需要,或领导人跟不上现代秘书办公的节奏和方式,造成现代办公资源的极大浪费和领导效能的降低。

秘书工作基本矛盾运动的总体过程或曲线就是一个矛盾双方从不平衡、不协调到逐渐平衡协调,再到不平衡、不协调再到逐渐平衡协调的不断循环往复的更新过程,这个过程也是秘书工作不断发展和水平不断提高的过程,同时也是对领导工作和组织整体管理水平的不断促进过程。

秘书人员在推动这一矛盾运动的过程中,在推动秘书工作向前发展的过程中,发挥主观能动性的主要手段有两个:一是全面提升自身的综合素质,不断更新自身的 KAQ 架构,提高对组织整体和领导者辅助需求的适应性;二是创建一个有利于有效和高效开展综合辅助的秘书工作环境和工作机制。在这里特别要强调的是,在文明社会应"以人为本"、"以和谐为准则",不要短视和有违人性地单一追求高效率,否则就是对人类、社会和组织发展的歪曲。

案例 2-3

秘书的"一票否决权"

某厂一连数月无活可做。一听说某电站有一项新建高压铁塔的工程后,全厂上下就一心想把它揽到手。电站借机在原材料、加工费用上提出了极苛刻的条件。厂务会上,不少人认为要不惜一切代价接下这项工程。厂长虽然感到条件太苛刻,但觉得有活干比无活干强。技术工程部门认为虽经济效益不大,但可能会在施工方面打开一个新路子;财务部门认为只要有活做总能得到点收益。接下这个项目似乎成了"一边倒"的赞同。

厂秘书坐在角落里做记录,把工程设计、材料价格、财务预算、施工要求等各方面的情况记录下来。记录汇在一处后,越想越觉得不对头。

正在这时,厂长要拍板了。他说:"大家的意见比较一致,是不是可以定下来,按对方提出的条件接下这项工程?"

秘书急了,一下子站起来说:"厂长,这里有几组数字,请大家综合考虑一下。"接着,他把对方能够提供的原材料与实际需要的原材料、对方提出的施工成本与实际需要的施工成本一一作了比较后说:"照对方的条件,我们不仅得不到盈利,而且连成本也难保住。即使勉强做下来,质量肯定难达标,将来出了问题,那就更不好办了。是不是和对方再洽谈一下,摆摆情况、算算细账。对方也是内行,我想他们也是通情达理的。"

在座的领导通过几组数字的比较,都冷静下来,认为有道理。于是,厂长牵头,带着技术、劳资、财务部门的负责人和厂秘书再次找对方洽谈。通过摆实情、算细账,特别是确保工程质量方面的需要,终于说服了对方,实事求是地签订了合同。事后,这个工程被评为优质工程。

后来，厂长拍着厂秘书的肩膀说："你这个列席代表可拥有'一票否决权'啊！你们秘书部门处于枢纽位置，信息灵，综合性强，在经营决策过程中多动点脑子，多参谋参谋，好让我这当厂长的少做点错事啊！"他这样说不是客套，是真诚的。

（资料来源：方国雄：《秘书工作案例分析》，兰州大学出版社1997版）

思考：1.列席决策会议的秘书"一票否决权"的实质和依据是什么？

2.结合案例，分析秘书辅助水平对领导工作的影响和作用。

2.4　秘书工作的管理体制

秘书工作的管理体制，是指秘书工作机构的设置、隶属关系和职权范围等的组织体系和组织制度。

一、秘书工作的宏观管理体制

机构设置是管理体制在组织形式上的体现。所谓管理，是对事物进行计划、组织、领导和控制的实践活动，管理的目的是力求以最少的消耗、最高的效率，取得最佳的效果。所谓组织是依据一定的任务和目标由许多互相联系、互相依赖、互相作用的部分组成并具有一定功能的整体。管理体制是实现管理目标的重要保障，其中以机构设置为基干。

在我国，秘书工作机构的管理体制，从党政系统看，主要实行"块块领导为主，条条指导为辅，条块结合"的形式，这是由秘书工作机构在本机关的特殊地位及秘书工作机构所承担的共同职能决定的。

秘书工作部门同其他行政管理职能部门不同，没有一个上下垂直的领导系统。也就是说上下级机关秘书工作部门之间不存在直接的领导与被领导关系。当然，他们之间有着密切的工作来往，应当相互支持、相互配合。秘书工作部门是一个办事机构，主要为本级领导机关办事和服务，对本级领导机关负责。秘书工作是各级各类机关、团体、企事业单位日常工作的重要组成部分，是实现机关职能的重要手段，它以直接为本机关的领导工作服务为宗旨。秘书工作机构和秘书工作人员只是直接对其所属的领导机关和领导负责，并直接受所属机关的领导，实行本级领导机关首脑和秘书部门本身的部门负责人双层领导体制。这就是秘书工作管理体制中"块块领导为主"的含义和体现。比如省政府秘书处归口省政府办公厅并为省政府服务，市政府秘书处归口市政府办公厅并为市政府服务，两者并不具有直接的领导与被领导的关系。

但事实上，一方面由于块块之间存在直接的领导关系，即上下级领导与被领导关系，因此，以辅助领导为己任的秘书部门自然也会间接地处于与本级领导机关相同的关系之中；另一方面，无论秘书工作机构规模、级别有何区别，但所具有的职责范围，即工作内容基本是相同的。秘书工作机构的共同性质、共同的工作特点和工作规律，使得各级各类秘书工作机构之间可以建立密切的业务联系，合作研究和解决共同关心的问题。上述情况使上下级机关的秘书工作不仅具有了相互交流的可能，而且形成了非直接的业务指导与被指导的业务指导关系，这就是秘书工作管理体制中"条条指导为辅"的含义和体现。比如，省政府秘书处对市政府秘书处的工作予以指导。中央办公厅和国务院办公厅向全国党政机关中的秘书工作机构颁发秘书工作方面的条例和规章，作出有关决定，召开秘书工作方面的会议，也是从业务上对秘书工作机构加强指导的具体体现。

"块块领导为主，条条指导为辅，条块结合"的秘书工作机构管理体制是我国秘书工作的成果，也是一个随着国家行政管理体制的健全而健全的可发展领域。

我国目前的秘书工作机构管理体制也反映了秘书机构和人员的隶属关系及领导关系的现实状况。

二、秘书机构设置

我国秘书机构的设置，是随着整个党政机关工作的创建而创建、发展而发展的。新中国成立以后，根据中央关于秘书工作机构设置的指示，党政机关内形成了一个较为完备的秘书工作系统。秘书机构的规模、机构内的层次结构、人员分工等，都有制度规定。

1. 秘书机构类型

我国秘书组织机构的类型，大体可以分为以下几种：

（1）党政机关秘书机构。从中央到地方到单位主要有：

■ 中央机关的办公厅：根据党和国家最高领导机关的职责、任务及工作上的需要，中央机关分别采用分理制和综理制的形式设置下属机构。所谓分理制，就是采用分部门办公的形式。这样，秘书机构就是整个机关中的一个部门。中共中央、国务院实行的是分理制，办公厅是相当于部委一级的机构，下设局级机构，如秘书局、机要局、信访局、警卫局、机关事务管理局等；局以下还设处、室或科等。所谓综理制，就是采用不分部门办公的形式，由秘书机构综合管理领导机关的一切日常工作。全国人大常委会、中央军委、全国政协常委会实行的是综理制,由秘书长领导办公厅负责综合承办日常工作,办公厅下设若干局、处、室等。

■省、市、县级的办公厅(室):省、市、县级党政机关也以分理制的方式设置机构,办公厅(室)与相应的部、委、局平行设置。人大、政协则以综理制的方式设置办公机构,秘书长或办公厅(室)主任统辖下属各处、科,领导日常工作。

■乡、镇一级:一般设办公室,较小的只设专、兼职秘书或文书人员。

(2)各民主党派和社会团体、事业单位的秘书机构。各民主党派领导机关,参照同级党政机关的级别设立办公室,一般实行综理制;工会、共青团、妇联等团体按同级党政机关的级别,设立办公室或秘书处、秘书科。由于各群众团体与人民群众的联系事务较多,还下设信访、政策研究机构或配备专人负责。学术团体,如中国档案学会、秘书学会等,一般多设秘书长主持日常工作。

事业单位,一般参照同等级别党政机关的规格,设置办公室,如校长办公室、党委办公室等。相当于县区级以下的事业单位一般设秘书科或秘书股。

(3)企业的秘书机构。在大中型国有企业中,一般均设有党委办公室和厂长(经理)办公室作为秘书部门,大多实行综理制。现在为数不少的企业本着精简效能的原则,将"两办"合二为一,并努力转变其职能,为企业走向市场参与竞争提供全方位服务。而在众多的集体企业、民营(私营)企业中,秘书部门的设置差异较大,但均有一定数量的秘书人员。

在迅速增长的三资(或称涉外)企业中,中外合资企业和中外合作经营企业(这两者简称合营企业)的秘书部门的设置形式大体可分为以下三种情况:一是较大型的合营企业,运营年限较长,管理较为正规,其管理机构的设置往往较细、较稳定,其秘书部门常称之为"行政部"、"行政办"或"总务部"。二是中小规模的合营企业,运营年限较长并且管理较为正规的,其管理机构相对精简,但一般仍单独设置秘书部门。有的合营企业中没有专门的秘书部门,而是为企业的每一位高级和中级管理人员(从总经理至部门经理)都配备一名秘书、一名速记打字员和少量的办事人员协助其工作。三是在许多小型三资企业中,为尽量缩小管理人员在职工总数中的比例,减少非生产性开支,往往只设一两名总经理秘书,由其承担所有的秘书业务,撑起一个不设机构,不冠以正式部门名称的"秘书部门"。

（4）临时性的办公机构或秘书工作机构。临时性办公机构，是各级领导机关根据临时需要或为解决、处理突发性事务而成立的办公机构。其组成可以是"单一"的，即从某一机关或单位抽调人员组成办公机构，也可以是"联合"的，即从几个机关或单位抽调人员组成办公机构。临时办公机构有以下几种：重要、大型会议的办公机构，如召开全国、全省、全县大型会议，设立的临时办公机构——"大会秘书处"；一般县以上的党代会、人代会等较大型的会议，一般设正、副秘书长，领导秘书处、联络处、会务处、文书处、保卫处等；临时活动的办公机构，如举办某些重大活动时或遭遇突发事件时，要设立相应的临时办公机构，像"北京第 29 届奥组委"、"抗洪抢险办公室"等；某些大型出国代表团也会设置临时性秘书机构，以协助日常事务。

2. 秘书机构的设置原则

秘书机构的设置应随着秘书工作任务的变化、职能的变化、办公手段的变化不断调整、完善。秘书机构的设置应遵循以下原则：

（1）精干必要。精干必要原则是指秘书部门和人员的数量和结构要精简、干练、稳定和必要。具体要求在设置秘书机构时，一是要减少内部管理的层次，使传统的组织结构的金字塔型逐渐向纵短、横宽的扁平型方向发展，以减少内耗，畅通信息，有效指挥。二是机构要精干，定编合理，以方便人力资源的调配和有效利用。定编合理要注意从实际出发，既不能过少也不能过多，而是要适当。三是秘书的机构设置要保持相对稳定，不可随意变动或增减，更不能因人设事、因人设职。四是从实际出发，根据实际需要设置机构，必要的就设，不必要的不设，业务拓展了、情况变化了应作适当调整。

1951 年政务院公布《关于各级机关秘书长和不设秘书长的办公厅主任的工作任务和秘书工作机构的决定》规定："秘书工作机构，应根据精简原则，尽量减少层次。办公厅一般可分设两层，最多不超过三层。"由此可见国家对秘书机构的设置一直是重视的。

（2）高效有力。高效有力是指秘书机构的运行要确有成效和高效率。这就要求秘书机构的内部机制要合理化，做到整分合一，以保证机构内的领导人和全体工作人员的积极性和创造性得到发挥，保障机构整体目标的实现。为此，在秘书机构和岗位设置过程中，首先应进行整体规划，明确整体目标，然后再对整体目标进行分解，层层落实，人人到位；同时还要求在分工的基础上进行合作，使所有人的努力能够最终形成合力，为统一的目标服务，顺利完成既定的目标或任务。可见，整分合一机构和岗位设置中，要有目标,有分工,有综合,否则秘书机构的运行就会陷入盲目低效的状态。

在坚持高效有力原则时要注意三点:一是要建立工作责任制体系;二是要运用有关的管理学基本原理、原则和方法,比如在秘书机构和岗位设置过程中,要坚持责、权、利三者结合的管理学基本原则;三要加强秘书机构或办公室信息反馈系统的建设,以保证有价值的信息的收集和及时传递。

(3)层级合理。层级合理是指秘书机构设置要与所服务的领导机关的层级相适应,同时要依据秘书机构本身的层级和职责范围来确定内部的工作层次并对不同层次的秘书工作进行统筹兼顾,协调管理。比如中央机关和省(直辖市、自治区)级机关的秘书机构,由于其服务的领导机关层级高、职权范围大,因此其相应的秘书机构也要求有相应的级别和职权,通常具有相对较为复杂的,由多部门、多层次组成的秘书内部结构。

三、秘书工作制度

"不以规矩,不成方圆。"科学规范的工作制度是秘书工作高效有序开展的保证。各级秘书部门应建立健全相关的规章制度,更好地为领导决策和管理服务。秘书工作管理制度,要以责任制为核心,但仅有责任制还不够,还必须辅之以必要的具体管理制度。秘书工作的制度建设主要有:

1. 岗位责任制度

岗位责任制度是根据单位的总任务,明确规定并公布每个部门、每个岗位的职责权限,并定期进行考核、检查和奖励的一种工作制度。秘书人员的分工最后体现在成文的岗位责任制之中,每个岗位的职责一旦合理确定,就不能因为这个岗位的秘书人员的变动而随意改动。

岗位责任制在 20 世纪 80 年代后期得到普遍推广,但在许多单位尤其是国有企业流于形式,没有发挥很好的作用。主要原因是仅仅停留在明确职责上,考核、奖惩配套制度没有跟上,也就是责、权、利三者不配套,应注意改进和完善。

2. 目标管理制度

目标管理制度是通过使单位成员亲自参加工作目标的制定来实现"自我控制",并努力完成工作目标的管理制度。目标管理是一种科学管理原则,也是行之有效的现代管理方法。目标是根据单位的宗旨而提出的,在一定时期内要达到的预期成果。目标管理先要建立一套完整的目标体系,然后组织实施,最后进行目标评估。

现代管理是从确定目标开始的,而确定目标则是把主观需要、客观条件与客观环境结合起来形成单位努力方向的过程。目标管理是一种重视效果的管理方法,也是一种"以人为中心"的主动性管理方法。条条道路通罗马。办公室的工作目标可以在考虑诸因素的基础上分为三个层次:第一,整个机关的目标;第二,秘书部门的目标;第三,秘书个人的目标。

3.请示报告制度

请示报告制度是各级各类组织系统普遍实行的制度,秘书工作的属性要求严格执行下级对上级的请示报告制度。

秘书工作必须多请示、多汇报,但又不能事事请示,件件汇报。建立请示报告制度,可以规范哪些问题必须事先请示事后汇报。有了明文规定的制度,秘书就可以做到既不越权行事,又能充分发挥主观能动性。常崇宜先生认为以下事项应事先请示:涉及大政方针的问题;贯彻重大部署的问题;无章可循的新情况、新问题;对外行文和召开会议、答复重要问题;改变机关原有规章制度和长期形成的传统惯例;领导交办、批办的事项;重要客人的接待;重要物资设备的购置处理;企事业单位发生的事故等。

在秘书请示工作方式方面应坚持对口请示、逐级请示,不可多头请示、交叉请示;重大问题应书面请示或通过办公会议请示。

4.廉政建设制度

秘书部门接近权力中心,与领导接触较多,容易滋生腐败。要防止秘书腐败事件的产生,保持清廉,维护领导机关的廉洁形象,防患于未然,就必须制定廉洁制度,约法三章,共同遵从,对秘书权责权作出明确的规定。

5.财务报销审签制度

公务文书印刷费、外出公差费、公费医疗费、会议费的报销,以及职工困难补助费的领取等,是秘书部门经常遇到的事。对此,必须有一套严格的管理制度。未经主管领导批准签字,不准报销或执行。这些看起来属于财务制度,实际上是对秘书人员的管理,属于秘书工作管理制度建设范围。

6.其他具体工作制度

秘书常规业务工作,要通过建立各项具体工作制度来实现管理。主要的秘书业务工作制度有:文书工作制度、档案管理制度、信访工作制度、保密工作制度、印章使用和管理制度、值班工作制度等。

四、秘书工作效能建设

行政效能是指行政机关在实现行政管理目标中所显示的能力和所得到的管理效率、效果、效益的综合反映。效能是指办事的效率和工作的能力。

效能是衡量工作结果的尺度,效率、效果、效益是衡量效能的依据。能力、效率、效果、效益是行政效能的四要素。行政效能建设是一项系统工程,其目的是为了加快机关的办事效率,提高机关的服务质量,改善机关的工作作风,优化机关的管理体制,更好地为民服务,推动社会进步。开展效能建设是实践"三个代表"重要思想,落实"立党为公、执政为民"要求的具体体现,是建设"廉洁、勤政、务实、高效"政府和提高干部队伍素质的一项重要举措。一个组织行政效能的情况也反映了其领导效能的情况。

秘书工作在党政机关中是行政管理体系的重要组成,其效能反映并影响行政效能和领导效能。因此,秘书部门应适应形势的发展,同步进行秘书工作的行政效能建设,建立和完善有效和高效的秘书工作管理系统,力求高速高质地产出满足领导需要和组织需要的工作产品。秘书工作效能建设最重要的是要从两个方面入手:

第一,提高工作效率。办事高效是秘书工作效能建设的首要任务。秘书部门和秘书人员高效办事有两个指标:准确和迅速。准确,是个质量规定。从办公室角度说,就是要求准确传达党和政府的方针、政策,以及领导的意图,准确地实现工作要求和目的,并在此基础上准确地办好每一件事情,处理好每一份公文。迅速,是个数量规定,要求在最短的时间内办最多的事情。准确和迅速两大指标的统一,才是效率的完整概念。光有准确没有速度不行,光有速度没有准确也不行。准确、迅速两个要素必须是统一的,两者一体才算高效率。讲求效率,必须有强烈的时间价值观,能够有效地管理时间,提高对时间的利用率。

第二,提高服务质量。秘书工作上承领导,下联各部门、基层,直接影响领导决策的制定与决策的执行。求真务实是秘书工作的基本要求,也是提高服务质量的关键所在。秘书要从全局角度把思想性工作和事务性工作融合在一起,在工作中,要努力从被动服务转为主动服务,做好超前服务,以高水平、高效率的工作能力,为各级领导服务,做到办中有参、参中有谋。

促进秘书部门的高效运转,充分发挥其职能作用,相关因素是很多的:有内部的,有外部的;有领导方面的,有相关方面的;还涉及政策、规章制度等因素。从秘书部门内部来说,提高效能主要应做到"四个优化":

1. 优化结构,发挥整体功能

秘书部门人少事多的现象越来越严重,片面地要求扩大编制、增加人员,既不可能也未必就能解决问题。正确的选择是优化结构,发挥整体功能,追求1+1>2的效果。

古希腊哲学家亚里士多德在公元前 300 多年就提出了优化组合能产生"整体功能大于部分功能之和"的论断。恩格斯也曾引述拿破仑的话,肯定了整体功能的意义。拿破仑曾在回忆录中写道:两个马木留克(马木留克是法国的一个少数民族)兵绝对能打败三个法国兵,100 个法国兵与 100 个马木留克兵则势均力敌……而 1000 个法国兵总会打败 1000 个马木留克兵。显然,一方面这是个"合力"问题;另一方面也是个系统优化问题。拿破仑的政府军队显然在内部建制、武器装备、人员训练、后勤支援、战略策划以及情报工作上比马木留克兵占据优势,人一多整体功能就发挥出来了。

秘书部门要发挥整体功能就必须注意增强服务意识和整体意识,秘书部门内的各个小系统要实现有机结合,协同运作,力求形成"一盘棋"的工作格局。当然,秘书部门整体功能的发挥还与秘书人员的各种素质水平、结构组成密切相关,如秘书人员的年龄、性别、文化程度、专业知识、技能特长等方面的组合都应做到科学合理。

2. 优化目标,明确工作重点

秘书部门的工作很多很杂,各项工作都应努力做好,但从理论上与机制上讲,只有抓住重点才能提高效率。有的秘书部门的领导人身兼多种职务,终日忙于会议、会见、会餐、讲话、致词,这样是难以带动部属完成主要职责的。

3. 优化环境,力争主动服务

从广义讲,环境包括社会环境、人际环境与物质环境等。目前对秘书部门而言,优化物质环境是提高办公效能的关键之一。为此,秘书部门一是要积极向领导反映,争取改善传统的办公环境;二是要自己努力创造条件。

4. 优化制度,严格规范操作

秘书部门的工作要上层次上水平,就必须实现"三化",即规范化、制度化、科学化。建立与健全科学的规章制度并严格执行,就可以减少失误和浪费,凝聚人心,提高服务质量与效率。

案例 2-4

为配合上级机关的精简,某县陆续接纳了 5 名精简下来的干部,其中正科级 2 人,副科级 3 人。考虑到这 5 位干部均无专业特长,年龄又偏大,而秘书部门是综合办事部门,事情繁杂,没有专长也能做,于是县长把他们统统安排到秘书科工作。

秘书科长对此很有意见:本来只有 5 人的秘书科,老、中、青比例为 1∶2∶2,承担秘书工作游刃有余,现在一下子来了 5 名不懂业务的老同志,10 个人中有 6

名科级干部,老中青比例一下子变为 6∶2∶2,秘书科人满为患,以后工作可怎么展开?"怎么办呢,这些干部无专业特长,平时你们不是老说工作忙,现在人多不就力量大了吗?"县长无奈地说,"这样吧,在秘书科下再成立 3 个室:文书室、机要室、综合室。人员安排分别为:秘书科 3 位正科级干部;文书室2 人,其中 1 位副科级干部;机要室 2 人,其中 1 位副科级干部;综合室 3 人,其中 1 位副科级干部。反正再熬两年,他们就要退休了。"

思考: 你认为这样的安排合理吗? 如果你是秘书科长,会怎么做?

2.5　秘书工作指导思想与原则要求

　　"文革"十年,党政机关的秘书工作遭到了极大的破坏,直到党的十一届三中全会以后,才逐渐恢复正常。1985 年 1 月,中央召开了全国秘书长、办公厅主任座谈会,总结了几十年秘书工作的经验和教训,重申并完善了过去行之有效的秘书工作制度,使秘书工作重新走上规范化、系统化、科学化的轨道。中央领导提出了秘书工作的指导思想"三服务"和"四个转变"改革发展方向。

一、秘书工作的指导思想

　　1."三服务"的指导思想

　　"三服务"的指导思想原本是指中央办公厅要为中央领导服务,为中央各部委和各省区市党委领导服务,为人民群众服务。各地区接受这个思想后,其表述相应改为:为直接领导服务,为相关的各级领导服务,为人民群众服务。这一指导思想是对秘书工作历史使命的肯定。在中国提"三服务",有一个重要的理论基础:中国社会主义制度的公有性质,决定了上下一体,利益一致。只有更好地为本级领导和上、下级领导服务,才能最终实现为人民群众服务的宗旨。

　　2."四个转变"的改革发展方向

　　"四个转变"的提出,加强了秘书工作的参谋职能,增强了秘书人员在工作中的参谋意识,使各级办公厅(室)秘书工作发挥参谋职能有了准绳,对推进秘书工作的制度化、规范化、科学化也有一定的影响和作用。其具体内容为:

　　(1)从偏重于简单办文、办事,转变为既办文、办事又出谋划策。党的十一届三中全会以后,我国进入了社会主义现代化建设的新时期,国家重点工作的转移,秘书工作面临着新变化,即秘书辅助领导决策的任务加重了。具体表现是:要求更快地提供更多、更准确、更适用的信息;要求加强调查研究,更多地发挥参谋作用,为领导提供咨询意见和参考预案。这个转变,是秘书工作的根本转变,意味着秘书工作本质意义的深刻变化,是改革时代对秘书工作提出的新的、高标准的要求。秘书出谋划策时要注意把握好以下方面:

- 保持一致,即与党和国家的方针、政策、法规,与组织利益和领导正确的意见保持高度一致;
- 谋而不断,即不要"越位越权";
- 超前准备,即把为领导服务的工作提前考虑得细致、周到些,准备得充分些;
- 适时适度,即把握好参谋的"度"和发挥参谋作用的时机。

(2)从简单的收发信件,转变为既收发传递又综合处理信息。秘书工作联系着上下左右、方方面面,每时每刻都在收发传递信息。而信息对领导工作是至关重要的,是领导者决策的依据或基础。信息服务的问题已被强调到了空前未有的高度,这对秘书工作提出了新的要求。秘书为领导者提供信息服务时要注意:

- 向领导人提供最有价值的信息;
- 向领导人及时提供信息;
- 在提供信息的同时提供可供参考的意见。

(3)从单纯的凭老经验办事转变为科学化管理。在新经济时代和信息化时代,过去的许多工作经验和传统做法已无法再适用于今天的工作环境。经济建设为中心的新形势,改革开放的新事业,要求秘书工作必须实行科学化管理。这是一种发展趋势,它能大大地提高秘书工作的效率。秘书工作实行科学化管理,要注意:

- 设置合理而有效的组织结构;
- 制定科学的工作规范,按系统化方法进行工作;
- 推行以岗位责任制为基础的目标管理;
- 开展秘书职业教育和专业培训,从根本上提高秘书人员素质;
- 逐步实现办公手段自动化、现代化。

(4)从被动服务转变为力争主动服务。秘书工作是为领导服务的辅助性工作。秘书的工作,要服从领导者的安排,但是工作中还有其主动服务的一面。在领导者的意图和指示的范围之内,完全可以充分发挥自己的主观能动性,创造性、预见性地进行工作。特别是那种例行性和程序性的工作,更可以主动地超前介入,把服务工作做好,当领导需要之时,能够"雪中送炭"。秘书工作从被动服务转变为主动服务时要注意:

- 合理安排工作和配置力量;
- 提高主动性、预见性,力争做到领导没想到的秘书要首先想到,领导想到的秘书要拿出可行性的补充建议;
- 领导交办的事项,要做到件件落实,件件有回音;
- 注意总结经验,摸索工作规律,主动做好各项工作。

二、秘书工作的基本原则

秘书工作的基本原则是规范秘书人员行为的基本准则,秘书人员在秘书工作中应当遵循的原则主要有:遵纪守法原则、实事求是原则、联系群众原则、维护大局原则、团结协作原则、超前服务原则、有效和高效原则等。

1. 遵纪守法原则

这是指秘书工作中要坚持以法律法规为依据开展辅助决策和管理的工作原则。严守法纪,是秘书人员必须遵循的首要原则。是否依法办事,是衡量秘书工作正确与否的一个重要标准。秘书人员的遵纪守法,应从知法、守法和用法来体现。知法,是秘书人员法制观念的基础层次。不知法,何来守法和用法? 要知法,就得学习,包括国家立法机关制定的各种法律,以及国家行政机关制定的各种法规,尤其是与本机关、本单位工作关系紧密的一些法律法规,更是要认真学习。守法,是秘书人员法制观念的较高层次。知法而不守法,知法又有何用? 知法而违法,要比不知法而违法更不能宽恕。用法是秘书人员法制观念的最高层次。法律法规既有制约作用,同时又有保护作用,当本机关、本单位的合法权益受到侵犯时,秘书人员有责任向领导提供具体的法律依据,并根据领导的要求,采取相应的行动,以维护本机关、本单位的权益。

2. 实事求是原则

这是指秘书工作中要坚持以客观事实为依据办事的原则。实事求是是一切工作的准则。秘书工作是为领导决策提供依据的,尤其应该实事求是,否则就可能造成领导工作的失误,甚至严重损害党和政府的声誉。秘书工作必须尊重客观事实,不仅不能脱离社会实际情况,而且更不能为了个人或小团体的利益弄虚作假。具体要求是:一是不夸大,不缩小,实实在在;二是切忌脱离实际、主观臆断、弄虚作假、谎报情况，夹杂个人情感，报喜不报忧，甚至不惜捏造事实。秘书人员作为领导的参谋助手，更要坚持实事求是的原则。

3．联系群众原则

这是指秘书工作中要坚持依靠群众和为群众服务的原则。坚持走群众路线不仅是我们党领导民主革命的法宝，也是我们党领导社会主义建设的法宝。任何一个秘书人员都必须坚决贯彻这一原则。秘书在工作中要服务群众、相信群众、善于发动群众。全心全意为人民服务是我们党的根本宗旨，相信群众就是相信他们的创造力和推动力，发动群众就是要学会做群众工作的各种方法和技巧。

4．维护大局原则

这是指秘书工作中要坚持以大局为重，处理好部门与组织整体关系的原则。秘书机构是作为组织系统的一个组成部分而存在的，脱离了系统，秘书部门就失去了存在的意义。系统理论强调的就是整体性，追求的就是整体效应。秘书人员作为机关之枢纽，在这个问题的认识上比其他部门的工作人员更清楚。秘书必须树立全局意识，站在系统整体利益的高度，处理好局部与全局的关系，协助领导协调好各个局部的利益，使利益关系得到平衡，通过一系列行之有效的工作，排除各种矛盾和障碍，实现局部利益与全局利益的统一，促进整体发展。

5．团结协作原则

这是指在秘书工作中要坚持以大局为重、以工作为重的人际交往原则。秘书人员是领导的参谋和助手，在团结协作方面应为其他部门的工作人员做出表率。每个组织的任何工作都需要发挥整体的作用，才能取得最佳效果，达到预定目标。团结就是力量，协作才有效率。秘书工作是综合性的工作，秘书人员需要同各个部门打交道，不坚持团结协作，就无法正常地开展工作。秘书要确立正确的信念，并积极地去影响他人。共同的信念是团结协作的基础。只有正确的信念，才能成为绝大多数人的共同追求；也只有正确的信念，才会产生强大的凝聚力。共同的愿望是贯彻协作原则的重要条件，秘书还应帮助领导努力推动系统内部成员合作愿望的形成。

6．超前服务原则

这主要是指在辅助领导决策和管理过程中，秘书要在领导布置工作之前主动开展相关的工作。这就要求平时有意识地关注现状和时事，注重收集对本单位发展有重要价值的信息，及时向领导提供有用可行的建议和方案,同时在工作中防止出现不协调的现象,或把不协调现象消灭在萌芽状态。

7. 有效和高效原则

这是指坚持有成效和高效率地开展各项工作的原则。秘书工作成效就是秘书工作效果或秘书工作成果。有效原则就是要求秘书"做正确的事",做有益于目标实现的事。效率是指以最小的投入,包括时间、成本等资源,获得最大的产出。高效原则就是要求秘书"正确地做事"。效果与效率是任何组织行政效能建设的最重要的指标。坚持这一原则要求秘书工作目标合理、工作方法科学,不盲目乱干、办错事傻事。

秘书在秘书工作中除了需要遵循上述基本原则之外,还要注意符合秘书工作的基本要求,这就是主动、准确、迅速和保密的要求。前三个要求前面已有所阐述,这里再强调一下保密要求。

各级秘书人员,经常接触领导同志和一些重要文件,参加一些重要会议,了解一些重要机密,因而即使在基层单位,秘书和秘书部门都可能掌握一些机密大事或其他属于不公开的事情,因此,保密不仅是秘书工作必须遵守的准则,同时也是秘书部门的一项职责。保密工作应注意:一是工作中采取措施保证文件、资料的安全,如在包装、运转、拆封、知密范围和传达中制定安全措施;二是秘书人员要保证自己知密不泄密,做到守口如瓶、滴水不漏,提高警惕,严守纪律,切忌麻痹大意,掉以轻心。

1990 年 1 月 10 日,江泽民同志在《在省、自治区、直辖市党委秘书长座谈会上的讲话》上指出:"办公厅的重要性还在于它是一个要害部门,是一个核心要害部门。它在领导身边工作,机密知道的比较多。所以,办公厅工作人员要有政治上的警惕性,要注意保密,遵守保密纪律。因为你们在领导身边,会有很多人围着你们打听消息,你们一定要守口如瓶。"

2.6　中国秘书工作的起源和发展

秘书工作从现代意义出发进行推断,应该自古有之。但从我国文明史的历史考察,秘书工作虽然存在,但名实不符的情况延续了相当长的时间。现代意义的秘书工作出现于 20 世纪初,发展至今。

一、中国秘书工作的起源

秘书工作的起源是秘书学界二十多年来争论较多的问题之一,其中 20

世纪 80 年代后期到 90 年代前期为争论的高峰期。主要观点列举二三：

1. 在部落时期，人类远古秘书工作就萌生了

司徒允昌先生在《秘书学综论》一书中指出："可以这样推断，在出现'社会权力机构'或'有领导部门的社会组织'之前，在部落时期，甚至在胞族时期，秘书和秘书工作就已经产生。"陈贤华先生在《秘书工作论》一书中认为："结绳刻契和符号记事已经具有了文书的性质。那么，这些原始'文书'的加工处理工作也就具有了秘书工作的色彩。"

2. 黄帝时期为秘书工作的起源

杨剑宇先生在《中国秘书史》一书中写道："黄帝时期文字有了重要改进，并被使用，文书和秘书人员这两个标志已出现，所以，它可被视作我国秘书工作的源头。"如此推算，秘书工作起源于距今 4500 年左右。

3. 夏、商、周时期为秘书工作的起源

范立荣先生《现代秘书学教程》一书中明确表示："我国古代秘书工作在第一个奴隶制朝代夏朝仅仅出现了萌芽，到了第二个奴隶制朝代商朝开始形成，并有了秘书工作的实物——公务文书（甲骨文）。"

二、中国秘书工作的发展简史

我国秘书工作源远流长，了解秘书工作的历史是为了更好地理解秘书工作发展的规律，是为了更好地总结历史的经验和教训，是为了更好地推动我国现代的秘书事业。从秘书工作的现代含义出发，而不单纯地从"秘书工作"之名出发，我国的秘书工作大致可分为以下几个阶段：萌芽阶段、发展阶段、转折阶段、拓建阶段。

1. 萌芽阶段

原始社会后期至秦统一六国之前，为第一阶段。

从辅助管理和执掌文书两种职能出发，我国秘书工作的起源可追溯到黄帝时代，史官仓颉为黄帝记载国事。《尚书·尧典》记，舜曾任命龙为"纳言'官，以"夙夜出纳帝命"。史官和纳言的职责就具有秘书工作性质。

夏商周三代，史官仍是主要的秘书官，他们为国君记录言行，起草和保管文书，掌管典志；有的还了解民情，提出建议，协助国君制定法令。史官之下，设有做文书抄写、保管工作的"掾史"、专管印信符节的"掌节"等。

西周、春秋时期，已逐渐形成了一些秘书工作制度。如保密方面，西周将全国土地、户口造册藏于首都宫内，史称"天府之藏"；文书方面，王命文书均有正副本，正本宣读后交付受命的诸侯或大夫，副本存于宫内备查；用印

方面,春秋后期,周王、诸侯传递文书都用泥封加印,以防篡改泄密。

2. 发展阶段

秦统一中国至 1911 年辛亥革命之前,为第二阶段。这一阶段可分为三个时期:封建社会秘书工作的确立和发展时期——秦、汉、魏晋南北朝;封建社会秘书工作的成熟时期——唐、宋;封建社会秘书工作的完备时期——明、清。

秦统一后,开始确立比较完整的秘书工作体制。中央(皇帝身边)设收发重要文书兼行督察百官的"御史",专事文书起草、送阅的"尚书",引见百官、传达王命的"谒者令",掌管皇帝玉玺的"主玺令史"等秘书官;郡县的秘书与文书工作则由"长史"、"主簿"、"记室令史"担任。

西汉时,御史大夫主管行政督察,秘书工作主要由尚书担任,职权日重,人员益增。成帝设机构"尚书台"(后称尚书省),主管官员称"尚书令",下设"尚书仆射"、"尚书郎",分掌图书、秘件、奏章、宣示等事宜。

东汉桓帝新设"秘书监",却是专管秘藏典籍的,并非名副其实的秘书工作机构。

三国时,曹操晋爵魏王后,一度设"秘书令",代替尚书令,可参与机要政务,但为时极短。曹丕即位后,改秘书令为"中书令",下设"中书侍郎"、"中书舍人",为皇帝拟制诏书,记录大事。又成立"门下省",主要官员为"侍中"、"黄门侍郎"、"散骑常待",可参政议论,或传达王命,听奉差遣。

隋唐之后,尚书省转化为行政执行机构。唐玄宗又设"学士院",考选"翰林学士",除应对诗文、供咨询外,还起草任免将相、册封后妃皇子的重要诏令。地方军政大员节度使,有属吏"掌书记"一职,掌朝见、慰问、祭祀、祈祝等文书和升任令状,多由名士充任。

宋代新置军事情报与文书机构"枢密院"。省院之下设立了分工更细的秘书工作部门,如通进司、进奏院、开拆房、主事房、催驱房等,负责文书收发、登记、送阅及催办工作。

元朝取消了门下省与尚书省,以中书省独揽行政。因疆域广大,在各地区设"行中书省",下设检校所、照磨所、承发司、架阁库等机构,负责文书的检查、校对、发送、立卷和档案工作。又在全国遍立驿站和"急传铺",有急件文书,由专使日夜兼程传送。

明太祖新设"通政使司",以"掌受内外章疏敷奏封驳之事。便于四方陈情建言、申诉冤滞,或告不法等事"。又建立"条旨"(又称"票拟",即由内阁大学士在奏章上用小纸拟写处理意见,供皇帝参考)和"贴黄"(进奏本官在奏章上贴附内容提要)制度。朱元璋还屡次下诏禁繁文、减案牍。

清朝中央的秘书机构仍继明制。雍正时代，新设"军机处"为专管西北军务的临时性参谋情报机构，后成为常设机要部门，军机大臣们在此共议国政，起草谕旨。

清朝后期，官场腐败，不少官员既无德才，又无能力，上任不得不带着幕僚帮办政务及文书事务，俗称"师爷"，属私人秘书性质。

1911年5月，清朝政府颁布《内阁属官官制》，规定内阁设承宣厅、制咨局，负责秘书工作。陆军部设承政司，下设四科，其一为"秘书科"。秘书科的职责是：①掌管机密事宜；②掌收发奏咨函电及编纂翻译事宜；③掌监守部印；④掌保存图书事宜。这是我国近代历史上第一个名副其实的秘书工作机构。这一时期，秘书人员的选用，考核也日益规范，与秘书工作紧密相关的公文与公文制度、档案管理及使用、驿站邮传等等一系列规章制度都逐步建立起来。

中国古代秘书工作发展到明清时期，已形成系统、完备、严密的秘书工作体制，成为封建社会皇权统治和行政管理的重要组成部分。

3. 转折阶段

1911年辛亥革命之后到1949年中华人民共和国成立，为第三个阶段。这一阶段是秘书工作的历史性转折阶段，是现代秘书工作产生的阶段。

(1)南京临时政府时期的秘书工作。辛亥革命前，资产阶级革命团体深受西方秘书工作的影响，开始直接运用西方的秘书概念和工作模式，出现了现代意义的秘书人员和秘书机构，诸如国务秘书、省长秘书等。各行各业首脑机关都配备有秘书，以致有些事务繁多的文人、学者，也雇用私人秘书。我国著名女界领袖、伟大的社会活动家宋庆龄，就是跟随孙中山当秘书步入政界走上革命道路的；著名出版家邹韬奋也在上海某企业当过外文秘书。

1912年1月，孙中山就任临时政府大总统后，颁布了《新公文程式》、《中华民国临时约法》。南京临时政府在总统府下设秘书处；各部委设承政厅，置秘书长一人，承总长之命，总理厅务并掌管机要文书，处理内外事务。承政厅设纂辑处、文牍室处、收发室、监印处、庶务处、会计处，各置秘书一人，掌其事；此后，各省政府也设秘书处，置秘书长一人，秘书若个人；县政府设秘书室，有秘书二三人、科员若干人，还有事务员、录事等，承办起草文书、保管文件和各项庶务。在公文用语上废除了几千年来封建王朝所使用的制、诏、诰、敕、奏等公文名称，代之以令、咨、呈、示、状等，并规定了这些公文的具体用法。在对人的称谓上，不再用"大人、老爷"等称号，官员互相称职务上的名称,如"科长"、"局长",民间则互相叫"先生"或"君"。这在一定程度上消除了封建等级观念。在公文处理程序上,从公文的登记、承办到立卷、归档等制度都比较完备。这一从中央到地方秘书工作模式的建立,标志着我国秘书工作转入了现代秘书工作体制。

(2)北洋军阀和国民党时期的秘书工作。1916年袁世凯死后,黎元洪继任大总统,设立了国务院,文书工作在中央由国务院秘书厅管理。中央各部分别在总务厅内设机要科和文书科,办理文书工作及有关事务。机要科掌管机要电报、收发机密报告、撰拟重要训条以及兼管电报处等工作。文书科掌管日常的文牍事务并兼管收发所。电报处和收发所,旨有详细办事章程和值班、值宿、传递文件等制度。从各种制度条例的内容来看,当时已经建立了严密的收发文制度,依据文件的重要程度表明"密件",在文书部门已有了立卷以及年终移交归档等做法。

在当时培养官吏的学校里已开设文书课程,专门讲解公文程式方面的内容,训练官吏掌握有关文书方面的知识。当时直隶法政专门学校编制的《公文程式》讲义有四编22章,比较详细地论述了公文程式的种类、沿革,公文的作法、用语等。这是文书教学的开端。虽然当时还只是侧重于一些实际做法的论述,但说明已有人从事理论方面的研究了。

1927年4月18日,以蒋介石为首的国民政府在南京成立。1928年10月8日,南京国民政府依据《国民政府组织法》完成正式组建,这是中国历史上第一个具有现代意义的政府。之后,国民政府出于巩固统治和提高行政管理效率的需要,曾主要由政府内部官员和与政府关系密切的学者一起发动了一场"行政效率运动"。在这一阶段曾先后颁发过三次公文程式条例,并拟订了《公文标点举例及行文款式》、《公文用纸说明》以及使用白话文等10多个补充文件,从而建立起一整套新式公文体制。1940年前后,行政院还颁布了《公文改良办法》,并在推行"行政三联制"中,对秘书和文书档案工作进行了改革。关于"行政效率运动"的目的,当时的行政专家张金鉴曾说道:"行政研究之追求目的:一是提高行政效率,二是促进吏治道德,三是节省国家经济。"当时的行政改革主参者甘乃光也曾写到:"所谓行政改革,即改革运用政策的机构人员与工具的问题,使之现代化,效率化。"这场行政改革运动虽然没能从根本上根除国民党的腐败和弊端,但其改革本身对推动秘书工作还是有许多值得借鉴之处。

(3)战争年代中国共产党的秘书工作。中国共产党从诞生之日起,就有了自己的秘书工作。毛泽东同志在党的"一大"兼做大会秘书,是我们党正式成立后的第一位秘书。在革命战争年代里,周恩来同志长期主持和领导秘书、机要和保密工作。他还主持创建了党的无线电通讯工作,并且因他的提议,1931 年又由瞿秋白同志起草了《文书处置办法》。任弼时同志在抗日战争时期,曾担任过中央秘书长,直接领导中央秘书处的工作。邓小平同志在上海期间,曾多年担任党中央秘书长,领导秘书处的工作。邓颖超同志曾兼任苏区中央局第一任机要科长(当时是中央局秘书长),到陕北后,又担任过中央秘书处长、中央机要科科长。1948 年 5 月中共中央在河北平山县成立中央秘书处,后又建立中共中央办公厅,由杨尚昆任办公厅主任。老一辈革命家领导广大从事秘书工作的同志,在艰苦的革命斗争中创建了党的秘书工作,形成了党的秘书工作的光荣传统。这就是:兢兢业业、埋头苦干、不怕流血牺牲的献身精神;办文、办会、办事,紧紧扣住为领导服务和适应革命事业需要的大目标;力求风格简洁明白、作风准确迅速;严格遵守保密纪律和保密制度。

4. 拓建阶段

1949 年中华人民共和国成立以后至今,为第四个阶段。

(1)建国至"文革"结束时期的秘书工作。新中国成立后,在总结解放区机关秘书工作经验、改革国民党统治区秘书工作的基础上,逐步建立适应社会主义国家的秘书工作机构与制度,先后发布了一系列关于秘书工作的指示和规定。如 1949 年 12 月的《关于文电处理工作的几项规定》,1951 年 2 月的《关于纠正电报、报告、指示、决定等文字缺点的指示》等,初步建立了社会主义文书工作的规范。

1951 年 4 月,在北京召开了全国秘书长会议,通过了《政务院关于各级政府机关秘书长和不设秘书长的办公厅主任的工作任务和秘书工作机构的决定》、《公文处理暂行办法》等文件,提出秘书工作的基本方法及对秘书人员的要求,规定了秘书机构设置的原则。改革和统一了建国初期党政机关的文书处理工作,清除了旧政府机关的文书制度。据统计,自 1949 年到 1964 年,党中央、中央办公厅和中央领导同志发出的关于文书处理、密码业务、信访、印章、机要秘书、档案、机要交通、文书保密等内容的文件达 270 多件。

20 世纪 60 年代中期以后,"文化大革命"的十年浩劫,使党和国家蒙受了一场严重的灾难,各级党政机关的秘书工作也遭到了极大破坏。

(2)改革开放时期的秘书工作。1978 年党的十一届三中全会以后,秘书工作才逐渐恢复正常。1985 年春,在中共中央办公厅召开的全国秘书长、办公厅主任座谈会上，总结了几十年秘书工作的经验，重申并完善了过去行之有效的秘书工作制度，使秘书工作重新走上规范化、系统化、制度化、科学化的轨道。同时，中央领导同志还提出了新时期秘书工作改革的方向，它标志着我国秘书工作进入了一个崭新的历史阶段，具有划时代的意义。秘书工作的恢复性、拓展性建设主要反映在以下几个方面：

■ 秘书工作的正常化、制度化。党的十一届三中全会以后，各级党政机关迅速地重新组织或调整了秘书机构和人员班子，学习了有关文件指示，制定了岗位责任制，保证了秘书工作的正常化和制度化。

■ 文书工作、档案工作的加强。各级秘书部门普遍加强了文书的撰拟、审核、制作、传递、处理和立卷工作。县级以上政府机关普遍设立了档案馆、党史资料征集室和地方志编纂室，加强了档案的收集、整理和保管工作。企事业单位不仅健全了历史档案、人事档案，也开始重视建立科技档案、经济档案、教学档案等。

■ 大兴情况调查，注重政策研究。各级各类秘书部门普遍收集信息资料，经常进行情况调查，进行分析研究。县以上机关普遍设置政策研究室，配置得力人员为领导部门提供决策依据和方案，充当参谋与助手。

■ 信访工作发挥重大作用。各级机关普遍将信访部门独立建制，人员得到加强。信访工作在了解民情社意、平反冤假错案、打击经济犯罪、纠正不正之风、维护政策法纪、保障人民权利等各方面都起着重大作用。信访工作还收集各种信息和反馈信息，推动着四化建设。

■ 科学、系统地培养秘书人才，开展秘书学理论研究。从中央到各省市普遍重视秘书人才的培养，改变了传统的传、帮、带的手工业方式，而由高等院校和中等专业学校科学地、系统地培养秘书人才，也推动了秘书学理论研究的蓬勃发展。

（3）新世纪秘书工作的发展趋势。21 世纪以来，秘书聘任和谋职在政策、法律范围之内充分自由，形成了人力资源流动的宽松环境。随着我国政治体制改革的不断深入，社会主义市场经济的不断完善，信息化、数字化、网络化时代以及知识经济的推进，秘书工作在新的世纪将面临新的挑战。这种挑战是全方位的，它要求秘书人员能立足现实、展望未来，更新提高，改革发展。展望我国秘书工作的未来，将会出现如下发展趋势：

■ 秘书工作日益普遍化和社会化。秘书工作不仅广泛存在于政府机关、企事业单位和社会团体，而且渗透到社会各个角落。近年来，在激烈竞争的人才市场中，各级各类工商、企业、事业单位、个体等，根据自己实际需要公开招聘秘书。秘书人员根据条件要求,选择用人单位或雇主,以知识、智力服务于用人单位,实现自身价值。

■ 由事务型向智能型发展。这一方面表现为办公室自动化程度的提高,许多事务工作如速记、誊写、校对、报表、档案处理普遍由手工操作转向使用电脑;另一方面表现为越来越多的秘书人员转向高级秘书阶层,他们的主要工作是综合管理、安排日程,或是辅助决策、充当专业工作的顾问,即成为"外脑"型人员。

■ 秘书工作的专业化和职业化。专业化表现为秘书工作分工越来越细,技术要求也越来越高。近些年来,由于秘书工作已经成了各级管理的一部分,也由于大多数秘书部门雇佣经过专业培训的人员,秘书的专业性终于得到了社会的公认,其队伍日益壮大,其地位日益巩固,秘书工作日趋职业化,终身秘书逐渐增多。

■ 秘书人员结构由单一向多元的方向发展。在秘书队伍中,原有的公务秘书、机关秘书仍将居于主导地位,出台的相关政策法规仍将制约和影响其他行业或类型的秘书,但传统的单一格局已被打破,且继续往多元化的方向发展。各行各业的企业秘书、涉外秘书和私人秘书等的数量会明显增加,且有可能形成相对独立的职业群体。

■ 秘书社会服务系统化。当前,一些经济发达地区已相继出现秘书事务所、商务秘书中心、信息咨询公司、市场调查公司、文秘公司、电脑打印室、复印社等提供秘书性服务的私营性机构。如"钟点秘书"已成为人才市场的新宠。这种以不同形式面向全社会提供全方位的秘书服务,表明了秘书工作职业化多元组合形式已经形成。因此,社会化秘书服务系统将会越来越发展。

■ 秘书工作管理科学化。现代科学技术的发展,正在改变秘书工作传统的理念、方式和习惯。越来越多的秘书部门和秘书人员开始重新认识秘书工作在信息时代的角色和地位,开始使用各种先进的办公设备并逐步实现办公自动化,开始运用信息论、控制论、系统论等现代管理方法,从而使秘书工作走上管理科学化的道路。

■ 秘书资格的鉴定与考核制度化。1997 年 8 月 20 日,中华人民共和国劳动部颁发了《秘书职业技能标准(试行)》以及《国家职业教育技能鉴定规范(秘书)》等文件。这一资格认定工作,标志着我国秘书资格审核制度的正式开启,奠定了我国秘书职业制度与国际接轨的坚实基础。

2.7　国外秘书机构的组织形式和秘书教育

国外秘书机构与我国秘书机构有诸多相同和相似之处,也有某些差异。在各国政府部门中,秘书机构的设置情况虽各不相同,但其重要性却是相同的,它直接影响着政府首脑和政府部门的运行与效率,特别是西方发达国家的高层领导机关的秘书机构,在其构建和职能作用上颇具特色。

一、国外秘书机构的设置情况

西方发达国家的高层领导机关的秘书机构设置,按任务和影响力大小划分,大致可以分成三种类型:权力化办公机构、半权力化办公机构和服务性办公机构。

1. 权力化办公机构

这类办公机构拥有很大的权力和影响力,主要从事决策活动。

例如,美国总统办公厅是典型的权力化办公机构。它是由总统顾问、总统助理、办公厅正副主任和新闻秘书等组成的办公班子。总统办公厅为总统行使职权服务,其成员人选由总统决定、任命,无需经议院批准,也不受国会的任何监督和制约,均为白宫的高级官员,其作用不仅可以代表总统与各行政部门联系,而且日益成为凌驾于各行政机关之上的决策机构。

权力化办公机构具有以下特点:①贴近执掌大权的首脑人物,其权力和影响力实际上是首脑权力和影响力的延伸;②其权力和影响力一般要通过参谋咨询、辅助决策、协调控制等协助首脑的办公事务体现出来;③在首脑授权后,能代表首脑行使职权,处理重要问题;④能得到首脑的高度信任,其成员对首脑也十分忠诚,主辅配合默契。

2. 半权力化办公机构

这类办公机构拥有一定的权力和影响力,同时也承担着大量日常办公事务。

例如,英国内阁办公厅属于半权力化办公机构,它是英国内阁的办事机构。英国内阁办公厅下设内阁秘书处,负责处理内阁日常事务,准备内阁会议议程,记录内阁和内阁委员会议的决定。内阁办公厅设有统计局,负责收集和分析信息及统计资料,供内阁制定政策使用,还负责对政府统计工作进行协调。内阁办公厅的史料组,负责编写官方史料。内阁办公厅内主管科学的官员,负责对制订科学研究计划及推广发展政策提供意见和建议。内阁办公厅的管理和人事局负责文官的管理、培训、录用等工作,其局长的级别相当于部长,并以个人身份进入内阁。类似的半权力化办公机构还有日本内阁官房,是内阁执行政务的主要辅助机构。

半权力化办公机构具有以下特点:①对首脑机关负责,为首脑机关提供综合性公务服务,主要服务对象是首脑机关群体;②其权力和影响力往往是通过安排决策性会议议程,提供决策依据、制订施政计划等综合辅助活动体现的;③承担着某些政务管理职能;④其负责人的级别很高,大多是政府权力核心班子的成员,是政府首脑的重要助手;⑤充当政府首脑机关的施政枢纽,是不可缺少的公务辅助和支持系统。

3. 服务性办公机构

这类办公机构,实际权力和影响力较小,其主要任务是提供公务服务,操办具体事务。

例如,德国联邦总统办公厅是其总统的服务性办公机构。总统是国家元首和国家权力的象征性代表,但不执掌政务实权。总统办公厅的主要任务是为总统的礼仪性工作和社会活动提供事务性服务。这与德国权力化办公机构德国联邦总理府是不同的。德国总理是德国政府首脑,总理府是政府的政治和行政总参谋部。类似的服务性办公机构还有英国枢密院办公厅,其主要任务是以枢密院名义发布周知性文告、发布新闻、筹办和组织庆典及社会活动等。奥地利总统办公厅主要负责发布新闻、礼宾、外事接待、授勋、庆典等事务工作。

服务性办公机构具有以下特点:①所服务和辅助的对象虽然地位很高,但无施政实权;②其承担的任务往往是礼仪性、沟通性、交往性、法定形式性的具体事务的操办,很少涉及国家权力的运用和重大政策的制定;③公务服务的范围较小,办公机构规模不大,工作人员较少;④办公厅负责人级别较低,不属国家权力核心班子成员,一般都是部级以下的司(局)级官员。

从各国首脑机关办公机构的实际设置来看,为国家权力中心首脑人物和首脑机关服务和辅助的,大多是权力化或半权力化办公机构。为象征性首脑服务的办公机构,大多是服务性办公机构。

二、国外秘书教育培训情况

1. 美国的秘书教育与培训

美国的秘书教育与培训主要属于职业教育和培训领域,主流为面向社会进行分层次分类型的教育与培训。美国的秘书考试是秘书教育与培训机制的核心部分和集中体现。西方秘书职业化的一个重要特征就是持证上岗。这个证就是职业证书。

(1)CPS考试。CPS全称为"Certified Professional Secretaries",意为"许可的职业秘书"。CPS考试原先由国际秘书职业协会(PSI)提供,由于该协会1998年更名为国际行政管理者协会(IAAP),所以CPS考试现由IAAP主持。IAAP是目前全球最有影响力和会员分布面最宽的行政人员与秘书人员的社团组织。考试后各门成绩合格者,将获得CPS证书。CPS考试的主要内容有六个方面:商业行为科学、商业法、经济和管理、会计、办公室管理与通信能力、办公室技术。

(2)CAM考试。CAM全称为"Certified Administrative Manager",意为"许可的行政管理者"。CAM考试由国际行政管理学会(AMS)提供、考核和颁发证书。

2. 英国的秘书教育与培训

英国的秘书教育主要通过职业培训解决。英国有严格而规范的秘书培训、考试和任用制度。

(1)培训制度。它主要包括"入门训练"和"加温训练"。前者是英国政府对初录用的秘书进行为期两年的训练,以使他们了解、熟悉政府的组织结构和工作程序,能运用办公室自动化设备,开展基本的管理活动;后者是对"入门训练"结业后安排了具体职务的秘书进行的继续教育和培训,以提高他们的工作技能和知识结构更新。

(2)培训的方式。它主要包括:①本部门培训,即由政府各部门举办具有针对性的短训班,主要进行技能性培训;②委托培训,即选派中高级秘书官员至专门机构或学校学习,主要进行观念、知识、技能的综合性教育和培训。正规训练学校为文官学院,它在伦敦、伯克郡、爱丁堡分设三个中心,设有基础班、高级班和研究班等。英国文官学院是培养高级行政和秘书人员的摇篮。

(3)秘书考试。英国的秘书证书考试在全球具有影响力的有CCASS考试和LCCIEB考试。

■ CCASS考试中内含"剑桥秘书证书"考试,后改称剑桥办公管理国际证书。它是由英国剑桥大学考试委员会(University of Cambridge Local Examinations Syndicate,UCLES)国际考试部(University of Cambridge International Examinations,CIE)和中国教育部考试中心中英教育测量学术中心SBC密切合作(The Sino-British Academic Exchange Centre in Educational Measurement NEEA & UCLES，SBC)，共同推出的秘书考试。剑桥秘书证书考试共分初级、中级和高级 3 个级别。（详情见 http://www. sbc—neea.com.cn.）

■ LCCIEB 是英国伦敦工商总会考试局的英文缩写。这是一家国际性的考试机构，是一种非学历性的职业证书考试，其颁发的证书在许多国家普遍承认，并在英联邦国家和东南亚享有"求职通行证"的美誉。LCCIEB 举办秘书学习证书、私人秘书证书、私人和执行秘书毕业证书三种不同水平(初、中、高)的文秘类考试，并颁发相应的资格证书。

3. 日本的秘书教育与培训

日本秘书专业教育的兴起，是与秘书的就业密切相关的。明治维新时期，日本女性开始进入社会就业行列，社会上也出现了专门培养女性的学校。1915 年，京都平安高等女子学校就设置了秘书科。第二次世界大战后，女性就业人数更多，到 60 年代，女性就业人数已超过其就业总人数的 30%，社会上的女性职业教育更为兴旺。实际上当时的女性职业教育几乎就是秘书教育，因为当时大部分女性就业就是从事辅助男性职员工作的服务性工作。至 70 年代，秘书教育才真正受到社会重视并成为一种系统规范的职业教育。日本的秘书教育与培训大致可以分为学校秘书教育与社会在职培训两种模式。

(1)学校秘书教育。日本学校中的秘书专业教育主要有以下几种情况：

■ 在高等学校(相当于我国的高中)开设秘书课程。1970 年，日本教育行政部门确定在高等学校商业科开设"秘书实务"课程。在 1991 年由日本文部省颁布的《高等学校学习指导要领》中，在商业科里就开设有情报处理、文书处理、情报管理等与秘书相关的课程。

■ 开办秘书专门(科)学校(类似于我国的中专学校)。这类学校是日本进行秘书专业教育的主力，尤其是在短期大学开始进行秘书专业教育以前。这类学校根据社会需求自由安排课程，以教授秘书工作中的实务知识和技术为重点内容，实用性强。

■ 在短期大学(类似我国的大专学校)设立秘书专业或秘书科，或开设秘书课程。1980 年，日本文部省颁布了《秘书科设立基准》，其内容包括三个方面：秘书理论和基础知识、秘书实务、相关知识和实务。它为日本短期大学的秘书教育提供了一个基本框架，大大促进了秘书教育的普及。到 90 年代中期，日本从事秘书教育的短期大学已经超过了 200 所。

■ 近年来，日本大学中的秘书教育也得到了新的发展。文部省审定了大学中一些秘书相关课程的设置,这对于推进大学中的秘书教育也起到了积极的作用。

(2)社会在职培训。主要有如下几种形式:

■ 上岗培训(OJT)。即新秘书上岗之前通过日常工作进行的实地训练,以培训实际工作能力。这种培训一般由企业中秘书部门的领导或老资格的秘书人员担任指导,根据预定的计划和目标,边实践边学习。据调查,有87%的日本企业秘书接受过这种上岗培训。

■ 岗外培训(OFFJT)。有的企业也将秘书人员送到社会上的教育机构去进行培训。如东京的YWCA专科学校举办的商业秘书培训讲座就分为一年(高级课程)和两年(初级课程)制。其高级课程(一年)包括:秘书概论与实务、文档学、英文打字、英文速记、秘书英语、英语会话、会计事务、心理学(人际关系)、经营管理、通讯、商业法、劳动问题等等。其初级课程(二年)包括:秘书概论、秘书实务、文档学、听写、英文打字与速记、秘书英语、英文簿记、时事英语、商业英语、英文翻译与理解力、英语会话、语言表现法、商业簿记、经济学、社会问题、钢笔书法、保健体育及音乐等等。

■ 函授教育。日本著名的早稻田速记学校、产能短期大学等许多教育机构都设有秘书函授教育。

■ 专业交流。日本有若干个秘书团体,它们往往既具有学术组织的性质,又具有一定的社会教育功能,并常常通过举办进修班、召开研讨会、发行刊物等方式促进秘书工作者的交流和进修。它们包括:日本秘书学会(1981年成立)、PSI日本分会、日本秘书协会(1967年成立)、日本秘书俱乐部(1984年成立)、日本秘书学研究会(1985年成立)。

(3)日本秘书的考试与测试。日本没有统一的秘书资格认定考试,但有其他检测考试可以证明秘书人员的水平。

■ 秘书技能测定考试。这项技能测定考试由日本文部省认定,由日本实务技能检测协会负责实施,一共分三级:由低至高为三级、二级、一级。自1973年开考以来,希望从事秘书职业的人和在职秘书大多接受过此项测试。测试的内容主要分为理论和实践两方面,三级、二级只进行笔试,一级笔试合格后还要进行面试。

■ CBS考试。这是由日本秘书协会自立标准从1979年开始实行的一种考试。CBS考试的特点是要使用两种语言——日语和英语进行考试。参加这项考试的应试者必须高中毕业,考试每年一次,分两个阶段(2月和7月),分别用日语、英语完成,并有面试。考试合格者,分别取得以下三类

CBS 资格：①高中毕业的有三年秘书工作经验，为一类；②专门学校和短期大学毕业的有两年秘书工作经验，为一类；③大学毕业的有一年秘书工作经验，为一类。CBS 考试是为了适应日本日益国际化的社会现状，对秘书人员提出的高要求而进行的关于秘书知识、技能、日语和英语的标准化考试，对于提高秘书人员尤其是涉外秘书人员的素质具有重要的作用。

■ 秘书士资格的审定考试。日本全国短期大学秘书教育学会对于完成了秘书士统一学习计划并通过考试的合格者，授予"秘书士"的资格。

总之，各国都有适应本国社会需要的秘书教育与培训体系，并随着社会的进步和变化而发展成熟。他国的秘书职业教育和培训的成功经验对于正在走向职业化的我国秘书事业是宝贵的值得借鉴的财富。

【本章小结】秘书工作是秘书部门和秘书人员辅助领导和组织开展决策和管理的各项实践活动，是一项综合性辅助性的管理活动。秘书人员的辅助水平对一个组织的行政效率、领导能力的发挥和组织目标的实现具有一定的影响力。随着社会政治、经济、科技、文化的发展，秘书工作应紧跟时代前进的步伐，及时调整自身的任务结构和工作体制，增强对外界变化的适应性，以满足领导和组织不断提高的对秘书工作的要求。本章重点阐述了秘书工作的基本属性、基本职责和秘书机构的设置，以便明确秘书工作的特点和基本的运行机制；秘书工作指导思想与原则要求是秘书部门和秘书人员妥善处理各项具体事务和解决具体问题的依据；秘书工作基本规律的揭示则有助于把握秘书工作内在的发展运动过程，为秘书工作按照客观规律办事提供了理论依据。本章还对我国秘书工作的历史和国外秘书工作的教育和培训状况作了介绍，以开阔视野。

思考与训练

    1. 何谓秘书工作？

    2. 秘书工作的基本属性是什么？

    3. 如何正确认识和处理秘书工作中被动和主动的关系？

    4. 如何正确认识和全面提高秘书工作的辅助功能？

    5. 你认为现代秘书工作应具有哪些基本职责？为什么？

    6. 简述秘书工作的基本规律及其认识意义。

    7. 秘书机构有哪些基本类型和设置方式？

    8. 设置秘书机构要遵循什么原则？

    9. 秘书工作制度建设主要包括哪些方面？

    10. 秘书机构应如何提高工作效能？

11.20 世纪 80 年代中期秘书工作中提出的"三服务"和"四个转变"的具体内容是什么？

12.秘书工作应遵守哪些原则？

13.秘书工作有哪些基本要求？

14.西方国家的秘书机构可分为哪些类型？其主要特点是什么？

15.案例分析

小杂货商的女儿撒切尔夫人在 34 岁时当上了英国下院议员,从此以女强人的姿态,走上政治舞台。

撒切尔当上议员后的第一要务,是物色一位称职的女秘书。帕迪·维克托·史密斯被推荐给她。当时帕迪小姐已是另一个议员的秘书,为了增加收入,兼任撒切尔夫人的秘书。但时过不久,她被撒切尔夫人的人格所吸引,做了撒切尔的专职秘书。

那时,下院的条件有限,议会大楼里只有一间女议员共用的办公室。女议员们只得在她们的秘书的写字台边办公。秘书们则要六七个人挤在一起工作。撒切尔夫人每天在那里埋头苦干,每一件公务都认真负责。她对秘书在工作上要求十分严格,但很公正、平等待人,使秘书很感动,像她一样全心全意认真负责地对待工作。

每到议会开会期间,撒切尔夫人的工作就更为繁忙紧张,要参加会议,要会见选民,要阅读来信,要向秘书口授复信稿,还亲自撰写讲话稿,忙得吃饭也是常和帕迪小姐在小饭馆或食堂里吃一顿了事。平时她总是自己接送孩子上学,可忙的时候也只有请帕迪小姐代劳。撒切尔夫人在理发的时候,也在向秘书帕迪小姐口授复信稿。

撒切尔夫人和她的秘书帕迪小姐配合默契,工作效率很高。这种紧张而愉快的合作,直到帕迪小姐结婚才结束。

思考:1.秘书帕迪小姐为什么能与撒切尔夫人配合默契？双方配合有何效果？

2.以"双向尊重是领导与秘书合作的基础"为题,写一篇短文。

第三章

秘书办文

公文与法律

1993 年 3 月,某省人大常委会举行次会议作出决议,决定撤销该省某市人民政府的 108 号文件。决议一公布,立即在省直和各地、市机关引起一阵不小的震动。原因主要是 108 号文件不符合国家《土地法》。108 号文的主要内容如下:

关于金滩外商投资开发区征用土地的批复

市外经贸委:

报来《关于要求批准征用金滩外商投资开发区 1500 亩土地的请求》收悉。

建立金滩外商投资开发区是市四套班子集体研究决定的。这是市委、市政府贯彻省委、省政府"筑巢引凤"战略决策的重大举措,标志着我市对外开放进入了一个新时期。尽快把金滩外商投资开发区搞起来,对我市乃至全省经济实现跨越式发展将起重要作用。为此,特批复如下:①同意你委征用金滩区域土地 1500 亩,其中水田 1050 亩;②根据市委、市政府的"低门槛"政策,可根据水田、旱地不同,地块区别,给予适应优惠地价;③请市土地、规划、城建等部门积极配合,大力协助外经贸委做好征地等项前期工作。此复。

××市人民政府

1992 年 8 月 18 日

108 号文下达到市直各部门后,不到两个月,金滩外商投资开发区的蓝线图已绘制出来。紧接着是 100 多家房地产公司掀起一股炒卖蓝线图的热潮,地价由每亩 5 万元炒到每亩 50 万元,引起了金滩区农民群众的强烈不满,集体上访和越级上访不断。

《中华人民共和国土地管理法》第四章第二十五条规定,"国家建设征用耕地 1000 亩以上,其他土地 2000 亩以上的,由国务院批准"。显然 108 号文件严重违反了土地法,不能执行。

(资料来源:贵州学习网 2006/10/31)

提示：上述实例从一个侧面反映了公文质量和办文的重要性，以及法定公文的特点和要求。那么，究竟什么是公文？如何形成高质量的公文？如何有效和高效地开展办文工作？这些是本章要解决的核心问题。

办文，顾名思义也就是办理文案，即从事办公阶段的文书工作或文件工作，是大多数秘书人员的重头戏。秘书工作离不开文书工作，因此，人们也常常把两者合而为一称为文秘工作。办文，是一个组织处理各项业务的一种方式和手段，是人际沟通的一种桥梁和媒介。它的活动方式具体表现为文件的制作和文件运行的组织和管理。由办文的目的功能可以发现，整个办文的过程会涉及与文件内容相关的人员，比如，领导人员会对制文提出要求或对文件进行批办等。办文不是秘书人员的专利。办文是秘书的主要职责，办文能力是衡量秘书人员工作能力的重要指标。秘书人员要有效和高效地进行办文，提高办文的质量和水平，学习和掌握办文的相关概念、知识和技能是其基本功。

3.1　秘书办文基本概念

一、公文与文书

文书是秘书工作的基本工具、工作对象和工作产品。由于在实际工作中，人们使用或管理各种书面材料或信息载体时都采用的是具体称呼，比如，"这是刚收到的上级来文，请您批阅"，"发一份通知……"因此，事实上大多数秘书人员对办文的对象文书以及文书的各种类型在概念上通常是比较模糊的。那么，什么是文书？公文等于文书吗？文书、公文和文件之间究竟是什么关系呢？

1. 文书

文书，在概念上有一从传统向现代的历史演变过程。今天，对于文书概念仍然存在着不同的说法，传统观念和现代观念仍然并存。

（1）传统文书概念。传统文书概念一般认为文书是各种文字材料的统称。比如欧阳周认为："文书是人们在社会实践活动中，以一定的文字体式，用以表达某种意思、处理各种事务的书面材料。"

（2）现代文书概念。相比传统文书的概念，现代文书概念具有更宽的涵盖面，不仅指纸质文字性材料，还包括计算机文本等；不仅指文字性材料，还包括其他载体和其他制成方式的信息材料，如图表、照片、录像带等。从现代角度出发,我们可以给文书下这样的定义:**文书是针对特定的活动需要产生的,用来记录和传递思想和信息的载体。**

在文秘工作领域,目前文字材料的文书仍然占主导地位,但明显的变化是电子公文、多媒体文件的数量在急剧增加。但无论是什么载体形式的文书,从产生领域来划分,仍可以分为私人文书与公务文书两类。私人文书即在私人活动中形成和使用的文书;公务文书即在公务活动中形成和使用的文书。

2. 公文

公文,是公务文书的简称。它是指在公务活动中形成的文书或文件,是机关、团体、企事业单位实现其职能的重要手段和依据。公文概念有广义概念和狭义概念之分。

(1)广义公文。指在公务活动中形成和使用的一切信息载体,无论其形式如何。也就是说,除了私人文书以外的一切与公务有关的信息材料都属于公文。它按使用性质可以分为通用公文和专用公文,其中通用公文依据法定效力情况又可分为法定公文和公务常用文等。

法定公文是指党、政、军、群等社会各级各类组织在其活动中形成的具有规范体式和法定效力的文书(或文件),是依法开展公务活动的管理工具和信息工具。法定公文形成的依据目前主要有国务院颁布的《国家行政机关公文处理办法》(国发〔2000〕23 号,下称《办法》)、中共中央颁布的《中国共产党机关公文处理条例》(中共中央办公厅 1996 年 5 月 3 日印发,下称《条例》)、中央军委颁布的《中国人民解放军机关公文处理条例》等。规范化的决议、决定、通知、会议纪要等都是法定公文。

公务常用文指一个组织在日常事务处理中常规使用和形成的非法定公文,如计划、总结、调查报告等,也可以称为事务公文。

专用公文指在外事、军事、司法、经济、科技等专业活动领域产生和使用的具有特定内容和规范体式的业务公文,如照会、国防白皮书、判决书、商标文书、科技专利文书、经济合同等。

(2)狭义公文。狭义公文一般专指法定公文,包括党的公文和国家机关的行政公文。比如《条例》指出:党的机关的公文,是党的机关实施领导、处理公务的具有特定效力和规范格式的文书,是传达贯彻党的路线、方针、政策,指导、布置和商洽工作,请示和答复问题,报告和交流情况的工具。《办法》指出:行政机关的公文,是行政机关在行政管理过程中所形成的具有法定效力和规范体式的文书,是依法行政和进行公务活动的重要工具。这些公文概念均为法定公文概念,属于狭义公文范畴。

从当前我国秘书工作实际看,秘书人员做文书工作除了和党政公文尤其是行政公文打交道外,还会越来越多地涉及商务文书、法律文书等专用公文以及日常事务中所需的文种,因此,作为职业秘书,更需要重视广义公文概念,要不断了解和学习其他类型的公文写作和处理,扩大自己的知识面,提高自己的写作能力和公文处理能力,以适应现代社会对职业秘书的办文期待和要求。

3. 文书、公文、文件相互之间的关系

与文书、公文具有密切关系的另一个常用概念就是文件。从信息载体的角度来理解,文书与文件、公文具有内在密切的关系。从理论上和实践上考察,对文件的理解也有广义和狭义之分。

第一种,文件与文书具有等同概念,只是不同环境叫法不同而已。这显然是一种广义的理解。如联合国教科文组织的《文件与档案管理规划》(RAMP)中对文件的诠释:一个机构或组织在其工作中形成、接收和保存的所有有记载的信息(不论其物质形式或特征如何)。

第二种,文件指现行文件,即正在制作和使用过程中的文件,不包括使用完毕的归档保存的档案。显然这与运行中的广义公文具有相同的含义。

第三种,专指具有法定效力和规范体式的"红头文件",是法定公文。

后两种均为狭义理解。由此可见,三者之间的概念关系是文书等于广义文件大于公文。文书与相关概念之间的关系见表 3-1,文书、公文与文件三者之间的关系见图 3-1。

表　3-1 文书与相关概念之间的关系

文献类别	分类名称			内容特征	对应关系		
文书（书面、电子、声像）	公务文书	通用公文	法定公文	党务政务文件,行政文件（公文）;有规定的类型与规范体式,正式,使用普遍,如决定、决议、通报、通告等。	狭义公文	广义公文	广义文件（书面、电子、声像）
			公务常用文	日常事务活动中形成,内部文件,具有一定格式但不是很严格,很正式,如计划、总结等。			
		专用公文		产生并使用于专业性活动领域,具有特定内容和规范体式,如外交、军事、司法、经济、科技等专用公文。			
	私人文书			个人、家庭或家族在处理私人事务中形成和使用的文书材料,诸如书信、日记、家谱、自传、遗嘱、账册、手稿等。			

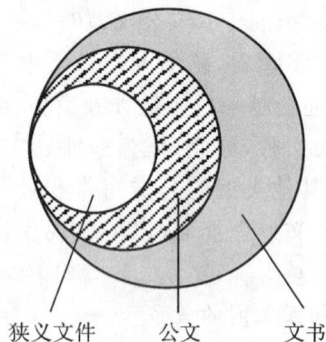

狭义文件　公文　文书

图 3-1　文书、公文、文件之间的关系

二、公文处理

由于处理的对象主要是公文,因此,文书工作主要就是公文处理。公文处理根据处理的对象不同也有广义和狭义之分。

1. 广义公文处理

广义公文处理指对公务文书从撰制形成到完成成文使命到公文处置的全过程所做的处理工作。2000 年国务院颁发《国家行政机关公文处理办法》第一章第三条规定:"公文处理指公文的办理、管理、整理(立卷)、归档等一系列相互关联、衔接有序的工作。"可见广义公文处理包括了公文办理和公文管理两大子系统。公文办理主要包括收文办理和发文办理,内含公文撰制环节。公文管理主要指公文办理完毕后对文件的处理,实际上是一个文档管理环节。广义公文处理流程见图 3-2。

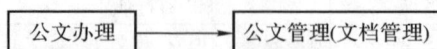

图 3-2　广义的公文处理程序

2. 狭义公文处理

狭义公文处理一般的理解为公文办理,它是广义公文处理的核心环节。其实,在秘书实践中,通常还会将公文撰制看作一个相对独立的环节,而仅把公文的签收、分发、拟办、批办、承办、催办等动态的公文流转过程当作公文处理。

总之,处理、办理、管理三个词虽然在日常语义上非常接近,但在秘书工作和行政管理工作中,公文处理、公文办理、公文管理却是互有联系而又有区别的三个概念,不要混淆。

3.2　公文的功能与特点

一、公文的功能

任何一个组织都需要公文,秘书部门是一个组织的公文处理中心,秘书人员是影响一个组织公文体系建设和质量的重要人员。"文山"固然是个弊端,但无文或公文质量低下也会带来极大的危害。提高组织公文质量的前提是思想上对公文的功能作用要有正确的认识。思想不正确,行动不可能正确。公文的社会功能和作用主要有两个:原始功能和附加功能(或称从属功能)。

1. 原始功能

一个组织为什么要产生公文? 概括地说有两个主要原因和目的:一是为了信息沟通;二是为了实施管理,而后者是主要的根本的目的。公文也就具有两个基本功能,即管理工具和沟通手段。一个组织为了沟通办事,保护组织自身,推动组织各项活动的开展,就需要产生公文。比如为了保护本单位的发明,就需要申请专利,要使专利申请成功就需要形成成套的专利文件;参加一项谈判就需要准备谈判协议或其他相关的文件,如果协议中存在法律漏洞,则有可能在将来引来一场官司;布置一项工作就需要发通知;等等。这些就是公文的原始功能,也就是实现成文目的的功能作用。从信息论的角度来分析,公文是公务活动中记录信息和传递信息的信息工具;从管理的职能分析,它是用来表达和执行管理者思想和意图、组织和开展各项管理活动的管理工具。

2. 附加功能

公文的附加功能也就是作为公务活动凭证和依据的功能作用,这通常不是公文形成的目的,而是公文产生之后自然伴生附加的功能。公文是公务活动的原始记录,可以在日后作为法律凭证和历史史料发挥作用。这也是为什么将以文档管理为核心的公文管理纳入公文处理程序和范围的原因所在。

关于公文的重要性还可以参考第七章文档与信息管理。

二、公文的特点

如前所述,广义的公文具有不同的类型。不同类型的公文在特点上自然有一些差别,如法定公文的权威性自然要高于公务常用文。这里从有效

行文和提高公文制文质量的角度考虑,主要讲法定公文的特点,由此也可以把握它与其他公文类型的区别。法定公文的主要特点有:

1. 是重要的管理工具

公文是一种重要的管理工具。这是所有公文的本质属性,自然也是法定公文的本质属性。

社会是需要管理的,组织是需要管理的,活动是需要管理的。管理的方式各种各样,其中文件管理方式在人类历史上具有不可替代的独特地位。胡鸿杰教授认为,管理方式总是遵循着一定的"标准方式和范例"。这种"标准方式和范例"大体可以分为三种状态:第一是现场的方式;第二是会议的方式;第三是文件的方式。文件的最大优势在于突破了管理活动的地域、层次和时间等因素的限制,能够更加准确、规范地传递管理指令及各种信息。

2. 具有法定效力

即法定公文作为管理工具具有公认的权威性和有效性。它由法定的制发者针对特定的事务和范围制发文件,收文者具有一定的范围,并有责任和义务在有效的时间范围内贯彻落实文件。法定公文的法定效力主要由合法的制文者来保障和决定。公文的法定制发者可以是组织与个人,即"法定组织"和"法人代表"。"法定组织"即依法成立并能以自己的名义行使权利和义务的组织。"法人代表"是指依法代表组织的人。

制文者不同,公文的法定效力也不相同。不合法的制文可以使文件失去法定效力。如《宪法》第107条规定:"县级以上地方各级人民政府依照法律规定的权限,管理本行政区域内的经济、教育、科学、文化、卫生、体育事业、城乡建设事业和财政、民政、公安、民族事务、司法行政、监察、计划生育等行政工作,发布决定和命令,任免、培训、考核和奖惩行政工作人员。"依据这一条,县级人民政府可以发布命令,但乡镇人民政府则不能,因为没有法律依据。所以,公文要生效,首先,公文的制发者要有行文权。每一个组织及其内部机构其行文权都是有限制的,即有各自制发文件的权限。法人组织具有对外行文权,而对外行文权的重要标志就是法定组织的公章。所以,一个组织的内部机构以自己的名义所发的文件一般不具有法定效力。比如一所大学内的分院制发红头文件,让本分院的教师和外分院的教师实施,就没有法定效力。

所以,秘书部门和秘书人员在辅助领导制发文件时要注意本组织或本部门的行文权限,避免制发违法违规的文件,产生不良的影响和造成不良的后果。

3. 具有规范体式

所有的公文一般都具有规范的体式,只是要求的严格程度不同而已。

比较而言,法定公文的规范体式要求最严,标准化、规范化程度最高。比如一个组织内部的计划、总结等事务类公文在格式上要求一般不是很严,但对外发行公报、决定等的法定公文,则必须按照国家的规范格式要求制文,这也是公文具有法定效力的一个条件和要求。法定公文的规范体式主要表现在公文的结构格式与公文制发的流程上。

作为管理工具,公文的规范性要求是必然的。公文越是规范,阅读和使用就越方便,管理就越有效和高效。所以,公文的规范体式实际上是人类始终不懈追求有效和高效的管理方式在文件领域的体现。一个组织公文的规范程度从一个侧面也反映了该组织的管理状况和水平。所以秘书部门和秘书人员在制发公文时,要按照有关规定,规范成文和行文,提高公文处理水平。

4. 具有严肃性和时效性

公文姓"公",不管实际是由哪个个人拟制,它代表的却是一个组织"公"的意志。因此,公文具有严肃性,需要慎重对待。尤其是国家权力机关产生的法定公文,更是直接反映了执政党和国家的政治意图和根本利益,反映了治国的方略,来不得半点马虎。

另外,公文一般是针对特定的事务产生的,其作用具有时效性,即在一定的时间范围内产生效力,发挥作用,实现其成文的使命,而超出了特定的时限,文件就不再具有现行作用或现行价值。许多具有宏观指导意义或起规范作用的法定公文都具有较长的有效期,比如决定和条例等。当新的条例出台取代旧条例时,旧条例就失去了法定公文的效力。通知在通知事项执行完毕后也就失去公文效力。可见,一旦时过境迁,公文的现行价值会随之消失。所以,秘书部门和秘书人员要注意及时制发和办理公文。

3.3 公文文种

公文文种比较宽泛的理解是按照各种标准划分的文书或文件的种类,即公文的类型。比如按照使用性质可以分为通用公文和专用公文;按照行文关系可以分为上行文、下行文和平行文;按照机密情况可以分为绝密件、机密件、秘密件、内参文件和公开文件;按照公文的处理方式可以分为阅件和办件;按照公文来源可以分为发文和收文;按照产生领域可以分为党务公文、政务公文、商务公文、司法公文、外交公文、军事公文、文艺公文等等。但是,在秘书工作中,通常讲到公文文种时专指按照公文的具体用途细分的类别,这是对公文文种的狭义理解,如通知、通报等。不同的文种有不同的使用范围和特点,有不同的写作要求,秘书人员要根据成文的目的和需要,选择合适的文种,不要乱点鸳鸯发错文,该用请示的时候写报告,该用报告的时候发请示。

一、政务法定公文文种

依据《国家行政机关公文处理办法》,公文文种主要有13种。这13种公文文种是目前我国各级各类组织中使用最为普遍的文种。其文种名称、适用范围和行文关系见表3-2,其中带"＊"号的文种是和《条例》有区别的文种。

表3-2 政务法定公文文种

序号	公文文种	适用范围	行文关系
1	命令(令)＊	适用于依照有关法律公布行政法规和规章;宣布施行重大强制性行政措施;嘉奖有关单位及人员。	↓
2	决定	适用于对重要事项或重大行动做出安排,奖惩有关单位及人员,变更或者撤销下级机关不适当的决定事项。	↓
3	公告＊	适用于向国内外宣布重要事项或者法定事项。	↓
4	通告＊	适用于公布各有关方面应当遵守或者周知的事项。	↓
5	通知	适用于批转下级机关的公文,转发上级机关和不相隶属机关的公文,传达要求下级机关办理和需要有关单位周知或者执行的事项,任免人员。	↓
6	通报	适用于表彰先进,批评错误,传达重要精神或者情况。	↓
7	议案＊	适用于各级人民政府按照法律程序向同级人民代表大会或人民代表大会常务委员会提请审议事项。	→
8	报告	适用于向上级机关汇报工作,反映情况,答复上级机关的询问。	↑
9	请示	适用于向上级机关请求指示、批准。	↑
10	批复	适用于答复下级机关请示事项。	↓
11	意见	适用于对重要问题提出见解和处理办法。	↓ → ↑
12	函	适用于不相隶属机关之间相互商洽工作、询问和答复问题,请求批准和答复审批。	
13	会议纪要	适用于记载、传达会议情况和议定事项。	↓

二、党务法定公文文种

依据《条例》,公文文种主要有 14 种。这 14 种公文文种名称、适用范围和行文关系见表 3-3,其中带"＊"号的文种是和《办法》有区别的文种。

表 3-3　党务法定公文文种

序号	公文类型与文种	内容与用途	行文关系
1	决议＊	用于经会议讨论通过的重要决策事项。	↓
2	决定	用于对重要事项做出决策和安排。	↓
3	指示＊	用于对下级机关布置工作,提出开展工作的原则和要求。	↓
4	意见	用于对重要问题提出见解和处理办法。	↓ → ↑
5	通知	用于发布党内法规、任免干部、传达上级机关的指示、转发上级机关和不相隶属机关的公文、批转下级机关的公文、发布要求下级机关办理和有关单位共同执行或者周知的事项。	↓
6	通报	用于表彰先进、批评错误、传达重要精神、交流重要情况。	↓
7	公报＊	用于公开发布重要决定或者重大事件。	↓
8	报告	用于向上级机关汇报工作、反映情况、提出建议,答复上级机关的询问。	↑
9	请示	用于向上级机关请示指示、批准。	↑
10	批复	用于答复下级机关的请示。	↓
11	条例＊	用于党的中央组织制定规范党组织的工作、活动和党员行为的规章制度。	↓
12	规定＊	用于对特定范围内的工作和事务制定具有约束力的行为规范。	↓
13	函	用于机关之间商洽工作、询问和答复问题,向无隶属关系的有关主管部门请求批准等。	→
14	会议纪要	用于记载会议主要精神和议定事项。	↓

三、公文稿本

公文从起草、签发、印制到利用的过程中,不同的阶段会形成具有不同作用的稿本,呈现不同的稿本形态。而这些文件在处理完毕后,由于它们的地位作用不同,最后的处置和管理方式也不相同。

1. 草稿

草稿是撰稿或起草阶段形成的非正式公文,是公文修改和审核的基础。

2. 修改稿

修改稿以草稿为依据,在公文修改和审核阶段形成,为过渡性非正式公文。

前两种都属于未定稿,使用完后一般不归档保存。当然特别重要文件的修改稿也要酌情归档。

3. 定稿

定稿是经过机关领导人审批签发或会议讨论通过的最后完成稿,在审批签发阶段形成,是公文印制的底本,印发正本的凭证。定稿具备正式公文的效用,一些内部文件,在定稿形成后就印发实施。定稿具有保存备查作用。定稿又称"原稿"或"底稿"。

4. 正本

正本是以定稿为依据,按照公文格式印制的正式文本。它在公文处理的印发阶段形成,属于法定的正式公文,具有法定效力。特别需要注意的是文本印制时一定要完全与定稿内容一致,不得有差错和篡改。处理完毕有保存价值的正本需要和定稿一起归档保存。

5. 副本

副本在内容形式上可以与正本完全相同或基本相同,可以是正本的复印件,也可以与正本同时印制。它与正本的本质区别在于目的作用上,它是用作参考和备案的文本。比如一个组织收到的具有参考价值但未按此执行的有关节日放假的普发性通知,可以认为是副本。本单位作为参考和备案多印多留的印发件可以认为是副本。副本保存一段时间之后可以处理。当正本丢失时,副本可以代替正本保存。

6. 存本

存本是发文机关以便日后查考利用而留存的公文正本的样本,属于正式公文,具有法律凭证作用。存本需要与定稿一起立卷归档。

7. 暂行本

暂行本是法律法规等规范性公文的一种特殊形式。一般是发文机关因一时来不及拟定详细周密的某项规定时,先发一文件暂时执行。暂行本应在标题中注明"暂行"字样。暂行本属于具有实际效力的公文正本,但使用时间不宜过长。

8. 试行本

试行本是法律法规等规范性公文的一种特殊形式。通常是发文机关认为文件内容尚不成熟，有待实践检验和修正，为慎重起见，先以"试行"方式发布执行。试行本应在标题中注明"试行"字样。试行本属于具有实际效力的公文正本。试行本经一段时间检验修订为正式文本后，应及时废止。

9. 修订本

修订本是对生效实施的公文进行完善和修改后重新发布执行的文本。修订本正式生效时，修订前的文本同时作废。

试行本、暂行本和修订本处理完毕后一般需要归档保存。

由此可见，对于法定公文来说，传统"稿"和"本"的分水岭为"是否生效"，公文生效之前一般称"稿"，即稿件，而生效之后则称"本"，即文本。

3.4　公文格式

公文格式又称为公文范式、公文体式等，是公文的外观形式、信息结构、用纸或载体以及排版印制规范的总和。如前所述，公文的规范体式是公文的特点之一，是影响公文质量和效力的要素。规范性的公文格式有利于维护公文的严肃性，增加公文的美学效果，方便公文的阅读、传递和处理，有效发挥公文的作用，提高办公效率。秘书部门和秘书人员应了解和熟悉行政公文和商务公文等的一般格式。

一、行政公文的标准格式

在我国，行政公文的格式具有较强的规范性，其主要的依据就是和2000年1月1日正式实施的《国家行政机关公文格式》(GB/T9704－1999)，后者为国家标准。其他公文在制文时，可以以行政公文为模板进行格式化，这是全面提升本单位公文质量的有效方法之一。下面以规范标准为依据分别介绍行政公文的内部结构和外观形态。

1. 内部结构

(1)框架结构。行政公文的内部结构通常分为眉首、主体、版记三部分。置于行政公文首页红色反线(又称隔横线)以上部分统称眉首。正式行政公文有统一格式的眉首，但公布性文件，如公告、通报、通告等可能没有眉首；置于红色反线(不含红色反线)以下至主题词(不含主题词)之间的部分统称主体；置于主题词以下的部分统称为版记。标准布局格式见表3-4。采用如此格式并在眉首部分套红的正式文件，俗称为红头文件。国家法定行政公文的红色反线为一条红色长线,党组织公文的红色反线为两条短横线排布于一颗实心红五星两侧。

(2)公文结构要素解读。上述行政公文的三部分内部结构中具体又由16要素构成,发文份数序号、秘密等级和保密期限、紧急程度、发文机关标识、发文字号、签发人、标题、主送机关、正文、附件、成文日期、印章、附注、主题词、抄送机关、印发机关和印发日期等。下面就各要素及注意事项作一简要说明。

表3-4　行政公文一般格式

00001	机密★1年 特　急
××××××文件 ×××〔2000〕1号	
关于×××的通知 ×××,×××: 　　××××××××××××××××××××××××××××××××× ×××××××。 　　附件:1.××× 　　　　2.××× 　　　　　　　　　　　　　　　　　　　　　　　××× 　　　　　　　　　　　　　　　　二〇〇〇年×月×日 　　　　　　　　　　　　　　　　　　　　　　(印章) 　(附注:×××)	
主题词:×××　×××　×××	
抄　送:×××,×××,×××。	
印发部门或人员	××××年××月×日印发

1)眉首部分各要素。

■ 发文份数序号:是将同一文稿印制一定份数时为每份公文编制的顺序号,用阿拉伯数字流水编号,以示印发数量和发放范围,一般用于需要保密的公文。

■ 秘密等级和保密期限:有密级的公文需要标注密级,已定具体保密期限的需要标注清楚。秘密等级和保密期限实际上决定了公文的使用范围。行政公文的密级分三等,由低到高分别为:秘密、机密、绝密。标注时用3号黑体字,居右顶格。保密期限不作标注的一般按保密期20年认定。

■ 紧急程度:公文应当根据紧急程度分别标明"特急"、"急件"。公文的紧急程度规定了公文处理的轻重缓急。

■ 发文机关标识：发文机关标识一般由发文机关全称或规范化简称加"文件"组成，也可按照有关规定执行，如"命令（令）"后不加"文件"字样。联合行文时，主办机关名称在前。发文机关是公文法定效力的来源。

■ 发文字号：发文字号简称文号，由发文机关代字、年份和序号组成，并按此顺序序列，不得颠倒。发文机关代字应规范化，年份应标全称，序号不编虚位。联合行文一般只标明主办机关发文字号。发文字号的作用，一是便于引用与查询；二是便于及时了解发文总数，利于控制与管理。由于发文字号是由一个组织的文书处理部门赋予的，因此，秘书人员对此应负主要职责。

■ 签发人：上行的公文需标识签发人姓名，签发人姓名平行排列于发文字号右侧。如果是联合行文，则主办机关签发人姓名置于第一行，其他签发人姓名从第二行起顺序依次排列，不超过红色反线。

2）主体部分各要素。

■ 标题：公文标题应当准确简要地概括公文的主要内容并标明公文种类，标准式的行政公文标题由发文机关名称、公文主题和文种三段组成，也可根据情况省略其中的部分，但文种不能省略。公文标题中除法规、规章名称加书名号外，一般不用标点符号。

■ 主送机关：主送机关指公文的主要受理机关，应当使用全称或者规范化简称、统称。上行文只允许写一个主送机关；下行文可以根据需要写多个主送机关。如"各省、自治区、直辖市"，或"设备科、财务科"等。

■ 正文：正文是公文的核心、内涵行文的目的，是公文写作的部分，其内容应与定稿完全一致。具体结构与写作事项参见公文撰制一节。

■ 附件：附件指附属于公文正文的材料，可以作为公文正文的必要组成。公文如有多份附件，应当注明附件顺序和名称。附件通常有两种情况：一种是作为正文的补充说明或参考材料，如附带的图表和统计数字等资料；另一种是需下发、转发、上报的文件。后一种情况时，贯彻落实附件内容往往是行文的真正目的，此时附件成了主文。如《××省人民政府关于印发××省计划生育工作"九五"发展规划的通知》，其附件《××省计划生育工作"九五"发展规划》是主要文件。注意附件标题标注应放在公文成文日期之前，完整附件应附在正文之后。

■ 成文时间：成文时间也就是落款日期，用汉字数字表示。具体日期以负责人签发的时间为准；联合行文以最后签发机关负责人的签发时间为准。成文时间也标志着公文生效的日期。

■印章:行政公文除用"令"发布行政法规、规章,以电报形式发文等一些特殊情况外,对外行文都应当加盖公章。联合上报的公文,由主办机关加盖印章;联合下发的公文,发文机关都应当加盖印章,盖印要端庄清楚,不能相互重叠。

公文落款除了成文时间和印章之外,还包括落款名称,即发文机关名称。如果发文机关名称已在眉首或标题上明确,落款处的发文机关名称可以省略,否则就写上全称或规范的简称,如"国务院办公厅"。

■附注:附注是对与公文主题内容无关的需要额外说明的事项,需要加括号表示,且置于落款之后。常见的附注有说明联系人和联系电话的,说明发放范围或使用时需注意事项的。如"(此件发至省军级)"、"(联系人×××,联系电话×××)"等。

3)版记部分各要素。

■主题词:主题词又叫关键词,主要对公文起检索和查寻的作用,因此,标引主题词一定要准确、规范,每一个主题词实际上提供了检索的入口。主题词一般在3~5个。主题词标引可以依据《国务院主题词表》(国务院办公厅秘书局1997年12月修订)。标准的主题词标引排列是类别词、类属词和文种词。类属词揭示公文的针对内容或具体内容,类别词揭示公文针对内容的上位概念或领域。主题词和主题词之间用空格隔开,比如"国务院关于加强水土保持工作的通知"一文的主题词可以是"农业 水土保持 通知"。由于高质量的公文标题一般能够概括地揭示公文的内容和形式,因此,主要从标题中抽取主题词是一种简便、快捷、高效的方法。

■抄送机关:抄送机关指除主送机关外需要知晓公文内容的其他机关和单位,应当使用全称或者规范化简称、统称。抄送机关不宜过多,抄送多个机关时需要按照一定顺序排列或分类平行排列。原则上,上行文不往下抄送。

■印发机关和印发时间:印发机关一般标注具体印制的部门或人员,印发时间以公文付印的日期为准,用阿拉伯数字标识。这一著录项主要用于印制环节,以示负责。

为了使秘书人员在公文处理中正确把握公文结构的各要素和方便记忆,邓乃行、曾昭乐同志曾在《秘书与写作》一书中编了一首歌诀:

公文格式16项, 标题项不可忘。

代字年份序号莫颠倒, 签发人姓名应写上。

下发文件多单位, 上送机关只一方。

附件附注有区别, 发文机关要周详。

成文时间须注意，	骑年盖月指印章。
标明抄送主题词，	两项都在印左旁。
秘密等级应讲究，	紧急程度要恰当。
印发机关和时间，	位于末页最末行。

2. 外观形态

秘书人员在行政公文的外观形态上应主要注意以下事项：

(1)用纸幅面。行政公文用纸应采用 GB/T148 中规定的 A4 型纸 (210mm×297mm)。张贴公文的大小,可根据实际需要确定。

(2)公文版头。公文版头又称公文刊头,俗称"文头",即公文眉首部分。国家机关文件的"文头"要求占全页的 1/3 左右,并用套红大字。

(3)公文排版。行政公文排版原则上从左向右编排(少数民族文字除外),正文用 3 号仿宋体字,一般每面排 22 行,每行排 28 个字,双面印刷,字体大小按照规定选用。

(4)页边和文字。行政公文的天头、地脚、订口、翻口(即上下左右)等页边按规定设置,装订口留边为:28mm±1mm。

二、商务公文的基本格式

商务文书是在商务活动中产生的,是商务沟通和处理的必备工具。对于大多数秘书人员来说,行政公文是接触较为频繁的一类公文,而对商务公文则比较生疏。随着我国经济的发展和国际商贸往来的加强,商务公文的国际接轨也是势在必行。了解和掌握常见的商务公文的格式和写法是涉外秘书的基本需要。国际化商务活动中最基本、使用最频繁和最常见的公文有三种:信函(business letter)、便函或备忘录(memo 或 memorandum)、商务报告(business report)等。

1. 通用商务信函的基本格式

商务信函是一个商务组织常规性的对外联系和事务处理的工具和方式,属于正式文件。商务组织在与客户、供应商、制造商和政府组织交往中都可以使用信函方式。商务信函的主要种类有询问信、订货信、推销信、索赔信、催款信、感谢信、邀请信等。不同种类的信函起的作用不同,在选用和写作时要注意把握分寸,比如感谢信要真诚,询问信要婉转,订货信要清楚准确,索赔信要严肃,催款信要坚决等等。通用商务信函的基本格式见图 3-3。

```
Company Letterhead
               （发信者名称地址等）
Ref：参考号
Date 日期


Name and Address of Addressee 收信者名称地址


Salutation 称谓


Subject 信件内容主题（即标题,可有可无,视需要定。）
The Content of the Letter 信件内容


Complimentary close 礼貌结束（即客套话）
Signature 签名（一般需要同时具有亲笔的签名和打印的姓名,前者
在上,后者在下。）
```

图 3-3　通用商务信函的基本格式

2. 通用便函或备忘录的基本格式

　　商务便函或备忘录一般用于组织内部的沟通和日常事务的处理,属于内部文件或商务组织的公务常用文。常用的商务便函主要有三类:描述程序和发布信息的便函、提供参考意见或建议的便函、确认便函。描述程序和发布信息的便函主要用来告知本单位员工应该怎样做和需要知晓的信息,比如采用便函方式进行内部通知;提供参考意见或建议的便函主要用于回应组织内部征求意见或建议等活动;确认便函主要记录或核实口头决定、指示和讨论结果。便函的最大特点就是内容简单扼要,形式简便。在西方组织的内部管理中非常流行。通用便函或备忘录的基本格式见图 3-4。

```
                    M E M O
                    （便函）
To(发给)：
From(来自)：
Date(日期)：
Subject(主题)：
The content of the Memo(便函内容)


Signature with initials 缩写签名（可有可无,按照组织规定或习惯
执行）
```

图 3-4　通用商务便函的基本格式

3. 通用商务报告的基本格式

商务报告一般用于比较专项的重要事务的处理或论证,可以对外也可以对内使用。比如董事会需要讨论的问题通常需要事前拟制报告,并以此为依据讨论,报告若讨论通过,则其中的方案将被采用和实施。商务报告一般属于深加工产品,篇幅较大,对写作的要求也很高,是三种常规商务公文中难度最大的一种。整个报告一般由六部分组成:**报告封面页**,即整本报告的封面,有自己的签名,以表明自己对整个报告的内容负法律责任;**信函或备忘录**,即写给提交对象的一封信或便函;**报告标题页**,主要写明报告标题、提交对象、提交人和递交日期;**报告提要**,需要简明扼要地说明报告的主要目的、基本内容、自己的观点和建议,它对审阅者是否继续对报告感兴趣具有重要意义;**报告目录**,即报告内容的清单,为了起检索作用,需要标页码并与报告内容相一致;**报告主体**,即报告主体论证和阐述的部分。其中报告主体是核心部分。报告主体的基本结构可以从目录中理解和把握,见图3-5。

```
                    目　录

Executive summary                              i
(提要)
1. Introduction                                1
(引言)
         1.1
         1.2
         .
         .
         .
2. Body                                        .
(正文主体,可根据需要分列阐述,此时报告各部分的序号要重排)
3. Conclusions
(观点总结)
4. Recommendations                             .
(建议)
         4.1
         4.2
         .
         .
List of references
(参考文献)
Appendices
(附录,提供的各种支持性材料).
```

图 3-5　通用商务报告的基本格式

3.5 公文撰写

公文撰写也称公文写作,通常是指公文正文的写作,有一个从公文拟制到定稿签发的过程,即公文撰写流程。公文正文是公文的主体和核心,内含公文的写作目的和思想意图,属于公文的内容范畴。人们在工作中传递公文使用公文,实际上传递和使用的是其中的信息,是其中的语意,而公文中的信息和语意的内容与质量主要是由公文写作决定的。由此可见公文写作的重要性。

作为一个社会管理活动中的普遍现象,公文写作并不是秘书部门和秘书人员的专项业务,也不是秘书学科的逻辑起点。公文写作是《应用文写作》的研究对象和阐述对象。但是,由于辅助领导起草各类文稿是秘书部门和秘书人员的基本工作,而一个组织的公文处理系统又主要由秘书部门负责。公文写作虽然并不等同于秘书办文,但它是秘书办文工作中的一个重要环节,是秘书办文工作的起点和基础。因此,秘书部门和秘书人员自然应将学习和掌握公文写作及其流程作为分内的主要任务。秘书人员对于公文撰写可以重点从三个方面来把握:公文撰写的特点和原则、公文撰写的基本方法和公文撰写的基本流程。

一、公文撰写的特点和原则

1. 公文撰写的特点

公文撰写相对于自由写作也具有其特点。而公文撰写的特点与公文的特点具有密切联系,具有相通性。

总体来看,公文写作与自由写作在功能作用上都可以用来表达和传递思想与意图,在表达方式上都使用文字语言,这是两者的共性。但它们也有明显的区别,了解这些区别能够使公文写作正位,而不至于偏离方向。

(1)写作主体不同。自由写作的作者没有限制,可以是自由个体,也可以由群体创作,主要用来表达个人的思想和感情,满足个人的创作需要。

公文写作的过程虽然最终也落实到个人,但无论是拟稿人、核稿人还是签发人都是代表法定机关和组织的立言人,他们必须根据公务需要进行写作,不能自由创作。公文写作的这一特点要求公文写作庄重而不轻浮。

(2)写作手法不同。由个性化自由创作的特性决定,自由写作在写作手法上可以使用各类文体和表达方式,如采用小说、散文、诗歌、戏剧等方式,以便使主题、题材和表达方式有一最佳的组配,使作品达到理想的效果。

公文写作作为公务活动和管理的需要,强调的是快速、及时、有效。它在写作手法具有规范化限制,无论是文种选用、正文结构还是用语表达都要符合法律法规,遵循有关的规章制度。比如,需要根据《办法》选用正确的文种,日常工作布置可以用通知,但不能用通报;事前向上请示时,要求"一事一请",不能同时"多头请示"、"多件请示",也不能将请示写成"请示报告"。另外,在表达方式上主要采用叙述、说明和议论的方式,较少采用描写、抒情的方式,尤其是法定公文写作。比如,领导的讲话稿、简报等类的公文还可以酌情使用描写、抒情的表达方式,但决定、决议、通告、报告等大量的党政公文则不能使用描写和抒情的写作手法。公文写作的这一特点要求公文写作朴素而不矫情。

(3)写作对象不同。自由写作的写作目的一般有两种情况,一种以自我为中心为自己写,文学爱好者大多属于此列;另一种为有目的的自觉的为读者写,著书立说者大凡属于此类。当然也有其他目的的写作。可见,自由写作的写作对象不具有具体明确的针对性。

公文写作则在拟订之初,就因公务的需要而明确了发送对象或收文对象以及发放范围,具有极强的针对性。公文写作对象的针对性、明确性集中反映在公文写作过程中表明的主送机关和抄送机关上,也反映在依据行文制度所选择的行文方式上,如向国内外公布重大党务活动结果的《新闻公报》或《联合公报》等。公文写作的这一特点要求公文写作规范而不放纵。

(4)写作效果不同。由上述特点决定,自由写作的成果其影响力取决于能否公开发表以及发表的广度等,具有不确定性;同时自由写作的成果一般不具有法定效力,不具有制约力。公文写作的成果由行文关系决定具有一定的法定效力。其预期目的、效果和影响范围可以预先设计,预期达到。比如,按照规定,下级机关向上级机关呈报的请示,上级机关不能不理不睬不批复。而写作效果的好坏一般情况下取决于写作内容是否清楚易懂,便于阅读理解。公文写作的这一特点要求公文写作简洁而不复杂。

2. 公文撰写的原则

依据公文撰写的特点和要求,在公文撰写中要注意以下六项基本原则:

(1)正确原则。主要指要坚持文种正确、思想内容正确、语法用词正确。即公文写作必须依据写作的目的与内容,选择适当的文种;写作内容要符合党和国家的路线、方针、政策和法律法规;文要对题,词要达意,数要准确。要避免随意制文,要避免一切大话、空话、套话。比如案例 3-1 的内容,就违反了国家公务员廉政建设方面的有关政策和规章。又比如某公文中出现"上旬的某一天"、"死伤五人左右",以及落款处只有年月、无具体日期等不准确的表述,都是不行的。

(2)逻辑原则。即要求在写作公文时,思维缜密,条理清楚。这是公文写作目的和意图得以清楚呈现的前提。切忌思路混乱,写作混乱。这会使公文主题和观点不清,使受文者难以阅读、理解和把握其中的精神内涵。

(3)简洁原则。即公文写作要"言不过实,文如其事"。这主要是在表达时坚持两点:一是清楚,这就决定公文写作主要应运用直叙方式,不要模棱两可,拐弯抹角。公文写作的内容要让读者明白易懂,重点突出,避免歧义。二是简单,避免使用复杂的长句,不用深奥含糊的用词,少用专业术语等。《论语·雍也》中写道:"子曰:'质胜文则野,文胜质则史,文质彬彬,然后君子'。"孔子认为质朴与文采要互相协调。不同的文体文质应有不同的搭配,在公文写作中理应重视质朴。剑桥秘书证书培训教材中也有相同的原则,即 KISS 原则,是"keep it short and simple"(短而简单)的简称。

(4)规范原则。即公文写作要按规范的公文格式、写作方法和要求进行撰写。秘书人员在公文写作过程中需要依据的规范主要有《中华人民共和国国家通用语言文字法》、《国家行政机关公文处理办法》、国家技术监督局(现为质监总局)颁布的《标点符号用法》等。坚持规范原则也意味着反对公文口语化、网语化、自由化。

(5)真实原则。即公文写作要忠实制文机关的意图;事实要确凿,素材要真实。切忌弄虚作假,欺上瞒下。2003 年 11 月 13 日,经最高人民法院核准,被执行死刑的"河北第一秘"李真,曾欺上瞒下,利用不实公文官商勾结,谋取私利,是一个教训和警示。

(6)完整原则。即公文写作时要考虑周全,确保必要信息的完整。秘书人员要注意避免出现在成文后发现重要信息疏漏的现象。比如为了迎接兄弟院校与上级主管部门的教育教学评估检查,某学院的领导决定召开一次迎评动员大会。院长让李秘书制发一份会议通知,请各分院各部门负责人出席。结果,李秘书只在会议通知中写明了会议的时间、地点和主要参加人,并强调了"会议重要,请准时出席",但没有指出会议主题,结果招来了一大堆询问加责怪的电话。制发会议通知时,要素不全的情况时常发生,有的是疏忽,有的是故意,无论哪种情况都是需要改进的。通知切忌遗漏必要内容。

总之,秘书人员在公文写作过程中要以有关的规程规范为依据,遵循公文写作的基本原则,在语言上力求庄重、准确、简练,以体现公文的严肃性,反映制文单位良好的工作作风,提高公文的质量,提高公务管理活动的成效。

二、公文撰写的基本方法和注意事项

不同的文种有不同的用途以及写作方法。这里无法一一讲述。为了方便秘书人员日常撰写文稿,不犯常规性的错误,这里主要就公文的内容结构和公文的表达方式作一入门的概括介绍。

1. 公文的内容结构

前面所讲的公文结构分眉首、主体和版记三部分或 16 要素,主要是从公文格式来讲的,实为公文的格式结构。那么,从公文的信息内容上分析,怎样算是完整的公文? 怎样来合理地组织信息内容呢? 这就要把握公文的内容结构。它由两个层面构成,一个是公文的主体结构,另一个是公文的正文结构。

(1)公文的主体结构。法定公文主体部分的内容是由领导签发的文稿转化而来的,是与定稿一致的。也就是说法定公文的主体结构也就是秘书人员撰写文稿的结构。完整公文的主体结构一般为四段式:即由公文标题、主送机关、正文和落款四部分构成,附件可以看作正文的必要组成。这是法定公文写作的一般公文结构或基本结构或标准结构。有的公文则可以根据文种特点,在内容结构上按规定有所变化,此时的公文仍然是完整的。比如,决议和会议纪要通常会由两部分组成:公文标题和正文。落款部分的落款日期放到标题之下,并加圆括号。普发文件一般都省去主送机关。需要注意的是公文标题和正文是任何行政公文都不能缺少的,即使在商务公文中,最好也有标题。

公文标题的完整结构为三段式:即由发文机关名称、公文主题和文种组成。但也可视情况采用"公文主题＋文种"的两段式,甚至只采用文种的一段式的标题,但后者需要慎用。

(2)公文的正文结构。

■ 三段式基本结构。公文正文作为写作的核心必须条理清楚,言简意赅。其基本结构或标准结构为三段式:即开头、主体、结尾三个部分。正文开头要开宗明义,主要是简要说明发文的根据和理由、发文的目的或结论等;如果是复文,要引述来文的日期和标题。正文主体主要是根据发文的目的,围绕主题阐明具体内容和基本思路;结尾视需要而定,一般主要写要求、希望或客套语。比如请示一般要求三段完整，"以上请示当否，请批复"。类似这样的结语不可省略。而决议和会议纪要等则常见的是没有结束段。决定、通知类公文则可以根据需要确定是否需要结束段。通告、通报等公文一般是需要结束语，如"特此通告"、"特此通报"等，以示强调和提醒。但当结束语前置时，如在开头段末尾写到："特通告如下："时就可省略结束段，以免重复。还有的内容较少的公文只采用一段式，将相关内容一并在一段中予以交代。比如，用于公布法律的主席令和用于发布规章的发布性通知。2000 年 8 月 24 日"国务院关于发布《国家行政机关公文处理办法》的通知"中，就一段内容：现发布《国家行政机关公文处理办法》，自 2001 年 1 月 1 日起施行。1993 年 11 月 21 日国务院办公厅发布、1994 年 1 月 1 日起施行的《国家行政机关公文处理办法》同时废止。

■ 正文主体的结构类型。公文正文主体的结构类型主要是指正文主体的信息组织方式或编排分式。行政公文正文主体的结构类型可以有两种分法。

按照信息组织的形式划分，大致有五种类型：

• 篇段合一式：即正文主体由一个自然段构成；

• 多段组合式：即正文主体由多个自然段组成；

• 条款分列式：即正文主体分列条款，并加序号，逐条直接表述；

• 分块序列式：即正文主体分部分，编序号与次标题，分标题逐块阐述；

• 条块结合式：即正文主体内容组织采用将分块序列式和条款分列式相结合的编排方法，先分大块并加序号，再在大块下分条直接阐述，如《中共中央关于制定国民经济和社会发展第十一个五年规划的建议》分了 10 大点 46 条。

按照信息组织的内容划分，大致有三种类型：

• 纵式结构：公文正文主体的信息组织方式按照事件发生发展的自然进程进行前后排序，比如简单事件的情况调查报告适合采用此结构；

• 横式结构：公文正文主体的信息组织方式按照内容主题进行分门别类归纳和阐述，它适用于信息内容涉及面较宽、主题较多的公文写作，比如政府工作报告；

• 纵横结合式：这是一种将纵式结构和横式结构相结合的信息组织方式，常用于较大主题的调查报告。

秘书人员在撰写公文时，可以根据文种、写作目的和写作内容等情况酌情选用合适的公文主体、公文正文结构方式及其类型。

2. 基本表达方法

（1）主要表达方式。公文表达方式，主要是指公文内容的表现手法。各类文章写作的表达方式主要有叙述、说明、议论、描写和抒情五种，其中公文写作常见的表达方式是前三种。不同的表达方式将决定不同的公文文体（叙述文、说明文、议论文等）。

■ 叙述，它是陈述人物活动、经历或事件发生、发展和变化过程的表达方式。叙述文的目的是要揭示真相，主要回答发生了什么。用叙述手法写作时，时间、地点、人物、事件、原因、结果等叙述各要素要全。

■ 说明，它是用简明的文字对事物的情况、性能特点等进行介绍和解说的表达方式。条例、规定、条约等法规类公文，介绍信、证明等凭证类文书，合同、产品说明书、判决书等经法类文书，常用此类表达方式。说明文的目的是为了让人对事物理解，主要回答是什么，如何做。

■ 议论，它是用论证的方法议事说理，表明观点、态度和立场的表达方式。议论文的目的是要明确观点并证明观点的正确性。主要回答什么观点或主张，为什么。

公文写作的目的和内容决定公文写作的表达形式。许多公文为了达到行文效果，常常在文体有所侧重的情况下，结合运用若干表达形式撰写公文。如报告以叙述为主，可夹杂议论和说明；通报以说明为主，可兼用议论甚至叙述；请示以议论为主，可辅以说明或叙述等。通常，公文写作会采用一种常用写法，或以一种为主，结合运用其他写法。

（2）消极修辞。公文修辞是利用语言的表达功能来加强公文中语言表达效果的各种手段和方法，主要包括公文用语、句式的选择以及各种修辞手段的运用。在公文修辞中需要强调和把握的是公文主要采取消极修辞，即强调表意过程中用词用句的准确和可读，强调修辞的"质朴"。要将"可有可无"的字句删去，要用恰当的用语表示准确的含义。比如"批复"和"批转"是不同的含义，"友好的伙伴关系"和"战略性伙伴关系"是不同的含义，"遗憾"和"道歉"在外交上是有相当差别的。

总之，秘书人员在公文撰写过程中，要力争用简洁明了的语言，条理清楚地表达正确的观点。

三、公文撰写的基本流程

秘书人员经常需要起草公文，但公文撰写完成并不是由秘书人员一个环节能够决定的。一个组织中公文的形成有一个过程，这就是公文撰写流程。公文撰写中不同公文的规范性要求不同，行文的目的和对象不同，其撰写流程也存在差异。一个组织内部的公务常用文或事务类公文的撰写流程一般比较简单。相对而言,商务公文写作的自由度较大些,而行政公文则需要严格按程序进行,其中"领会意图"、"审核修改"是非常重要的两个环节。下面主要针对行政公文和商务公文两大公文类别来介绍公文撰写的一般流程。

1. 行政公文撰写的一般流程

行政公文撰写的一般流程见图 3-6。

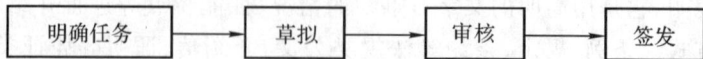

明确任务 → 草拟 → 审核 → 签发

图 3-6　行政公文撰写的一般流程

(1)明确任务。撰写公文可以是因为领导交办,也可以是因为工作需要而自行策划提出,无论是哪种情况都必须明确写作的任务,即要明确公文制作目的和特定的阅读对象,为什么要写,写给谁,以避免滥发文。《办法》第13 条规定:"行文应当确有必要,注重效用。"这也是所有公文在制文前必须考虑的。

(2)草拟。草拟又称撰稿,是形成公文初稿或草稿的阶段,是承担公文撰写任务的秘书人员的主要工作。秘书人员在草拟阶段需要特别注意以下几点:

• 明确写作主题,如果是领导交办的任务,应主动与领导沟通,领会意图;

• 观点要正确,不得与国家的法律、法规及其他有关规定相违背;

• 要科学选材,材料和观点相一致;

• 条理清楚,语句通顺,能清楚地表达构思和主要思想内容。

(3)审核。审核是形成修改稿的阶段,需要对外印发的稿件一般首先由撰稿部门负责人审核,然后交本单位的文书处理中心(一般为本单位办公厅、室)审核。秘书人员在草拟阶段需要特别注意以下两点:

• 审核人需要对稿件进行全面审核,包括发文的目的、行文方式、稿件内容和文字语言等,秘书人员要按照修改意见进行修改完善;

• 联合行文时,公文的内容必须得到相关部门的认可。

(4)签发。签发是领导人表示同意发文的签注意见。领导签发后的文稿即为定稿。没有签发的文件不能进入缮印程序。联合发文还应由相关组织的领导人进行会签。现在,领导人通常在"发文稿纸"上签发。秘书人员需要注意的是不同的文件通常需要由相应的分管领导进行签发。

2. 商务公文撰写的一般流程

商务公文撰写的一般流程反映了商务写作的一般规律,具有自己的一些特点。其一般流程见图 3-7。

开始 ———————————————————————→ 结束

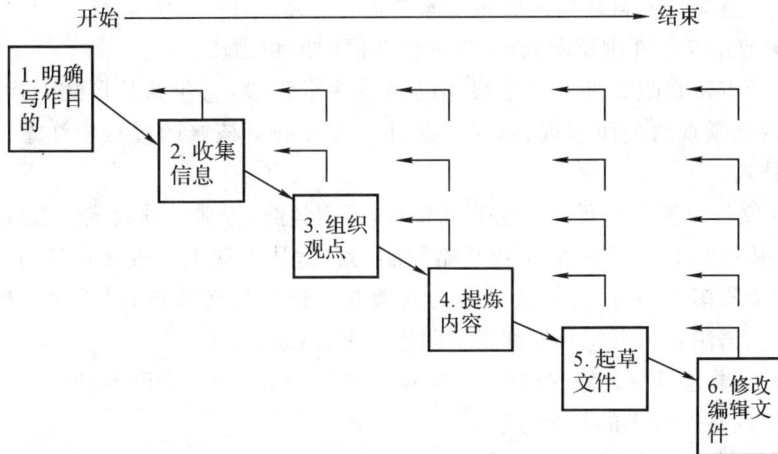

图 3-7　商务公文的一般撰写流程

(1)明确写作目的。商务写作一般首先从与客户的沟通开始,因此在坐下来开始写作之前,首先要明确沟通的对象和沟通的目的,即要明确与谁沟通和因什么商务需要或客户需求而沟通。

(2)收集信息。尽管商务公文在内容上与行政公文有所不同,但在收集信息的渠道上两者还是基本相同的,如可以使用内部的文件和档案,可以从Internet 上搜索信息,可以通过询问和调查收集,也可以通过平时积累和现场的头脑风暴法调集信息,等等。

(3)组织观点。这是收集信息之后的重要步骤。这一阶段需要形成中心思想和主要观点,也就是通常的基本思路。目前,国外的许多写作方面的专家都主张采用"信息组织蓝图"(organizational blueprint),并建议采用视觉观点图(visual idea chart)表现"信息组织蓝图",即更多地将概括性的观点用图示来予以直观的表达和明确思路,以取代传统的以文字描述为主的大纲形式。

(4)提炼内容。作为写作的第四阶段,主要是要概括提炼支持基本观点的核心内容,而不是洋洋洒洒的展开。

(5)起草文件。第五阶段是形成初稿的阶段,这一阶段既需要逻辑思维,也需要创造力。创造力的需求程度与文种有关。一般而言,商务信函和

备忘录很少需要创造力,而撰写商务报告时,就需要一定的创造力。起草文件时要注意使用两个技巧:

• 起草文件时注意不要边写边改,追求一次性完美;不要刻板遵循形式和顺序,首先写出自认为最成熟或最重要的内容;

• 使用打印件浏览和修改,以方便全面阅读和比较。

(6)审核修改文件。这是写作的最后一个阶段,它包括从形式到内容、从宏观到微观的全面审视、修正和改动。文件的审核修改过程应注意使用两个技巧:

• 文件审核的流程应从宏观到微观,不宜颠倒,否则会导致成文低效率。首先,从策略上进行审核,解决战略问题;其次,从宏观上检查文章的整体结构、章节段落等,并进行修改;然后,从微观上进行词句修改;最后对某些具体措词、语法和标点符号等细微问题进行审查和修改。

• 如果是同一人修改稿件,在初稿形成后修改之前最好安排时间间隔,这是提高写作效率的一个方法。

无论商务文件的繁简难易程度如何,以上六个阶段对商务写作都是重要的。在商务写作过程中如果有必要,写作人员在进入后一个阶段后又可以回复到前面的阶段中去,以不断地充实和完善文稿。商务写作的一些有益方法技巧也可以运用于其他公文的写作。

此外,现代秘书办文过程中,不仅需要用脑用笔进行传统意义上的写作活动,更需要借助现代办公设备和文字、图表、声音、图像处理技术,运用各种优秀的相关软件,如 Microsoft Word,Microsoft Excel,Microsoft Photo Editor,Microsoft PowerPoint 等来处理和制作公文等。在现代办公环境中,电子公文等新型的公文形式正在大量产生之中。

案例 3-1

一份被终止的公文

1990 年,某市的一份公文由于市纪检监察部门提出不同意见而停止执行。这份公文的题目是《××市委、市政府关于加快发展个体、私营企业的决定》。《决定》中有那么一句话:"市直各部门都要进一步解放思想,大力支持我市个体、私营企业的发展,只要钱不装入个人口袋,怎样干都行。"《决定》下达后,不到半年,这个市的个体、私营企业如雨后笋,发展很快。但是,出现了一些市直机关与个体户合股、合资或拆墙开设门面与个体户合作办店办企业现象。这些"合作"私营企业中,有少数打着市直机关的招牌,向国有企业要走俏商品转手买卖,从中获利。市纪检监察部门认为这种做法不符合省纪委第×次全体会议精神,于是向市委、市政府提出意见。

(资料来源:夏娃秘书网 2006/6/29)

思考: 1. 结合公文写作原则和要求分析该公文的主要问题。

2. 结合公文写作流程分析,如何才能克服上述主要问题?

3.6 公文办理与管理

秘书办文的质量与效率不仅与秘书写作质量有关,还与办理流程中的各个环节有关。一个组织的公文办理流程规范,公文的流转就顺畅,各个环节的质量就容易获得保障。按照《办法》,公文办理主要包括收文办理和发文办理两个方面,因此,公文办理流程也由收文办理流程和发文办理流程构成。

一、收文办理流程

收文办理指一个组织对收到的公文进行办理的过程,包括签收、登记、审核、拟办、批办、承办、催办等具体程序或环节。收文办理流程见图 3-8。

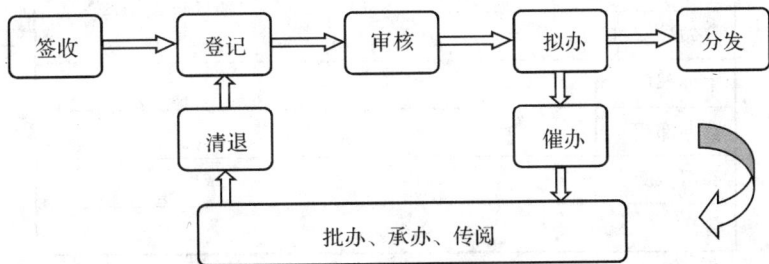

图 3-8　收文办理流程

1. 签收与登记

公文签收与登记是指公文收发人员在收文之后对文件的认定签字和相关信息的登录。它是收文办理流程最初的两个环节,相互之间具有密切联系。大型机关一般通过外收发和内收发两个环节进行文件签收与登记。外收发一般不启封文件;内收发需启封文件,除了信封注明"××领导人亲启"的文件之外。小型机关一般只有内收发签收与登记。本单位签收与登记的工具主要是外收发使用的《收发文登记簿》(图 3-9)和内收发使用的《收文登记簿》(图 3-10)等。

序号	日期	来文机关	密级	编号	签收人

图 3-9   外收发收文登记簿格式

收文号	时间	来文单位	文件题名	来文字号	密级	份数	承办者签收	复文字号	归入卷号

图 3-10   内收发收文登记簿格式

2. 审核

审核是一个组织的文书处理部门负责人（通常是办公厅/室主任）对收到的公文进行核查，并依据轻重缓急、具体事项等进行分门别类拟办和分发的过程。此时需要明确：是什么事？交谁处理？即给出一个拟办意见送领导批示或者交有关部门办理。此环节运用的主要工具是《收文处理单》（图3-11），随着《收文处理单》的流动，公文得以拟办、批办和承办等。

办公室主任签批	
院领导阅批	
主办部门	
会办部门	
部门传阅	
备注	

图 3-11   《收文处理单》示例

3. 批办、承办、传阅

批办是领导收阅文件并提出处理意见的批示过程或阅知签字过程。需要两个以上部门办理时，领导批办中应当明确主办部门。承办是具体承接办理文件和事务的过程。承办部门一般为业务部门而非秘书部门，当然也有一些收到的文件直接留存秘书部门办理。比如，秘书部门回复重要的来信。周知性文件传阅签字也算一种收文办理。秘书部门和秘书人员在批办、承办、传阅环节主要起传递和协调的作用。

4. 催办与清退

催办主要是对收文的批办、承办、传阅等流转环节在时间上进行检查和催促的过程,主要为了使公务能够予以落实。文秘部门负责催办工作时可以采取分类催办的方式,即紧急公文跟踪催办,重要公文重点催办,一般公文定期催办。

收文无论以何种方式处理完毕,都应清理退还给文书处理部门,以保存备查和对公务活动进行管理。所以,收文清退是公文处理的必要环节。秘书部门负有收回和保管办理完毕文件的责任。

二、发文办理流程

发文办理指以本机关名义制发公文的过程,包括草拟、审核、签发、复核、缮印、用印、登记、分发等具体程序或环节。发文办理流程见图3-12。由于发文办理过程包括了公文撰写过程,而公文撰写流程前面已经介绍,因此,这里只简要介绍公文签发后的各个处理环节。

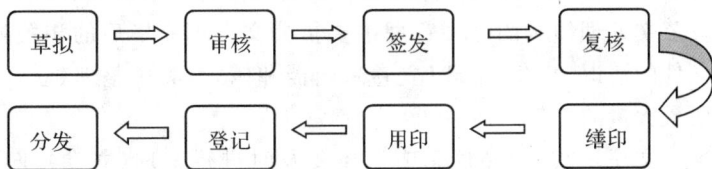

图3-12　发文办理流程

1. 复核

公文正式印制前,文秘部门应当进行复核。复核的重点是:审批、签发手续是否完备,附件材料是否齐全,格式是否统一、规范等。复核无误并经领导确认印发后,文秘部门要指定专人办理发文登记(也叫注册),包括确定并填写发文字号、记录签发人和分送单位、标注主题词等。

2. 缮印

经过复核环节同意印发并注册之后的公文,可进入缮印环节。缮印环节中主要应注意:严格按规定份数印制;使用带公文眉首的规范用纸;按照国家标准格式印制和装订;发文量大的机关,应按规定填写《打印任务单》;要严格执行校对程序,保证不出任何差错。

3. 用印

公文用印关系到公文生效及其法定作用。公文缮印完毕即可加盖公章。公文要作为法定公文,发挥其指挥、控制和管理的效力,需要具备三个条件:第一,依法行文,即发文主体要具有发文权,公文内容合法,公文文种正确;第二,合法审签,即严格履行法定的发文办理与审批签发程序;第三,具备必要的生效标志,即加盖发文机关印章或法定代表人名章(手章),以及注明公文的生效日期。可见公章是公文生效和合法性的重要条件和标志。

公文从复核经缮印到盖章是一个从定稿转化为正本的过程,是一个公文权威化的过程。这一过程主要由秘书人员具体操办,因此,秘书人员一定要把好这一关。

4. 登记与分发

公文发出之前应进行发文登记,以便记录和掌握文件的流向。发文登记的主要工具是《发文登记簿》,其中的各著录项依照各机关有关规定执行。

外发的文件需要装入信封并封口,密级文件和急件等公文需要标注并按规定分类传递。

三、公文管理

广义上的公文管理指从文件的最初拟稿到文件最后的保存或销毁的整个过程。公文处理领域的公文管理主要指公文办理完毕后的相关处理,主要包括文件的清退、暂存、整理(立卷)、归档和销毁,其中整理(立卷)、归档是最主要最大量的工作。

无论发文还是收文,办理完毕后还要及时进行整理(立卷)、归档的处理。整理(立卷)、归档应当根据《中华人民共和国档案法》和其他有关规定进行,个人不得保存应当归档的公文。

纸质公文的整理,指秘书部门对已经办理完毕的公文加以整理的过程,其核心内容就是立卷。秘书部门和秘书人员可以采用一定的立卷方法将具有内在联系的文件组合在一起,并将立卷完毕的公文,逐年移交给本单位文件与档案管理部门,集中保管。相关的知识和内容详见第七章。

此外,秘书部门还应注意对上级机关来文翻印的管理。依照《办法》,上级机关的公文,除绝密级和注明不准翻印的以外,下一级机关经负责人或者办公厅(室)主任批准,可以翻印。翻印时,应当注明翻印的机关、日期、份数和印发范围。

3.7 行文规则

行文规则是指机关、团体、企事业单位之间公文运行过程中需要共同遵守的规范和准则,是公文依法有效运行的保证。现代公文的行文制度主要包括行文关系、行文方向、行文方式和行文原则四个方面内容。

一、行文关系

行文即运行文件。行文关系就是发文机关和受文机关之间公文的授受关系。它根据隶属关系和职权范围确定,具有规定性和双向性。正确的行文关系有利于有效的行政管理、信息交流和活动开展。隶属关系即管辖与被管辖之间的关系,它反映了机关单位在其组织系统中所处的位置及其上下级机关单位之间直接的工作关系。机关行文的前提是隶属关系;机关行文的基础是职权范围。

现代公文的行文关系主要有四种情况,秘书人员应在分析行文关系的基础上,把握行文方向和选用正确文种。

1. 直接行政隶属的行文关系

这是一种处于同一组织系统的上级机关与下级机关之间存在领导与被领导的行文关系。如省政府与市政府之间的行文、教育部与其直属院校之间的行文。

2. 业务指导的行文关系

这是一种处于同一组织体系或同一专业系统的上级主管业务部门与下级主管业务部门之间存在的指导与被指导的行文关系。如公安部与各省市自治区的公安厅之间的行文、教育部与浙江省教育厅之间的行文等。

3. 平行的行文关系

这是一种处于同一组织系统的同级机关部门或平行机关部门之间的行文关系。如同一省的教育厅与人事厅之间的行文、浙江大学与南京大学之间的行文。

4. 不相隶属的行文关系

这是一种非同一组织系统或专业系统的机关之间的行文关系。如浙江大学与联想集团之间的行文。

二、行文方向

行文方向指公文在处理过程中的运动方向,它由行文关系决定。现代公文有三种基本行文方向,即上行、下行和平行。

1. 上行

公文上行即自下级机关单位向上级机关单位行文,此时的公文称上行文,如报告、请示等。

2. 下行

公文下行即自上级机关单位向下级机关单位行文,此时的公文称下行文,如批复、指示等。上行文和下行文主要由第一类和第二类行文关系决定。

3. 平行

公文平行即平行机关单位之间或不相隶属的机关单位之间的相互行文,此时的公文称平行文,如函就是最常见的平行文。平行文由第三类和第四类行文关系决定。

三、行文方式

行文方式即公文发布和传递的方式,由行文关系、行文方向、公文性质和效力范围等多种因素确定。公文的行文方式可以按照不同的标准进行划分,以下主要介绍两种划分方法。

1. **按照公文递送途径划分**

按照公文递送途径划分,有直接行文和间接行文两种。

(1)直接行文。又叫直达行文,就是将公文直达承办机关部门的发布和传递方式。越级下发、多级下发文件或普发文件均属此类。有效力范围限制直达行文,一般会在公文的附注上写明发送范围,如"此件发至县团级"等。由于直达行文均为较高级别机关快速传递信息的行文方式,因此没有上行文。所以,直达行文也叫直达下行文。比如刊登在公开的新闻媒体上的命令、决定等方式。

(2)间接行文。即通过批转或转发公文的行文方式。

2. **按照机关的隶属关系以及公文性质和效力范围划分**

按照机关的隶属关系以及公文性质和效力范围划分,有逐级行文、多级行文、越级行文、联合行文等。

(1)逐级行文。就是发文机关单位的文件只发送给直属上级或下级机关单位的行文方式,包括逐级上行文和逐级下行文。这是我国公文运行使用的最基本的常规行文方式,可以保证各级机关各司其职。

(2)多级行文。就是发文机关单位的文件可以同时发送给不同层次的上级或下级机关单位的行文方式,包括多级上行文和多级下行文。普发文件也属于多级行文。经批准公开发布的公文,与发文机关正式印发的公文具有同等效力。多级行文可以迅速地传达重要精神和重要信息。

(3)越级行文。就是发文机关单位越过直属上级或下级机关单位发送文件的行文方式。《办法》规定:"行文关系根据隶属关系和职权范围确定,一般不得越级请示和报告。"越级向上行文一般用于紧急的突发性事件或重大情况和问题等。采用这种行文方式时,常见的公文文种有紧急请示与紧急报告两种。

(4)联合行文。联合行文是指两个或两个以上机关单位共同署名发文的行文方式。这种行文方式对联合的各方行文主体没有对等的要求,联合行文是多方向的。上下级之间、党政军之间等均可以根据需要和规定,在其职权范围内进行联合行文。

四、行文原则

《办法》第四章中,共有11个条款对行文规则进行了表述,其中多已在前面提及。在这里概括五条原则,以指导实际行文工作。

1.有效行文原则

行文应确有必要,注重实效。应本着求真务实的精神,严格控制发文数量,只发必须要发的公文,杜绝文山文海之痼疾。具体应做到:内容基本相同又无新意的公文,不重复行文,不发例行公文,不发业绩公文;内容已在综合性文件中体现了的,不再次行文;同一份请示性公文不要多头主送;下级机关对属于自己职权范围以内的问题不要样样请示上级机关;可以采取其他便捷方式处理的问题,不必行文,如可通过电话联系、开会、观场讨论等方式解决。总之,不要把行文当成解决问题的唯一手段。

2.逐级行文原则

除非确有必要,一般不允许越级行文。越级行文不符合一级管一级、一级负责一级的领导原则,不利于维护各级组织的合理分工和正常的工作秩序。确实需要越级行文时,应将该公文同时抄报给直接领导本单位的上级机关,以免工作脱节。

3.规范行文原则

行文时应严格遵守国家颁布的相关规定,注意隶属关系,文种选择要与隶属关系、职能范围、工作关系相匹配。具体应做到:无隶属关系的机关单位之间不能用请示或报告相互行文;不相隶属的机关单位之间要求审批事项、协助工作、答复相关问题应用问函或复函;非政府机关、权力机关不能使用命令、布告、公告、公报等文种;转发下级机关公文应用"批转"行文,转发上级机关的公文应用"转发"行文;政府各部门可依据自己的职权相互行文或向下级政府的有关部门行文;除以函的行文方式商洽工作、询问和答复问题及审批事项外,政府各部门一般不得向下级政府正式行文;政府各部门的内部机构,除办公厅(室)外,不得对外正式行文;部门之间对有关问题未经协商一致,不得各自向下行文,如擅自行文,上级机关应当责令纠正或撤销。

4. 党政分工原则

党的领导是我们国家的立国之本,但坚持党的领导,并不意味着党需要越俎代庖、包办一切。党的领导,最主要的是思想政治方面的领导,是路线、方针、政策的领导,至于经济、社会、文化等各个领域、各个行业的具体事务,还应由政府各职能部门自主处理。党务和政务是两大系统,行文应该党政分开。以公文的内容而言,凡涉及党务工作的公文,应以党组织的名义行文;凡涉及行政工作的公文,应以行政名义行文。不能以党代政,也不能以政代党。以公文授受双方性质而言,党组织一般只能对党组织行文,行政机关一般只对行政机关行文,党政可以联合对行政机关行文,但却不能联合对党组织行文。可由政务机关单独发的文件,不要党政联名发。

5. 明确主送原则

公文的收文机关有两类:一类是主送机关,一类是抄送机关。主送机关是公文的主要受理机关,对公文的办理负主要责任。抄送机关是指除主送机关外需要执行或知晓公文的其他机关。行文时一定要明确主送机关。确定主送机关时需要注意以下几点:

(1)属于主管部门职权范围内的具体问题,应当直接报送主管部门处理。确定公文的主送机关,其依据和标准不在于机关的级别高低和权力大小,而在于公文所涉及内容或提出的问题究竟属于哪个机关的职权范围。属于主管部门职权范围内的具体问题,不必以上级政府为主送机关。

(2)向下级机关或者本系统的重要行文,应当同时抄报直接上级机关。

(3)"请示"一般只写一个主送机关,如需同时送其他机关的,应当用抄送形式,但不得抄送其下级机关。

(4)除上级机关负责人直接交办的事项外,不得以机关名义向上级机关负责人报送"请示"、"意见"和"报告"。

(5)受双重领导的机关向上级机关行文,应当写明主送机关和抄送机关。上级机关向受双重领导的下级机关行文,必要时应当抄送其另一上级机关。

6. 谨慎联合行文原则

除非确有必要,否则不必联合行文,政府部门尤其应谨慎参与联合发文。《办法》第17条规定:"属于部门职权范围内的事务,应当由部门自行行文或联合行文。联合行文应当明确主办部门。须经政府审批的事项,经政府同意也可以由部门行文,文中应当注明经政府同意。"

秘书部门和秘书人员遵守行文规则,有利于公文传递方向正确、线路短捷有效,避免公文旅行,抑制无价值公文的产生,提高行文效率。

3.8　秘书办文与全面质量管理

任何一个单位,秘书办文工作都是十分重要的。提高办文质量,使整个单位的工作质量全面提升,无疑是每个领导部门、秘书部门的追求目标。全面质量管理(total quality management,简称为 TQM),正是一种值得借鉴的理念和方法。

1956 年,美国通用电气公司的 A. V·费根堡姆首先提出了全面质量控制的概念(total quality control,简称 TQC)。他认为解决制造业的质量问题不能只局限于制造过程,解决问题的手段也不能局限于统计方法。为了满足顾客,提高质量,要求全员参与,关注影响质量的各个方面。之后,全面质量管理的理念和方法在其他一些工业发达国家开始推行,并且在实践运用中不断完善和推广。ISO9000 族标准中将全面质量管理作为其中的核心概念,并对此作了定义:一个组织以质量为中心,以全员参与为基础,目的在于通过让顾客满意和本组织所有成员及社会受益而达到长期成功的管理途径。TQM 作为现代质量管理的理念和方法,不仅受到越来越多的企事业单位的欢迎,而且也日益引起各行各业关心质量问题人士的关注。

那么,能否运用 TQM 的理念和方法来提高办文质量呢?虽然,秘书办文工作与工厂生产产品具有差异,但也并非毫无可比性。秘书办文的产品就是公文,秘书办文的流程就是公文从“生产(写作)”出来到交给“客户(各级领导及群众)”或存入“仓库(归档)”的生产流程。因此,在秘书办文中完全可以引入 TQM 理念和方法来提高工作的质量和效率,提高办文水平,更好地为各级领导、组织和人民群众服务。

那么,秘书办文工作中如何有效应用 TQM 理念和方法呢?基于全面质量管理“三全一多”的基本要求,即全过程的质量管理、全员的质量管理、全企业的质量管理、多方法的质量管理。秘书办文工作中有效运用 TQM 理念和方法主要可以从两方面着手:一是应用 TQM,更新秘书办文质量管理理念;二是应用 TQM,改善秘书办文体系和方法。

一、应用 TQM,更新秘书办文质量管理理念

秘书人员引入 TQM 的质量管理理念,形成全程、全员质量管理和质量第一的理念,这是全面提高办文质量和效率的首要环节。

最基本的是,要全新理解质量概念。在 TQM 中,"质量"绝不是仅指产品质量。它既包括产品质量,也包括服务质量,甚至包括员工质量、企业质量。所以,提高秘书办文工作质量,不单是提高文书的质量,还包括办文过程中人与人协调沟通的质量、秘书人员的素质与技能水平等等。

在 TQM 中,衡量"质量"的标准也不是一成不变的标准,而在于是否使顾客完全满意,也就是说顾客满意(甚至社会满意)才是质量的标准,也是组织的终极追求目标。在办文工作中也一样,并不是符合规定完成一个办文流程就达到高质量了,关键在"顾客"的满意度。秘书人员办文的"顾客"有各级领导,也有群众。也就是说,只有领导、群众满意了,社会满意了,办文工作才叫达到高质量了。并且,质量标准是动态的,领导、群众的要求如果不断提高,那么质量标准也应当不断提高。

二、应用 TQM,改善秘书办文体系和方法

在明确并广泛确立全面质量管理理念的基础上,需要进一步从制度和行动上采取措施,推行和实施 TQM 方法,这是全面提高办文质量和效率的关键环节。

1. 实施全过程的秘书办文质量管理

依据 TQM 理念,保证质量的其中一个基本要求是全过程的质量管理。为此,秘书部门在办文时,为了达到办文的有效和高效,不仅要关注公文本身的质量,还要把整个办文工作的所有必要环节列为质量监控对象。在制定管理制度的时候,不能只涉及公文的撰写,还应针对每个环节都给出恰当的规范。

2. 实施全员的秘书办文质量管理

实施全员的秘书办文质量管理,意味着提高办文质量和效率不仅是秘书部门的事情,也是与此相关的各个部门人员的事情。因此,对秘书办文体系和质量进行评估和管理时,不能忽视各部门相关人员的作用,而是应正确界定和落实相关人员在秘书办文中的角色和相应的责任,为单位人员提供必备的秘书办文的知识和技能培训,促使单位内每一个人都能承担相应的责任,并对秘书工作给予有效支持。

比如公文的审核,就应该保证有初核、校核、审核、复审、审签五个环节:草拟公文单位的负责人进行初核;办公厅(室)秘书部门进行校核;办公厅(室)负责公文处理的领导进行审核;与公文涉及工作有关的领导或分管领导进行复审;有签发权限的负责人审签。《办法》第 29 条专门增加了关于复

核的内容,目的就是防止遗漏和疏忽大意,确保办文的质量。这是非常重要的一个办文质量控制环节。

3. 实施全单位的秘书办文质量管理(或整合的秘书办文质量管理)

这要求整个单位都应有效地利用人力、物力、财力、信息等资源,做好各种工作,包括办文工作。这一要求重点在于强调整个单位要整合资源,统筹安排,提高效率。

比如某单位的文印室并非专门为秘书部门专设,它承担了整个单位的文印工作。当秘书把文件拿去打印时,文印室总是在给其他部门印制东西,有时是业务部门的产品资料,有时是后勤部门的餐券,以致文件不能及时印制完成。秘书部门因此屡受领导批评。后来换了领导,新领导发现了这一问题,作出调整,把文印室改为由秘书部门管理,专为秘书部门服务。业务部门和后勤及其他部门的文印任务一律由公司大门对面的一家文印社解决,费用由公司报销。这样一来,通过整个单位的统筹安排,秘书办文质量有了大大的提高。

4. 实施多方法的秘书办文质量管理

为了实现质量目标,必须综合应用各种先进的管理方法和技术手段,必须善于学习和引进各种先进经验,不断改进办文的流程,不断提高秘书人员的质量意识和质量技能。"多方法的质量管理"要求的是"程序科学、方法灵活、实事求是、讲求实效"。

要注意的是,"实施多方法的秘书办文质量管理"并不是局限于全面质量管理范畴之内,而是依据各单位秘书办文工作实际,整合各种宏观管理方法,合理运用各种具体的管理技术,实现办文工作的质量提升。

例如,可以将目标管理有关理念的合理内容融合到全面质量管理之中。目标管理源于1954年美国著名管理学家德鲁克在其《管理实践》一书中提出的"目标管理与自我控制"的主张,随后他在《管理——任务、责任、实践》一书中对此作了进一步阐述。德鲁克认为,并不是有了工作才有目标,而是相反,有了目标才能确定每个人的工作。所以"企业的使命和任务,必须转化为目标",如果一个领域没有目标,这个领域的工作必然被忽视。因此管理者应该通过目标对下级进行管理,当组织高层管理者确定了组织目标后,必须对其进行有效分解,转变成各部门以及每个人的分目标,管理者根据分目标的完成情况对下级进行考核、评价和奖惩。

在秘书办文的质量管理过程中可以综合运用的具体管理方法很多,如因果图法、排列图法、关联图法、KJ法、系统图法、矩阵图法、矩阵数据分析法、网络图法、业务流程再造(BPR)法等。

　　以下仅以因果图法、PDCA 法为例,看如何在秘书办文的质量管理过程中综合运用一些具体的管理方法。

　　因果图最先由日本品管大师石川馨提出来的,故又叫石川图,同时因其形状,又叫鱼刺图、鱼骨图、树枝图。它的基本原理是:一个质量问题的产生,是由错综复杂的多种原因共同作用的结果,这些原因中有关键原因,也有非关键原因。要改善"结果"就要由表及里,逐步深入,找到根源并加以改进。

　　在制作因果图时,要深入调研,确定主要原因,再制定解决措施。因果图法是进行质量管理的一个非常简便有效的工具。

　　PDCA 循环法又称为 PDCA 管理模式或戴明循环。PDCA 循环最初由沃尔特·夏沃特(Walter Shewhart)在 20 世纪 30 年代构思形成,后被世界著名的统计管理学专家和质量管理专家威廉·爱德华·戴明(W. Edwards Deming)采用并推广。这一模式为过程和体系的改善提供了框架,是一种过程和体系改进方法。一旦目标改善领域确定,就可以运用 PDCA 循环全面地改善活动项目,持续提高产品、服务或工作质量。PDCA 指计划(plan),即分析需要改善的领域,选择并确定最佳的改善目标;实施(do),即实施在计划阶段所决定的变化,进行新的尝试;检查(check),即检查或研究实施结果,总结经验教训;处理(act),即在检查的基础上,决定是否继续采用新的方法,还是抛弃新的方法,或重新开始下一轮的循环。PDCA 四个阶段循序渐进,构成一个循环,一个循环接一个循环可以从局部走向整体地改善工作系统和工作结果。其动态的持续的改善过程见图 3-13。

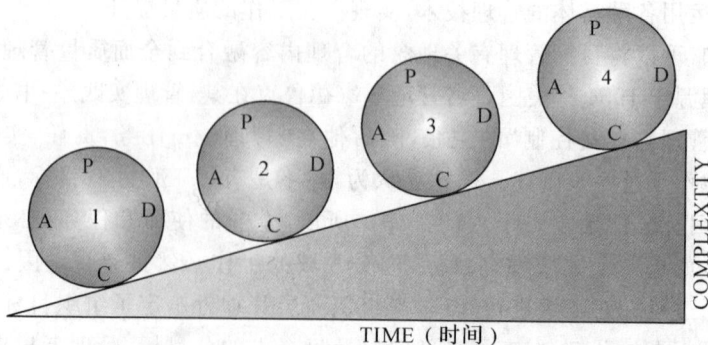

图 3-13　PDCA 的动态持续改善过程

(来源:http://www.dartmouth.edu,2006/8/22)

目标管理法、因果图法、PDCA法结合运用于办文系统改善的案例：

案例 3-6

××大学机电学院半年来经常因各种材料上交不及时被学校批评。机电学院办公室准备着手解决此问题。

首先，机电学院办公室主任运用因果图法进行分析。通过对办公室办文现状的了解，确定最终上报的公文质量本身没有问题。问题在于两个新来的文字秘书每篇稿子都要经过一位老同志的反复修改才能采用，而这位老同志习惯于"慢工出细活"，300字的稿件要反复斟酌好几天；另外，有时下级部门的材料不能及时到位，无法获取相关数据，只好干等；有时电脑和打印机添乱，忙于维修。所以最后公文上报的时间，总是滞后于学校的要求。综合各种因素，绘出鱼刺图如图3-14。

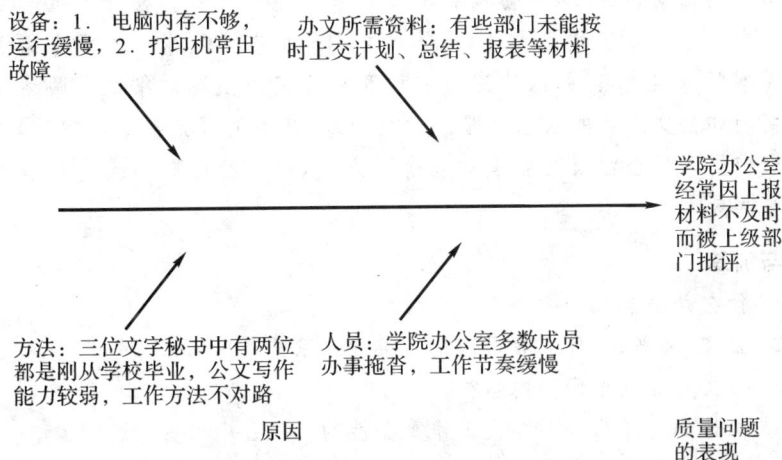

图 3-14 办公室办文质量因果图

时值年终，机电学院办公室正在制订第二年工作计划。鱼刺图所揭示的办文效率低下的原因很好地被考虑进去。他们在计划中确定来年的重要目标是提高办文效率，并决定采用包含计划、实施、检查、处理四项程序的PDCA循环法来提高办文质量。同时，将他们的各种改革设想和学院主要领导做了沟通，取得了学院领导的重视和支持。

第二年年初，机电学院出台了一系列规章制度，要求各部门按时上报各种数据材料；两位新到岗的秘书和其他下属部门的秘书一起参加了学院开办的公文写作培训班；电脑和打印机都换了新的；学院展开了整顿机关作风的活动。一个季度后,学院办公室依照计划对办文工作进行了检查,发现,一季度学校要求上报的材料38份,全部都在学校要求的期限内上报,没有一份因文书质量问题而被退回,三个月里没有受到学校一次关于办文方面的批评。对比过去的数据,表明办文质量有了很大的提高,因此决定继续按原设计划进行,只针对少数新问题进行微调。

    总之,科学方法是革旧创新的有效途径和强大武器,科学方法的运用可以开创工作的新局面。科学方法多种多样,可以从实践中总结,也可以引进、移植和嫁接产生,关键是要去发现和运用于实践。

【本章小结】公文是信息的载体,是人际沟通的书面形式,是公务活动的重要管理工具。公文的撰制和公文的处理是秘书办文的核心内容,是秘书部门和秘书人员辅助领导、综合协调和具体办事的主要方式。秘书人员学习和掌握办文的基础知识和基本技能,是秘书工作的基本要求。本章介绍了公文的基本概念和特点,并以法定公文和商务公文为主要对象重点阐述了公文的撰制和公文流转的基本原理、基本流程和基本的规范要求。最后,在秘书办文中引入了全面质量管理的理念和方法,以不断改善和提高秘书办文的质量和效率。

思考与训练

1. 什么是公文?

2. 公文、文书、文件三者之间是怎样的关系?

3. 公文处理包括哪些内容?

4. 你是如何理解秘书办文工作重要性的?

5. 法定公文的特点是什么?

6. 法定公文的格式规范和构成要素有哪些?

7. 商务公文的常规类型有哪些,各自的主要用途是什么?

8. 公文撰写中应遵循哪些基本原则?

9. 举例分析公文的内容结构和基本表达方法的特点。

10. 简要描述行政公文撰写的一般流程和注意事项。

11. 简要描述商务公文撰写的一般流程和注意事项。

12. 简要描述收文办理程序。

13. 简要描述发文办理程序。

14. 公文有哪三种行文方向?决定行文方向的依据是什么?举例说明。

15. 行文过程中应遵循哪些基本原则?

16. 请运用现代管理方法分析解决一个秘书办文中的实际问题。

17. 某市教育局为了做好学生安全工作，联合市公安局向市属××区人民政府下发了一则公文。你认为这样行文合适吗？为什么？

18. ××化工厂的李某到厂办跟秘书小王说："你给我这张证明上盖个公章，张厂长同意的。"小王二话没说就盖了。你觉得小王的做法是否妥当？为什么？

19. 小赵刚刚成为文字秘书。他发现一个问题，公文的正文落款处有成文时间，而版记处又有一个印发时间，他认为这两个时间重复了，标注其一即可。你认为呢？

20. 请逐一指出下列公文在格式、语言和行文规则方面存在的明显错误，并用正确的方式改正或重写。

××市人民政府文件

关于表彰 2003 年度各驻×办事机构和来×投资企业先进单位的通告

〔2003〕×政办函第 330 号

各驻×办事机构、来×投资企业：

2003 年，各驻×办事机构和来×投资企业以"三个代表"重要思想为指导，认真贯彻党的"十六大"和十六届三中全会精神，在加强与我市的合作和交流，促进两地经济和社会发展方面作出了积极的贡献。为激励先进，市政府决定，对××省人民政府驻×办事处等 50 家驻×办事机构和××文化传媒集团有限公司等 88 家来×投资企业予以表彰。

希望各驻×办事机构和来×投资企业再接再厉，进一步发挥"窗口"和"桥梁"作用，为加强××与各地的合作，促进共同发展作出更大的贡献。

特此报告。

××市人民政府办公厅

2003 年 12 月 30 日

附件：

1.2003 年度驻×办事机构先进单位名单

2.2003 年度来×投资企业先进单位名单

第四章

秘书办会

如何做好会议服务工作

会议服务工作是会议活动中的重要组成部分,是会议正常进行和取得预期效果的重要保证。要确保会议和活动的质量,就要根据会议的要求,抓住会议的主要特点和环节精心策划,做好预案,协调各方,落实责任,竭诚服务,细致周到。会前,要谱好"曲"。会务工作人员必须制订详细的计划,考虑和安排好方方面面的问题。在明确会议时间、地点、人员的基础上,要成立会议临时筹办机构,进行明确分工。不论会议规格高低、规模大小,都要对每一项任务、每一个细小的环节、每一项具体工作明确到人。会前检查一般分为由领导人听取大会各工作小组汇报和现场检查两种方式,其中现场检查是主要形式。会前检查的重点是会议文件材料的准备、会场主席台的设置和席卡的排放、会场服务人员的就位、会议播放唱片的检查等。会中,要唱好"戏"。会中是从会议签到至会议结束的这段时间。场前服务工作主要包括会议的签到和材料分发、引导入座等工作。对规模较大、时间较长的会议,要制订场前服务方案,明确工作人员。对小型会议和时间较短的会议,也要进行会议签到工作,以便准确统计到会人数,使主持人掌握情况。场内服务主要包括会议记录、同传翻译、录音、摄像、照相以及其他会场服务。有颁奖活动的会议,要提前准备好奖状或奖牌,组织好礼仪小姐对颁奖领导和获奖人的引导。对要组织代表合影留念的大型会议,要落实好拍照的时间、地点,请摄影师提前排好座位,并贴好领导名单,组织好拍摄。会后,要弹好"琴"。一方面要派专人负责了解与会代表返程时间和交通工具,协助购买机票、火车票;另一方面周密安排好与会代表的离会车辆送站工作。对个别因工作或其他原因需要暂留的代表,在住宿等方面要妥善安置,不使他们产生"会散茶凉"之感。会议结束应及时清理会议服务过程中所发生的有关费用,并根据会前预算进行严格核算,与费用发生单位准确结账。将处理好的账目明细单报请领导审批后送财务部门报销。

（资料来源:冯丹萍:《如何做好会议服务工作》,《视听界》2006 年 1 期）

　　提示:以上内容触及了秘书办会的核心内容,即会议的组织和管理,并较为全面地说明了做好会议服务工作的三步曲:会前要谱好"曲",会中要唱好"戏",会后要弹好"琴"。那么秘书办会仅指会议的组织和管理吗？究竟如何来理解秘书办会呢？秘书究竟应如何优质高效地完成各项具体的办会任务呢？

　　秘书办会,是继秘书办文之后,秘书实务工作中又一重要内容。它不仅是秘书人员日常工作的主要组成部分,而且是秘书部门的一项经常性业务。作为行政单位或企业管理助手的秘书人员以及相应的秘书部门,负有为机构和领导者组织安排各种会议的职责,通过"办会"能够锻炼和考察秘书人员的综合素养和能力。因此学习和掌握"办会"的相关知识和方法,是成为一名合格的秘书工作人员的基本要求。本章将从"办会"的含义出发,针对秘书工作中主要的办会情况,介绍办会的相关知识和方法,主要包括办会的相关概念、会议的组织和管理、主要会议文件的类型以及会议的监控与评估等。

4.1　秘书办会概述

一、"会"与"会议"

　　秘书人员对秘书办会的理解首先要从对"会"的理解和把握开始。

　　"会"作为名词使用时,常见的有两种含义:一是指三人或三人以上聚集在一起,就某个或某些目的而进行的有组织的活动。作为人类社会活动方式的"会"都包含三个必不可少的基本要素:有组织、有目的、集会。凡是具有这三个要素的社会活动都可以称为"会"。所以,"会"的外延比较宽泛,比如代表大会、座谈会、研讨会、运动会、庆功会、宴会、舞会等等都是"会"。二是指一种经常商议和处理某一或某些方面事务的常设机构或组织,如全国人民代表大会,各种常委会、组委会、学会等等。后一种情况不属于本章内容范围。

"会"作为人类的一种社会活动方式,除了上述广义理解外,还有狭义的理解,这就是"会议"。"会"是"会议"的简称。会议就是聚合有关人员讨论商量事情的一种社会活动,用今天更学术的话来描述就是"有组织有领导地商议事情的集会"。

"会议"也属广义的"会",但是它的特点在于它除了"会"的三要素外还有一元素,即议题,是一种商议活动。如2005年7月20日在人民大会堂召开的第一届世界汉语大会,就"世界多元文化架构下的汉语发展"进行广泛的交流研讨,它是会议。而运动会、庆功会、演唱会等虽冠以"会"之名,但不是会议。

二、秘书办会

"会"的形式多种多样,因此"办会"的内容也会随之多样化。对于"办会"的较为正式和全面的理解就是通过筹备、执行、服务以及管理监督等工作,组织会议或会见、会谈等活动,以实现某个或某些既定目标的过程。秘书办会自然是指由秘书和秘书部门来组织和开展的各类冠以会之名的社会活动。

在现代社会,就一个机构或组织而言,为树立良好的自身形象,为增强与其他机构或组织的交往与交流,各种会见、会谈、会晤等日益增多,"会"既成为一个机构或组织礼宾工作的一种重要形式,也是全球一体化形势下社会政治、经济繁荣发展的必然产物。秘书人员对于秘书办会的作用和意义要有充分的认识。

4.2 会议的基础知识

组织和管理会议是秘书办会中的"重头戏",是一项经常性的工作。无论是准备大会还是准备小会,无论是个别环节参与还是全程组织,有关会议的一些基础知识是每个秘书人员都不可缺少的,包括会议的基本构成要素、会议类型和会议功能等。

一、会议的基本构成要素

对于会议基本要素的把握有助于正确地对待会议和科学地管理会议。将会议的四要素具体化,会议的基本构成要素共有六个:会议主体、会议议题、会议议程、会议名称、会议时间、会议地点。

1. 会议主体

会议主体是会议的前提条件,也是会议是否成功的关键因素,主要指组织会议的相关单位与人员以及参加会议的单位与人员,即办会者与参会者。明确会议主体是会议有领导、有组织的体现。

办会者根据会议组织中的角色不同,有主办方、协办方和承办方之区分。主办方是会议的发起者或东道主;协办方是指协助办会的一方,包括提供经费支持等;承办方指具体操办落实会议事务的一方。目前,有越来越多会议中介机构和服务机构作为承办方介入会议的组织和管理之中,如许多大饭店都提供办会服务,这对于提高办会质量是有益的,但相对开支较大。

参会者指前来参加会议的正式成员,又称与会代表或会议代表。会议代表按代表在会议中的权利和义务(主要表现在发言权和表决权上),一般可分为四类:正式成员、列席成员、旁听成员、特别成员(特邀代表或嘉宾)。正式成员具有发言权和表决权;列席成员一般具有发言权,但没有表决权;旁听成员一般没有发言权和表决权;特别成员的权利和义务一般由大会主席或主席团决定。

2. 会议议题

议题是会议所要讨论的题目、要研究的课题或要解决的问题,是会议发生的动因,也是会议的本质特征,是会议"有目的"的一种体现。开无目的无议题的会议是一种极大的资源浪费。在一次会议中,议题可以是一个,也可以根据需要有多个。单一议题或多项议题中最主要的议题被称为会议的中心议题,或称为会议主题。围绕会议主题,会议可以划分出若干子议题,但划分出的子议题必须与会议主题有直接关联性,且不宜过多,这样有利于突出重点,实现会议目标。

3. 会议议程

会议议程是会议讨论和研究议题的程序,是会议"有组织"的另一种体现。合理制定会议议程保证了会议召开能够在环节紧凑、秩序井然的条件下进行。

4. 会议名称

凡是会议都有名称,它是对会议内容和形式的概括性反映。具体拟制会议名称时,可以根据需要,从会议的主题内容、类型、与会人员身份、主办方、时间、地点、次数或届数、规模、范围等等进行抽词和揭示,其中会议内容和会议类型是会议名称的必要项目。

5. 会议时间

会议时间包括两层含义:一是会议召开的具体日期;二是整个会议所需

要的时间长度,即所谓的会期——会议从召开到结束的时间范围。会议时间要明确,切忌含糊。如会议时间:2005 年 10 月 16 日至 18 日,如果仅有这样的说明,与会者并不清楚究竟何时开始开会,会期究竟是两天还是三天。会议时间关系到会议的秩序和效率,应合理安排。

6. 会议地点

会议地点是举行会议的场所,任何会议都需要一定的场所。场所的选定以会议类型和需要为依据。会议地点的外在表现就是详细的会场地址,如"北京市中国科技会堂宾馆(北京市海淀区复兴路 3 号)"。

二、会议类型

会议的种类多种多样。在国外,不同的会议有不同的名称,如 meeting,session,seminar,congress,conference 等。为了更好地认识会议本身和会议的运动规律,有效地组织管理会议,有必要进一步了解会议的类型以及各自的特点。会议按照不同的标准可以划分出不同的具体类型。其中比较常见的,对指导会议管理具有较大贡献的划分方法有:

1. 按照会议规模划分

会议规模通俗的理解也就是会议的大小,由与会人数确定。按照会议规模划分,会议通常可以分为大、中、小三种类型。

(1)小型会议。小于 100 人的会议,如各单位部门的工作例会。此类会议一般安排在会议室召开。

(2)中型会议。100—1000 人之间的会议,如职工代表大会等。此类会议一般安排在礼堂或会堂召开。

(3)大型会议。1000—10000 人之间的会议,如全国人民代表大会、大型的国际性会议等。此类会议一般安排在大礼堂或大会堂或专门的会议中心召开。

从理论上分析,会有万人以上的特大型会议。但在一般情况下,很少有严格意义上的特大型会议,像我们比较熟悉的节日集会、纪念大会、动员大会、英雄事迹报告会等,可算是广义的会,而非狭义的会议概念。这类会通常在体育场馆、室内外广场或大会堂等举行。

2. 按照会议规格划分

会议规格则是指会议的层次或档次,主要由与会者身份确定。按照会议规格划分,主要有高、中、低三种。

中央和国家领导人参加的会议,可以算做高规格会议,如数国首脑会议。本单位内部的会议,从宏观的角度考察,可以算做低规格的会议。听起来,各种峰会也具有较高的规格,但具体规格最终还是要看与会者的身份,而不是由"峰会"两字决定。一般情况是国际性会议的级别高于全国性会议,全国性会议的级别高于地方性会议。会议规格的高低具有相对性。

会议的规模和规格一般要本着精简效能的原则,依据会议的目的和内容需要确定。要注意避免不恰当地抬高会议规格和扩大会议规模,制造"假冒伪劣"会议,导致会议开支增加和会议质量低下。

3. 按照会议时间划分

按照会议时间划分,可以分为定期和不定期会议。

(1)定期会议。就是在无特殊情况下定期召开的会议,也叫例行会议或例会,如公司每年召开的股东大会,我国召开的人民代表大会,各单位每周召开的部务会议、院务会议等。定期会议通常比较正式,一般都有规范化的程式,需要充分的准备。

(2)不定期会议。即视工作需要和实际情况而召开的会议。不定期会议包括因日常工作需要而临时通知召开的工作会议,也包括因紧急情况或特殊情况无法等到定期会议再讨论而召开的会议。在公司,这类会议可以因为公司合并、财务问题和董事渎职等原因由董事们或某些股东提议召开。不定期会议需要精简和及时。

4. 按照会议阶段划分

按照会议阶段划分,可以分为预备会议和正式会议。

(1)预备会议。它是为正式会议做准备的会议,也称为会前会。其主要任务是就大会主席团成员、会议中涉及的某些人事安排、会议文件、会议程序、会议注意事项等进行商讨,达到沟通和共识的目的,以保障正式会议正常有序、高效高质地进行。一般的预备会议通常只召集会议工作机构负责人、分组召集人或主持人以及有关人员参加。预备会议召开的时间可以根据需要和到会人员的方便情况来定,比较合理可行的时间是正式会议召开前一天的晚上或某一时段。一般性会议不需要召开预备会议。预备会议是整个会议的组成部分,属于会议准备阶段的会议。

(2)正式会议。是全体与会人员到会参加的会议,是整个会议活动中的中心会议。

5. 按照会议性质划分

国内外,在按照性质划分会议类型的过程中似乎存在一定的区别或理解上的误差。国内按照会议性质,将会议划分为法定性会议和非法定性会议。法定性会议就是根据有关法律和法规规定的必须按期召开的各种会议,如各级人民代表大会;非法定性会议就是无法律和法规的明确规定,但在不违反法律和法规的前提下召开的会议,如研讨会、座谈会等。但在国外,普遍流行的是将会议分为正式会议和非正式会议。

(1)正式会议。就是依据法规制度、组织程序或一般公认的会议标准召开的会议。这种会议一般具有规范的程式,甚至包括对服饰的要求。如人民代表大会、股东大会等。秘书办会时需要严格遵守有关的规程规范,按相关会议标准和要求进行。

(2)非正式会议。为法规制度和组织程序不明确要求召开的会议,通常视工作需要而定。非正式会议是相对于正式会议而言的,其程序规则没有正式会议严格复杂,因此,会议过程没有太多的条框,完成任务、达到目的就行。如部门会议、座谈会等。

6. 按照会议形式划分

随着现代技术和设备的进步,会议的传统形式正在面临挑战,新的会议形式不断涌现。目前,按照会议形式划分主要有传统的面对面会议和电子会议。

(1)传统的面对面会议。这种传统的会议形式有一个明显特征就是人们聚在同一地点进行沟通,也就是要求在空间上聚焦于一点,这就免不了要有旅途的奔波、费用开支和关联问题,比如停车问题。

(2)电子会议。以电子为媒介的电话会议、电视会议、网络会议等克服了会议对地域空间的传统要求,使会议地点发生了革命性的变化。只要有相应的电子设施、设备和技术的支持,人们就可以在同一时间召开远程会议。但电子会议也有它的问题,就是增加了人际的距离感,而且容易受软硬件条件的制约而导致沟通受阻或语言以外的信息的丢失。至于是否经济至今还无法定论。

7. 按照会议场次划分

按照会议场次多少,可以划分为一次性会议和多次性会议。

(1)一次性会议。这种会议只有一个场次,在无特殊情况下均在固定场所连续开完,中途除了会间休息一般无其他活动,也不变换场地,时间较短,一般在半天之内,商议的事务也比较简单,因此组织管理此类会议比较容易。许多小型会议常表现为一次性会议。

(2)多次性会议。这是一种一个会议中包含了两个或两个以上场次的会议,不同场次的会议可以按时间顺序排列,也可以分场地同步进行。一些大中型的多专题会议,常常延续数日并分主会场和分会场进行,一天之内可以在不同的地点同时召开相关的会议。多次性会议中间性环节较多,涉及的资源也较多,需要较高的组织和管理会议的技巧,仅会议议程和会议日程的安排和制表就要复杂得多。会议场次越多,时间越紧凑,会议效率就会越高,组织难度就会越大。

8. 按照会议保密程度划分

会议的保密程度不同,对会议组织管理中的注意事项和要求也不同。按照会议的保密程度划分,可以分为公开性会议、半公开性会议、内部性会议和保密性会议几种类型。

(1)公开性会议。公开发表会议的文件,允许公众旁听,记者自由采访并能够完全公开报道的会议。

(2)半公开性会议。只允许公开报道一部分会议信息的会议。

(3)内部性会议。会议内容涉及组织或机构的内部事项或涉及某些党和国家的秘密,根据需要内部传达会议信息的会议。

(4)保密性会议。会议内容涉及党和国家的重大秘密,必须采取严格的保密措施,会议中的一切信息,包括会议时间地点以及与会人员身份等都受到严格控制,不得泄漏。

除了上述标准划分的会议类型之外,会议还可以按其他标准进行划分。比如按照会议议题的情况,可以划分为综合性会议、专业性会议、专题性会议等;按照会议与会人员的来源可以分为内部会议和外部会议;按照会议功能可以分为决策性会议、交流性会议、征询性会议、汇报性会议等。不同的会议类型具有不同的特性。事实上,每一个具体会议按照不同的标准可以归入不同的类型,这反过来也说明每一个具体会议可以有多种属性特点,比如全国人民代表大会,它属于大型会议、正式会议、公开会议、定期会议、综合性会议、多次性会议等,并且具有这些类型的相应特点。

因此,秘书在办会之前,应该了解和把握会议的类型,根据其类型特点来确定组织会议的各种事项,这是秘书有效和高效办会的前提和技巧。

三、会议的功能

会议,作为人类社会管理的基本手段自古就有,而且会伴随人类社会延续而延续。会议不衰的生命力在于它所具有的独特的重要的功能。会议的主要功能表现如下:

1. 会议是实行民主的重要手段

会议是实行民主的重要手段,是民主管理、民主执政的一种主要方式。

党政领导机关、各企业事业单位实行集体领导,发挥集体智慧,进行决策指挥主要依靠的是会议,以及会议过程中的民主集中制原则。人民群众参政议政也可以通过参加各种会议来实现。

2002年11月14日通过的《中国共产党党章》第二章第五条指出:党的各级委员会实行集体领导和个人分工负责相结合的制度。凡属重大问题都要按照集体领导、民主集中、个别酝酿、会议决定的原则,由党的委员会集体讨论,作出决定;委员会成员要根据集体的决定和分工,切实履行自己的职责。

2. 会议是信息交流和信息共享的重要平台

信息交流和信息共享的平台很多,有个体面对面的交流、电话交流、电子交流和书面交流等,而会议是最有效传递信息、沟通信息和共享信息的方式之一,尤其是较大范围的沟通和共享。

许多会议,能使上下左右的思想和情况得到沟通,从而密切了各方面的关系,推动工作的开展。如各机关单位召开的工作会议、座谈会、洽谈会、学术交流会等,在信息交流和共享方面有明显的作用。

3. 会议是协调工作和解决冲突的重要方式

许多决策的实施,许多问题的解决,往往涉及多个单位、多个部门、多个方面、多个人员,而各单位、各部门以及每一个体通常都有自身的利益考虑、计划思路或优劣特点,如果沟通协商不到位,就会导致工作中的不和谐,增加工作难度,甚至引发矛盾冲突,这不利于工作的开展和事业的发展以及共同利益的获取。

会议可以使各方聚合在一起,充分地沟通和交换意见,从而达到统一思想、统一部署和统一行动的目的。所以说会议是协调工作和解决冲突的重要方式。

4. 会议是达成协议、解决问题的重要途径

在组织发展的进程中会面对各种情况,会遇到各种棘手的问题,包括行政的、财务的、法律的等等问题。如何解决这些问题,最重要的途径和最有效的手段之一就是通过会议去收集各种观点和建议,去确定解决方案。

总之,会议是人类理性活动的一种重要方式和手段。其根本的目的是解决问题,实施管理。

小知识

专业会议组织者

专业会议组织者又称为专业会展组织者,它们常常缩写为 PCO(professional conference organizer),在国际上主要是指为筹办会议、展览及有关活动提供专业服务的公司,或从事相关工作的个人。

PCO 能依据合约提供专业的人力及技术、设备来协助处理从规划、筹备、注册、会展到结案的工作。具体工作内容包含:会议或展览活动的策划、政府协调、客户招徕、财务管理和质量控制等。PCO 主要办理行政工作及技术顾问相关事宜,其角色可以是顾问、行政助理或创意提供者,在组委会和服务供应商之间起到纽带的作用。随着国际会议和会展举办形式及议程安排复杂性的逐渐提高,具有"专业分工、集中管理"功能的 PCO 角色备受重视。为了规范各国 PCO 的行为,1968 年,国际上成立了会议组织者协会(IAPCO),这是一个非营利性的国际会议组织者专业协会,其成员遍布全世界。

4.3　会议组织与管理流程

会议的成功由多种因素决定,正确的议题、有力的领导、得力的助手等,这些都是其中重要的因素。秘书部门和秘书人员在会议的过程中,主要是协助领导组织与管理会议各阶段的具体事务,以帮助实现会议目标。

会议的议题、规模、性质多种多样,会议组织工作的内容和要求相应的也有所不同,但从整体上看,会议还是有其规律的。这种规律性就是会议本身一般是一个有始有终的完整过程,具有一般的流程。会议的总流程或会议的整个生命周期,可以依次分为会前阶段、会中阶段和会后阶段,各个阶段又有大致相同的具体工作流程。会议的整个过程也是一个有组织有领导的活动过程。会议组织与管理的一般流程是由会议的一般流程决定的。依据会议的一般流程,会议组织与管理的一般流程相应的是会前筹划与准备、会中组织与管理、会后清理与总结,即"办会三步曲",见图 4-1。

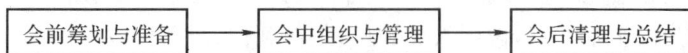

图 4-1　会议组织与管理的一般流程

会议期间的秘书工作通常又称为会务工作,也就是从会议筹划到会后处理的一系列服务保障工作。其工作内容繁多,大到协助领导确定会议议题、制定会议方案,小到发通知、制证件、送茶水等。可见,秘书部门和秘书人员作为会议组织与管理活动的主要参与人和责任人,在会议的全过程中应遵循会议的规律,按会议各阶段的特点开展工作,以协助领导办成会、办好会。

1. 会前筹划与准备

是否需要开会,开什么会,如何开,都要预先进行思考和策划设计。会议只有经过充分准备才能取得成功。会前筹划与准备的主要内容和任务是:会议确定、会议组织准备、会议文件准备、具体会务事项准备和心理准备等。

2. 会中组织与管理

会议召开后整个会期过程中的组织和管理,从服务的角度看,主要由会务组等临时性会议组织负责;从业务角度看,由会议主席等相关与会人员负责。会中组织与管理的主要内容有:①秘书工作的组织与管理,包括会议记录的安排、会议进程中正常次序的维护等;②行政事务的组织与管理,包括食宿、娱乐、车辆等的安排和管理等;③会议监督与控制,包括对会议进程、会议发言表决方式、会议文件处理与事实情况调查与催办,反馈控制等。

3. 会后清理与总结

正式会议结束后,要进行清场,主要包括财务结账与物品清理等工作,同时也需完成秘书工作中的一些收尾工作,比如形成会议纪要、整理文件和归档文件等。为了提高会议质量,会议结束后最好进行及时总结,并对会议的后续落实情况进行信息跟踪和信息反馈。

会议组织和管理的三阶段相互之间是密切联系、互相促进的。会前筹划与准备是保证会议质量和效率的前提;会中组织与管理是会议管理的重点,也是会议成败的关键;会后清理与总结是会议圆满的必要步骤,也是进一步提高质量,使会议更有成效,促进会议良性循环的重要手段。

总之,在整个会议过程中包括了对人、财、物、信息和活动过程的组织与管理。以正式会议为对象,会议的组织与管理应坚持一个中心、一个本位、两个基本点、三个到位:以会议议题为中心,以人为本位,以秘书工作和行政事务工作为两个基本点,做到人员到位、工作到位、服务到位。

4.4　会前筹划与准备

会前筹划与准备阶段是会议从策划筹备到会议正式开始之前的过程，它是会议组织和管理的重要环节，是会议顺利召开的前提和基础。好的开头意味着成功的一半。会议的筹划主要是要对会议的必要性和可行性进行分析。会前筹划与准备阶段的具体工作内容和一般流程参见图 4-2。

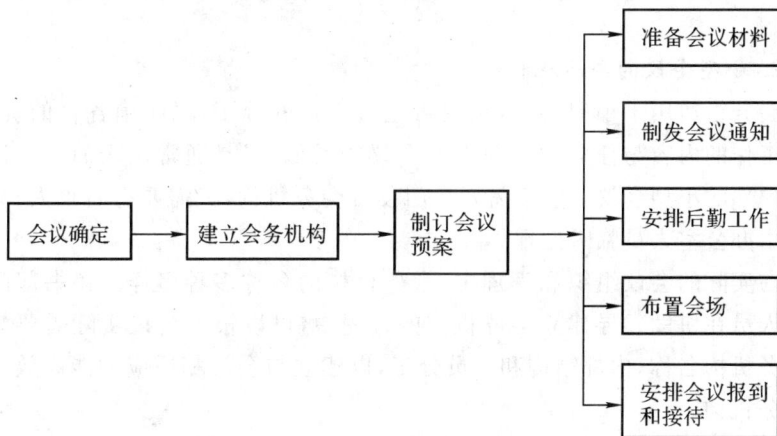

图 4-2　会前筹划与准备工作的一般流程

一、建立会务机构

会务机构是专为会议设立的服务组织，专门处理会议事务。建立会务机构是会议所必需的组织准备。组织准备主要包括临时组织设立、人员确定和活动安排。根据会议的规模与需要，会务机构可以被设置为大会秘书处或会务组、会议筹备组等。

1. 大中型会议的会务机构

大会秘书处适用于大中型会议，一般由一位领导担任大会秘书长，通常由会议主持单位的相关领导、办公厅（室）主任担任。大会秘书处根据需要下设专门小组，如下设秘书组和行政组等，负责会议过程中各项专门事务的处理。

（1）秘书组。主要负责与会议主题有关的各种安排和活动，包括安排会议议程、组织大会的召开、组织小组讨论、负责会议记录和收集会议讨论情况、负责会议简报、起草或收集各种会议文件、安排宣传报道和摄影等。

（2）行政组。主要负责会议的后勤保障工作，为会议的顺利进行服务。具体工作包括住宿和膳食的安排、车辆的管理、医疗事务的联系、会议经费管理和预算、决算的编制、会议期间文娱活动的安排、会议代表到站和离站时的接送以及回程车票的预订和购买等等。

会务机构下设的小组要有专人负责，且须进一步细化，责任到人。大中型会议的会务机构和内部分工一旦确定后，最好能形成文字，以便团队成员明确责任和开展相互间的交流与合作，同时也便利会议代表的询问和事项联系。

2. 小型会议的会务机构

会务组适用于小型会议，组内再进行人员的分工，以明确各自的责任，主要工作的内容与任务框架与大型会议的类似，只是通常比较简略。许多单位内部的小型会议一般不需要专门设置会务机构，只需要有召集人，会务事宜由办公室人员临时处理。

在实际的会议组织和管理中，会务机构的名称多种多样。秘书部门和秘书人员在协助领导建立会务机构的过程中，可以根据会议实际需要去确定会务机构名称、内部结构和人员分工，以建立与会议相适应的能高效运行的会务机构。

二、制订会议预案

常言道："有备无患。"会议预案不仅是会前准备中的重要工作，也是决定办会是否成功的关键因素，对办会起着指导作用。会议预案由会务机构制订完成，主要包括会议过程说明和会议财务说明两大内容。

1. 会议过程说明

制订会议预案首先要对会议过程进行说明。会议过程说明主要是指明确会议构成的六个基本要素，即要明确会议主体、会议议题、会议议程、会议名称、会议时间和会议地点。

2. 会议财务说明

会议召开之前，要明确收支状况。会议财务说明主要是对所需开支进行计划和说明。会务机构一般通过编制会议经费预算方案来对会议财务进行说明。会议财务预算方案或预算表，也是获得领导支持和相关单位或部门支持，争取会议经费的重要依据。它一般应考虑两个方面的开支：

（1）会议的物品耗费。如会场租用布置费、会议材料费、会议宣传费等。

(2)人员的相关花费。如交通费、通信费、住宿费、餐饮费、培训费、服务人员工资等。

财务预算表见 4-1。

表 4-1 ××公司第五届职工代表大会会议经费预算

花费项目		预算(元)
会议材料费	会议文件打印与复印费	180
	文件袋	3(元/个)×55＝165
	文具(水笔)	2(元/个)×55＝110
会场布置费	花卉和绿色植物	50
	茶水、饮料	120
	投影仪租用费	50(元/天)×2＝100
会议宣传费	横幅、海报	50
	联欢会音响设备租用费	60
	演员服装租用费	200
	纪念品	10(元/个)×55＝550
	拍照与冲洗照片费用	120
会议工作餐		8(元/人/次)×55＝440
总计		

会议预案是组织和管理会议的指导性文件。在制订会议预案时需要注意两点：一是编制会议过程说明要周全准确；二是编制会议经费预算要坚持成本效益原则，尽可能节约开支。在列出各项开支清单时，要做到必要开支一项不漏，额外开支一项不要。

案例 4-1

××公司第五届职工代表大会会议预案

一、会议名称：××公司第五届职工代表大会

二、会议时间：

1. 开幕时间：2004 年 12 月 15 日上午 9：00。

2. 会期：2004 年 12 月 15 日至 16 日，会期 2 天。

三、会议地点：××公司(××市滨海路 23 号)行政楼二楼大会议室。

四、与会人员及人数：

1. 公司总经理、副总经理、各部门经理、工会主席、各办公室主任、副主任等。

2. 公司机构或部门职工代表,各 3 名。

预计到会人数为 50 人。

五、会议主持人:公司工会主席。

六、会议组织工作负责人:总经理办公室主任×××。

七、会议议题、议程与日程安排:

1. 会议主要议题包括:

(1)审议 2004 年工作报告;

(2)讨论 2005 年工作计划;

(3)审议并通过 2004 年财政决算及 2005 年财政预算;

(4)讨论并审议《××公司职工工作条例修改草案》;

(5)增补工会代表。

2. 会议议程(附件略)。

3. 会议日程(附件略)。

八、会议宣传:

1. 制作宣传海报、标语、横幅;

2. 公司内刊报道。

九、会议活动安排:与会代表合影留念;组织与会代表与公司职工艺术团联欢。

十、会议后勤服务:

1. 提供与会人员工作餐:15 日午餐、晚餐及 16 日午餐;

2. 发放与会人员文件袋一个;

3. 赠送与会人员纪念品一份。

十一、经费预算(附件略)

思考:你认为该会议预案还有需要改进的地方吗?

三、准备会议材料

会前需要为每位会议代表准备的会议材料主要有三类,即会议文件、会议证件和会议用品及礼品。通常,人们也会仅把会议文件称为会议材料。文件是与会人员交流和讨论的基础;会议证件是与会人员合法参会的证明及其身份的证明,有利于识别与会人员,方便与会人员之间的相互交流;会议用品和礼品是会议进程中需要的工具和增进友好关系的手段。笔、笔记本和材料袋就是常见的会议用品。

1. 会议文件的准备

会前筹划与准备阶段中需要准备的会议文件可以分为两类：与会议议题有关的文件和与会议组织管理过程有关的文件。

(1)与会议议题有关的会议主题性文件。主要指需要会议讨论、审议和通过的文件，以及其他与会议主题相关的文件。常见的有"工作报告"、补充性"典型材料"、提案或议案性材料，需要会议讨论修订的草案、草稿等，还有开幕词、闭幕词(可事先做准备，也可以会中做准备)等。如上例中的《2004年工作报告》、《2005年工作计划》、《2004年财政决算及2005年财政预算》、《××公司职工工作条例修改草案》均属此列。

(2)与会议组织管理过程有关的会议管理性文件。如"会务组名单"、"会议通知"、"会议日程表"、"会议议程表"、"与会者名单"等。这类文件主要产生于会前筹划与准备阶段，但也有一些可以在会议进行过程中产生，如"与会人员通讯录"。它们是会议过程管理的重要手段。

在会议筹划准备阶段产生的管理性文件中，"会议议程"、"会议日程"和"会议程序"是其中比较重要的文件，也是容易混淆的文件。它们之间既有区别又有联系。三者间的区别在于三者在安排的活动内容上、时间跨度上和具体功用上通常会有一定差别："会议程序"或称大会程序，一般是对会议从筹划到结束的整个会议进程中各项主要活动的安排和说明。它主要提供给会议主席、相关的领导和会务机构成员使用，是会议组织者把握和运作会议的依据，见图4-3。"会议日程"是对会期内各项议程和活动安排的说明，包括与会项相关的或无关的活动安排，用来指导整个会期主要活动的开展，见表4-2。"会议议程"是对会期内会议议项的安排，用来具体引导会议进程，见表4-3。"会议日程"和"会议议程"需要发给全体与会人员，是他们活动的指南。三者间的联系主要表现为：都是对会议活动的安排；一般都具有三个基本要素，即安排的活动内容或任务对象、前后顺序和时间；都是会议活动任务和时间管理的工具；通常都以表格的形式出现；"会议日程"和"会议议程"经常会合一编制；都是会议进程的蓝图和保障。

秘书部门和秘书人员要根据会议的类型和实际工作的需要选择和编制相关文件。

确立会议议题
(领导提出、行政部门收集或部门提出、董事会提出要求)

⇩

安排会议议程
(议题顺序、发言顺序、准备有关文件)

⇩

提前发出会议通知
(时间、地点、出席人、议题、议程、编组)

⇩

会务准备
(会场布置、座次安排、会议签到、会议证件、会场设备、音响、录像等)

⇩

做会议记录和摄像、录音

⇩

撰写会议纪要、决议

⇩

上级阅改、签批

⇩

印发至有关部门、人员并归档

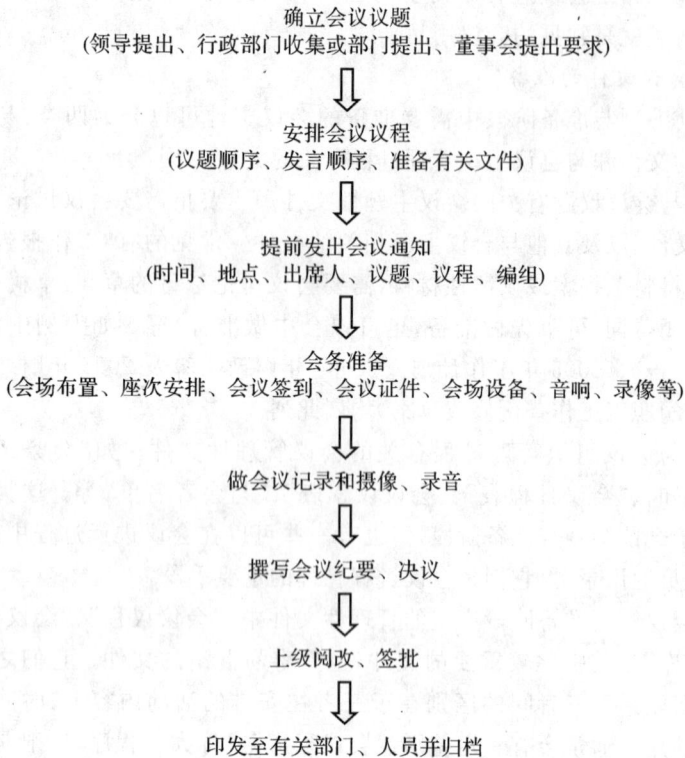

图 4-3　会议程序

(资料来源:张大成主编:《组织会议和活动》,中国人民大学出版社 2002 年版)

表 4-2　××公司第五届职工代表大会会议日程

	时间	活动安排	地点	主要负责人
15日上午	8:45—9:00	与会人员签到	行政楼二楼大会议室	总经理办公室秘书 A
	9:00—11:30	召开会议(详见议程表)	行政楼二楼大会议室	总经理办公室秘书 B
	11:30—12:00	午餐	公司职工餐厅	总经理办公室秘书 C

续表

时间		活动安排	地点	主要负责人
15日下午	1:50—2:00	与会人员签到	行政楼二楼大会议室	总经理办公室秘书A
	2:00—5:00	召开会议(详见议程表)	行政楼二楼大会议室	总经理办公室秘书B
	5:00—5:30	晚餐	公司职工餐厅	总经理办公室秘书C
16日上午	8:45—9:00	与会人员签到	行政楼二楼大会议室	总经理办公室秘书A
	9:00—11:00	召开会议(详见议程表)	行政楼二楼大会议室	总经理办公室秘书B
	11:00—11:30	午餐	公司职工餐厅	总经理办公室秘书C
16日下午	1:50—2:00	与会人员签到	行政楼二楼大会议室	总经理办公室秘书A
	2:00—3:00	召开会议(详见议程表)	行政楼二楼大会议室	总经理办公室秘书B
	3:00—3:15	与会代表领取纪念品	行政楼二楼大会议室	总经理办公室秘书C
	3:15—3:30	组织与会代表合影留念	公司行政楼前	宣传办公室秘书
	3:30—5:00	与会代表与公司职工艺术团联欢	公司职工活动室	宣传办公室秘书

表 4-3 ××公司第五届职工代表大会会议议程

时间		主要议题	发言人
15日上午	9:00—9:05	宣布会议开幕,奏国歌	工会主席
	9:05—9:15	总经理致开幕词	总经理
	9:15—9:55	2004年公司工作报告	总经理
	9:55—10:00	会间休息	
	10:00—10:40	2005年公司工作计划	总经理
	10:40—11:30	与会代表分组审议和讨论	
	11:30	上午会议结束	

续表

时间		主要议题	发言人
15日下午	2:00—3:00	2004年财政决算报告	财政部门经理
	3:00—3:05	会间休息	
	3:05—4:00	2005年财政预算报告	财政部门经理
	4:05—5:00	与会代表分组审议和讨论	
	5:00	15日会议结束	
16日上午	9:00—9:30	宣读《××公司职工工作条例修改草案》	工会主席
	9:30—10:30	与会代表分组审议《草案》	
	10:30—10:40	增补工会代表提名	工会主席
	10:40—11:00	对增补工会代表表决	工会主席
	11:00	会议结束	
16日下午	2:00—2:30	对会议主要议题进行表决,统计数字并宣读表决结果	工会主席
	2:30—2:45	表彰2004年度先进集体和先进工作者	工会主席
	2:45—3:00	会议闭幕式,此次会议结束	工会主席

2. 会议证件的准备

会议证件通常指与会人员证件和会议工作人员证件,但广义的来看,主席台放置的台签式姓名卡片等,也可以算作会议证件。与会人员证件有代表证、出席证、列席证、来宾证等类型,工作人员证件有工作证、记者证和出入证三种类型。这些证件通常是长方形的塑封卡片,可以制作为横式胸卡或竖式襟牌;卡片正面标明会议名称,与会者姓名、身份、单位等信息,重要的大型会议还需贴上一张与会者的一寸免冠照片,并加盖印章。

3. 会议材料的印制和分装

会议材料的印刷要根据与会人数加适当余量确定,要保证质量,并注意重要文件资料的保密。会议文件和资料的分类整理要按照一定的顺序,一般是文件在前,资料在后,同是文件的一般按议程排序。为了巩固会议材料的排列顺序,会议文件和资料可以事先编号,编号可以用清单法列出每份文件材料的顺序,文件本身不编号,也可以在每一份文件材料的右上角用阿拉伯数字编码,这种方法往往用于文件数量不多的中小型会议;而对于文件数量较多的重要的大中型会议,文件材料编印时则可采用较为正式的方式,即在文件材料的左上角正式标印"××××会议文件之×"或"××××会议交流材料之×",在文尾印"××××会议秘书处×年×月×日",并顺序排列,以方便与会人员查阅文件材料和对文件材料进行管理。需要收回的文件还需在文件上标明,如加盖"会后回收"标记,以免遗失。最后,把会议文件、证件、用品等会议材料集中起来进行整理和配套,清点完毕后统一装袋,一袋一份。需要强调的是会议材料的印数要有余量,以便弥补工作中之疏忽或与会人数之变化。同时,有两种分发情况需要注意避免:一种是会议材料不要堆在服务台或讲台上,由与会人员自取,这会令人觉得缺乏诚意和有欠礼貌,此外也不利于会议材料的有序管理;第二种是不要在会议期间现场散发会议材料,这会干扰会议秩序和影响会议进度。

四、制发会议通知

会议通知是会议得以召开的前提和必要步骤。传统的会议通知主要有三个功能:一是发布会议召开的消息;二是为与会者提供参会的依据和凭证;三是确认到会的人员。会议通知环节一旦出问题,就会影响后续的一系列工作,比如该到会的人未到会影响会议的规格和规模,会议人数无法确定会影响会场、物品等的确定,因此,秘书人员对看似简单的会议通知不可掉以轻心。

为了实现会议的目标,提高会议通知的质量,秘书人员在制发会议通知的过程中要注意以下事项。

1. 正确选择会议通知的类型

会议通知有多种形式,常见的有:口头通知、电话通知、传真通知、电子邮件通知和书面通知。其中书面形式的会议通知由于能够较好地满足会议通知的基本功能,目前仍然是正式会议通知的主流方式,但它具有传递较慢、缺乏互动的缺点;口头和电话通知一般用于非正式会议或内部会议,很快能发布消息并确认到会的人员,但具有非正式性,需要花费一定的时间;传真通知一般用于紧急状况,不能作为到会的凭证;电子邮件通知作为一种新的书面通知的形式,在电子办公日趋普及的今天已成为一种很重要的会议通知形式,但还无法替代传统的书面通知。这些会议通知各有利弊,秘书人员可以根据具体情况选用或互相补充使用。

2. 正确选择会议通知的次数

为了保证会议顺利进行,达到会议预期效果,重要的或重大的正式会议常常发两次书面通知,第一次为预通知,第二次为正式通知。

预通知是提前将召开会议的信息和基本情况通知有关单位、部门和人员，以便相关部门和人员有时间就是否到会作出决定，或就参会做好各项准备工作。预通知中会议的具体时间、地点、议项等要素还有可能变动，但会议主题和大致时间是应该确定的。

正式通知是参会审批和会议准备的正式依据，是与会人员正式参会的凭据。

秘书人员可以根据会议情况决定编发会议通知的次数，并掌握好发送的时间。如果会议通知采用两次编发，则最好在预通知中就设置"回执"项，以便尽早掌握参会情况。

3. 正确编制会议通知

会议通知质量是会议组织者管理态度和管理水平的一种体现，对与会者的心理和行动均会产生一定的影响。提高书面会议通知编制质量主要可以从格式和内容两方面下功夫。

（1）格式上，要尽可能规范化。如果是党政机关正式发出的会议通知，其编制要严格按照法定公文中的通知文种进行格式化。

（2）内容上完整齐全。会议通知的内容主要体现在正文之中。完整齐全的会议通知一般由标题、主送单位和人员、正文和落款四部分构成，或由标题、正文、落款和回执四部分构成。回执的参考案例见图4-4。其中正文可以根据会议的情况和通知内容的多少决定采用篇段合一式或列条式等信息组织结构类型，但无论何种写法，通知事项一定要齐全、准确，切忌通知要素模糊、错误和遗漏。

姓名：_____ 性别：_____ 年龄：_____ 职称：_____				

姓名：_____ 性别：_____ 年龄：_____ 职称：_____
单位：_____ 职务：_____
通信地址：_____ 邮编：_____
联系电话：_____ E-mail：_____
宾馆名称：_____ 入住时间：7月___日至___日 是否合住：_____
返程票预订，返程日期：7月___日
预订火车票：返程地点___ 车次___ 硬（软）座___ 硬（软）卧___
预订汽车票：返程地点___ 时间___
预订飞机票：返程地点___ 时间___ 身份证号码：_____

（回执可复印填写后寄回或传真，回执务必请于2006年6月15日前寄出。）

图4-4　世界华人医药生物技术研讨会参会回执

五、安排后勤工作

与会人员的餐饮、住宿、交通、娱乐、安全等都是办会中重要的后勤工作内容,这些事项应根据需要在会前、会中和会后予以安排和落实。会前最主要的后勤工作服务工作是做好各项预订和预约活动。与会人员的住宿和餐饮可以提前到宾馆和饭店预订,如果会议中间安排宴会,也要提前联系预订,要严格按照会议人数和会议规模来预订,避免浪费,而且订餐时要尽量考虑到与会人员的民族习惯和饮食特点。为了方便出行,有些会议还需准备交通工具,负责车站或机场的接送。住宿地点到会场的接送以及会议期间外出参观游览等活动的接送。一些重大的会议,期间还需有安全保障,因此安全保卫人员也要给予安排。另外,如有需要,还要安排医疗保健人员、拍照人员等事宜。

六、布置会场

组织安排会议是秘书的一项主要工作,其中会场布置是一个重要环节。会场布置的目的主要有两个:一是为了营造一个与会议主题相协调的气氛;二是为了维护会场次序,提高会议效率和保证会议质量。

布置会场通常涉及两个方面的活动,即场内布置和场外布置,其中以场内布置为主,以场外布置为辅。场内布置是否到位关系到会议的正常进行和会议本身的质量,自然非常重要,比如会中麦克风、音响、展示仪等出现问题就会使会议中途受阻,并影响与会者的心情和会场秩序。值得注意的是,场外布置也是会场布置的有机组成,无论是简朴的布置还是隆重的布置,都会对会议起烘托和支持作用。如场外的电子屏幕、路标指示牌、彩旗等不仅可以起到指南作用,还反映了会议组织者的姿态和管理水平,营造了会议的气氛。会场布置要根据会议的性质、内容、规模和规格等具体情况进行设计,总体上说要达到安全舒适、洁净明亮、空气畅通、设施齐全、气氛适宜的标准。

1. 会场内的设施准备

会场的设施准备包括会议所必需的设备的准备以及会议基本设施的准备,如音响设备、照明设备、录音录像设备、话筒、投影仪、幻灯机等。会议设施管理的基本目标是:到位、安全,也就是首先要有需要的设备;其次是用时要可靠保真。对所有会议需用的设备设施,在开会前要进行安装、调试、检查,以免在会议期间临时发生故障或出现差错,影响会议的正常进行。

2. 会场内的格局设置与座次安排

会场内的整体格局设置与座次安排是会场布置中最为重要的内容之一。场内布局可分三步进行:首先,根据会议的规模,也就是与会人员人数来选择会场;然后依据会议的性质以及与会人员的类型身份等来确定会场的整体座位格局;最后对座次进行安排,并将安排的结果绘制成表格,张贴在会场中,或放入与会人员的资料袋,以方便其查找座位,或在场内明显标示。

(1)不设主席台的会场格局与座次安排。小型会议通常在会议室中召开,没有主席台。为了方便交流,其会场座位的整体格局一般比较紧凑。会场格局可以设置为椭圆形(图 4-5A)、长方形(图 4-5B)、正方形(图 4-5C)、半圆形(图 4-5D)、T 字形(图 4-5E)或天桥形(图 4-5F)的布局形式。与会人员可以随到随坐,不指定座位,若是有必要按与会人员的职务高低就座,其席位通常以门的位置为标准,职务最高者坐在正对门的座位,然后以职务最高者为准两边入席,左高右低的次序安排座位。

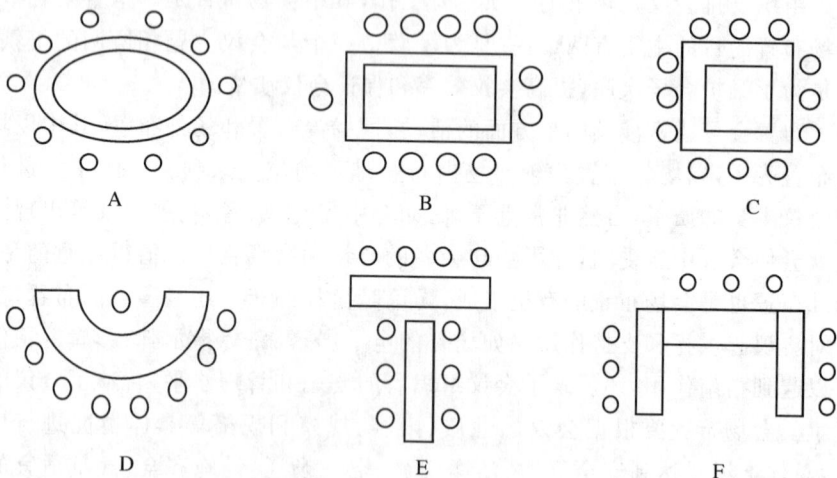

图 4-5　会场格局设置

(2)设有主席台的会场格局与座次安排。中大型的正式会议都设有主席台,此类会议的会场格局与座次安排对会议较为重要,尤其在党政系统中。首先,确定会场整体格局。会场的整体格局根据会议的人数,可以分为课堂型(图 4-6A)或大扇形(图 4-6B)等布局形式。其次,确定主席台上人员的座次。面向台下主席台人员座次原则一般是:中为上再两边;左为先,右为后;前排高,后排低;姓氏笔划对群体。为了方便主席台人员就座,需要在主席台上放置姓名台签。最后,确定主席台下人员的座位安排。主席台下人员的座位安排除了非常隆重正式的会议,一般可以采用自由就座、分部门分系统的分块就座和按职务高低前后就座等方式。隆重的正式的会议,比如"两会"等则需要按照一定的规范来安排座位。比如采用横排法或竖排法,即以与会人员姓氏笔画为序从左至右或从前至后来安排。为了方便台下就座,一般也应贴有引导标志。

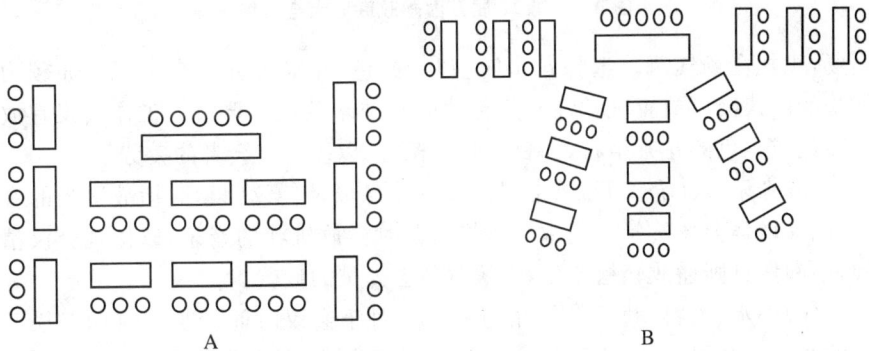

图4-6　常用主席台座次安排图

主席台人数为奇数: 7 5 3 1 2 4 6
主席台人数为偶数: 6 4 2 1 3 5

3. 会场内外的环境布置

会场内外的环境布置应根据会议的性质和特点布置,以形成与会议主题相协调的环境氛围。会场内外的环境布置可以从会场的色彩与色调、悬挂物、摆设物以及装饰物等方面体现,其中主要的关注点和控制点有:

(1)会标或会徽。会议全称的标题化形式和体现会议精神的图案性标志,例如第22届万国邮政联盟大会会徽,如图4-7。会标或会徽是为了强化会议主题和传达会议的精神,通常挂在主席台的正上方。

(2)标语。标语是与会议主题相适应的具有号召力的语言文字,通常在会场内前后悬挂,以传达会议主旨,渲染会场气氛,振奋与会人员精神,如安全工作会议的标语为"以人为本,安全第一"。

(3)灯光与色彩。变换会场内灯光的强弱、明暗及色彩会给会场带来不同的效果。会场灯光一般要求明亮而柔和,为达到此效果在选择灯光照明时宜用暖色系灯光。喜庆的会议可以增加红色调。

(4)花卉或绿色植物。在会场内摆放适当的花卉或绿色植物,可以点缀

图 4-7　第 22 届万国邮政联盟大会会徽

会场,烘托会场气氛。选择花木时应从意、色、味等方面综合考虑。如较为轻松的座谈会可放置观赏性或芳香性的月季米兰等。严肃的工作会议宜放置冷色或中色的花卉植物,如百合和棕榈等,以缓解与会者的疲劳。

(5)音乐。在会议开幕、中间仪式或休息以及会议闭幕时播放适当的音乐,能够增强会场气氛。通常开幕与闭幕时播放雄壮的音乐,以体现会议精神,中间休息则播放轻松音乐,以缓解与会人员的疲劳。

(6)茶水、饮料、糖果等饮品与食品。对于会议时间较长或氛围轻松活跃的非正式会议,主办方可以在会场中准备茶水、糖果等饮品和食品,以供与会人员享用。

(7)会场外的环境布置。某些大型会议或者是某些正式会议,通常在会场大门口悬挂宣传标语,摆放花卉或绿色植物的盆景,如有需要还可以在通往会场的道路上沿途插放彩旗、悬挂气球等,以突出会议隆重的气氛,并与会场内的环境布置形成统一风格。

七、安排会议报到和接待

安排会议报到和接待是会前筹备阶段和会中组织和管理阶段的一个衔接点,它既是前一阶段的最后一个环节,又常常表现为后一阶段的开始。报到是与会人员向会议组织者报告到达开会地点并办理相关手续的过程。针对报到方,主办方有热情、周到接待的义务。这一环节的主要工作和具体要求有:

(1)接待人员必须要掌握与会人员名单,并明确其到达的准确时间,以便预先安排车辆及时接站或接机。

(2)报到地点一般应设在方便会议进行的地方。目前常见的做法是在与会人员下榻的宾馆的大厅内,专设报到台,并树立明显的引导牌或标志牌,标明报到的具体位置;也可悬挂或张贴欢迎字样的标语,如"热烈欢迎×××会议代表"。

（3）一般来说，与会人员会根据会议通知上的报到时间亲自前来报到，但也可能因某种原因让他人代替前来报到，因此，要认真核对报到人的身份和证件，并做详细记录。

（4）将事先准备的装有会议证件、餐券、住宿房间号码及钥匙、文具等物品的文件袋发给报到人员，并让报到人员签收。

（5）接待人员应热情解答与会人员的各种询问。

4.5 会中组织与管理

会中组织与管理是从会议签到到会议宣布结束为止的过程，它是会议组织与管理的核心环节，也是会议成败的关键。其主要工作内容和基本流程参见图 4-8：

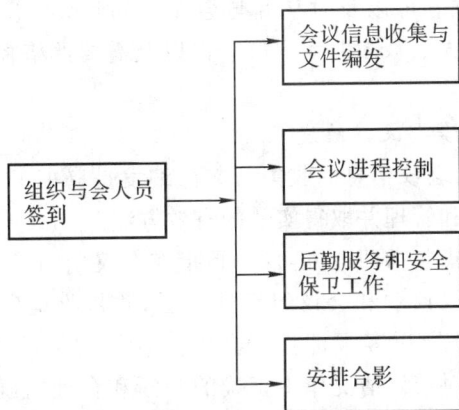

```
                            ┌──────────────┐
                       ┌───→│ 会议信息收集与 │
                       │    │ 文件编发       │
                       │    └──────────────┘
                       │    ┌──────────────┐
┌──────────┐          ├───→│ 会议进程控制   │
│ 组织与会人员│ ───────→ │    └──────────────┘
│ 签到      │          │    ┌──────────────┐
└──────────┘          ├───→│ 后勤服务和安全 │
                       │    │ 保卫工作       │
                       │    └──────────────┘
                       │    ┌──────────────┐
                       └───→│ 安排合影       │
                            └──────────────┘
```

图 4-8 会中组织与管理的一般流程

1. 组织与会人员签到

组织与会人员签到和前述的安排会议报到和接待通常是一回事，当然也有例外，比如，与会者提前报到了，但开会的当天却没有签到。会议签到的目的是及时统计到会的确切人数与缺席人数，以便留下到会的第一手材料，为以后形成与会人员通讯录、会议纪要等打好基础。签到现有两种形式：手工签到和电子签到。

（1）手工签到。这是传统的签到形式，具有操作简单、成本低的特点。一般多采用签到簿式，通常做法是在会场门口专设签到台，与会人员入场时亲自在提前印制好的签到簿上填上相关信息或直接签名。签到簿参考样式之一见表4-4。

表4-4　××××会议与会人员签到簿

姓名	工作单位	职务或职称	本人联系电话（手机号码）	通信地址及邮编	电子邮箱	签名
张三	×××	××××××	×××××× ××××	××××××	×××	
李四	×××	××××××	×××××× ××××	××××××	×××	
……	……	……	……	……	……	

(2)电子签到。属于现代会议新兴的签到方式,具有签到方便、统计快速、安全、准确的特点。与会人员用自己的IC卡或磁卡,在进入会场之前在验卡器上刷卡即可。刷卡后,与会人员的相关信息都会电子存储,并在相关电脑中显示,会议领导可以及时掌握与会人员的到会情况和相关的统计数据。电子签到对于人数众多的大中型会议以及需要严格控制的会议具有明显的优越性。

2. 会议信息收集与文件编发

会议进行期间,会议信息的收集与文件编发是秘书工作的重要内容,也是对会议进行组织和管理并取得实效的有效方法。

会议信息的收集包括两个方面:一是指在会议期间了解会议进展情况,了解与会人员对会议议题和会议组织的看法,并将收集到的反馈信息进行整理,及时向会议领导作客观汇报。会中信息的收集,要求全面、客观、准确、及时,以便领导对会议情况作出正确的判断和合理的调整。二是做好会议记录,会议记录由指定的秘书承担。

会议记录是对会议基本情况和经过的真实记载和反映,具有法定效力,是形成会议纪要和会议简报的重要依据,也是日后查考的历史凭证。会议记录由会议组织情况和会议内容两部分构成。会议组织情况包括会议标题、会议议题、会议时间、会议地点、会议主持人、出席人、缺席人、列席人和记录人等项目。这些项目可在主持人宣布开会前记好。会议内容作为会议记录的主体部分,其记录方式可以根据情况和需要选用摘要记录或详细记录方式。会议记录的一般要求是全面、细致,对关键性的发言和结论性的内容要逐字照录。为了提高记录速度,达到会议记录的要求,记录时除了沿用传统的笔录方式外,还可以利用录音机、录音笔、摄像等现代方式。会议记录是会中形成的重要内部文件。

会议文件编发最常见的形式是编发会议简报。会议简报在会议期间为与会人员交流信息、了解整个会议的进展情况提供了一个平台,它以会议信息的收集为基础。会议简报具有"简练、真实、快捷"的特点。会议简报不是法定公文,具有半文半报半刊的性质,写作手法比较灵活。具体编制时可以采用综合报道,也可以采用专题报道;可以是与会人员的发言摘要,也可以是与会人员的专访记录;可以是系列编发,也可以是一次性编发;等等。

3. 会议进程控制

会期中的正式会议是整个会议过程的核心,所有的会议议项将在此阶段完成,会议的目标也主要依靠这一环节实现。这一阶段将获得会议的实际成果。因此,秘书部门和秘书人员对此环节应引起高度重视。

要使会议成效显著,就应对会议进程进行有效控制,并充分调动参会人员的积极性,使参会人员都能对会议有所贡献。在对会议进程控制的过程中,会议主席(或会议主持)扮演着关键性角色,起导航和把关的作用,秘书人员是重要的配角,起协助管理的作用,参会人员是重要的贡献者。

秘书部门和秘书人员要主动配合会议主席做好会议期间的各项管理工作。

4. 后勤服务和安全保卫工作

会议召开期间,会议需要有专门人员来担任会场内外的服务和安全保卫工作,为会议顺利完成提供保障。会间后勤服务包括会场的后勤服务与场外后勤服务两个部分。会场后勤服务工作主要包括在会场上进行茶水供应,照顾与会人员中有特殊需要的人,以及回复询问等。场外的后勤服务工作除包括常规的与会人员的吃、住、行安排以外,还负责会场之外各种活动的组织和安排,如安排参观活动、组织文娱活动,以及票务服务等。

会议的安全保卫工作主要包括以下几点具体内容:

(1)保障与会人员的饮食卫生。严格按照国家有关食品卫生的管理规定和标准,采取有力措施,确保与会人员的饮食安全。

(2)做好与会人员的人身安全保卫工作。

(3)严格控制与会议无关人员随便进入会场,保证会议的进程不被无关人员打扰。

(4)做好保密会议以及会议中保密文件的监管工作和重要文件的回收工作,防止文件和信息的泄密。

(5)防止会场设施、会议相关物品和私人贵重物品的被盗。

5. 安排合影

正式会议在议程顺利完成后,要安排与会人员合影留念。秘书在此过程中负责的主要工作包括提前预定摄影师,告知摄影地点、时间和人数,并编制好合影站位图,并送领导审定后,复印分发给与会人员。合影时前排排序可以参照主席台座次排序执行。在摄影前摆放领导位置的坐椅,还需组织和安排与会人员到拍摄地点集合,进行现场调度,请与会人员站好后,再请领导在前排就座。

案例 4-2

领奖台上的混乱和尴尬

某单位召开年度先进工作者表彰大会。会议在总结全年工作的成绩和不足后,对本单位的十名先进工作者进行表彰,并颁发奖状。当领奖的员工上台时,有四名员工当即发现奖状上的名字不对,转头向领导更换或相互交换。一时间领奖台上乱糟糟的。还有一名员工不知何故没有到达会议现场,致使一位颁发奖状的领导手拿奖状面色尴尬。

思考:1. 请分析该会议组织中出现的问题有哪些?

2. 你若是该会议的秘书人员,如何安排和组织这次表彰大会?

3. 结合案例和所学知识请谈谈办会过程中"细节"安排的重要性。

4.6 会后清理与总结

会后清理与总结阶段是从会议宣布结束到会议办结的过程,是会议的必要环节,它会形成会议的结果性材料,影响会议精神的落实和与会人员对会议的评价。其主要工作内容和基本流程参见图 4-9。

1. 安排与会人员离会

会议宣布结束后就进入了会后清理和总结的阶段,其中首要的工作就是妥善和周到地安排与会人员离会。首先,负责会务的秘书人员要帮助与会人员在所住宾馆结算房费,进行退房,并提醒与会人员带好个人随身携带的物品,以免遗留遗失物品,造成不必要的麻烦;其次,订票送票,安排送别车辆;最后,要向与会人员礼貌告别。

2. 清理会场

清理会场,一方面是要回收清退文件,检查与会人员有无文件或物品遗忘。另一方面要清洁整理会场。拆除或清理会场内外的布置,会场内移动过的桌椅要摆回原位,地面和门窗要打扫干净,用具、用品要清点归好,租借的物品应及时归还。

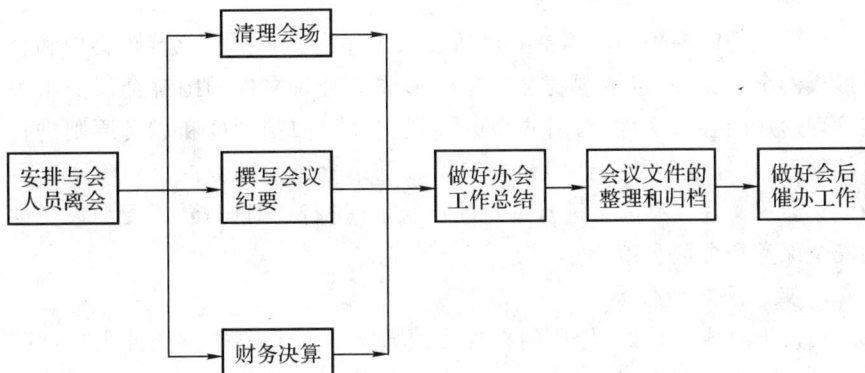

图 4-9 会后清理与总结工作的一般流程

3. 撰写会议纪要

会议纪要是用来记载会议基本情况、传达会议主要精神以及议定事项的会议文书，是一种具有纪实性和指导性的法定公文。它以会议记录为基础加工而成，是对会议记录的抽取、概括和提炼。会议纪要是会后清理和总结阶段形成的会议成果性文件，也是成套会议文件中最重要的文件之一。会议纪要按正文写法可以分为陈述性纪要，即按会议议题组织信息的会议纪要形式；决议性纪要，即主要记述会议过程中首次与再次提议及其表决情况的会议纪要形式；行动纪要，即主要记述会议中达成的行动意见的会议纪要形式。

4. 财务结算

在会前准备阶段中的会议预案中包含了会议的成本预算，既然有预算，在会议结束后，也必须要根据预算方案和实际花费进行财务结算。在结算中，如果有超过预算方案的花费项目，也就是增加的经费花销，都要在结算中给予说明，并出具票据证明；最后将结算结果绘制表格，提交领导审核后，到财务部门结账。

5. 做好办会总结

如果说会议纪要是对会议本身的最后总结，那么对于秘书人员来说，办会总结则主要是对会议组织和管理工作的总结。总结的内容主要是：有哪些成果，经验和教训是什么，存在哪些不足以及原因，办会总结过程中得出的经验和教训，可以为今后有效和高效的办会工作提供宝贵的借鉴，可以提升秘书人员的办会能力，培养相互配合协同工作的良好作风。办会总结也是酌情表彰的依据。

6. 会议文件的整理和归档

会议文件的整理和归档主要包括三项工作内容:收集在会前、会中和会后形成的全部文件,包括围绕会议主题形成的会议文件和围绕会议的组织与管理形成的会议文件;对所收集的会议文件按归档制度和成套原则进行系统整理(文件整理和归档的相关知识参见第七章的相关内容);将整理后的成套会议文件在办公室进行适当的保管,并进行适时归档,以便会议文件的安全保存和合理利用。

7. 做好会后的催办工作

会议上达成的共识、传达的精神和决定的事项是要通过会外来贯彻落实的,因此,会议要真正取得实效,还必须抓好会后落实的环节。这就要求开展会后督查工作,及时对重要事项进行催办和检查。督查工作的相关知识参见第五章的相关内容。

4.7 会见与会谈的组织

从广义的角度来理解,秘书"办会"不仅包括会议的组织和管理工作,还包括组织"会见"与"会谈"活动,后者也是秘书办会的重要工作内容。

"会见"与"会谈"都是一种需要事前有约的约会活动,包括正式的和非正式的一对一"会见"与"会谈"、团体的"会见"与"会谈"等。秘书在"会见"与"会谈"过程中通常不是主人或主宾,其主要任务是为"会见"与"会谈"主体、相关人员和自己做好约会的安排和组织工作。当然,在某些非正式场合,秘书也可能在领导的授权下代替会晤。安排和组织"会见"与"会谈"等约会工作是秘书尤其是涉外秘书最日常性的工作。在欧美国家,由于约会遍及社会的各个领域,因此,在其秘书类教材中,都会设置专门章节讲述。

一、会见会谈的含义和流程

1. 会见与会谈的含义

(1)会见的含义与基本类型。会见,一般指双方会晤、见面。上对下或主对宾会见通常称接见或召见;反之,称拜见或拜会。古时,拜见君主称谒见或觐见;接见和拜会后的回访称回拜。会见类型依据目的和内容可分为礼节性、政治性和实务性等类型。

礼节性会见即通过会见这一行动,彼此显示或向外界显示相互的关系或对特定问题的态度。礼节性会见的时间一般较短,话题宽泛,气氛轻松随和。

政治性会见一般涉及双边关系、国际形势等重大问题。通常通过这种会见来显示双方的态度或就某个问题达成双方一致的意见。会见时间相对较长，气氛较庄重。

实务性会见往往涉及企业、商业贸易、文化交流等领域中具有一定商务意义的内容。会见具有一些实质性内容，会见时间较长。

（2）会谈的含义。会谈是有一种有目的的人际交流活动，一般指双方或多方就某些重大的政治、经济、文化、军事等共同关心的问题交换意见，也可以洽谈公务或就具体业务进行谈判，并达成共识或交易，因此谈判是会谈的一种特殊形式。会谈是一种正式的意见交换磋商方式，其内容较为正式，政治性或专业性较强；另外依据会谈内容与会谈双方身份不同，会谈规格有高有低，如元首级、总理级、部长级会谈等。

（3）会见与会谈的区别。根据会见与会谈的含义，我们可以了解两者的共同点，即都是彼此见面的一种交流方式，但是它们又不尽相同。会谈不仅要会见，而且还要就共同关心或感兴趣的问题交换意见，达成共识或交易，会谈较会见更侧重于"谈"的部分，通常为了实现会谈的目的，往往需要举行多次会谈，因此，会谈的程序与形式较会见来说更加复杂。比如"朝核会谈"。

2. 会见会谈的一般程序

会见会谈作为约会活动的两种方式，存在一定的区别，但两者的一般程序还是大体相同的。因此，在此处合在一起介绍。会见会谈工作一般由秘书部门具体安排和落实，属于秘书礼宾工作范畴。结合中国情况和国际惯例会见会谈工作的一般程序如下：

（1）会见或会谈事项的确定。

■ 提出预约。会见会谈事项可以由领导或秘书首先提出，或由会见会谈对方提出，后一种情况时，秘书应将会见会谈要求及时通报领导。

■ 确定预约。会见会谈事项提出后是否需要进行会见会谈，则需要有一分析决策过程。首先，需要了解会见会谈的目的意义、时间、人员、可能的地点等情况；其次，复杂的约会需要联系相关人员，协商约会的细节和可能性；最后，根据所掌握的信息和需要，决定是否安排约会。当你处理约会请求时，应根据请求事项的性质和人员以及自己的职权范围作出正确的反应。接受约会，有的可以由秘书人员当场决定并作出安排，有的则需要交领导定夺。为了提高预约效率，各单位的秘书系统应讨论确定在约会确定过程中的"守门政策"（gatekeeping policy），主要包括约会请求的分类和相应的处理原则，确定哪些约会请求不被接受，哪些约会请求总被接受，哪些约会请求需要请示领导或领导讨论后才能决定。预约活动中的"守门政策"需经过行政领导的审核和批准。一旦决定接受预约，接受方就应根据对等原则，确定主方人员的身份、规模和规格。

■ 回复预约。任何预约都需要及时回复，无论是肯定的回复还是否定的回复。由"守门政策"可以看到，有的回复可以当面或电话当场告知，如看病预约；有的则需要事后书面或电话回复。肯定的回复要求各事项交代得全面、清楚，主要内容包括时间、地点、参会主要人员和会见会谈内容。

（2）会见或会谈事项的落实。确定约会后，秘书人员需要根据约会的类型、规格和收函复函的内容，对确定的各事项进行逐项落实和检查，这一方面的准备可以参照会议会务工作。

（3）具体会见或会谈。按照约定如期赴约，就进入了会见或会谈的实质性部分。具体会见或会谈是会见或会谈整个活动过程的核心活动，也是一个礼仪表现过程，其接待的礼仪程序可以参见相关章节。其主要程序或步骤不外乎迎、见（谈）、送三步。

■ 迎。这基本上是一个迎接来宾到达约定地点见面的过程。党政系统的迎接一般较为正式，为了表示对客人的尊重和热情欢迎，会见时通常由秘书人员在会议地点的大门外迎接，主人在会客厅或办公室门口迎接。对特殊身份客人，主人也到大门外迎接。

■ 见（谈）。这是一个宾主相互介绍和进入约会预定内容的过程。正式会见或会谈时，通常由主方秘书人员进行会面介绍，宾主握手。如果主客双方的身份有高低，介绍时要对接见或拜见有所区分。接见时，秘书人员应先将客人向主人介绍，随后将主人介绍给客人；拜见时相反。如果宾主双方身份相当，那么通常先将主人向客人介绍，随后将客人向主人介绍；如客人是贵宾（国家元首），或大家都熟悉的知名人物，就只将主人向客人介绍。

介绍完毕后，宾主双方可以就座，并进入预先安排好的会见或会谈的主题内容。会见期间可根据需要决定是否接受和安排记者采访。

■ 送。这是一个送别来宾的过程。会见结束后，双方可以合影留念，合影留念也可以安排在相互介绍之后。无论会见或会谈是否愉快如愿，时间一到总得送客。正式做法是主人送客人至车前或门口握手告别，目送客人离去后再退回室内。

二、会见会谈礼仪

会见会谈中的礼仪,除了前面已经提到的迎送礼仪等之外,还有座位布局和座次安排礼仪、摄影礼仪、签字礼仪和其他礼仪等。这些礼仪中的礼宾是正确组织会见会谈活动的重要内容,不容忽视。这里主要介绍座次礼仪和摄影礼仪。

1. 会见会谈座位布局和座次安排礼仪

会见按座位布局可分为马蹄形(图 4-10)、U 字形(图 4-11)、长方形、圆形等,通常陪同人需要保持一定距离的正式会见以马蹄形、U 字形居多;会见就座时可以宾主各一方,礼仪规则是主左宾右,相对而坐。也可以相间而坐,以前者居多。

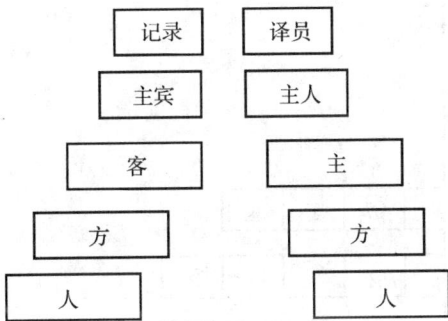

图 4-10　马蹄形

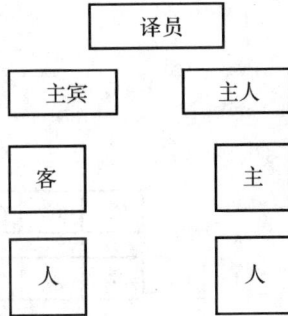

图 4-11　U 字形

相对而言,近距离的会谈通常会根据会谈对象的多少采用长方形(图 4-12)、正方形(图 4-13)、圆形(图 4-14)等座位布局。

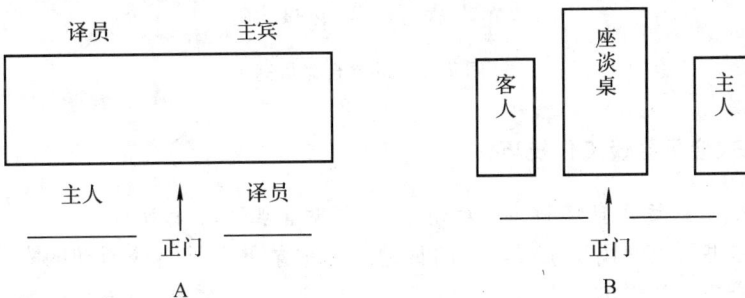

图 4-12　长方形会谈

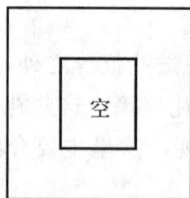

图 4-13　正方形会谈　　　　　　　　图 4-14　圆形会谈

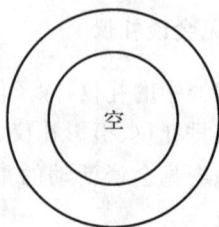

2. 摄影礼仪

外交合影,应按照礼宾次序,遵循主为中心、宾右为上、主宾间隔排列的原则。外交合影排列见图 4-15。

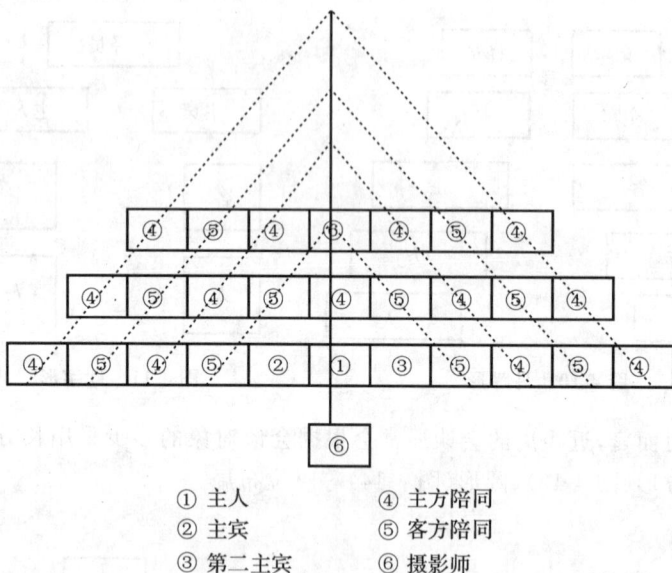

① 主人　　　　④ 主方陪同
② 主宾　　　　⑤ 客方陪同
③ 第二主宾　　⑥ 摄影师

图 4-15　外交合影排列

三、会见会谈工作技巧

1. 有效运用日记和其他计划工具,帮助管理预约活动

秘书可以使用手工或电子的日记系统记录下会见会谈活动的安排。国外一般是以年为单位进行提前安排,并将安排记录在案,一年之内安排的变动再在日常中不断补充、修改。相比较使用纸质台历安排会议及其他活动,

电子日历可算是一种现代的有效辅助管理预约活动的计划工具。相关内容请参见第五章。

2. 合理安排领导的预约活动

秘书为领导安排约会,要讲究合理性。从时间上来看,不能整天安排得很紧张,从早到晚不留余地,也不能太松散,无关紧要的小事拖拖拉拉占了好几天;从内容上看,最好不要将不同方面的重大重要的事集中安排在同一天,或连续几天,因为这些做法都会影响约会的效率和质量。较好的做法是时间安排上留有余地,以便会见会谈者中途有休息醒脑的时间,以及其他活动回旋的余地。内容安排上将重要和相对次要的约会进行搭配安排,以便会见会谈者有充沛的精力处理重要问题,并兼顾完成其他安排。

3. 提前考虑会见会谈活动中的变动情况

秘书在具体安排和落实约会活动各事项时,还应提前考虑会见会谈活动中的变动情况。在欧美国家,较为正式的约会,一旦提前敲定就很少会变化,既是变动通常也是按重新预约,顺序推后安排的惯例进行,不能随便插队。在国内,在工作计划体系不太完善,但又高度重视机会和效率的环境中,由于某些原因随时都有可能调整预定安排,从而产生多米诺骨牌连锁反应。应对会见会谈活动中可能出现的变动情况的有效方法有提前考虑,提前准备;合理安排预约时间;对重要的但可能会有变动的会见会谈活动,要有备用方案。

四、谈判的组织和安排

如前所述,谈判是一种特殊的会谈形式,它包括谈判活动或谈判元素,谈判是大多数会谈的核心环节。谈判是一种常见的社会活动,大到国与国之间就重大的政治、军事、经济问题举行谈判,小到顾客与商家就一件商品进行讨价还价都是谈判。谈判作为社会活动,从根本上讲是双方或多方为了消除分歧、改善关系或满足各自的利益需要,就某些共同关心的事项进行相互磋商的过程。从谈判的本质属性出发,我们可以得出,谈判从实质上看也是会谈形式的一种,较之于一般的会谈,正式的谈判最终的目的在于达成某种对各方均有约束力的协议。在整个谈判过程中,秘书部门和秘书人员将是组织安排相关事宜和活动的承担者。

1. 谈判的一般程序

(1)谈判的准备。谈判准备是谈判程序中的一个重要环节,是决定谈判成败的基础。准备阶段的工作简单概括起来主要包括:收集谈判的信息,进行谈判双方的优劣分析,通过谈判战略、谈判风格及谈判中具体细节的准备而确定谈判目标,再根据目标制定包含谈判时间、地点、现场安排、计划书等内容的谈判计划,最后来组建谈判队伍。

(2)谈判的进行。谈判进行通常包括三个部分——开局、磋商与结束。

谈判的开局是谈判双方人员接触的开始,也是谈判工作进入双向交流阶段的标志,一般情况下包括开场白、谈判议程的商定、意图概说三个内容;谈判的磋商,其任务就是利用各自掌握的信息资料、客观标准和客观事实,充分发挥谈判者的聪明与智慧,表明自己的立场和利益,反驳对方的论述,说服对手进行让步,最大限度地争取已方的实质利益;谈判的结束,意味着谈判过程的完结。当谈判中所有的分歧取消,双方能够在一定程度上或某一点上达成共识,那么谈判就是成功或有成效的。当然,谈判也可以因为意见的严重分歧不欢而散,以失败而告终。

(3)谈判的收尾。就一个成功的谈判而言,在收尾阶段需要将谈判取得的成效通过制订协议的方式形成具有法律效力的文件,双方合法代表人签字并加盖公章后生效。如果一次谈判不成功,就可能会商定下一次谈判的事项。

2. 谈判中的秘书工作

秘书人员在谈判的整个流程中主要从事的是与信息相关的工作,以满足领导在谈判的各个环节对相关信息的需求。其中较为重要的信息工作有谈判资料的收集与整理、谈判协议或合同的拟制,以及谈判记录和纪要的形成等。

(1)谈判资料的收集与整理。谈判资料的收集与整理大量地集中在谈判的准备阶段,这一阶段主要收集整理两方面的信息资料,一方面是已方的相关信息资料;另一方面是对方的信息资料。对于谈判对手的情况应尽可能详尽地了解,比如对方的主要兴趣点和利益点,对方代表在谈判中的自主权,对方代表的谈判风格,对方代表的谈判经验等等。这是收集的难点,同时也是要点,对于谈判的内容、谈判的方式和谈判的伸缩余地都会产生影响。信息收集和整理的主要目的有两点:一是为制订详细的谈判计划或谈判方案提供依据;二是为谈判过程中使用相关信息或出具相关证明做好充分准备。秘书人员收集与整理谈判资料要注意围绕谈判目标进行;资料的收集应尽量详细和全面,收集后要按照一定顺序或次序进行整理和归类;另外,还要注意妥善保管资料并严格保密。

(2)谈判协议或合同的拟订。谈判的结果或谈判目标的实现通常以双方认可的正式协议或合同的形式出现,但在谈判认可前,谈判双方一般都拟订有各自期望的谈判协议或合同,这些协议或合同内容有的会根据谈判的结果予以修改。秘书人员是依据领导的旨意和现有的信息资料草拟谈判协议或合同,并在谈判结束时整理修改意见,拟制正式协议或合同的主要承担者。

秘书人员在拟制谈判协议或合同时应遵循我国《合同法》等相关的法律法规,以提高制文的质量并确保其具有法定效力。

合同的结构一般由四个部分组成,即标题、双方当事人名称、正文和结尾。标题,写明合同的种类,如劳动合同、技术开发合同等;双方当事人名称,必须写详细,要求写双方当事人的全称;正文,是合同的主体部分,通常以条款方式说明双方达成一致的内容;结尾,包括双方单位法人代表签名、单位盖章、联系方式、签约地点和时间等。

秘书人员拟制协议或合同应注意符合两个要求:一是协议或合同的格式必须规范化,这是协议或合同具有法定效力的必备条件。在现代社会,秘书人员可以借助电脑中的合同模版来编制文本,提高效率;二是协议或合同的内容必须严密准确,不能出现有歧义或引起争议的语句,比如合同条款中有一条写到"甲方不履行其义务,将予以赔偿",而"予以赔偿"若无进一步的说明,则显得模糊不清,给以后的纠纷埋下冲突的种子。

(3)做好谈判纪录。谈判记录是谈判整个过程中形成的原始记录。谈判记录的唯一要求就是要详尽,即把谈判的目标、时间、地点、谈判人员以及人员的发言等整个谈判情况尽可能详细地记录下来。

由于谈判活动通常是小范围进行的,谈判内容通常带有一定的保密性,谈判方式多为对话式,较少采用现代设备进行记录,而主要采用人工速记,这就对作为记录人的秘书人员提出了更高的要求。

会谈纪要以会谈记录为基础整理而成,并在双方会谈代表签名盖章后正式生效。会谈纪要也是会谈结果的一种表现形式,通常以条目的形式简明扼要地对会谈达成的一致意见进行内容信息的整理和组织,起备忘录的作用。当然备忘录本身也可以是谈判结果的一种表现形式。

谈判记录与会谈纪要的关系类似会议记录和会议纪要的关系,但谈判记录与会谈纪要要求更严,保管也更严。作为档案,它们需要归档保存。

4.8　会议的监控与评估

每天,世界各地都要举行成千上万的会议、会见、会谈等,办会的目的不是"会"本身,而是为了通过这一独特的社会活动来达到传递信息、交流思想、科学决策、解决问题等目的。然而,也并非所有的"会"都有目的和意义,也并非所有的有目的有意义的"会"都能够既快速又有效地完成办会目标,"圆满成功"。如何保证办会的圆满和成功呢?对会议、会见、会谈等进行适度有效的监督和控制,以及科学评估就是其中重要的手段和方法。这一方面的工作目前还比较薄弱。本节将重点分析会议的监控与评估,其中的原理和方法也适用于会见和会谈。秘书部门和秘书人员作为"办会"的主要操办者,应积极推动会议监控与评估工作的开展,以不断提高办会的质量。

一、会议的监督与控制

1. 会议监督和控制概述

(1)什么是会议的监督和控制。会议从筹备直到结束,整个过程都需要相关人员对会议的具体工作包括形式、内容和过程进行检查与监督,都需要对会议的基本要素——人、财、物、时间、信息等进行调节和控制,以保证会议的顺利进行,这就是会议的监督与控制。通俗的理解就是检查督促会议具体工作的落实属于监督工作,而对会议落实的情况和结果进行调节和处理则属控制的范畴。会议监督为会议控制提供了必要的情况信息,是会议控制的基础和前提。

(2)会议监督和控制的重要性。会议是一种有组织有领导的活动,需要进行管理,尤其是大型的重要的会议,更需要重视管理。会议监督和会议控制正是会议管理的重要职能,它们与计划、组织、领导等其他职能结合在一起,就会形成相对完整的会议管理系统。计划用来确定目标和方案;组织用来调配资源;领导用来实施计划;而监督和控制则是用来检查计划以及计划的执行情况,并对过程中产生的偏差予以纠正。它是确保会议朝正确方向前进的重要措施。

若放任自流不进行管理,就会导致盲目开会和不充分开会,就会导致会议预想情况和实际情况的不一致,就会导致既定目标和现实结果之间的差距,最终影响会议的效率和效果。会议监督和控制是会议组织和管理的重要组成。

(3)会议监督和控制的主体。会议监督和控制的主体主要应该是会议主办方,通常由会议组织机构或工作机构负责。也就是说,主要采用自我监督和控制。如果存在会议承办方,那么承办方不仅要负责会议的监督和控制,而且还要接受会议主办方的监督和控制。当然,会议还需要接受与会代表的监督。

(4)会议监督和控制的主要内容。会议监督和控制的内容总的来说包括与会议有关的方方面面,有宏观整体方面的对象,如会议目的意义的检查与调整,但更多的是微观方面的工作,从文字工作到后勤工作等。会议的监督和控制活动贯穿于会议的整个过程,因此也涵盖了会议三个阶段的所有内容。尽管会议监督和控制的内容范围非常宽泛,但概括出那些会议监督和控制的核心对象和主要内容对会议的组织管理将大有裨益。

对会议进行有效监督和控制,关键是要正确确定影响会议成功的各关键因素及其控制点,这些关键因素及其控制点就是会议监督和控制的主要内容。会议监督和控制的核心对象和主要内容的确定应与会议的评估指标体系相一致。

会议监督和控制的主要内容从核心对象出发进行考察,主要有:

■ 会议目标:包括会议有无目标,有什么具体的目标以及分目标,这些目标的现实意义。

■ 会议组织:包括会议的组织机构以及人员责任制情况,会议的时间、经费、场地安排情况,会议的文件资料工作情况,会议的后勤服务情况,会后工作落实情况,等等。

■ 会议成果:会议实现预期目标的情况,会议最终获得的硬成果或显性成果有哪些,与会人员的到会情况和满意程度,会议的隐性成果情况等。

如此层层下分可以获得一个比较明确的控制点体系,以帮助秘书部门和秘书人员在合适的时间用合适的方法监控合适的对象。各单位各部门可以根据各自办会的特点,建立相应的控制点体系。

2. 会议监督和控制的手段和方法

在会议的监督和控制中,常用或可用的手段和方法主要有:

(1)实时监督和控制。它是一种伴随会议的自然进程,对会议的进程和内容进行及时监督和控制的方法,宜用于监督和控制会议进程。

(2)超前控制、过程控制和反馈控制法。

■ 超前控制方法就是在会议正式开始前,对会议过程的各种情况和需求进行充分考虑,并提前做好准备的方法。

■ 过程控制方法就是在会议的整个进程中,以实时监督信息为依据,会议预期目标为标准,不断对会议进程中的偏差进行修正的方法。

■ 反馈控制方法就是通过会议后期的信息反馈,对将来会议的前期准备和会议过程进行调控和完善的方法。

（3）日记法。作为计划工具的"日记"可用来提前安排会议。它有手工和电子之分。"日记"既是一种计划手段也是一种检查监督、超前控制的手段。事实上，在会议的筹划阶段，所有辅助计划的手段，都可以作为会议期间监督的依据和手段，如会议议程、会议日程、会务方案等。关于日记法的更详细内容还可参考第五章第十一节内容。

（4）清单法。清单法常用于对物品和活动等进行实时监督和管理。清单一般按专项制定，如设备清单、文件清单、财务清单、行动清单等。它是工作核查的有效手段，也是活动过程和结果的重要凭证，需要作为会议成套文件的有机组成。关于清单法的更详细内容还可参考第五章第十一节。

（5）文件法。会议计划性文件和结果性文件既是会议活动的成果，又是对后续活动开展检查、监督和控制的依据，是监控的重要手段和方法。可以作为会议检查、监督和控制依据和工具的计划性文件和结果性文件主要有会议预案、会议日程、会议议程和会议纪要、决议等。采用文件法对会议进行监督和控制的具体方法有两种：一种是对照原文件进行核查，也就是直接依据和对照相关文件，核查各事项的落实情况；另一种方法是转制新文件进行核查，即将原先的文件转变成检查表再核查。这种转化有时非常简单，如在一份具体的表格式行动计划中增加"完成情况"一列，检查时逐项打"√"或"×"既可，见表4-5。从节省时间和有效控制的角度出发，可以在制定相关文件时，就考虑后续监控的需要预先设置"完成情况"等栏目；而有时则比较复杂，需要从相关文件中抽出检查监督的项目，然后另制检查表。另制检查表的制作方法是"检查对象各要素＋检查主体各要素"，其一般格式见表4-6。

表 4-5　行动计划转变为核查表案例

项目	期限	负责人	完成情况
1. 查看日历并在其上标注出会议日期	会议前 3 周	苏珊	√
2. 确定会议的风格和合适的形式	会议前 3 周	苏珊	√
3. 调查需要的信息种类	会议前 3 周	苏珊	√
4. 确认参加会议的人数	会议前 3 周	苏珊	√
5. 联系会议地点	会议前 3 周	苏珊	√
6. 选择会场并预订房间等	会议前 3 周	苏珊	√
7. 印发会议通知	会议前 3 周	苏珊	√
8. 准备日程表	会议前 3 周	苏珊	√

续表

项目	期限	负责人	完成情况
9. 确认应该通知的与会者	会议前 3 周	苏珊	√
10. 为会议主席准备日程表	会议前 2 周	苏珊	√
11. 预定合并准备标识	会议前 2 周	苏珊	√
12. 向宾馆或酒店确认预订的房间	会议前 2 周	苏珊	√
13. 向参会者发出通知	会议前 2 周	苏珊	√
14. 确认酒店的停车位	会议前 1 周	苏珊	√
15. 准备文具	会议前 1 周	苏珊	√

表 4-6 会议任务检查表

工作项目	完成期限	负责人	完成情况	检查人	检查日期

(6)便函和备忘录。便函作为内部书面沟通的有效形式,备忘录作为活动的简要记录,都具有备查和监督作用。简略的会议纪要也可以备忘录的形式呈现,并归档。

(7)评估报告(测评报告)。会议如果没有监督和控制就没有质量,会议如果没有评估报告(测评报告),就不能提高质量。过去对上述两个环节都比较忽视,这也是出现如此多的高成本低效率,甚至无成效会议的根本原因。

会议评估或测评是一个收集和分析会议信息,并以此为依据对会议质量和效率进行评价的活动,其成果是形成会议评估报告(测评报告)。会议评估报告是会议总结报告的重要内容,也是会议总结的一份重要依据性文件。评估报告和会议总结都是反馈控制的重要手段。

自己组织的会议,开展会议评估是为了总结会议的得失、办会的经验和教训,以提高将来办会的能力。

承接客户业务而组织的会议,开展会议评估除了上述目的外,还有满足会议客户的要求,提高会议运营管理水平,增强市场竞争力等。

案例 4-3

六分之五多余的会

新来公司报到的我，与人事处联系后，被通知要为此开一个会，会议被安排在两天之后。来开会的不超过 8 个人，他们都互相认识。会议在嘈杂声中召开，当然问题也得到了解决，然而实际只需要两天前，双方用 10 分钟的时间面对面谈一下就行了，而不是一个长达 1 个小时的多方会议。

（资料来源：［英］戴维·马丁：《驾驭会议》，经济管理出版社 1999 年版）

案例分析：该案例说明不合适的会议形式、会议时间不仅会导致低效率，而且会招来抱怨。

二、会议的评估

会议评估工作是在会议结束后根据一定的标准对会议进行评价的活动。科学的会议评估可以为今后高效办会积累经验，提供借鉴。科学的会议评估的核心是科学的会议评估指标体系的建立，它明确了会议评估的标准、对象和主要内容，也是指导会议监督和控制活动的依据和指南。

会议评估工作的具体事务一般由会议的会务组织担当，即通常是一个会议主办方对会议及其工作的自我评估和评价过程。

1. 会议评估指标体系的建立

科学的会议评估指标体系的建立应分层次建设并确定最佳实践标准。首先要明确会议评估的最高指标，并确定成功会议的最高标准；其次要明确在最高指标之下的主要指标，并确定最佳实践标准；之后是要明确各主要指标下的分指标，并确定最佳实践标准；从而形成一个可以具体考查和操作的指标体系。

（1）会议评估的最高指标。考察一个会议是否成功以及成功的程度，最根本的就是综合考察会议的成效和会议的效率。会议的成效是由会议的目标以及实现目标的情况决定的，会议的效率是由会议中的投入和产出决定的。

成功会议的最高标准就是高效地举办有意义的会议并圆满地完成会议目标。因此会议的有效和高效是会议评估指标体系的两个最高标准，有效和高效的会议即意味着会议的圆满成功。

（2）会议评估的主要指标与分指标。会议的成效和效率情况可以通过会议评估的主要指标来考查和反映,这些主要指标也是会议监督和控制的主要对象。会议评估的主要指标又可以由会议评估的分指标组成,并通过分指标来考查和反映。

会议评估的主要指标有:

- 会议目标:要求明确而且具有意义;
- 会议组织:要求有秩序、有节制、讲礼仪;
- 会议成果:要求实现既定目标并有记录。

依据会议评估的最高指标和主要指标,结合会议的一般规律对下位分指标进行分析,可以得到这样一个相对完整的会议评估体系,见表4-7。

表4-7　会议评估体系

最高指标	主要指标	分指标
成效和效率	会议目标	有无目标? 目标的意义? 目标实现的可能性?
	会议组织	组织机构? 人员责任制? 时间安排? 会议文件与资料? 场地选择? 会议进度? 后勤服务? 经费开支? 会后跟踪?
	会议成果	目标完成? 成果汇总? 总结? 反馈信息? 与会人员满意度?

2. 会议评估的时机和方法

(1)会议评估的时机。

■ 小型会议:可以在会议结束时一次性评估。

■ 大型会议:可以首先分阶段、分场次评估,以便及时获得有效信息;然后在大会结束时,进行总体性全面性评估。

(2)会议评估的方法。

■ 问卷调查:是最常用最有效的会议评估方法。问卷设计者把会议评估的指标列出,同时给出与指标相对应的若干个可供选择的评价性答案(术语),评估者只要从中选择一个或几个打"√",最后再写几句意见或评论就可以了。这种方法简便易行,广受欢迎。

■ 面谈：即邀请部分调查对象，进行集中面谈或分别面谈，以征求他们对会议的意见，从而对会议做出评估。

■ 电话调查：即电话询问对会议的看法和感受，从而对会议做出评估。

■ 现场观察：即现场巡视观察，收集意见和信息，从而对会议做出评估。

■ 媒体观察：即通过媒体对会议的报道和反应，从而对会议做出评估。

■ 述职报告：这是自查自评的一种有效方法。

■ 填写自评清单：自评清单用来对会议进行回顾性的总结，填写会议自评清单应在会议结束后，会议组织者对会议还记忆犹新时进行。具体操作时可以借助会议记录、会议录音、录像资料等帮助回顾和审视，然后填写会议自评清单，总结办会的经验教训。填写自评清单参考格式见表4-8。

表 4-8　一份会议自评清单

会议时间		
会议名称		
评价项目	做得好的方面	需要改善的方面
讨论开始		
激发与会者的技巧		
概括和澄清论点和结论的能力		
会议的时间管理		
目标实现情况		
第三方或评估员评论		
下一次会议的措施		

【本章小结】 秘书办会是一个宽泛的概念，包括了各种类型"会议"、"会见"、"会谈"和冠以"会"之名的聚会活动。秘书办会是秘书部门和秘书人员的主体工作和日常工作之一，应列入秘书工作的职责范围。本章以会议为重点，阐述了会议的类型、功能和一般的活动规律，具体说明了会议流程中各阶段的主要工作内容和工作方法；同时也就会见和会谈的相关知识和方法技巧做了一些介绍。本章中有关会议的监控与评估部分，作为有效和高效管理会议的必要组成，作为现代会议控制的有效手段和方法，不仅对会议的圆满举行具有重要意义，而且对其他形式的办会也具有普遍的参考价值。

思考与训练

1. 什么是秘书办会？秘书办会与秘书组织和管理会议有何区别？

2. 简单说明会议构成的基本要素。

3. 简单说明会议类型划分的常用标准以及下位类目？

4. 阐述会议的主要功能。

5. 描述秘书办会的"三步曲"流程。

6. 简单描述会前筹划与准备工作的一般流程。

7. 简述会议程序、会议日程和会议议程的主要联系与区别。

8. 简述会务机构的主要作用和常见形式。

9. 简述会场布置的主要工作内容和注意事项。

10. 会前筹划与准备阶段应形成哪些主要文件？

11. 简单描述会中组织与管理的一般流程。

12. 简述会议报到和接待工作的注意事项。

13. 简述会议进程控制的有效措施。

14. 简单描述会后清理与总结工作的一般流程。

15. 分析与说明会议记录与会议纪要的联系与区别。

16. 分析并列出会议全过程中成套会议文件的主要构成。

17. 简述"会见"与"会谈"的联系与区别。

18. 简单描述会见会谈活动的一般流程，可以用图示。

19. 比较分析会议、会见、会谈的座位布局和座次原则。

20. 简述谈判中秘书工作的主要内容。

21. 如何对举办的会议进行有效的监控？

22. 你认为会议监督和控制的有效方法有哪些？至少列举四种说明。

23. 简单描述会议评估体系。

24. 你认为会议评估的有效方法有哪些？至少列举四种说明。

25. 结合实际案例，运用会议评估体系和评估方法去测评一次会议。

26. 会议文件制作练习。

请参考下列会议资料，以主办方秘书人员身份编制会议筹备阶段的主要会议文件之一——会议通知与会议预案，具体要求：①详细具体；②行文规范；③切实可行；④内容可适度发挥。

资料：第一届全国高等院校古代汉语教学研讨会 2002 年 6 月 16 日到 17 日在北京大学召开，来自全国 26 所高校的 40 余位代表就几十年来古代汉语教学进行了回顾，并就目前所面临的问题进行了探讨。会议由北京大学中文系和北京大学汉语语言学研究中心主办。古代汉语课程是全国高等院校普遍设置的基础课程之一,近年来,古代汉语教学形势发生了一些变化:一方面,中学语文教材中的文言文篇目增多给古代汉语教学提出了新的要求;另一方面,目前大学古代汉语的课时减少,而大学生选修的科目越来越多。为此,此次会议的主要议题为:编写更理想的古代汉语教材。代表们认为,新的教材应当提高起点,扩大课外的阅读量,使学生更多地接触原著,另外,也可适当改善教学手段,如利用多媒体辅助教学等,从多方面多角度提高高等院校古代汉语教学水平和教学质量。

(资料来源:中国教育和科研计算机网)

第五章

秘书办事

秘书工作不卑微，卑微的是工作态度

秘书是做什么的？秘书的工作就是为上司创造最佳决策环境！上司需要什么样的决策环境？首先要舒适。作为秘书，每天都要负责整理上司的办公室。比如，办公桌上的材料多了，就要帮上司整理归类；上司的写字笔没水了，就要帮上司换新的；上司办公室的花开始发黄了，就要帮他浇水；上司办公室温度高了，就要帮他开空调……秘书不仅要让上司感到舒适，还要让上司清静一些，能保持一种平和的心态做决策，因此，秘书要代上司接听电话，招待客人。不仅如此，那些上司不想接听的电话，秘书要帮上司去接听；那些上司不愿意见的客人，秘书要帮上司去"挡驾"……可以说，秘书的日常工作很少有轰轰烈烈的，多是"鸡零狗碎"的杂事！

但是，无论秘书的工作多么琐碎，任何人都不能轻视它，它也是公司正常运营的重要环节。离开了这些"鸡零狗碎"的杂事，上司就不能心平气和地决策。一旦上司不能心平气和地决策，那公司还能正常运转吗？因此，秘书所做的杂事，与业务人员争取到的合同、工程师做的研发成果一样重要，甚至更重要，因为秘书工作的影响往往是全局性的，甚至决定公司的生存和发展！

当然，有许多没有从事过秘书工作的人，他们并不了解秘书工作，他们只是通过那些三流的电视剧和小说来了解秘书工作。在他们看来，秘书工作毫无生气、单调乏味，没有任何吸引力和价值可言。但是，对于那些正在从事秘书工作并了解秘书工作真谛的人来说，则是另一回事。如果秘书工作还称不上"伟大"，那至少是值得尊敬的。只要你脚踏实地地工作，就没有人能够贬低你工作的价值，关键在于你是如何看待自己的工作。

热爱秘书工作吧，秘书工作不卑微，卑微的是工作态度。

（资料来源：谭一平：《秘书工作无小事》，www.tanyiping.com. 2006/12/03）

提示：上文就秘书工作中小事与大事的关系、平凡中的价值谈了自己的认识。的确，一个十年寒窗苦读后走上工作岗位的学子，一个梦想学有所用、施展才能的人，难免在倒水泡茶、迎来送往、接打电话的"鸡零狗碎"的杂事面前心有失落。但问题是这些琐杂之事只是秘书工作的表面，而非其本质；只是秘书工作的一隅，而非其全部。在林林总总的秘书工作中包含着工作的学问和艺术，包含着工作的真谛，关键是能否去领会和融入。

5.1 秘书办事原则

一、什么是秘书办事

"事"指事情。事可以有大有小，可以是过去已办的、现在正在办的和未来将要办的。从秘书职业的角度考虑，凡是秘书涉及和处理事情的过程及活动均可看作秘书办事。因此秘书办事上可含秘书参谋之事，中可盖秘书管理之事，下可纳秘书操办之事。从这种视角出发，**秘书办事是从秘书职业作为出发点，所涵盖的各项职能性活动，包括秘书办文、办会、辅助决策以及各项日常性事务处理等**。这种广义的秘书办事概念是和秘书工作、秘书职责相一致的。

然而，人们对秘书办事的一般性共识是指秘书和秘书部门所从事的较低层面的庞杂具体的日常性事务工作，即日常事务处理。所谓日常事务就是那些日复一日需要面对和处理的基础性、保障性工作，包括日常程序性工作、生活服务工作和后勤保障工作。如秘书日常的接听电话、处理邮件、印章管理、文档整理、信息收集、存储和分析、预约安排、接待来访、财务管理、办公室日常管理等工作。这是一种狭义概念的秘书办事。

对于秘书办事，欧阳周、陶琪编著的《现代秘书学——原理与实务》中有一段表述："事务管理，指秘书和秘书部门协助领导处理日常事务和加强日常管理的工作。它不仅是秘书活动的基础性内容，也是领导活动有效开展的条件。"在中、下层的机关、单位，事务管理概由秘书部门负责；在省、自治区、直辖市以上党、政机关的后勤工作，一般由党、政两个办公厅之下分设或合设的机关事务管理局负责，由秘书长或办公厅主任直接领导，其他的事务性工作都由秘书和秘书部门负责。由此可见秘书办事的机构设置以及基本特点作用。如浙江省机关事务管理局归浙江省政府办公厅领导和管理，而作为浙江省人民政府综合性办事机构的省政府办公厅又在省政府秘书长领导下,发挥着参与政务、处理事务的参谋和助手作用,承担着为领导服务、为机关服务、为基层服务的职责。

从广义的秘书办事看,秘书长做的工作是秘书工作,打字员、收发员做的工作也是秘书工作,都是办事,只是分工和工作重要性或层次不同而已。总之,秘书在不同层次所办理的不同性质不同内容的事宜都可看作秘书办事。

有些教程把秘书办事局限于几个方面,如信息与信息工作、调查研究工作、办公室日常事务等,这是适应教学需要的一种设置,而并非概念本身的外延界定。

由于秘书办文、办会、文档和信息管理等工作的特殊地位和专业性特点,故本书设有独立章节论述,本章将侧重狭义的秘书办事,以及有选择地阐述专项事务的处理。

二、秘书办事的基本原则

无论是日常性事务办理还是专项性事务办理,无论是宏观要事还是细微琐事,秘书要有效和高效地办事,圆满地完成各项任务,遵循以下基本的办事原则将具有重要意义。

1. 服务原则

秘书工作,无论是办大事还是办小事,其为上司服务、为组织整体利益服务的性质没有变。服务是管理的一种重要职能,也是管理的一种具体表现。尤其是处于辅助、保障和纽带地位的秘书工作,更应强调服务意识,发扬合作精神,不断提高服务水平,做让领导让部门让员工满意的事。要贯彻中央精神,以"三个代表"为指导思想,坚持"三个服务",即为直接隶属的领导服务,为同级和上级机关、单位服务,为广大人民群众服务。

2. 有效原则

秘书办事或工作的效果也称秘书办事工作成果或成效。有效原则也称效果原则,就是要求秘书不仅要做成事,而且要"做正确的事",做有益于领导科学决策和有效工作的事,有益于组织整体目标实现的事。这就要求秘书在具体办事中明确做事的目的和意义,注意落实,切忌盲目行动;注意照章办事,执行正确的方针路线、政策法规,切忌违法违规行事。

3. 效率原则

效率是指投入与产出之比率。效率原则是指要坚持以最小的投入,包括时间、成本等资源,获得最大的产出的原则,包括产量最大化和质量最优化。也就是说要以最快的速度办成事，以最便宜的价格办成事，以最安全的方式办成事，以最优的质量办成事，做到多快好省地处理各项事务。秘书要提高办事效率，提供优质服务，不仅需要脚踏实地去办事，而且需要"正确地做事"，以勤俭节约为本，遵循科学规律，运用科学方法完成各项事务。在办事过程中特别要留心事务本身的性质和内容，学会区别对待各种事务，同时要注意办事流程和过程处理环节。

4. 合作原则

秘书应加强与领导、部门和内部成员之间的相互合作，这是由秘书工作的枢纽地位、秘书与领导的特殊关系，以及各部门的分工和秘书内部的分工所决定的。一方面，在现代社会，秘书与领导之间是一种在分工基础上的共事关系。"就像一个交响乐团中的乐手与指挥的关系一样，乐手不是为指挥而演奏，而是按指挥的手势与指挥一起，共同为观众而演奏。"职业秘书的工作目的，不应是为个体的领导而工作，而是应协助领导为组织的整体利益而工作，因此，秘书应主动配合领导开展工作。为此，秘书应了解和掌握领导的个性、工作意图、思维方式、工作方法等。另一方面，秘书部门是个总管部门，各个业务部门不管的临时性、突发性事件它都不能视而不见，闻而不理，而一旦办理又常常需要有关部门的支持，如信息支持；再有各个部门业务范围内的事也时常会与秘书部门有牵连，如签章，因此秘书与各部门之间应互相尊重，密切合作，促进工作。此外，一个组织的秘书部门、秘书人员虽然存在内部分工，如不同的领导有专职秘书或联络秘书，不同的秘书分别负责日程安排、接待、对外联络、票务、车辆等不同的工作，但相互之间具有密切的关系，是一个有机联系的整体，这不仅是由相同的工作性质决定的，也是由有效的工作目的决定的。一个组织的秘书团队要作为一个整体运行，发挥合力作用，为整个领导层服务。因此，秘书人员要求分工不分家，精诚团结，不能自立门户，各唱各的调。

5. 职业原则

秘书和秘书工作职业化发展是未来的必然发展趋势，也是美英等西方发达国家实践已获得的成就。这种发展趋势符合国际经济一体化发展趋势，适应中国管理水平的不断提升和以人为本的个性发展及自由独立的现代价值理念。秘书和秘书工作职业化的重要标志是普遍的职业意识、明确的行业规范、职业的岗位和工作、职业的教育和培训等。因此，秘书应适应社会需要与本职工作发展的需要，在具体的办事过程中，使自己具备职业意识，遵守职业道德和职业行为规范，掌握职业工作知识和办事技能，不断提升职业服务水平。比如什么话该说什么话不该说要有原则,通常在接待来访客人时,无论是否熟悉,不经过授权都不应涉及公司单位的业务,正确地沟通、正确地办文、正确地礼仪等都是职业化的具体表现。

案例 5-1

如此桥梁

　　某通信公司研发部经理潘军认为需要尽快开发生产一新款电子通信产品,并希望与美国一家相关公司进行合作。潘经理将书面申请提交给了公司办公室秘书杜芸。之后,同时从侧面向销售部打听有关新产品的销路情况,在得悉该产品的前景并不被销售部看好后,同时考虑到分管的韩副总经理近段时间有其他重要事务需要处理,就没有马上上报。隔了一周,潘经理怒气冲冲地问小杜:"报告上交一周了,怎么一点回音都没有,你们这些秘书白吃饭的,这么拖拖拉拉不负责任,要是商机失去了你负责?"小杜听后也生气地回嘴道:"你不就想去美国转转吗? 跟我急什么,有本事自己找老总批去。"不欢而散后,小杜还是将申请文本放到了韩总的办公桌上,但没有特别提醒。两周后在潘经理的催促下,小杜向韩总问起了潘经理的申请文本。韩总在一大堆文件中找到了这份文件,阅后觉得事情重要,就让小杜调整当天的日程安排,马上将潘经理招来,进一步了解具体情况,同时也批评了小杜。

　　思考:1. 本案例中的秘书违背了哪些办事原则? 为什么?

　　　　　 2. 请针对该案例指出正确的办事行为方式。

5.2　日常事务处理

一、日常事务管理的特点

　　作为秘书,协助领导处理大量常规性事务是其义不容辞的责任。日常事务处理在整个秘书工作中占有较大的比重,尤其是基层秘书,几乎90%以上在从事日常工作。日常事务管理与专项活动、各职能活动和参谋决策活动相比具有以下特点:

　　1. 重复性

　　专项活动是一种有始有终有明确目标和工作范围的活动,如筹办一次会议,新建一个信息管理系统。与此相比,日常事务管理的内容则是一些不断重复出现的、持续的、长期的常规工作和操作,如日复一日接打电话、安排约见、接待来宾等。这种重复性工作并没有预期设定的重要目标,通常也比较被动,属于日复一日的服务性工作。

2. 综合性

与各职能活动的相对单一性相比,日常事务管理的对象非常宽泛、繁杂,涉及与领导工作,各项职能活动和机关、单位、员工有关的方方面面的工作和生活等问题。这一特点是由秘书的角色和秘书工作的地位决定的。

3. 基础性

与领导工作和秘书的参谋辅助工作相比,秘书的日常事务也是人们常说的日常琐事,表现出细小、具体、繁琐等特点,是一项基础性、保障性工作。作为二线后台的秘书日常事务管理很容易让人感觉既耗时间精力,又碌碌无为。但事实上,日常事务管理过程中的细节是否能得到快速周到的处理,直接关系到各项重要工作的正常开展和工作效果,影响领导和单位的形象和声誉。

细节决定成败。在日常事务管理中,合理运用细节管理的理念和方法很重要。海尔集团总裁张瑞敏说:把每一件简单的事做好就是不简单,把每一件平凡的事做好就是不平凡。这种对细节的关注和重视对承担大量日常琐事的秘书来说是值得思考和借鉴的。

二、日常事务的主要内容

在中国,综合办公室是主要的秘书部门,因此办公室的日常事务也就顺理成章地成为了秘书的日常事务。但随着中国加入 WTO,随着中国改革开放的深入和对外交流与合作的加强,涉外秘书的数量正在大幅增加,海外秘书模式也在引入之中。作为经理助理的秘书、作为公司和董事会的秘书和作为对外接待部门的秘书,在日常工作内容上与传统的办公室秘书还是各有侧重、有所差别的。

具有普遍意义的秘书日常工作主要有文电来往、安排约见、接待来访、公关协调、督查工作、文档处理、印章管理、财务管理、信息收集等。上述有些内容将在不同章节中展述,这里将主要对文电来往、接待来访、督查工作、印章管理和财务管理等日常性事务作一简要介绍。

5.3　专项事务处理

一、专项事务与日常事务的区别

在秘书工作中,与日常事务处理相对应的是专项事务处理。日常事务与专项事务各有其特点和规律,秘书人员可以采取不同的处理方式以期达到良好成效。

专项事务与日常事务的区别并不是简单地依靠工作名称就可以划分的,如同样属于出差管理,办公室处理的出差联系、票务预订等重复性工作归入日常事务处理,而具有使命性的陪同领导的全程出差,则可以看作专项事务处理。同样是会议安排,日常性的预定会议室属于日常事务处理,而作为一次专门会议的筹备人员,从会议筹划到会议结束可以看作是专项事务的处理。有时候,专项事务与日常事务的区别界线比较模糊,但大多数情况下,人们只要稍加留心还是可以辨别的。

专项事务的处理,首先要识别专项事务。这可以借用或参照项目管理中的项目定义。美国项目管理的前任主席马克思·怀特曼(R. Max Wideman)在其《项目管理词汇手册》一书中,关于项目定义列有 18 种描述,选择其中两个较为简练和流行的观点如下:①人们为了在一定的时间、资源和质量约束下达到既定目标而进行的有始有终的独特尝试和努力;②为创造独特的产品或服务而进行的有始有终的努力。

什么是项目? 项目可以理解为由项目目的目标、项目有限时间和项目独有资源等项目构成要素集合而成的相对独立的活动过程。由此,我们可以通过项目特征或项目构成要素来判断所进行的活动是否项目。秘书所处理的事务,凡是符合或基本符合项目特点的均可看作专项事务。

将专项事务与日常事务加以区分,有利于按各自的特点进行科学管理,有利于对各种资源进行合理配置,有利于对活动过程进行有所侧重的控制。专项事务处理追求短期的预期目标的实现,而日常事务处理追求的是日常工作的平稳、顺利和长期回报。比如建立一个新学会属于项目或专项事务,而维持和经营所建的学会属于日常事务。建立新学会需要对学会的章程、筹建经费、筹建时间、学会规格等进行控制和管理,而已建学会的日常运行,则更多的是关注日常事务处理的数量和质量,以及服务水平。引进一个信息管理系统属于项目,而使用和维护这个系统则属于日常操作。

二、专项事务管理方法——项目法

由于专项事务处理过程有与项目类似的活动规律,因此专项事务管理可以运用项目管理法,即确定相对独立的项目并按项目来管理的方法。管理的核心对象为项目或专项事务的目标、质量、时间和成本。管理的基本内容和主要职能为项目或专项事务的目标管理、项目计划管理、项目过程管理、时间管理和系统化工作。

项目法可以并应当应用于整个项目生命周期。周期与生命周期概念目前已广泛运用于社会科学的各个领域。项目生命周期指的是项目从产生到结束的整个生命过程,它由四个连续的主要阶段构成,即概念、计划、实施和结项。概念阶段即选择并定义符合需要的项目概念的过程,是一个项目概念形成的阶段;计划阶段即证实项目概念并制订可行的实施方案的过程,是一个项目的立项阶段;实施阶段,是一个具体实施与运作项目计划的阶段,或称项目实施阶段;结项阶段即项目结果验收移交和文件存档的过程,是项目的结束阶段。

专项事务管理可以依据项目生命周期,采用项目方法对专项事务进行有效和高效的管理,以达到预期效果。秘书层面上的专项事务一般没有真正意义上的项目,如建筑项目、科研项目、军事项目等那么复杂庞大,总的来说比较简单、小型,而且其生命周期一般也没有真正意义上的项目那么完整。秘书层面上的专项事务处理一般从接受任务开始,依靠人力推动,而项目本身的目标就是其最重要的推动力。即使如此,项目管理的理念和方法还是可以运用到秘书专项事务的处理之中,并发挥积极作用的。

5.4 沟通策略

一、现代沟通模式

在讲各项具体的事务性工作之前,首先对沟通模式和策略进行认识和把握是非常有必要和有用的。主要原因有:第一,沟通是许多日常事务在处理过程中的核心环节,如文电来往就是一种人际沟通方式,也是最常见最频繁的日常事务;第二,沟通在许多日常事务和专项事务的处理中起到润滑剂和助推器的作用,不和谐的人事关系可以通过沟通而得以改善,从而达到合作共事和成事的目的;第三,不合适的沟通方式会导致办事流程不畅,出现问题搁置、办事拖沓、效能低下等现象。如命令性沟通方式会导致执行者内心的抵触和压抑情绪的产生,尤其是秘书更不能借领导之势,到处指手画脚。说服性沟通和友好性沟通是现代社会颇受欢迎的沟通方式,它能在行政和商务管理中,包括秘书的事务性管理活动中达到事半功倍的效果。有研究显示,人们大约有 59%～90% 的工作时间消耗在沟通上。

美国的 Mary Munter 在其《管理沟通指南》(*Guide to Managerial Communication*)一书中指出:我们不该把沟通视为一条从发送者至接受者的直线,而是要把沟通看作一种循环,其中受众是关键因素之一。沟通的循环模式见图 5-1。Mary Munter 依据沟通的循环模式进一步分析到:为了获得期望的受众反应,需要在书写或说话之前对沟通进行策略性思考。策略性沟通基于五大相互作用的变因:①沟通者(作者或说话者)策略;②受众策略;③信息策略;④渠道选择策略;⑤文化背景策略。沟通时一定要考虑这些变因的相互影响。比如,受众分析会影响沟通者的沟通形式,沟通渠道的选择会影响沟通的信息,而文化背景则可以影响沟通渠道的选择等。

沟通的循环模式是对管理沟通的规律性认识,是沟通者思考和确定沟通策略的依据。沟通者可以从沟通的五要素出发,逐项思考,进而进行通盘的整合,最终形成有利于沟通成功的整体方案。

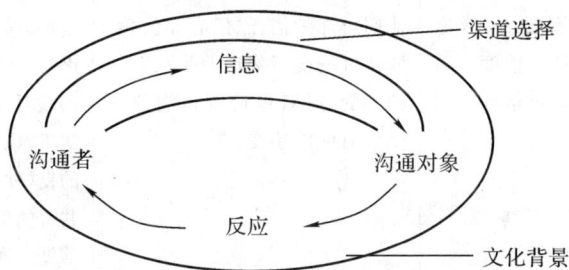

图 5-1 沟通的循环模式

二、沟通策略

为了有效和高效沟通,人们时常会提醒自己或别人:"想好了再说","想好了再写"。这其实是人们在工作、生活中对沟通策略无意识的通俗表述。想什么? 就是要想沟通的有关要素以及相互关系,想沟通的策略。采用 Mary Munter 沟通的循环模式,秘书在沟通中可以从沟通者策略、受众策略、信息策略、渠道选择策略、文化背景策略五个方面来综合思考沟通策略,其中的主要策略运用分表进行概括。见表 5-1、表 5-2、表 5-3、表 5-4、表 5-5。

表 5-1　沟通者策略

沟通策略类型	主要内容	描述	策略
沟通者策略	1)沟通者的沟通目标,包括总目标、行动目标和具体的沟通目标	总目标即可用概括性陈述表达的终极目标;行动目标是实现总目标的条件和行动指南,它通常也表现为总目标的分目标;具体沟通目标是指每一次沟通的目标。	从一般到具体地明确自己的沟通目标。回答"我想干什么"。
	2)沟通者的沟通形式	在不同时刻每个人在实际工作中都会用到各种沟通形式,其中主要有叙述、说服、征询和参与等几种。叙述和说服用于沟通对象需要向你学习时或你期望沟通对象按你的意愿行事时;征询和参与用于你需要向沟通对象学习时。	适当的场合使用适当的形式,避免在所有的场合使用一种形式,因为你不可能找到一种永恒不变的永远正确的形式。回答"我打算怎么做"。
	3)沟通者的可信度,包括原初可信度和后获可信度。	你的沟通对象对你的看法,即他们对你的信任、信心和信赖。原初可信度指沟通前受众对你的感受,后获可信度指沟通后受众对你的感受。	你可以通过自己原有的表现,通过与具有较高声誉的他人或团队之间的联系,通过你的专业知识,以及通过表明你的良好愿望及沟通对象共有的价值观来建立可信度。回答"怎么让对象信任我"。

表 5-2　受众策略

沟通策略类型	主要内容	描述	策略
受众策略	1) 沟通的对象,他们是谁?	那些你需要沟通或实际沟通的人或人群。包括直接沟通者、间接沟通者、守门人、意见领袖和关键决策者等。有针对个人的沟通和针对群体的沟通等。	针对不同的沟通对象,以最有利于沟通目标的实现为出发点,调整你的沟通内容。

续表

沟通策略类型	主要内容	描述	策略
	2)沟通对象的需求情况,包括已知的和需知的、期望和偏好等。	了解沟通对象对沟通内容相关的背景资料了解的情况、对相关的新信息的需求情况,以及在沟通风格、渠道和规格上的期望或偏好。	针对不同的沟通对象,以最有利于沟通目标的实现为出发点,调整你的沟通内容和方式。
	3)沟通对象的感觉,包括情感态度、信息感兴趣的程度、可能的意见倾向、行动的难易度等。	从沟通对象出发,对沟通者发出的内容信息、情感信息的反应。	针对不同的沟通对象,以最有利于沟通目标的实现为出发点,调整你的沟通内容和方式。应注意预估沟通对象的反应,准备应对的不同对策。
	4)沟通对象的激励	为了达到沟通目的,收获你期望的沟通效果,可以对沟通对象运用激励方法和技巧。	通过强调其中对沟通者的利益来激励;通过可信度来作为驱动因素;通过对信息的合理组织,即信息结构来激励。

表5-3　信息策略

沟通策略类型	主要内容	描述	策略
信息策略	1)怎样强调主要论点?可以用直接法、间接法或混合法。	直接法就是在信息沟通的开始陈述主要论点,并采用结论—理由模式,有时又称"亮底";间接法就是在信息沟通的结束陈述主要论点,并采用理由—结论模式,有时也称"神秘故事"法;混合法就是在信息沟通的开始和结束都陈述主要论点。	根据沟通对象开头和结束记忆深、中间记忆浅的记忆曲线,沟通中应避免随心所欲地安排沟通的各项内容;应避免将沟通的重要内容埋在沟通过程的中间环节;应注意给出明确结论或看法以及理由,而非自己形成结论的繁琐过程。

续表

沟通策略类型	主要内容	描述	策略
	2)怎样组织安排论据?	在决定主要论点的强调方式后,对论点和支持性论据进行组织安排。	根据所选择的主要论点的强调方式进行安排;注意运用逻辑等其他有关的吸引因素,来保持沟通对象自始至终对沟通内容感兴趣。

表 5-4　渠道选择策略

沟通策略类型	主要内容	描述	策略
渠道选择策略	1)沟通渠道的类型	沟通渠道的选择是指对传播信息的媒体的选择。包括正式与非正式渠道之分;传统与现代之分。	明确可供选择的沟通渠道,以及一般的适用场合,根据沟通的需要进行选择性匹配,保证所需沟通渠道的畅通。
	2)沟通渠道的优劣	各种信息传播渠道的优点和缺点。	尽可能扬其长,避其短。

表 5-5　文化背景策略

沟通策略类型	主要内容	描述	策略
文化背景策略	1)对沟通者策略、沟通对象策略、信息策略和渠道策略的影响。	对沟通者策略的影响主要考虑不同的文化对沟通目标、沟通形式、可信度的影响; 对沟通对象策略的影响主要考虑不同的文化对沟通对象的选择、沟通对象的激励、沟通中性别倾向的影响; 对信息策略的影响主要考虑不同的文化所导致的对不同信息结构的选择; 对渠道策略的影响主要考虑不同的文化所导致的对不同沟通渠道、沟通模式的选择。	需要考虑文化背景对沟通中诸策略要素的影响;需要避免文化背景分析中的程式化倾向。例如要避免这样的结论性认识:英国人是冷漠的,而采用较合适的表述:英国人迎接问候客人时一般比较正式。

续表

沟通策略类型	主要内容	描述	策略
	2)跨文化沟通中的非语言差异对沟通的影响	跨文化沟通中的非语言差异包括形体与声音、空间与实物、气候与好客程度等方面的文化差异。	了解和尊重不同的文化背景的非语言差异。

三、常见沟通渠道优劣比较与选择

沟通是秘书处理事务的前提,而沟通渠道是沟通的必要条件和关键要素。不同的沟通渠道有各自的优劣,沟通中根据需要进行优化选择,以使沟通变得更加有效和高效。

常见的可以选择的沟通渠道和类型主要有三种:口头沟通、书面沟通和以前两者为基础的混合沟通。而口头沟通又可下分为面对面沟通如个别交流,和非面对面沟通如普通电话沟通;书面沟通也可下分为传统纸质媒体沟通如各种传统文书,以及现代的电子媒体沟通如电子邮件、传真、计算机文件等。所有的具体沟通渠道和类型都有正式和非正式之分,都存在个别沟通和群体沟通之分。如和某人单独谋面交谈属于面对面的个别沟通,而会议则是群体面对面的沟通。不同的沟通渠道和类型的优劣可以主要从沟通时间、沟通双方相互关系、沟通内容要求、沟通速度、沟通成本和沟通结果六个方面进行考察,而这些考察要素往往是互相联系和相互影响的。混合沟通渠道是指在沟通中既采用了口头渠道又采用了书面渠道。混合沟通渠道可以弥补单一渠道之缺陷。沟通的三种基本渠道见图 5-2,不同沟通渠道的特点见表 5-6。

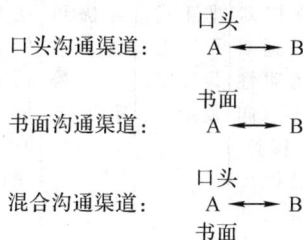

```
                      口头
口头沟通渠道:    A ←——→ B

                      书面
书面沟通渠道:    A ←——→ B

                      口头
混合沟通渠道:    A ←——→ B
                      书面
```

图 5-2　沟通的三种基本渠道

表 5-6　不同沟通渠道的特点

沟通特点 沟通渠道		沟通 时间	相互 关系	沟通 内容	沟通 速度	沟通 成本	沟通 结果
口头	面对面	同步沟通	直接交流和对话,易于互动和相互了解,双向沟通强,重视程度高。	非正式 非大量 非复杂	一般较快(不包括旅途时间)	存在旅行成本和出差时工作真空成本。	能有效利用肢体语言加强相互理解;能很快明确沟通目的和结果。个体印象和沟通技巧会对沟通效果产生重大影响;沟通结果不容易变化。
	普通电话	一次沟通同步进行(除了留言电话,它可列入书面沟通)。群体沟通有可能出现不同步和内容不完全一致的情况。	直接交流和对话,易于互动和相互了解,双向沟通较强,重视程度较高。	非正式 非大量 非复杂	一般较快	存在电话成本,没有旅行成本和出差时工作真空成本。	不能有效利用肢体语言亲善和加强相互理解;能较快明确沟通目的和结果,但有时仍具有不确定性。口语表达能力和前期印象对沟通效果有一定的影响。
书面	纸质媒体	非同步沟通。	非直接对话,沟通双方互动性较弱,双向沟通较弱,重视程度高。	正式 可以大量 可以复杂	一般较慢	存在成文成本和传递成本。	不能有效利用肢体语言亲善和加强相互理解;能明确沟通目的,并产生正式的证据性结果。
	电子媒体	非同步沟通	非直接对话,沟通双方互动性较弱,双向沟通较弱,重视程度不如正式的书面文件。	非正式 可以大量可以复杂	可快可慢,具有不确定性。	在软硬件条件具备的情况下,非常便宜。	不能有效利用肢体语言亲善和加强相互理解;能明确沟通目的,但不一定产生结果。

在选择正确的沟通类型和沟通渠道时,主要应以不同沟通渠道的特点

为依据考虑四个因素：内容因素，如内部日常的工作联系可以使用电子邮件，专题项目汇报要用书面报告形式；用户需求，如客户需要的产品方面的信息可以用传真，而面向管理层或专家的论证则可能需要使用幻灯演示等；安全性，如机密信息不可以使用普通电话；紧急程度与成本，远距离非保密的紧急信息可以用电子邮件或传真，非紧急信息的商务信函邮递可以使用平信传递而非特快传递，等等。

四、管理沟通

沟通是一个双向的过程，有效的沟通发生于收发双方对信息都有明确而一致的理解。但事实上，无论是政务领域还是商务领域中秘书在沟通中都存在着某些干扰会导致沟通的收发双方产生误会。

影响接收者对信息理解能力的干扰因素主要有：

(1)被传递信息的清晰度。所传递的信息越是模糊不清，接收者就越难以理解，这可以由表达不清、信息组织缺乏条理或软硬件等问题引起。

(2)信息的准确性。信息错误和不准确会导致理解的错误前提，这可以由工作的疏忽或不到位等引起，对于不够准确信息需要作进一步的补充和澄清沟通。

(3)传递信息所用媒体。选择不合适的沟通渠道和媒体会影响沟通效果，如远距离发送数据表格可用传真，但需要签订的正式协议就不能用传真。

(4)收发环境。在嘈杂、忙乱的环境中收发信息会严重干扰信息的接收和阅读。

(5)信息的直接性。信息传递过程中中间环节越多越容易出错，尤其是口口相传时。

(6)信息中隐含因素。有研究表明，80/20原理同样适用于沟通，即人们对于收件的理解大约有20％来自于收件本身，而其余80％左右的理解来自于伴随收件而来的其他信号的感悟。

(7)接收者精神状态和行为习惯。接收者对收到信息表面及隐含信息的理解还与接收者当时的精神状态和感受能力有关，同时还与接收者的行为习惯和个人素养有关。心情不好或激动状态中的秘书很难将注意力全部集中于倾听，而没有良好倾听习惯和对话方式的秘书也很容易误听误解，或拉大与交流者的距离。

为了实现有效沟通，秘书需要对沟通进行策划和管理，排除各种信息沟通干扰因素，通过发送完整、准确、清楚、有效的信息，选择正确的沟通类型和沟通渠道,营造安静友好的收发信息的工作环境等方法,使信息沟通畅通无阻。

5.5 文电来往

一、收发工作

收发邮件、信件至今为止仍然是秘书最基础最常见的工作之一,对于基层秘书更是其主要的工作内容,所以,有时人们会把秘书工作称为"收收发发"的工作。广义的文件收发工作就是收文办理和发文办理的公文办理过程,这在第三章秘书办文中已讲,这里着重讲一下作为整个组织活动中一进一出、开始和结束两个端口上的收发工作环节。邮件、信件的收发通常有三种情况:

1.通过邮局的邮件信件收发

秘书几乎每天都会通过这一渠道收到和发出有关的邮件、信件等物品。对于邮件、信件收发的确可以从"收收发发"四字去解读:两"收"中一收外来物,一收内来物;两"发"中,一往外发,一往内发,内发又称分发。因此收发活动实际上有两种模式,即外收内发模式和内收外发模式。见图 5-3。

在收发过程中,如果发现外来邮件、信件错投,需要退回,此时不必签收。签收后的邮件、信件需要先分类,再登记。如按其分发对象可以分为:上司、有关部门、留办;按内容可以分为私人信件、公司邮件等;按类型可以分为信函、包裹、印刷品、票据等。按轻重缓急可以分为机要、特快专递、普通邮件等。登记是选一种分类方法作为标准进行登记或按时间采用大流水登记。收件分类登记后,要正确及时分发,以免发错对象和贻误工作。秘书收到的邮件、信件,有些不必继续分发,而是需要自己办理。同样,内来邮件、信件外发时也需要核实,是否有必要寄发,发往何处,何时寄发,发出的邮件、信件最好也进行登记,相关票据与登记簿一起保存。

2.通过机要交通部门的邮件信件收发

机要或急迫重要的邮件、信件经常不经过普通邮政部门,而通过机要交通部门(如机要处室)传递,有时也会派专人传递,此时需要办理签收交接手续,以示责任人。采用此种收发形式时需要特别注意三点:一是中途无停留无障碍;二是身份核实;三是手续到位。

3.通过现代设施的邮件信件收发

(1)通过电子邮件系统的邮件信件收发。作为现代社会沟通的新媒体,

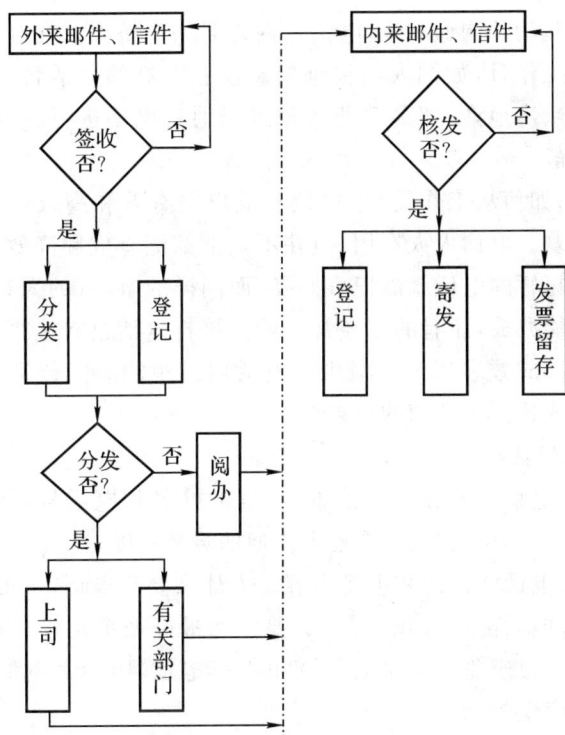

图 5-3　外收内发模式和内收外发模式

电子邮件的使用已日趋普及。电子邮件收发过程除了需要遵循网络礼仪之外，还应注意的是：①核实收信人的姓名和地址；②启用收信确认程序；③正确使用副本收件人姓名(Cc)和地址以及隐匿姓名和地址(Bc)；④有效利用附件功能；⑤正确处理陌生邮件和垃圾邮件；⑥及时保存和备份重要邮件；⑦正确使用计算机签名；⑧科学设置和生成源数据。

(2)通过传真系统的邮件信件收发。利用传真设备可以快速地传输文件，但需要注意的是传真件本身不具有法定的证据价值，且热敏传真件字迹易消退，一般不作为正式文件。因此收发传真件时要注意匹配的正式文件的收发或传真件的复印备份。

(3)通过网络共享平台传输邮件信件，如利用 MSN、QQ 传输文件。

二、电话往来

电话沟通和办事是现代办公最基本的方式，秘书办事离不开电话。向领导请示要打电话，向同事询问要打电话，与外界联系也要打电话。作为最便捷最快速最互动的沟通方式,电话是内外联络的桥梁。在今天,已很难想象没有电话的工作日,如同人们很难想象没有电灯的生活日。许多商务活动如银行、证券、房地产、贸易等业务都可以通过电话进行。电话的功用和重要性非同一般。

作为秘书,如何从工作需要、单位利益出发有效和高效地接打电话,这是一个现实问题。电话人人在用,但并不是谁都能有效和高效地接打电话。有的人打一次短暂的电话就能把事办妥,而同样的事,有的人却需要来回打好几个电话才能办成,还有的则经常失败。接打电话也有接打电话的技巧。电话办事的最高成效表现为打最少的电话用最短的时间传递信息,并实现了预定的目标或达到了理想的效果。

1. 打电话的技巧

(1)确认打电话的对象。打给谁,准确的姓名和电话号码,最好事先对沟通对象有所了解,包括身份、个性和沟通的难易程度。

(2)明确打电话的目的和主要内容。为什么要打电话,主要涉及哪些问题或关键点,打电话前最好想一想,必要的话最好做个记录,以免通话过程遗漏重要内容。要避免毫无准备地随手抓打电话,因为大量低效和无效的电话都是这样产生的。

(3)最好用直拨电话进行直接通话,而不是转接或转告等,以避免中间障碍或中间损耗。

(4)注意电话礼仪。使用友好的声调和礼貌的话语,这对核心内容的沟通是极为有利的,比如首先应问候和自报家门。

(5)将打电话的目的和主要内容放在通话开始阶段,一般放在礼貌语开场之后,可以考虑将难题放在通话中间阶段,但不要遗忘,电话结束阶段最好对主要内容作适当重复和确认。

(6)准备好纸和笔等,做好电话记录的必要准备,以便电话内容的进一步落实或备查所用。

(7)收集相关信息并放在方便使用的地方。

(8)及时回复必要的电话,以获得诚信和方便后续的事务处理。

(9)遵守单位内有关打电话的规范。

2. 接电话的技巧

(1)如果单位内有接听电话的规则,则需要遵守;如海外的一些公司会以非正式的形式接电话——Good morning, XYZ company, Accounts department, Jane speaking. How can I help you?

(2)听到电话铃响后,最好在第三次铃响前接电话,以示礼貌、工作状态和效率。

(3)接听电话时最好内外有别,根据情况采取正式或非正式的沟通形式。一般情况是对外采取较为正式的形式,以展示单位认真规范的形象,对内更多地采取非正式形式,以显亲和力。

(4)充分利用来电显示功能,以便作出正确的回复决定或为回电作提前准备,这也可以帮助秘书为领导筛选预约名单。

(5)准备好纸和笔等,做好电话记录的必要准备,以便电话内容的进一步落实或备查所用。

(6)注意在电话中维护信息机密,对涉及机密或商业敏感的信息必须核实明确对方有无知道的权利和自己有无传递信息的权利。

(7)当人离开工作地点时,最好启用电话留言功能。

(8)注意必要电话礼仪。使用友好的声调和礼貌的话语,这会给沟通者留下良好的印象。

(9)对接到的所有电话都应予以妥善处理,具体处理可以分几种情况:①如果接到的电话是打给你的,可以通过仔细聆听和最后重复要点来核实主要的信息内容,并根据自己的职权范围来妥善处理来电。最好要给来电者一个比较明确的处理意见,包括如何处理或何时处理等。有的来电可以当场回复当场处理,有的则需要请示领导后再作答复。要避免含糊其辞的答复和不了了之的处理。②如果接到的电话不是打给你的,则需要小心处理。可以告诉打电话者接听对象可能在的时间;可以转告接听对象;也可以记下主要内容,以书面电话留言的形式转给接听对象。如果知道接听对象的去处,可以酌情告诉对方相关的地点和电话号码;如果电话内容属于本部门业务,则可以代替处理;如果电话内容比较重要和紧急,则可以提交有权处理的人员等。需要注意的是不要随便回绝。

总之,要想一想再说,听一听再行,看一看再定。

5.6 接待来访

一、接待来访的对象与目的

接待来访是秘书工作的基本职能,属于秘书公关范畴,主要指秘书辅助领导或代表领导和机关接待内外来宾的咨询和访问的活动。秘书接待工作的范围非常广泛,按其对象分基本有两大类:内宾接待和外宾接待。内宾一般指国内的宾客,包括本系统的来宾和非本系统的来宾,如前来视察的上级领导、前来参观或学习的兄弟单位人员、前来洽谈工作的合作伙伴、前来反映或申述情况的客户等。外宾一般指国外的来宾,目前也包括港澳台同胞和外籍华人、海外侨胞等。接待来访的对象和目的见图5-4。

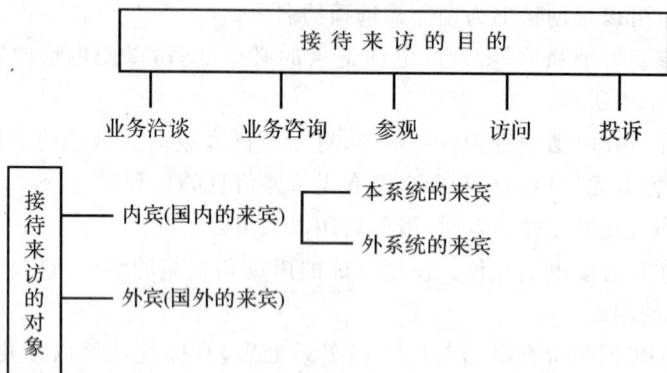

图 5-4　接待来访的对象和目的示意图

二、接待来访的原则

在秘书业务中,接待工作是一项常规工作,也是一项重要工作,它的重大意义主要集中在窗口和桥梁的作用上。

秘书作为领导的助手,经常需要为领导安排预约和接见,需要接待和处理各种目的各种类型的来客。秘书人员在公务接待过程中,不仅代表和展示的是个人的形象,更代表和展示的是领导和单位的形象。接待来访中应遵循的一般原则主要有:

1. 热情礼让原则

秘书人员作为前台服务人员,将给来客留下第一印象,热情礼让是来客接待的首要原则。无论是预约的还是突如其来的,无论是受欢迎的还是令人讨厌的,无论是熟悉的还是陌生的,无论是对上级机关还是对下级部门,都应笑脸相迎,热情接待,周到服务,讲究接待礼仪。切忌"门难进、脸难看、话难听、事难办"的官僚作风。来客透过秘书判断的是其上司和整个单位。良言暖心,恶语伤人。人心凉了还会交往和合作吗?此外对待少数民族和海外来宾,更要注意尊重和留心对方民族和国家的礼仪及风俗习惯以及个人的价值观,尽量减少不必要的误会。冷言冷语是秘书接待的第一大忌。

2. 遵纪守法原则

秘书在接待过程中要注意依法办事和照章办事,要遵守国家的有关科学技术保密、信息安全和贸易等方面的法律法规,无论是接待国内来宾还是国外来宾,都不应泄露敏感信息或违反有关禁令。哪些地方可以参观哪些地方不可以参观,哪些问题可以回答哪些问题需要回避等,都要做到心中有数。如果接待方面本单位有规章制度,则还应遵守单位的规章制度,按照单位规定的接待流程、行为规范、接待规格和标准开展接待工作,包括对口接待、用车、旅馆等级、伙食标准等等。心中无数是秘书接待的第二大忌。

3. 细致灵活原则

接待工作是否成功与接待人员是否细致灵活具有密切关系。因为接待的对象是个性化的人,接待的事宜可能涉及衣食住行等许多具体细节的安排,以及敏感性内容或重要问题,此外接待过程还会发生时间安排上的冲突,或突发性变动引起的连锁反应,这种种的情况都需要秘书在接待过程中坚持细致灵活原则,即在接待工作中关注细节,做好细节工作,又不呆板僵化,能够根据具体情况,根据人员或问题的重要性灵活应变,采取人性化方式完成接待任务。比如,秘书在预约安排上运用细致灵活原则,可以将重要事务与一般事务进行搭配安排,并且在时间分配上留有余地。呆板僵化是秘书接待的第三大忌。

4. 效率效益原则

接待工作中的效率效益原则就是要用最有效的方式方法又好又快又省地做好接待工作。对秘书而言,接待工作中最有效的方式方法包括尽可能提前做好人、财、物信息等各项接待准备。接待过程中,尽可能安排对口接待,也就是根据宾客的身份和来访目的,安排对等对口的部门和人员进行接待,减少无关人员的参与和费用,力求接待工作简约有效。临时应付是秘书接待的第四大忌。

三、接待来访的一般程序

接待来访的一般程序见图5-5。

1. 预约访问

正常的访问接待一般需要提前预约,使接待方明确来访的目的和基本情况,以便决定是否接待、何时接待、接待规格和方式等。

2. 接待准备

对于预约成功者,接待方需要根据上一步骤的明确事项做好接待准备

```
(1) 预约访问
    ↓
(2) 接待准备
    ↓
(3) 迎候来宾
    ↓
(4) 具体接待
    ↓
(5) 送别来宾
    ↓
(6) 结尾处理
```

图 5-5　接待来访的一般程序

工作,包括资料准备、环境准备、心理准备等。

3. 迎候来宾

按照接待原则和接待礼仪热诚迎客,无论是有预约的还是无预约的,对待客人最好用敬语"您"。

4. 具体接待

对来宾做进一步的沟通和安排过程。对于有约者,按准备阶段的预定计划进行;对于无约者,则需要弥补预约访问阶段的工作,在友善沟通的基础上明确来者的意图和身份,然后就送客还是引见给领导做一灵活而谨慎的处理。

5. 送别来宾

无论接待的结果如何,来宾最终将被送别。秘书应安排好来宾安全离别的有关事宜,并礼貌相送和告别。

6. 结尾处理

短暂的接待工作,其结尾处理一般比较简单,主要是清洁接待环境。逗留式接待工作,其结尾处理相对较为繁杂,除了清洁接待环境外,还需要结账等。

在欧美国家,由于日常工作的计划性较强,因此大多数的接待来访活动都从预约开始。

四、接待来访中的注意事项和技巧

1. 接待有约的来宾

接待有约的来宾,一般是按规定和礼仪接待和打招呼。常规的具体做法是在得知来客抵达后,笑迎问候,并根据需要引领客人去合适的场所,可以是领导的办公室或指定会客室等。迎候时要热情有礼,但不要涉及正式谈话内容或其他敏感性公务问题。"说话时面带着微笑"是接待中最有效的法宝。"沟通中温馨提示约会结束"是接待中有效的时间管理方法。

2. 接待无约的来宾

接待无约的来宾,首先应弄清来访者的目的。可以从名片、来访者口中或递交的书面材料中了解来意。经验表明,大多数善意的陌生来访者一般都不拒绝告诉来访目的。对无约的来宾,有两种处理结果:一是临时安排约见;二是婉言回绝。为了谨慎起见,特别要留心辨别来者善恶,灵活处理,即使是熟人也不能来者不拒。在接待无约的来宾时,有时秘书可以直接处理,有时则需要请示上司再做决定。应注意接待频率的适度控制,尽量减少无约的来宾接待,以提高接待工作的效率与质量。

3. 接待不受欢迎的来访者

无论来访者是否友好,未经预约的来访者中一部分人很可能成为不受欢迎的来访者。这些人常见的有请求赞助者、错访者、产品或服务推销者、行骗者、投诉者、破坏者等。接待这些人时,要冷静、机智、勇敢,要善于分析这些人和事,并随时准备应急处理方案。值得怀疑和警惕的现象主要有:价格低得离谱、新建公司、身份不明者、内容出入者、敌对情绪者等。

4. 接待外宾

外宾接待不仅涉及跨文化的人际交往,而且往往与政务商务活动的相关政策紧密关联,因此在接待过程中应特别注意相互尊重、文明行为和按法规政策办事,注意区分政治性接待和商务性接待。外宾接待过程中的任何误会都有可能导致会谈的失败,一口痰、一顿饭也可能丢掉一个项目。

案例 5-2

刚刚散会

下午两点多钟,安徽国雄公司的关总来电话。

"你是小于吗?我是安徽的关勇,我想跟孙总通通话。事情是这样的,我们委托你们公司进口的那套生产设备,现在压在上海港口,卸不下来。给你们进出口部的人打过几次电话,他们似乎不太积极,所以,我想与孙总通个话,请他给进出口部打个招呼。我们这里的开工典礼都筹备好了,要是设备这个星期运不到,市领导看不到东西,白跑一趟,那就要我们的命了。"

这事昨天金经理已经向孙总做了汇报。这是无可奈何的事,再急也没用,在合同中有我们的免责条款。

"关总,您别急。"我说,"孙总刚刚散会,我马上就去找他,你稍等,请别挂电话。"

我到孙总的办公室向他说了关总的情况。

孙总说:"刚才进出口部的人也给我打了电话。说天气预报说台风最迟明天就会过去。你说这个电话我还接吗?"

我第一次见到孙总犹豫不决,我能理解。接吧,也帮不上忙,解决不了问题,解释也是多余;不接吧,多年的客户,多年的朋友,而且还是安徽老乡。

"小于,还是你帮我处理一下吧。"孙总犹豫了一阵后说。

回来到自己的座位,我拿起电话筒对关总说:"关总,实在对不起,几个办公室都找了,没见着孙总;等我见了他,我一定会把您的情况向他汇报。"

"谢谢,请你一定帮忙。"那边关总把电话挂了。

为了保证公司领导能集中精力静下心来考虑一些大事要事,或者协助上司处理一些他们不想处理的事,秘书必须要给上司"过滤"一些来电来访。有时候,有些部门对一些既不能答复又不能回绝的电话或客人,也会推到秘书部门来。"挡驾"也是我们秘书的一项日常工作,而且是一项非常重要的日常工作。一个优秀的职业秘书应该对自己的上司比较熟悉,如果了解他的人际交往范围、思维方式、工作方法和价值观念的话,在一般的情况下都能判断自己是不是应该"挡驾"和用什么方法"挡驾"。

"于雪,今下午孙总没开会,你为什么在电话里说孙总'刚刚散会?'"小石问。

"这就好像打仗一样,一有情况,我就得赶紧给自己找一个制高点,可以做到进可以攻,退可以守。"我开玩笑说。

"进可攻,退可守,是什么意思?"

"因为这种电话来得突然,我吃不准孙总到底是不是愿意接,所以,我说'刚刚散会',就是给自己留下一个可以回旋的余地。我把对方的情况向孙总汇报,如果孙总愿意接电话,我就可以向对方说,我刚找到孙总,把电话转给孙总;如果孙总不愿意接,我就说还没找到孙总。"

"那说'孙总正在开会'不一样吗?现在大家都用这个借口。孙总愿意接,他就出来接,孙总不愿意,你就说孙总开的这个会很重要,走不开。"

"小石,你从对方的角度来考虑试试? 如果你打电话找对方的老总,对方说自己的老总开的会很重要,他抽不开身,不能接你的电话,你会怎么想? 你肯定会有些不痛快,心里会想:'第一,你们的会就一定那么重要吗? 我这边火烧眉毛了,你们还能无动于衷吗? 用户第一、客户至上的口号到哪里去了? 第二,你们的会再重要,中断几分钟,接个电话,天就会塌下来吗?'如果是这样,就有可能把双方的关系弄僵。"

"这就是说,秘书和上司,像唱戏似的,一个唱红脸,一个唱白脸,是吧?"小石问道。

"小石,你理解完全错了。"我说,"秘书在这里,既不是唱红脸,也不是唱白脸;秘书虽然撒了谎,但绝不是为了欺骗。给上司'挡驾',一是因为上司太忙,二是上司可能有苦衷,所以,'挡驾'不是为了断绝关系,而是为了取得对方的谅解。如果老是抱着唱红脸的想法,会把所有的人都得罪光的,那你这个秘书也就没法做了。"

"看来当秘书还得学会撒谎。"小石似乎深有体会。

(资料来源:谭一平:《一个外企女秘书的日记》,学苑出版社 2003 年版)

思考:1. 该案例中运用了什么接待原则?
　　　2. 你如何理解婉转拒绝的艺术?

5.7　出差管理

一、因公出差

尽管电话会议、电视会议、网络会议等现代沟通方式正在日益受到青睐,但面对面的沟通和解决问题仍然是最有效的工作方式之一。领导因政务和商务的需要而出差旅行仍然非常普遍,许多决策都是谈判协商的结果,因此,作为领导的秘书,协助领导筹划出差事宜,替领导安排好出差旅途的工作和生活,处理好出差相关事宜是秘书不可推卸的责任。

因公出差方式的优缺点与面对面沟通的优缺点具有许多共同性。其优点主要表现为:通过出差可以较为真实地了解现实对象,可以通过会面直接交换看法,从而进行广泛而深入的自由讨论,便于运用肢体语言和借助其他工具达到相互理解和消除误解的目的;缺点主要表现为:与电子沟通相比费时费钱,影响日常工作,旅途中存在一定的风险,一些人为或自然的风险因素会影响出差的质量和效率。比如飞机误点会影响活动进程或错过某些预定活动。

作为秘书不仅要担负起领导出差管理任务,还要尽可能消除出差过程中一切不确定不安全因素,提高服务质量,保证出差活动圆满。为此秘书应注意做好出差前的各项准备工作,做好出差中的各项落实工作。

二、出差前的准备工作

无论是国内还是国际出差旅行,在领导出差之前,秘书主要应履行以下职责:

1. 准备旅行线路,形成旅行表

旅行表主要说明出发和到达的地点、日期和时间、交通工具、旅馆安排等情况。旅行表至少需要一式三份,一份给领导、一份交领导家人、一份留给秘书。旅行结束后应注意移交办公室一份存档。旅行表参考格式见下。

Travel Itinerary

旅行表

FROM	TO	VIA	FLIGHT	DEPARTURE	ARRIVAL	HOTEL
出发点	目的地	中转	航班	出发时间	抵达时间	旅馆

2. 准备约会计划,形成约会安排表

为了提高领导因公出差效率,往往一次出差会安排多个访问点,安排多个约会。约会是出差的主要目的任务,应给予高度重视。约会安排表是有效管理约会的工具,它主要包括约会的对象、时间、地点和联系方式等项目,其参考格式见下表。

Appointment Schedule

预约安排表

Date & Time	Appointment	City & State	Address	Phone	Remarks
日期与时间	预约对象	国家和城市	地址	电话	备注

以上两项活动合起来通常称为行程安排。

3. 预订车票、机票和旅馆等

在现代社会,领导远距离公务出差时,飞机通常是首选的交通工具,但根据需要和条件也会乘火车、汽车和轮船。秘书在领导出差前要了解公务的目的任务、紧急程度和时限,了解领导对交通工具的偏好、交通工具本身的优缺点和状况,并在领导作出选择后做好票务预订工作。票务预订时要注意留有足够的时间,以便相关信息的调查,提前订票、消票和取票。

4. 准备出差物品

包括工作所需的必备资料的收集和整理、工作和生活用品的准备等。

5. 落实差旅费

三、旅行信息的收集与分析

作为秘书,在出差管理,尤其是全程随从的出差过程中应注意相关信息的搜集、积累和提供,建立相关的信息资料库。

出差旅行信息主要包括哪些内容呢? 或主要应搜集哪些信息呢? 一般情况下需要搜集的信息范围主要有工作信息、人物信息、交通信息、生活信息、通讯设施信息和气象信息等。

(1)工作信息。主要包括出差的目的任务、出差访问涉及的内容与相关材料等。

(2)人物信息。主要包括出差过程涉及的关键人物和有关人员,以及他们的背景材料(基本情况、经历和性格特征)和联系方式等。

(3)交通信息包括目的地交通工具、交通环境和交通服务的状况等。

(4)生活信息包括住宿、饮食、购物、游乐和清洁卫生等方面的情况。

(5)通讯设施信息包括在工作和生活中必需的国内外交流沟通的手段、设施和条件等。

(6)气象信息主要是出访期间天气情况的相关信息。

以上出差旅行所需的信息可以从旅行社、网站、本单位、被访单位、有关信息服务部门和图书馆等信息渠道获得。通过各大旅行社也可以咨询和预订旅店、机票等,美国旅行社协会(ASTA)的会员遍及美国和加拿大各主要城市,中国著名的旅行社主要有中旅、国旅和中青旅等;通过网站可以获得目的地的地图、交通图和相关情况介绍;通过本单位和被访单位可以获得比较准确的工作信息和人物信息;通过有关信息服务部门可以获得相关信息的咨询解答;而公共图书馆则是欧美国家查询各种信息的最重要的公共场所。

四、国外旅行的准备

相对于国内旅行,国外出差还需要做些特殊的准备。

1. 语言准备

境外出差,为了有效沟通应在语言方面做好必要的准备,否则会严重影响出差效果,甚至导致尴尬而归的局面。语言方面的准备可以从三方面考虑:①配备翻译。随同翻译要能胜任基本的口译和笔译能力。②熟练英语。作为全球最通用的语言英语,最好具有基本的听说能力。③临时学习目的地语言。这可以通过书店购买或图书馆出借来获得目的地语言方面的旅行必备等小册子或视听材料,以应对访问需要。

2. 礼仪准备

不同的国家、不同的地区有各自不同的礼仪风俗,为了表示尊重和受到目的地的欢迎,境外出差前应适当了解目的地常识性的习惯礼仪、风土人情,访问时最好能随乡入俗。比如,见面时,握手礼仪被普遍接受,但鞠躬在日本显得更加礼貌,而在西方则显得滑稽。交谈中直视对方在西方表示尊重和真诚,在中国可能会被认为是不敬和失礼。

3. 旅行材料和相关信息准备

这方面的准备不仅包括前述的旅行信息的准备,还包括对出入境过程中的海关信息的了解和各种境外必备用品的准备。

4. 护照与签证的准备

护照是证明出国公民身份的证件。中国公民出境需要中国护照。中国护照可以分为普通护照、公务护照和外交护照三种。如何办理护照可以向本国的旅行社、大使馆或领事馆询问。比如杭州公民办理因私护照需要向市公安局提交相关材料,办理因公护照需要向省外事办提交相关材料。而在美国,公民办理护照则可将申请书递交联邦政府或州法院的指定办事员,或递交当地城市的护照办理处。护照与国籍密切相关,通常公民持有本国国籍的护照,具有双重国籍的公民将拥有两本护照。签证一般指一国出入境管理主管机关在外国公民所持护照上签注、盖章,表示准许出入本国国境的证明。签证情况反映在护照中。办理签证需要去前往国国家的大使馆或领事馆。

5. 远程通信准备

为了方便远程通信,秘书需要获得最新版的国际电话号码,并就可能的通信手段做好准备。常用的远程通信方式主要有:购买可用于国际电话联系的IP卡、携带全球通手机、采用电子邮件、传真方式等。

作为秘书,无论是否全程随同,在领导境外出访的过程中要为领导做好各项国外旅行的准备工作。

5.8 财务管理

秘书们常常会因涉及上司或办公运行的开支和报销问题,而需要参与单位的相关账目处理工作,因此秘书应了解相关业务,并学会基本的收支管理和账目管理。

一、收支管理

1. 财务预算

财务预算是收支管理的重要内容,也是对收支情况进行超前计划、过程控制和监督的有效手段。财务预算是有关一定时期内对资源的分配进行计划的一份详细的财务陈述。

财务预算有两类,即资本预算和运作预算。资本预算是关于那些固定资产方面的计划开支,如仪器设备的开支等。运作预算用来展示一定时期内某一商务活动的计划收支情况,如行政预算和销售预算。它要说明有哪些钱可以用于行政开支,以及打算如何使用这些经费。预算成本的计算以相应的活动为依据,并具体分类设立,如劳务费、材料费、建筑设备维护费、水电燃料费、行政管理费、贷款利息等等。

成本有固定成本和可变成本、直接成本和间接成本之分。固定成本指不随活动水平而波动的开支,如培训广告费2000元;可变成本指按活动水平变化而变化的费用,如随培训人员增加而增加的招待费用;直接成本指那些只有当活动发生时才会产生的费用,如某次培训活动的培训教师的工资;间接成本指那些因组织正常运行需要而产生的费用,如每月1000元行政管理费用。总成本=直接成本+间接成本。

财务预算形成的主要步骤见图5-6。

2. 零用现金系统

一个组织产生的大多数成本可以用支票或直接转账来支付,然而,某些小额项目用现金支付更快捷更简便,如支付出租车车费、日常必须的办公室用品费用、邮寄费、餐饮费、小礼物费、运费、办公室点心费和清洁工具费等,因此需要建立零用现金系统以方便小额项目的开支。

零用现金系统通常包括明确负责管理零用现金的合适人员;申报和记录零用现金支付的规程;将零用现金支付转入计算机系统的规程;零用现金基金报销规程;零用现金安全存放规程等。零用现金管理最常用的方法是预付款方法,即建立零用现金基金或流动基金。零用现金基金可通过支票或存折提取(兑现),不必过多。现金可放在带锁的盒子里,再放入带锁的办公抽屉或保险箱里。零用现金的报销需要借助零用现金处理记录单加每一项支出的零用现金的收据或发票或证明。零用现金在使用过程中需要被监督和控制,以使零用现金合理使用。在国外,出于使用数量和安全的考虑,一些大单位很少使用现金,而小单位则比较普遍使用现金。

```
┌─────────────────────────────────────┐
│        (1) 明确预算目的              │
└─────────────────────────────────────┘
                 ⇓
┌─────────────────────────────────────┐
│     (2) 明确收入来源和相关的责任人   │
└─────────────────────────────────────┘
                 ⇓
┌─────────────────────────────────────┐
│      (3) 明确相关活动的可能费用      │
└─────────────────────────────────────┘
                 ⇓
┌─────────────────────────────────────┐
│           (4) 成本研究              │
└─────────────────────────────────────┘
                 ⇓
┌─────────────────────────────────────┐
│  (5) 列出相关费用的标题和成本，形成预算 │
└─────────────────────────────────────┘
                 ⇓
┌─────────────────────────────────────┐
│ (6) 准备一份报告，解释预算和给出信息依据 │
└─────────────────────────────────────┘
                 ⇓
┌─────────────────────────────────────┐
│   (7) 进一步讨论预算并作必要的修正   │
└─────────────────────────────────────┘
```

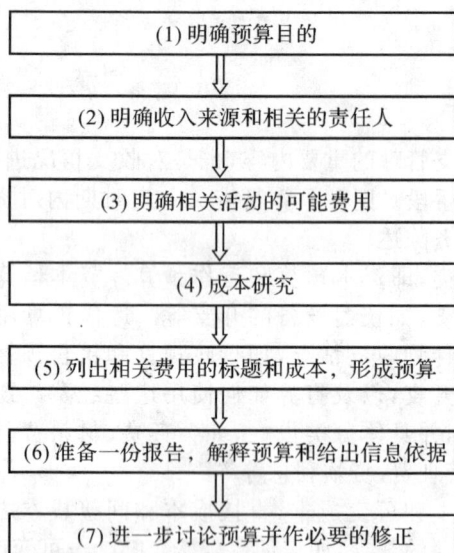

图 5-6　财务预算的一般流程

3. 支票支付

支票支付是许多单位主要的支付方式。《中华人民共和国票据法》将支票定义为：支票是出票人签发的，委托办理支票存款业务的银行或者其他金融机构在见票时无条件支付确定的金额给收款人或者持票人的票据。支票可以分为四类：①现金支票：持票人只可以从银行提取现金；②转账支票：持票人只可以进行银行转账，不得提取现金；③普通支票：持票人既可以提取现金，也可以进行银行转账；④划线支票：在普通支票划两道平行线，持票人只可以进行银行转账，不得提取现金。

我国内地支票的样式见图 5-7，英国支票的样式见图 5-8。

4. 转账支付

一个组织支付商品或服务的方式多种多样，除了上述现金和支票支付方式外，还可以通过转账来支付。

欧美国家通用的转账方式主要有以下三种：

(1)固定转账。这是一种由支付者授权银行将固定数额定期划入另一特定的银行账户的方式，如按月支付租金。

(2)直接转账。这是一种付款方授权银行直接支付收款方提出的有关付款要求的支付方式，一般用于费用变化的情况，如支付水电费。

(3)银行自动结算系统。一般用于将资金从一个组织的账户直接转入另一人的账户，工资常以这种方式支付。

（徽标）银行名称支票（地区）　　支票号码

本支票付款期限十天

出票日期（大写）：　年　月　日　付款行名称：

收款人：　　出票人账号：

人民币（大写）		亿	千	百	十	万	千	百	十	元	角	分

用途

上述款项请从　　科目（借）________

我账户内支付　　对方科目（贷）________

出票人签章　　复核　　记账

图 5-7　我国内地支票的样式

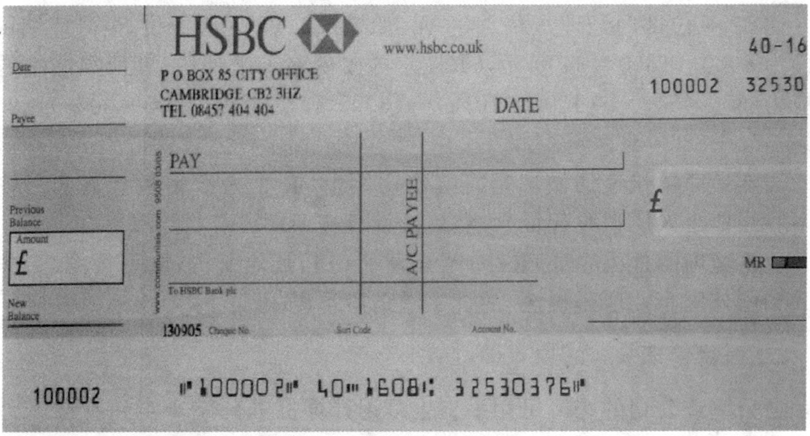

图 5-8　英国支票的样式

5. 个人所得税

工资通常是由人力资源部门和财务部门负责处理的，但秘书也需要了解诸如个人所得税等方面的财务知识，以便所需。根据 2005 年的《中华人民共和国个人所得税法》，不同收入的人将根据不同的税率纳税，即分级纳税。如工资、薪金所得适用的个人所得税税率表有这样的规定：

个人所得税税率表

（工资、薪金所得适用）

级数	全月应纳税所得额	税率(%)
1	不超过 500 元的	5
2	超过 500 元至 2000 元的部分	10

3	超过 2000 元至 5000 元的部分	15
4	超过 5000 元至 20000 元的部分	20
5	超过 20000 元至 40000 元的部分	25
6	超过 40000 元至 60000 元的部分	30
7	超过 60000 元至 80000 元的部分	35
8	超过 80000 元至 100000 元的部分	40
9	超过 100000 元的部分	45

（注：本表所称全月应纳税所得额是指依照本法第六条的规定，以每月收入额减除费用 1600 元后的余额或者减除附加费用后的余额。）

依据上述个人所得税税率表，结合具体个案情况，就可以计算出所须缴纳之税。个体工商户的生产、经营所得和对企事业单位的承包经营、承租经营所得适用的个人所得税交法另有规定，照其执行。

比如，某位部门经理月薪 8000 元，如果按 1600 元起征税，全月应纳税所得额为 $8000-1600=6400$ 元，6400 元再按税表等级计税，其所须缴纳的税金应为 $(500×5\%)+(1500×10\%)+(3000×15\%)+(1400×20\%)=25+150+450+280=905$ 元。

当然最简单快速的做法是直接使用网上的"个人所得税计算器"，输入月薪和当地个人所得税起征额，然后按计算按钮即可算得结果。

我国境内的外国企业，在生产、经营所得和其他所得，则可按照《中华人民共和国外国企业所得税法》的规定缴纳所得税。

二、账目管理

办公室或公司的账簿可用手工也可用计算机进行处理。

1. 日记账

日记账是最初处理事项或事务的账目或账簿，可以分为现金收讫日记账、现金支付日记账和一般日记账。现金收讫日记账记录每月中收到的每一笔现金的事项，其中的所有栏目都应进行核对。借方栏的总数必须等于信用栏的总数，否则就存在差错，栏目总数然后从日记账登入账簿。现金支付日记账，记录每月中支付的每一笔现金的事项，其处理方式与现金收讫日记账相同。当处理的财务收支业务较小时，可以使用一般日记账，如按月对收、支、购、销等事项进行登记，并按月登上账簿。

2. 追讨欠款

大部分账单和发票软件程序都提供"后续行动"功能，它们在计算机存储器中保留一份付账和存款余额的历史记录。对于过期未付的账目，可以在适当的时候再寄出第二、第三份通知单。追讨欠款大量的也通过人工进行,可以打电话、寄催款信(挂号),甚至递交律师或索债机构处理。

5.9　督查工作

一、秘书与督查工作

督查工作,从字面上理解就是督促检查工作。从现代管理学的角度看,应纳入管理工作范畴,更确切地说它属于控制职能,是一种控制方法。所有的工作不能只有开始,没有过程,只有目标和计划,没有实施和行动,否则无异于在工作中不断开出空头支票,工作的实效就值得怀疑。从这种角度分析,督查工作可以而且应该存在于人类社会的各个活动领域。事实上,在许多领域许多单位,尤其是企业,只要你留心观察都会发现类似的职能部门,如质检科、调度室等,当然明示督查科室的自不必说。

党政系统的督查工作一般是指上级机关对所属的下级单位或部门贯彻上级决策和执行工作任务的情况进行督促检查,以保证决策的科学化或科学决策的落实。

党政系统强调和重视督查工作是必要的。其必要性不仅因为它是目前的行政管理系统的一个薄弱环节,一个管理系统的软肋,还表现在其对领导职能的影响上:①作为决策的后续步骤,有助于政令畅通和各项方针政策的贯彻落实;②作为决策的反馈机制,有助于决策科学化;③作为决策的保障机制,有助于领导作风的改进,抑制官僚主义,提高工作效率和质量。

党政系统的督查工作从政治高度来看,是一项提高执政党领导能力和体现为民服务的重要工作。正是因为这项工作内在的战略意义,党和国家领导人都曾就此发表过自己的看法并提出重要建议。20世纪40年代,毛泽东同志曾撰写《关于建立报告制度》一文,目的是为了领导机关和领导人员了解情况,减少决策错误。1990年1月8日,江泽民同志在省、自治区、直辖市党委秘书长座谈会上讲话指出:"我们各级领导机关长期以来存在的一个比较薄弱的环节,就是布置多,检查少,或者说得更严重一些,就是有布置无检查。我们应该下决心改变这种情况,做到布置一项工作就要把它落到实处,抓一件是一件。我看办公厅应该发挥这样的督促检查作用。如果这样,我们机关的效率就会高得多。"①

本质上看,党政系统的督查是领导者管理活动的一项重要职能,也是领导者的一项重要权利。党政领导者的两个主要任务就是制定决策和落实决策,这两个因素共同影响领导者的能力、效果和效率。因此,督查工作属于

---

① 傅西路主编:《秘书工作文萃》,中国大百科全书出版社1993年版,第9页。

领导职责,由领导负责。

但事实上,领导要在督查工作中事必躬亲是不可能的,因此作为领导参谋和助手的秘书在协助领导开展督查工作中具有义不容辞的义务和责任。当然,在开展督查工作中,除了领导者和其秘书人员外,还需要其他相关部门和人员的配合和支持,需要大家分工负责,各尽其责。在督查工作中,领导可以亲自去做,也可以授权由秘书部门或秘书代理。

由此可见,秘书和秘书部门在整个党政系统的督查工作中起的是代理、辅助、服务的角色。秘书督查工作是领导系统中督查工作的重要组成,属于领导工作大范畴,与纪检、监察等职能性督查部门具有本质差别。

综上,秘书督查工作是指秘书和秘书部门协助领导就党和政府的路线、方针、政策、法律、法规的贯彻落实情况,各项重要工作部署的执行情况,以及各级领导同志批示、交办事项的办理情况等进行监督检查、敦促办理落实的过程。

二、秘书督查工作的基本原则

督查工作既是领导的职责也是秘书和秘书部门的职责。作为秘书和秘书部门如何有效和高效地开展督查工作呢?保证之一是就要遵循秘书督查工作的一些基本原则。

1. 领导负责秘书协助原则

党政系统督查工作是领导工作的本质属性,秘书在开展督查工作时应坚持领导负责秘书协助原则,摆正领导与秘书在督查工作中各自的角色和位置,做到不越权、不错位、不当二首长。领导负责,意味着领导在督查工作中具有督查对象审批权、督查事件的处理权、督查过程的指挥权和督查结果的最终认定权。也就是说,原则上讲督查或查办事项,领导不批不列;具体事件如何处理,其最终由领导决定,秘书可以有建议权;比较复杂的督查事项,需要领导牵头调度;督查事项的结果需要上报和领导人签字才能办结。秘书协助原则要求秘书在领导授权范围内,帮助领导做好督查过程中各项具体工作,主要起督促、催办、沟通和协调、调查研究、信息搜集和汇总、提出处理建议等作用,以有效地协助领导完成各项具体的督查任务。

2. 实事求是原则

实事求是是秘书在开展督查工作中必须坚持的重要原则,也是秘书职业道德的基本要求。这要求秘书和秘书部门在上传下达过程要忠于原意,要如实传达领导的意图和反映督查事项真实情况,不欺上瞒下弄虚作假,对待立项督查事件要认真对待,督查过程要务实,督查事项信息的搜集要尽可能全面、真实,分析客观公正。报忧报喜、问题轻重等一切以事实为依据,否则督查工作很难查有实效,更严重的是会因为不真实的反馈信息而做出错误决策,损坏领导机关的形象。

3. 不直接办案原则

秘书和秘书部门的角色决定了其在一般情况下不直接参加具体办案。具体办案由下级相关部门或相关职能部门进行。比如发现督查事件涉及违纪违规违法情况,就需要根据具体情况按手续移交纪检、监察、司法、审计等有关的办案职能部门,因为秘书和秘书部门本身不是具体办案的职能部门,不具有党纪处分权、行政处分权、独立审判权和审计权。因此,作为领导的助手,秘书在督查工作中坚持不直接办案原则也就是不包办不擅权,而是侧重做好及时督促、信息核实和工作协调等本职工作。

4. 时效原则

督促工作的重要目的就是为了及时地检验决策的正确性和正确决策是否及时贯彻落实,不断推动工作进展,实现既定目标。这也是督促工作的重要意义所在。决策不能得到及时落实或修正,就会流于形式或起反作用,而避免这种情况发生的有效方法就是有效和高效的督促。秘书和秘书部门在督促工作中坚持时效原则就是做到限时办事,及时、快速、高效地办事,不拖沓、不怠慢。这就要求秘书和秘书部门树立时间观念,端正工作作风,运用科学方法。比如运用甘特图表等进度控制工具、建立催办制度和分段检查制度等方法有效地开展督促工作。

一切权力源于人民,秘书作为领导执行权的实际运作者之一,合法正确地运用权力、履行责任是巨大的挑战和考验。

三、秘书督查工作的方法

运用科学的方法手段来开展督查工作是秘书和秘书部门有效和高效开展督查工作的又一重要保证。秘书督查工作方法的科学化、规范化可以从以下几方面入手建设。

1. 督查程序科学化、规范化

经过实践总结和规律性分析,目前比较有效的秘书督查工作程序见图5-9。

(1)督查立项。无论是有计划督查项目还是临时性督查项目都需要明确列出,并报领导审核批准。在督查立项过程中要坚持"可操作性原则",即要把握领导的意图,把比较抽象的任务,变为具体明确的指标,使查办项目看得见、抓得住。具体包括两方面的内容:一是量化指标。把领导那些大而全的决定、决议、会议报告,进行归纳论证,列出条目,逐项研究细化指标。二是定标定责,把细化的具体指标分解落实到各个部门和部门负责人头上,有明确的工作目标。

(2)督查安排。批准后的督查项目需要安排合适的承办单位和承办人,并规定处理的时限。督查安排可以发文落实,也可以通过电话、会议和当面

```
┌─────────────────┐
│ (1) 督查立项     │
└─────────────────┘
         │
         ▼
┌─────────────────┐
│ (2) 督查安排     │
└─────────────────┘
         │
         ▼
┌─────────────────┐
│ (3) 检查催办     │
└─────────────────┘
         │
         ▼
┌─────────────────┐
│ (4) 情况审理     │
└─────────────────┘
         │
         ▼
┌─────────────────┐
│ (5) 结果反馈     │
└─────────────────┘
```

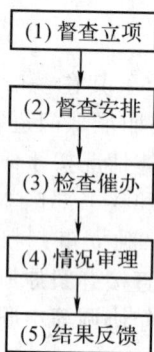

图 5-9 秘书督查工作的一般程序

口头落实。特殊情况下,在领导授权的前提下,还可以直接参与有关问题和事件的调查。

(3)检查催办。对于布置的督查项目,要在规定处理的时限范围内及时了解承办方的工作进展和基本情况,对于不符合进度要求和无法获得处理结果的要不断催促其办理,当催办无效时应及时上报领导。

(4)情况审理。主要就上报的材料及情况进行审理。其本质是审理有关决策的贯彻落实情况,其关键是核实承办方在交办过程中上报的材料和情况的真实性、全面性和正确性。也就是说,秘书在承办单位和承办人将办理结果上报后,要坚持"四看":看事实是否准确无误、看处理是否符合政策、看问题是否解决落实、看行文是否规范。

(5)结果反馈。在情况审理的基础上,秘书人员对相关材料要进行整理和分析,形成结果性材料,及时报送领导,以便领导审查和就是否最终办结以及如何办结作出决定。结果性材料包括承办方上报的材料、根据掌握的现有材料撰写的专题报告、编写的简报或通报、填写完整的规范化表格(如"领导同志批示件办理情况表")等。结果反馈既是一种督查结果的上报活动,又是一种反馈控制的有效手段。通过这一手段,如对督查不力者给予通报,对督查过程和结果给予公开等,可以有效地改善督查环境。

以上五个阶段或环节构成了秘书督查活动完整的生命周期。一个生命周期的结束,也就意味着具体一项督查活动的结束。

2. 督查手段科学化、规范化

可以运用于督查全过程的手段和工具主要有:

(1)运用规范化文件。在督查立项、督查安排、检查催办、情况审理、结果反馈的整个督查活动生命周期中,应尽可能使用文件手段,使各环节的工作有所依据。制文数量要控制,但必要的制文不能忽视。督查表格的设计应根据实际需要做到科学、简洁、实用。具体栏目设计时应区分内转还是外发,常规办理还是领导批示办理等情况,以便设计不同的督查表。督查表的基础性栏目主要有督查事项、领导批示、承办结果、审理意见等等。某些单位制发的相关文件如下:

督促检查登记单

年　月　日　　　催字　　号

催办项目		
承办单位(人)	发出时间	
领导批示		
催办结果		
处理结果		

××催(交)办通知

催文字　　号

由你单位主办,请将办理情况于　　　　日内反映给我们。

××办公室
年　月　日

办理结果

承办单位负责人:
年　月　日

(阅办后连同附件退回)　　　　　　　　　　　联系电话:

领导同志批示件办理情况

催文字　　　号

您于　月　日在　　　上所指示的意见,已　　由　　办理,现将落实情况送上,请阅示。	领导指示
查办结果摘要:	
拟办意见:	

（2）实地调查。坚持实事求是原则,反映到督查工作中去就是要确保督查结果与事实相符。周恩来同志在谈到关于决策落实情况审查问题时,曾这样说过"必须组织对于执行这种决定的情形之审查:①不根据许诺,而看工作结果;②不根据室内纸上计划,而看实地情形是否做了或是否敷衍;③不看形式,而看内容和实际是否正确执行或被曲解了;④不仅由上而下,还要由下而上地审查;⑤要有系统地经常地审查;⑥要有领导者自己参加"。显然,其中包含了实地调查方法的运用。实地调查,眼见为实,以事实为根据,这是了解和掌握决策落实情况第一手材料的可靠方法,是督查过程尤其是情况审理环节的重要方法。

（3）信息分析。信息分析贯穿于整个督查过程,无论是督查立项还是查办过程,无论是情况审理还是结果反馈,都需要以可靠、准确的信息为依据,都需要不断地产生形成新的有价值的信息。因此,用科学方法进行信息分析和提供信息产品是督查工作的又一个重要手段。

3. 督查运行机制科学化、规范化

督查运行机制涉及国家宏观的督查工作管理体制,也涉及微观的工作运行机制。督查运行机制科学化、规范化可以从相关的规章制度的建设入手,并通过制度化达到科学化。督查工作制度建设主要有分工负责制、报告制度、检查制度、归档制度等。

（1）分工负责制。温家宝同志于1990年1月8日在全国省、自治区、直辖市党委秘书长座谈会上曾发表题为《切实改进作风,进一步做好办公厅工作》的讲话,其中指出:"在落实领导决定和批示的催办查办方面做了一些工作,但是工作的深度和广度远不能适应形势和任务的需要,不仅需要开拓工作领域,而且需要从组织上、制度上抓紧完善,使这项工作尽快走上规范化、制度化的轨道。""要严格工作制度和工作程序。比如,要健全分级责任制度,既不能推诿扯皮、无人负责,也不要越权。中央办公厅要充分依靠和尊重地方和部门,涉及地方和部门的工作,首先要由有关地方和部门进行督促检查,中办要做好情况汇总。中央办公厅进行督促检查工作,以了解情况为主,不直接处理问题,不代替地方和部门的工作。"这实质上点出了督查工作的一个关键问题,就是要分工负责,明确责任,只有这样督查工作才能理顺和卓有成效。分工负责制的建设包括分级负责制度、目标责任制度和审批制度的建设,也就是要明确中央和地方各级领导机关以及其他单位和部门的督查权力和职责,要明确领导者、秘书和有关部门人员的督查权力和职责,要明确督查项目审批的基本程序和手续要求等。

(2)检查制度。建立督查工作的检查制度,就是要对检查对象、检查程序、检查方法、检查目的、办结方式等作出合适的规定或说明。"应制定督查方案,根据实施的进度,分阶段有侧重地加以检查。正在落实的查进度,已经落实的查效果,没有落实的查原因,把检查落实贯穿于实施的全过程。"[1]

(3)报告制度。建立报告制度也就是要建立信息或情况汇报制度。这是督查反馈机制建设的核心环节。报告制度应就督查报告的范围、形式、要求等作出明文规定。也就是要说明哪些项目必须请示、报告,哪些可以酌情处理,书面形式的报告还是口头或其他形式的报告,报告格式、内容和时间上的要求等。

(4)归档制度。督查全过程的各个阶段都应形成相应的文件,这些文件在处理完毕,督查办结后有价值的文件就会转化为档案文件,起历史凭证和工作查考的作用。没有档案文件就无法了解真实的历史,也不利于科学管理。前事不忘,后事之师。归档制度是专门针对文件与档案管理的。归档制度主要包括文件形成与归档的范围、归档的份数、归档的时间、归档的手续和要求,需要说明督查全过程的各个阶段都应当形成哪些必要文件,这些文件何时归档保存,保存几份,保存多久,保存在哪里,以及有哪些分类整理标准和要求等。

总之,秘书督查工作是领导工作的延伸,是秘书做好参谋辅助工作的一种有效方式。

---

[1] 欧阳周、陶琪:《现代秘书学——原理与实务》,中南大学出版社 2004 年版,第315 页。

案例 5-3

一线督查

江西省铅山县委办公室 1991 年 6、7 月份参加了铅山县委、县政府组织的两次较大规模的督查活动。其中的一次是 7 月中旬的造林整地和幼林抚育工作督促检查。铅山县是江西省的"荒山大县"之一，当时尚有荒地 25 万亩。县委、县政府提出了"动员全社会的力量，横下一条心，苦干一冬春，一年消灭荒山，三年绿化铅山"的目标，要求各乡、镇本着"与其苦熬，不如苦干；与其年年苦，不如一年苦"的精神，在 7 月 10 日以前，坚决完成幼林抚育 9 万亩和造林整地 3 万亩的任务。10 号一过，县六套班子领导带领 12 个督查组，分赴各乡镇检查落实情况，先由各乡镇填写检查表，再听口头汇报，然后按照随机取样的方法各抽查两个点。一些年过半百的领导同志，同其他年轻同志一样，顶烈日，冒酷暑，一个山头一个山头地核查。检查结束后，立即召开总结会议，将督促检查情况一一通报，对任务完成好的乡镇进行了大张旗鼓的表扬，对贯彻不紧不慢的乡镇提出了尖锐批评，并提出了进一步落实的措施。紧接着，又召开现场会，组织各乡党委书记参观、学习，催其奋起直追。通过这两次督查工作，县委办公室体会颇深。其中的一点体会是督查不能仅仅局限于催报检查，而应把主要精力放在实地查问上。也就是说要到实地一个项目一个项目地检查，一个数据一个数据地核对，决不允许阳奉阴违、欺上瞒下的现象存在。因此，督查工作者的腿一定要勤一点，要经常到各地区、各部门走一走，实地了解情况，看一看上级的部署下去后有没有执行，执行情况如何。

（资料来源：陈合宜：《秘书学》，暨南大学出版社 2001 年版）

思考：1. 本案例中包含了督查工作的哪些基本原理？
2. 试对该案例的督查方式进行评论。

5.10 信访、值班和印章管理

一、信访管理

在我国，信访工作有相对独立的工作系统，上有国务院国家信访局，中有各省市自治区的信访局（办）等，下有基层各单位的信访办公室等。因此，从职业分工的角度考察，信访工作人员显然不是秘书人员。不过在基层，由于作为秘书部门的办公室通常承担了这项工作,实际工作中,几乎所有领导的秘书都有可能涉及群众的来信来访等问题,因为信访活动本身具有广泛性,因此秘书人员有必要将信访管理的基础知识和相关法规和政策纳入自己的知识结构范围。

1. 什么是信访和信访活动

最新版的《信访条例》于 2005 年 1 月 5 日由国务院第 76 次常务会议通过,并于同年 1 月 10 日由温家宝总理签署的第 431 号国务院令公布。该条例于 2005 年 5 月 1 日起施行。《信访条例》第 2 条指出:"本条例所称信访,是指公民、法人或者其他组织采用书信、电子邮件、传真、电话、走访等形式,向各级人民政府、县级以上人民政府工作部门反映情况,提出建议、意见或者投诉请求,依法由有关行政机关处理的活动。"

由此可见,信访活动的基本要素有五个:信访人、信访受理者、信访事项、信访渠道和信访处理方法。五要素的相互影响和综合作用决定了信访活动的最终结果。

2. 信访工作的基本内容和目的意义

《信访条例》第 3 条明确指出:"各级人民政府、县级以上人民政府工作部门应当做好信访工作,认真处理来信、接待来访,倾听人民群众的意见、建议和要求,接受人民群众的监督,努力为人民群众服务。"这一条款揭示了信访工作的基本内容与目的意义。

其实,无论哪一级别的信访工作,其主要的业务内容是基本一致的,归纳起来主要有这样几项:处理信访人的来信来访;信访案件的处理;信访信息的综合分析与处理;为上述基本业务服务或提供支持的保障性工作。(有关各项业务更详细的内容可以进一步参考国家信访局网站,范立荣主编的《现代秘书学教程》P286－309,陈合宜著的《秘书学》P246－259,欧阳周、陶琪编著的《现代秘书学——原理与实务》P281－296 等有关的网站和资料。)

在我国,信访工作具有特殊的意义。一方面它是党和政府与广大人民群众保持密切联系的一种重要方式和渠道,各级党政机关通过这一渠道可以了解民众的心情、愿望,从而更好地为民办事,解决民众的实际困难和问题;另一方面它是民主决策和工作监督的重要手段,通过信访人反映的各种问题,提出的各种意见、建议要求,可以考察和说明决策过程和工作过程是否存在纰漏和偏差,可以及时发现某些社会问题和工作问题,从而督促各机关单位及时采取有效措施,改进工作方式,完善管理体制。总之,信访工作是现阶段社会条件下民生民权思想的有益实践,是实现为人民服务宗旨的重要手段,是接受人民群众监督的重要途径,是完善民主决策和社会监督机制、促进工作和社会进步的重要方法。

3. 信访策略

秘书部门和秘书人员可以从信访五要素出发,结合实际思考和确定合适的信访策略,从而去改善信访工作环境和提高信访工作效能。

(1)信访人策略。信访人即向各级人民政府、县级以上人民政府工作部门反映情况,提出建议、意见或者投诉请求的公民、法人或者其他组织。信访人是信访活动的发起人、服务对象和工作对象,可以是你、我、他。有效的信访活动首先信访人要有维权意识,并在此基础上合法行事;其次对于信访人,应充分尊重其人格和维护其合法权益。

(2)信访受理者策略。信访受理者指受理信访人信访事项的组织和人员。信访受理者是信访工作的主体,可以是社会各种组织,包括行政机关、社会团体、企业事业单位、外国组织、新闻机构等。信访受理者应遵守相关的法律规章,明确工作流程和岗位职责,并在自己的职责范围内尽职尽心。

(3)信访事项策略。信访人向信访受理者反映的问题,提出的建议、意见或者投诉请求等,均为信访事项。信访事项是信访活动的焦点,是信访人和信访受理者相互接触和沟通的原因,也是信访受理者应该关心的重点,尤其是对那些反映比较强烈的突出问题,比如住房拆迁、物价等问题更应引起重视。因此,信访受理者在对待信访事项时应进行分门别类,区分信访事项的性质、属地和轻重缓急,有针对性地高效地办理落实每一信访事项。

(4)信访渠道策略。信访渠道即信访事项由信访人传递到信访受理者的通道。信访渠道不畅或堵塞就像雨后会到处积水,甚至导致洪水泛滥。向社会公布信访工作机构的通信地址、电子信箱、投诉电话、信访接待的时间和地点、查询信访事项处理进展及结果的方式、公布与信访工作有关的法律、法规、规章以及信访事项的处理程序等均为有效的信访渠道疏通手段。所有的相关信息都应及时更新,不应出现有电话号码但却是无效号码等情况,相关信息的无效会使人们对相关单位和部门的诚信服务产生怀疑。

(5)信访处理方法策略。信访处理方法即信访受理者对待具体信访事件(人和事)的态度和做法。在处理信访事件时,信访受理者应采取正确的立场和方式方法。

首先,信访受理者应冷静分析信访事项的合理性和合法性,自觉保护信访人的合法权益。北京市信访办在其网上滚动着这样的信息:我们日夜在聆听/权为民所用/情为民所系/利为民所谋/群众利益无小事。

其次,在具体处理信访事件时应坚持原则,这些原则依据《信访条例》第4条,结合实际工作需要主要有:

第一,依法办事原则。就是信访工作要以国家的法律法规、方针政策为依据,不能与其相背离、相抵触。例如《信访条例》第46条规定:打击报复信访人,构成犯罪的,依法追究刑事责任;尚不构成犯罪的,依法给予行政处分或者纪律处分。第48条规定:信访人捏造歪曲事实、诬告陷害他人,构成犯罪的,依法追究刑事责任;尚不构成犯罪的,由公安机关依法给予治安管理处罚。

第二,解决问题原则。就是在信访工作中要关注工作的结果和效果,重视对问题的解决,而不是"摆架子、装样子、不了了之"。例如在《信访条例》第21条中不仅提出了"县级以上人民政府信访工作机构收到信访事项,应当予以登记"的要求,而且明确了在15日内区分情况的几种处理方式。第33条规定:信访事项应当自受理之日起60日内办结。

第三,客观公正原则。就是在信访工作中要尊重客观事实,公平公正地处理信访事件。

第四,属地管理、分级负责原则。就是各级政府以及其他单位的信访部门要明确各自的职责范围,对信访事项要明确属地,明确责任者。不同等级的信访部门在具体信访职责上会有分工和区别。

最后,现代职业秘书应尽可能顺应历史发展的潮流,以人为本,用平等的态度、科学的方法来有效地解决信访问题。要讲究信访工作中人际交往的艺术、疏导的艺术,以辨别真伪,化解矛盾。

4. 国外信访活动

在欧美国家,并没有与我国相类似的全国范围内的一个相对独立的信访工作系统,但客户服务意识具有普遍性。服务的功能不仅在工商机构是明确的,在大学的行政部门是明确的,就是在各级政府机构中也是明确的。处理外界的各种投诉和意见被列入对外沟通和服务的基本项目。这从各单位部门的对外宣传资料、对外网站和办事程序等都可以得到反映。比如你可以从剑桥市议会(Cambridge City Council)网站上了解到有关市议会本身的信息,了解到剑桥市的商务、社区生活、环境、住房、文化和娱乐、交通街道等各方面的信息,以帮助你学习、工作和生活。你可以从"市议会"的检索条目进入(About the council —— Contacting us),发现"如何投诉"的副标题(How to complain),从而引导你正确处理投诉问题。在国外,尽管在服务质量上会有差别,但信访渠道一般是畅通的,处理方式一般也都有文可依或有前例可循。对各级政府投诉的多少也是比较评价各级政府服务质量的一个指标。所以,尽管整个国家没有统一的信访机构,但信访活动却是一种最基本的日常活动,每个人都有可能因为日常生活中的大小琐事,如气、电、水、税务问题、住房问题、子女教育问题、环境噪音和卫生问题、购物问题、银行账号问题甚至地址更换问题等等向相关部门投诉或提出意见、建议和要求等等。常用的渠道是打电话和寄信件,相比较而言,后者更正式也更能引起重视,但很少使用走访。涉及比较重大的问题,比如对派兵伊拉克表示不满,对禁止农场主狩猎表示不满,对工资待遇表示不满等,才会在法律许可的范围内集会抗议。产生信访事项后,一般情况下,各部门都会依据有关的规章制度按程序处理。

无论国内国外,以人为本、以法律规章为准绳来解决问题都应是首要原则。

案例 5-4

IP 电话卡的信访

丽丽发现她一直在用的吉通公司的 IP 电话卡失效了。记得一年前买卡时推销员曾再三保证无使用期限并在合同中写明,所以才花了 800 元买了可以打 1200 元的优惠卡,现在卡上还有 800 多元余额。她找出合同核实后,发现合同上没有公司电话,只有推销员电话,于是拨打这唯一的号码,结果回答是此号是空号。无奈之中拨通了中国电信 10000 请求帮助。热心的接听者在了解情况后向丽丽提供了吉通公司杭州分公司的一个电话号码,于是丽丽找到了张小姐。张小姐查了用户信息后说:"你的 IP 电话卡是一年期的,一年到期后按规定可以延续 3 个月,公司已经给你延续了 3 个月,延续期过后才停用的。"丽丽很生气,这些信息过去从没有人告诉过她,合同上也不是这样写的。一种被欺骗的感觉油然而生。于是她从 114 电话查询处获得了消费者协会的电话,第一次拨打了投诉电话。第二天吉通公司杭州分公司的一位部门负责人李小姐主动给丽丽打来电话,问明情况后虽然同情但做了遗憾的解释:部分 IP 电话卡的销售由承包商负责,其雇佣的推销人员中有的人素质较低,可能会存在欺骗行为,但分公司不对这些人的行为负责。丽丽说:"我因为信任才买了你们公司的卡,合同上还盖有你们公司的红章,我不找你们找谁?"之后,李小姐友好地让丽丽将合同传真给她,以核实是否该公司的合同。丽丽照做了。第三天李小姐打电话告知解决方案:一是再特惠延长使用三个月;二是其他要求需要自己向北京总部提出申请;三是自己去找律师打官司。为了避免麻烦和牺牲更多无为的精力,工作繁忙的丽丽只好接受了第一方案。经历了这件事后,丽丽心里决定不再购买这家公司的任何产品。

　　思考:对比《信访条例》,运用信访知识,分析该信访案例中存在哪些突出的问题? 可以实施哪些改进措施?

二、值班管理

　　值班是相对于休息而言的。值班的一般理解是节假日、双休日等的非日常工作时间所安排的值日活动或工作活动,在值班时间的值班人员处于工作状态,属于正在履行其职责的工作人员。

　　值班的重要性突出表现在应急事件发生后的沟通和处理上。休息日的突发性重大事件属于最棘手和最难处理的事件,也往往由于毫无准备和迟缓处理而造成严重后果。休息日突发性事件的典型灾难性例证,可以回顾一下二战时的日本偷袭珍珠港事件。

　　值班最主要的目的有两个,一是能够及时了解非常情况和及时处理紧急事件;二是维持机关单位各部门日常工作的连续性。其中第一个目的是最主要的,因为紧急事件,尤其是灾难性事件影响面很大,涉及的问题也比较复杂,后果比较严重。

　　为了加强值班工作,国务院于1999年发布了《国务院办公厅关于加强政府系统值班和信息报送工作的通知》(国办发〔1999〕98号)。在该文件中明确了值班的目的和作用,强调了值班工作的重要性。文件指出:"做好值班和信息工作,确保政府机关工作正常运转,搞好上情下达、下情上报,是正确应对各种情况,及时妥善处置紧急重大事件,维护社会稳定,促进经济和社会各项事业健康发展的需要。各地区、各部门必须提高认识,转变观念,把值班和信息工作摆上重要位置。办公厅(室)要把值班和信息报送工作作为重要工作内容,采取切实有力的措施抓紧抓好。"

　　在工作值班安排中,值班人员可以是领导人员,也可以是其他工作人员,但由于办公厅(室)是工作值班安排和主要负责的部门,因此,值班工作就自然成为秘书的工作内容之一。这里的领导与秘书的值班工作与日常的保安值班、门卫值班是有区别的,尽管安全问题是各类值班共同关心的一个重要内容。

　　办公厅(室)有效开展值班工作主要是要抓好以下几方面的重要工作:

(1)确保信息渠道的畅通,高度重视紧急重大信息的报送工作,认真做好日常工作信息报送工作,注意相关信息的登记和保存。

(2)认真及时地处理值班期间的各项事务,注意安全保卫工作。

(3)建立健全各项规章制度。包括有关时间、职责、程序等规定,涵盖了岗位责任制、信息搜集、处理和报送制度在内的值班制度。国办发〔1999〕98号文件曾要求"各地区、各部门必须实行 24 小时值班制","各地区、各部门主要负责同志要对向国务院报送紧急重大信息负责,并督促值班人员和信息部门认真做好具体报送工作。对迟报、漏报、瞒报紧急重大信息的地区或部门予以批评;对因迟报、漏报、瞒报信息造成重大影响或严重后果的,要追究有关单位和领导的责任"。

为了切实做好政府系统的值班工作,加强应急管理工作,全面履行政府职能,国务院办公厅增设了国务院应急管理办公室(国务院总值班室),承担国务院应急管理的日常工作和国务院总值班工作,履行值守应急、信息汇总和综合协调职能,发挥运转枢纽作用。相关内容见《国务院办公厅关于设置国务院应急管理办公室(国务院总值班室)的通知》(国办函〔2006〕32 号)。

三、印章管理

1. 印章及其类型

印章从现代语义上分析有两个意思:一是指图章,一种刻有文字和图形的物品;二是指加盖图章后印出的痕迹,又称印迹。印章在古代也称为"印信"。作为物品的印章根据其归属可以分为公章和私章,根据其材质可以分为钢印、铜印、木印、石印、塑胶印等。合法的公章是组织的代表和标志,是一种权力的象征,具有法定的权威性,是机关、单位、社会团体等管理活动中行使职权的重要凭证和工具。一般情况下,正式文件需要加盖公章后才能生效。

通常,秘书和秘书部门管理的印章一般有三种:一是公章,即办理特定手续后的机关、单位、社会团体等组织机构的法定名称章和冠以法定名称的合同、财务、税务、发票等业务专用章;二是具有法律效力的个人名章,包括作为组织法定代表的领导人的名章等;三是因工作需要并代表个人信誉的组织机构领导人的私章,亦称个人签名章或个人图章。

2. 印章管理

印章管理是一件非常严肃的事,它关系到行文的合法性和组织信誉,因此,秘书和秘书部门应认真对待。秘书在管理印章的整个过程中,从印章刻制启用到印章的使用保管再到印章的缴销存档,一定要按照有关的规章制度办事。需要遵循和依据的法律法规主要有:2005 年 8 月 28 日公布的《中华人民共和国治安管理处罚法》;2002 年 8 月 30 日公安部治安管理局起草的《印章治安管理办法(草案)》;2000 年 1 月 19 日民政部、公安部令第 20 号发布的《民办非企业单位印章管理条例》;1999 年 12 月 25 日国务院发布施行的《关于国家行政机关和企业事业单位社会团体印章管理的规定》(国发〔1999〕25 号)等。秘书可以根据上述法律法规,参考其他文献,结合本单位的实际,制定本单位的印章管理办法。

(1)印章的刻制启用。机关单位社团等的印章需经有关机关批准并按规定制发,如自治州、县、自治县、市、市辖区人民政府的印章由省、自治区、直辖市人民政府制发。地方性社会团体的印章,由地方社团登记管理机关出具证明,经该社团总部所在地的公安机关办理准刻手续后,由地方社团登记管理机关制发。制发印章的机关,对印章的刻制和发送应加强管理,规范办理程序和严格履行审批手续。国家行政机关和企业事业单位、社会团体刻制印章,应到当地公安机关指定的刻章单位刻制。《中华人民共和国治安管理处罚法》第 52 条规定,"伪造、变造或者买卖国家机关、人民团体、企业、事业单位或者其他组织的公文、证件、证明文件、印章的",可以"处十日以上十五日以下拘留,可以并处一千元以下罚款;情节较轻的,处五日以上十日以下拘留,可以并处五百元以下罚款"。

(2)印章的使用保管。对印章的使用和保管要加强管理,实行专人负责制,即专人管理,专人使用,并对使用权限、职责范围、责任追究等给予明确规定,以防滥用和盗用印章。为了使印迹清楚、耐久,印油要采用印泥等比较耐久的材料,盖章位置要准确,骑年盖月,字正印清。

(3)印章的缴销存档。国家行政机关、企业事业单位、社会团体等的印章,若遇单位撤销、名称改变或换用新印章而停止使用时,应注意及时送交印章制发机关封存或销毁,不得长期滞留原机关单位。需要销毁的废旧印章应经过审批,并保存印模,以备查考。

(4)电子签名与电子印章。在西方国家的公务处理中,作为凭信证据和权威显示的方法最常见的是签名。签名的传统功能就是提供证据,证明文件的来源和与文件相关的个人的意愿。西方的法定签名和东方的公章具有基本相同的目的和功能。当然,西方人签名也用于个人的活动,包括送给接受者以作纪念的名人签名,这已基本不是公章和法定签名的概念了。

随着电子政务和电子商务的日益普及,电子活动领域的日益扩展,继传统的手工盖章和手写签名之后,目前在公务活动中出现了能够作为身份标志和凭信的具有法律作用的电子签名。电子签名以密码术为基础,通过拥有私钥和公钥一对电子钥匙,并专有私钥,实现可靠的电子签名。2004 年 8 月 28 日我国公布了《中华人民共和国电子签名法》,就电子签名的相关问题做了解释和规定,其中第 14 条指出:"可靠的电子签名与手写签名或者盖章具有同等的法律效力。"美国总统克林顿于 2000 年 6 月 30 日正式签署了《电子签名法案》,使电子签名与传统方式的亲笔签名具有了同等法律效力。

目前,在 OA 办公系统、电子公文流转系统、电子商务系统等领域,除了使用电子签名外还可以有条件地使用电子印章。电子印章的制作需要运用制章软件把印章的信息和生成的数字证书写入硬件加密芯片,形成独一无二的与实物印章相一致的电子印章,即 IC 卡,从而实现实物印章向电子印章的转化,不仅使原来在纸质文件中使用的印章可以直接延伸应用到电子文件中,而且可以通过相互印证,提高文件真伪的鉴别能力。但是,秘书和秘书部门在使用电子印章时必须首先确保相关手续的完备与合法。

5.11 办事常用工具和技巧

工欲善其事,必先利其器。理念决定行为方向,方法影响工作效率。运用先进的管理理念和科学的管理方法可以使秘书和秘书部门更有效和高效地开展工作,不断提升秘书工作的水平。

一、办事常用工具和方法

现代管理理论与方法中的许多概念和工具都可以运用于秘书工作,除了秘书办文中提到的目标管理法、PDCA 循环法、因果法之外,其他较为有效的工具和方法列举介绍如下:

1. ABC 分类法

ABC 分类法(ABC-Classification)是非常重要的管理工具,目前被广泛地用于管理的各个领域。

ABC 分类法基于帕雷托图表或称 80－20 规则(Pareto's 80－20 rule),即 80％的结果由 20％的原因造成。帕雷托通过长期的观察发现:美国 80％的多数人只拥有 20％的财产,而另外 20％的少数人却拥有全国 80％的财产,而且很多事情都符合该规律。这一规律被归纳为关键的少数和次要的多数规律。之后,人们发现这种规律在人类活动中具有普遍性,于是该规则在 20 世纪 50 年代被纳入管理理论,并由此而延伸发展了 ABC 分类法。

ABC 分类法是一种将管理对象分为 A、B、C 不同的组或类,并采用不同的方式进行管理的方法。

秘书工作中运用 ABC 分类法,其目的和作用主要有两个:一是在大量的活动和问题中找出并确定优先级项目;根据管理对象的优先次序合理地分配时间和资源。具体方法和步骤是:

第一步,明确管理对象总体,通常可以通过罗列管理对象来清晰;

第二步,运用 ABC 分类法对管理对象进行分类,通常可以根据重要性找出关键的少数和相对次要的多数,并进行标注和排列。

第三步,按 ABC 分类结果,分配资源,将主要资源包括时间、精力、技术、物资等投入关键的 A 类事物,以求最大利益和最好结果,同时顾及不容忽视的 B 类和 C 类事物,以求整体和谐和达到总体要求。

优先级处理原则是目前实际工作中最有效的处理原则之一,遵循这一原则,可以使工作价值和收益最大化。

2. 甘特图法

甘特图法由美国的甘特在 20 世纪初创立,是 20 世纪 50 年代以前,在生产、基建、科研和军事等活动领域中应用最广泛的方法。由于该方法通常以划水平横道来制成一种水平线条计划图表,因此也称"横道图法"。它的作法是:在一次任务所分解列出的每个工作项目(工序)后,画出带状水平线,以表明各项工作(工序)进度的起止时间和持续时间。它的优点是简单、直观且易于绘制。所以不仅沿用至今,而且仍然是目前最容易理解的一种任务计划的表现方法。见表 5-7。

3. 计划工具

秘书和秘书部门的工作特点之一就是工作的辅助性、综合性、事务性和管理性。秘书和秘书部门需要辅助领导开展方方面面的工作,而辅助办理各种事务是需要消耗时间、精力、财力、物力等各种资源的。如何在有限的资源条件下,合理利用与最大限度地开发有限资源,合理组织各项活动,运用计划工具,科学制订并执行计划就是有效开展活动、实现目标和提高办事效率的关键因素和最有效方法之一,也是时间管理的有效方法和技术。

(1)战略计划和战术计划。计划一般可分为战略计划和战术计划两大类。战略计划主要用来确定和规划活动目标,包括对总目标和分目标的确定和阐释,通常表现为中长期计划。战略计划围绕战略目标制订,具有全局性和总体性。如单位的十一五规划属于战略计划。战略计划主要思考这样的问题：总目标和总任务、总目的和意义、关键手段和方法、总体时间与进度分配。战术计划主要用来策划和确定实现战略目标的具体步骤和方法，是战略目标的实施方案，包括行动计划、周计划、日计划等，重点需要说明"做什么"、"怎么做"等，会议日程就属于行动计划。

表 5-7　办公自动化系统建设计划安排表

任务	2006 年 9 月至 12 月工作进度周次安排																	备注
	1	2	3	4	5	6	7	8	9	10	11	12	13	14	15	16	17	
初步调研	■	■	■															
业务活动分析				■	■													
办公自动化需求分析						■	■											
现存办公系统评估								■	■	■								
新建办公自动化系统战略确定											■							
办公自动化系统的设计												■	■					
办公自动化系统的落实														■	■			
办公自动化系统的试运行																■		
办公自动化系统的检查和完善																■	■	

　　（2）清单法。清单法常用于对物品和活动等进行实时监督和管理，将管理对象逐一列出，以便明确和落实的方法。清单一般按专项制定，如设备清单、文件清单、财务清单、行动清单等。清单法非常简便明了，是开展和核查工作的有效手段，也是活动过程和结果的重要凭证。清单法通过简单的方式将计划和控制两种管理职能达到了完美的统一。

　　作为一种简单的行之有效的计划和监督工具，清单法在欧美国家非常流行，被各单位普遍用于办事过程。用作行动计划的清单主要有两种类型：一种是适用于所有事件的通用清单——格式化的空表；另一种是为某一具体事务专门设计的专用清单，见表 5-8。通常，作为行动计划的清单包括四项主要内容：具体行动、职责、期限、完成情况。

表 5-8　会议计划及其核查表

学生家长委员会会议计划

重要的截止日期

新学期开学的第一天发信给学生家长委员会委员——9 月 1 日

家长委员会委员最终核实——9 月 15 日

教职工最终核实——9 月 16 日

开会——9 月 20 日晚上

所需资源

60 个信封

寄 60 个信封的人力资源

60 封信的邮资

行动	职责	期限	完成情况
安排高级教师会议	LD		
预定合适的会议室	LD		
起草和核准致家长信	LD/PS		
向教职员工发送便函并确认参与和约定时间	LD		
准备适量的致家长信	LD/ GL		
发送致家长信	LD/GL		
确认会议的各项预约事项	LD		

　　（3）日记法。日记也是一种重要的计划工具。日记在英文中有两种理解：一种理解是可用于书写未来一定时期内每一天将要做的事的记录簿。另一种就是我们通常所理解的，从小非常熟悉的日记，一种对一天的经历和感受所作的记录。

　　在行政管理、秘书工作、会议组织和管理中作为计划和监督手段的"日记"使用的是第一种语义。

　　日记既是一种计划手段也是一种检查监督、超前控制的手段。一个组织的日记系统可以分为手工的和电子的两种。这两种方式各有其优缺点。一个组织可以选用一种也可以两种结合运用。

　　手工的日记系统主要以纸质为基础，由组织者记录下活动安排。电子日记系统运用计算机技术记录活动安排。例如，我们可以启用 Microsoft office outlook 中的日历功能来辅助我们安排约会和活动。

日记在维护中需要遵循一些简要规则：

- 所有的例会都应进入日记,例会的会议时间表可以发给所有相关人员;
- 会议纪要中所包括的下次会议的日期和时间在日记中应予以标注;
- 临时性会议在被确认后需要标注,手工日记应用墨水笔添加;
- 日记中要留有足够的空间以便工作事项的添加;
- 使用日记去记录提醒事项。

秘书在制作形成和维护管理日记时应注意区分个人日记和主人日记(公共日记),个人日记是属于个人自己的日记,其中记录了领导和行政管理人员等个人的所有约会和工作任务。主人日记是有关领导和行政管理人员工作和活动安排的一个总表,在个人日记的基础上形成,一般存留或张贴在办公室便于阅览之处。主人日记中可以为有关领导和行政管理人员确定固定栏目并用不同的色彩加以区分,这是一种非常有助于管理的方法。相关管理者可以根据自己的情况及参照主人日记对自己的个人日记进行调整,并将调整情况反映到主人日记之中去。主人日记见表5-9。

表5-9 主人日记

2006 年 10 月 27 日星期五		
秘书、行政管理人员	张三经理	李四经理
		8:00—9:00 应邀参加利马公司早餐会,听取该公司新产品发布,新世纪饭店
9:00 提醒李四经理明天她将参加一个庆祝会,并订花。		
	9:30—10:30 和王五一起鉴定和评价新产品	
10:00 打电话给有关部门,检查下周二的产品发布会的会议安排		10:00—1:00 招聘会计面试,6 号接待室
11:00		
12:00		
1:00	和天河公司的销售经理午餐聚会	

2006 年 10 月 27 日星期五		
2:00 为张三经理准备经理会议文件并放在他桌子上		
3:00		
4:00		
5:00		
	7:30—9:30 经理会议,第二会议室	

　　工作日记与约会时间表都是对活动和任务的时间安排,但通常后者更为具体。日记可以被所有行政管理人员用于组织安排一定时期内的活动,而约会时间表则一般是针对专项活动所列的具体约见时间表。见表 5-10。

表 5-10　约会时间表

面 试 时 间 表		招聘岗位	
日期		面试者	
面试地点			
时间		姓名	
9:30			
10:00			
10:30			

　　(4)日计划。日计划即一天的工作计划。对于具有广、多、杂、琐特色的秘书办事工作而言,制订并落实日计划也是一种提高办事效能的有效方法和良好习惯。科学制订日计划可以分七个步骤进行:

　　第一步,一天工作结束前留出几分钟的时间做第二天的计划,主要是依据日记系统或工作日历,列出计划中第二天的活动或任务,以及以前顺延的工作。

　　第二步,安排当天遗留的工作,将其加入第二天的日计划或记入日记系统的某一天。

　　第三步,根据需要补充第二天的活动或任务。

　　第四步,对第二天的活动或任务,运用 ABC 分类法,确定活动的优先级,并进行排序。

第五步,委派任务,确定责任人。

第六步,视需要为各项活动或任务大致分配时间。

第七步,第二天上班阅读邮件后将新增任务插入计划列表。

日计划具体见表5-11。

表5-11　日计划

任务	优先级	责任人	所需时间(分)	完成情况
给张三打电话	B		10	
完成市场营销报告	B	苏珊	60	
阅读文件	B		15	
安排与MG公司的会议	A		5	
给技术部打电话	B		10	
完成预算	A			
给市场部发送文件	B			
复印宣传册	A			
检查旅行安排	B	大卫		
联系联想集团赞助	A			
核对发票	B			
与销售部讨论客户投诉	A			
总计				

计划工具在整个秘书和行政管理中具有重要意义。它所记载的信息提供了历史的、当前的和未来的三个时标的信息。历史的信息作为活动的重要记录会告诉人们过去发生了什么,当前的信息被用于优化组织当前的活动并显示今天正在发生什么,而未来的信息作为预测工具则具有非常大的价值,它将说明未来计划做什么和需要哪些资源。所有这些信息对现实工作起着管理和凭证的作用。

4. 评估法

提高办事效率和质量的另一种方法就是评估法。评估法就是对评估对象进行仔细的检查和判断,从而对其质量和价值等作出评论和估算的方法。它是控制机制的重要内容,也是控制的一种表现手段。

不同的管理对象可以使用不同的评估法,如资产评估法、风险评估法、绩效评估法等。秘书办事过程应加强面上的综合评估和点上的专项事务评估,具体评估时可以采用问卷调查法、现场考察法、指标评分法等方式,并配以激励机制,以不断完善工作程序和方法,提高工作水平。

5. 办公自动化方法

现代秘书办事可以借用现代办公设备、优质的办公应用软件来提高办事效率和质量。电脑、传真机、扫描仪、打印机、复印机、投影仪等都是现代办公必备的基础设备,而 Office 系列通用办公软件更是秘书人员处理文字、信件、图表、图像数据和管理各项日常办公事务的好帮手。

二、办事常用技巧

秘书人员要使办事具有条理性并取得满意的成效,不仅要更新方法,使用先进的办事工具,还需要研究和运用办事的学问、办事的艺术、办事的技巧。值得推荐的办事技巧主要有:

1. 了解和掌握领导的脾性和意图

在办理领导交办的任务时,要明确接受任务的目的意义、基本要旨和要求以及完成时间。对于处于不同情绪下的领导个人决策要慎重办理,证实无变后再落实,以维护全局利益。交办的任务完成后要注意及时复命,如实汇报。

2. 平等友好对待各部门和外单位来宾

作为上下左右和对外联系枢纽的秘书部门和秘书人员应坚持等距离交往原则,平等友好对待各方,并努力做好各项服务工作,以示公正公平,树立良好的信誉,便于在工作需要时获得各方的支持和配合。

3. 见缝插针办实事

秘书在办事过程中常会遇到三种办事状态:一种是在某一时间段内只要办理一件事的单一办事状态;另一种是在某一时间段内需要办理两件事的双重办事状态;还有一种是在某一时间段内需要办理多件事的多重办事状态。在实际工作中,秘书部门和人员每天最经常的是处于第三种状态,对此,秘书人员可以灵活运用见缝插针、交叉穿插办事的方法,而不是按部就班地线性办事,要学会在扯皮中办事,而在办事中不被扯皮,以有效利用时间,最大限度地解决大量日常事务。

4. 下班前清理办公桌

办公桌是各级行政管理人员重要的工作场所和工作条件,也是秘书人员可以利用的管理工具。办事条理化的其中一个秘诀就是有效使用办公桌。秘书人员可以根据需要为办公桌添置必要的文件夹或文件托盘,并对文件进行科学分类和归类。比如秘书人员可以为领导和自己在办公桌上放置三个文件托盘,第一个放置已完成的计划和任务方面的文件,第二个放置正在进行的工作方面的文件,第三个放置需要重看或办理事项方面的文件。每天下班前清理办公桌,整理文件托盘(夹),并定期将第一个文件托盘(夹)内的文件转移另存,使自己办公桌上工作安排与领导第二天的工作清单相一致,与部门的工作部署相一致,与自己的工作安排相一致,这样有序高效的新一天就会开始。

5. 常用办公用具就近放置

距离关系到时间,而时间关系到效率。秘书在办公办事过程中有效节约时间的一个技巧就是要将最常用的办公用具就近放置,以方便取放和使用。如电话和笔筒最好放置在一臂之内,通讯录最好张贴或悬挂在桌前或视力所及范围,笔要随身携带。这些细节看似小事,实际上非常影响办事的效率和质量,也影响办事的心情。

6. 多听细察慎言

秘书人员作为领导的助手和综合协调人员,很容易接触各种各样的内部信息,但秘书人员不是决策者和发言人,因此,对于平时耳闻目睹、亲历体会到的信息既要能记又要能忘,记住那些重要的有用的信息,以便需要时提供;忘却那些无用的信息,不做是非的播种机。

7. 日常积累常识

职业秘书非一日之功。秘书部门和秘书人员作为领导头脑和四肢的延伸,会遇到方方面面的工作,会涉及许多业务领域和知识领域,虽然不同层次的秘书在知识的广度和深度上要求不同,但从有效和高效办事的角度出发,注意工作和生活常识的日积月累,处处做有心人,对应对办公事务具有事半功倍之效。比如留心交通线路、饭店宾馆、工作程序、法律法规、时政新闻等,这些常识可以在工作日程安排、草拟文件、迎来送往中发挥作用。

8. 建立台账或工作日记

秘书在工作中建立必要的台账或工作日记,可以使纷乱的事务性工作从无序走向有序,是处理好各类事务的一种有效手段和基本方法。目前,随着计算机的普及和推广,可运用办公自动化手段,借助数据库管理软件,分门别类地建立人事档案、工资福利、车辆管理、值班记录等多种台账,用于秘书事务性工作的实时管理,并可帮助进行回溯性查询。当一次性录入数据后,只要平时做好数据的管理、维护和更新,就能在需要时及时调用,做到有备无患、高效快捷。

9. 请办事项最好采用书面形式

秘书发挥参谋作用的一个重要表现就是主动请办事项。秘书不仅要完成领导交办的各项任务,而且要尽职完成自己职责范围内的其他事务。当遇到比较重大的事项需要向领导提出建议时,应先进行调查研究,然后形成书面材料上报,以便领导准确了解情况,并予以明确批示。空说无凭,有违科学办事程序,这对于责权的明确和请办事项的开展都是极为不利的。

总之,秘书部门和秘书人员在日常事务和专项事务的处理过程中,可以积极调动自己的主观能动性,结合工作的实际和需要,灵活运用各种科学有效的工具和手段、方法和技巧,达到有效和高效地办事之目的。

案例 5-5

3.5 万美元清单的故事

一天,爱维·李——一名杰出的效率专家,访问了当时不太有名气的伯利恒钢铁公司的总裁查尔斯·希瓦勃。李对希瓦勃说:"如果你允许让我和你的每一位部下呆上 15 分钟,我就能提高你公司的效率和销售额。"希瓦勃很自然地问:"我需要付多少钱?"李说:"不需要,除非的确有效。三个月以后,你可以寄给我一张支票,给我你认为值得的钱,足够公平吧!"希瓦勃同意了。在这家为生存而奋斗的年轻钢铁公司里,李每次用 15 分钟时间与各级管理人员交谈,并让他们完成一个简单的任务。在以后的三个月里,这些经理每天晚上必须列出一份清单,写出第二天他要做的六件最重要的事。然后,按照事情的重要程度对所有的事情进行排列。李告诉他们:"每天早晨,做列在清单上的第一件事,当完成时就把它叉掉。你只需按顺序做完这六件事。如果你没有完成,就把它写在第二天的清单上。"

三个月实验结束时,效率和销售额都变得非常高,因此希瓦勃寄了一张 3.5 万美元的支票给李。当时的 3.5 万美元几乎等同现在的 35 万美元!

玫琳凯·艾施(Mary Kay Ash)为当今世界知名的玫琳凯化妆品公司的创始人。"3.5 万美元的清单"的故事在玫琳凯刚开始从事销售工作时听说,并对她以后的工作方式产生了深远影响。她一直坚持写每一天她生活中的这份"3.5 万美元的清单"。从 1963 年 9 月 13 日星期五开始,经过四十多年的努力,玫琳凯化妆品公司已从一家小型的直销公司发展成为其业务遍布世界 34 个国家及地区、年营业额达数十亿美元的大型化妆品跨国企业集团。

(资料来源:玫琳凯·艾施:《玫琳凯自传》,浙江人民出版社 1999 年版)

思考：玫琳凯成功之路中这一有关效率的启发性案例证明了科学方法用之于实践所产生的巨大的推动力。请指出该案例中使用了哪些管理方法？这些方法主要起什么作用？

【本章小结】秘书办事有广义和狭义之分。广义的秘书办事也就是秘书工作，狭义的秘书办事主要是指秘书和秘书部门日常的事务处理和各项工作的应对。本章主要以狭义的秘书办事为对象，分述了文电往来、接待工作、督查工作、出差管理、财务管理、信访管理、值班和印章管理等内容。其中以现代沟通模式为依据的沟通策略，不仅可以用于具体办事，而且可以为不同层次、不同类型的秘书工作提供广泛的指导。而秘书办事原则和科学管理方法的运用则是秘书部门和人员应对千变万化的各类事务、错综复杂的大小问题，实现有效和高效管理的法宝。

思考与训练

1. 什么是秘书办事，如何理解秘书办事与秘书工作的关系？

2. 阐述办事的基本原则。

3. 专项事务与日常事务如何进行区分？区分的意义是什么？

4. 依据沟通的循环模式，沟通策略由哪几方面组成？

5. 简要阐述五大沟通策略。

6. 简述口头和书面沟通渠道的优点和缺点。

7. 一个单位的邮件、信件的收发过程中有哪些模式和渠道？

8. 你认为接打电话过程容易出现的问题有哪些？并提出可以提高效率和质量的几种重要的接打电话的技巧。

9. 如何有效和高效地完成接待任务？

10. 领导出差前，秘书应做好哪些准备工作？

11. 简述财务预算的基本流程。

12. 一个单位常见的支付方式有哪些？

13. 领导督查工作和秘书督查工作有什么不同？

14. 秘书如何有效和高效地开展督查工作？

15. 从信访活动五要素出发，分析改善信访环境和提高信访工作水平的方式方法。

16. 办公厅(室)值班工作的重点内容是什么？

17. 印章管理的主要内容有哪些？

18. 列举并说明秘书办事过程中行之有效的科学管理方法。

19. 列举并说明秘书办事过程中行之有效的办事技巧。

20. 列举并说明既具有计划功能又具有控制功能的办事工具。

第六章
秘书公关礼仪

破冰之旅中的礼尚往来

2005 年 4 月 26 日至 5 月 3 日,中国国民党主席连战应中共中央和中共中央总书记胡锦涛的邀请,率国民党大陆访问团来大陆访问。胡锦涛总书记与连战主席进行了 60 年来国共两党的历史性会晤。访问期间,不仅于 2005 年 4 月 29 日发表了《中国共产党总书记胡锦涛与中国国民党主席连战会谈新闻公报》这份重要的历史性文件,向全球传递了两党谋求和平与发展的愿望,还公关活动不断,礼尚往来频繁。在北京,仅 4 月 29 日当天,胡锦涛总书记和连战主席在历史性会谈结束后,就互赠了礼品。胡锦涛总书记代表中国共产党送的是一件大型花瓶——"源"。该礼品产自享有世界瓷都之称的景德镇,其寓意深长。它的主体画面以中华民族母亲河黄河标志性景观壶口瀑布为远景,以花团锦簇的国花牡丹为近景,寓意海峡两岸人民同宗同源,都是炎黄子孙,血浓于水;九朵盛开的牡丹繁花似锦,寓意九九归一,中华民族必定会迎来伟大复兴的盛世春天。连战主席的回礼是一件台湾著名雕塑艺术家朱铭的太极系列作品之一《拱门》。在北京大学办公楼礼堂向北大师生发表演讲后,北大向连战主席赠送了两件具有特殊意义的北京大学的纪念品。一是复制了连战主席的母亲赵兰坤女士当年在北大就学时的学籍档案和照片,以转达母校对赵兰坤校友的诚挚问候和祝愿;二是刻有未名湖畔图案的雕瓷瓶,以表达北大学生对连战先生精彩演讲的感谢。连战主席向北京大学回赠的礼品有:一件为台湾彰化雕刻家的雕塑品《牡丹凤》,代表吉祥、富贵、幸福;另一件为他自己的专著《改变,才有希望》,共赠送 700 本。除了北京,在上海、南京、西安、漳州等地,一路上主宾双方都撒播着礼物,也撒播着春天的希望。

提示:以上事件反映了公务交往中礼品的地位和作用。互赠礼品是公务活动和人际交往礼仪的重要构成,但不是惟一的内容。你是如何看待公务活动中的礼之"意"和"节"的呢?

礼仪有关接人待物、为人处世等一系列行为规范,是一个庞大的体系。礼仪是社会文明的折射,也是社会文明的重要推动力之一。秘书部门是一个较为集中体现组织礼仪水平和组织形象的部门,也是主要负责组织公关活动的部门,其礼仪素质是组织文化的构成要素和表现。那么,如何提高秘书人员的礼仪素质,塑造良好的个人形象,有效地开展公关活动和其他各项秘书业务活动,造福于组织和社会,同时也造福于秘书个人呢? 这是本章的目的。

6.1　秘书公关礼仪概述

作为领导的助手,一个组织活动网络中的枢纽和对外接待的窗口,秘书最多的工作是与人交往,并在人际交往中处理广泛的事务。处于社会关系中的组织,必须面对外部世界,而外部世界形形色色,各有各的背景和需求,秘书人员良好的公共关系和得体的行为礼仪,可以帮助组织建立有利于合作和发展的共事合作关系。秘书人员是这一领域的主力军,大有作为。

一、秘书公共关系

1. 什么是"公共关系"

对于公共关系的理解,存在着五花八门的定义。美国的社会科学家莱克斯·哈洛博士在分析归纳了 472 个公共关系定义后认为:"公共关系是帮助在一个组织和它的公众之间建立和维持传播、接受和合作关系的一种管理功能;涉及各种问题的处理;使管理部门了解公众舆论并做出反应;明确和强调管理部门服务于公众利益的责任;帮助管理部门掌握变化情况并有效地运用这些变化,使之成为帮助预测趋势的早期警报系统;运用研究成果和良好的符合职业道德水准的传播技术作为自己的主要工具。"

在美国的一本英语词典中关于公共关系有三种定义:①建立和促进与公众的良好关系的科学和艺术;②建立和促进与公众的良好关系的方法和活动;③在与公众的良好关系方面所取得的状态。

上述定义与国内的三种一般性理解是大体一致的,即公共关系指的是一种公共关系状态,公共关系活动,公共关系学科。而公共关系的意识、艺术和技术的理解,则在国内被认为是对公共关系的广义理解。

公共关系由基本的三要素构成,即组织(公关主体)、公众(公关客体)、传播(公关过程)。没有公关主体就没有公共关系,没有公关客体或公关对象也没有公共关系,传播沟通则是公关主客体之间活动过程的必要桥梁和手段。公共关系的目的应是达到相互理解、相互信任,建立和谐关系,实现互惠互利。

2. 什么是"秘书公共关系"

公关的意识、技术和策略可以广泛用于各种组织和公关主体个人,比如公司企业可以运用营销公共关系向潜在客户传递它们所制造的产品和所提供的服务方面的相关信息,从而获得客户对直销的支持。同样,公共关系作为一种状态和活动存在于秘书工作领域,作为一种科学和技术可以应用于秘书工作领域。秘书公共关系可以理解为:组织借助于秘书和秘书部门传播沟通信息,以促进建立组织内部与外部的良好关系,有效开展各项工作的技术和方法。更多地从沟通管理的角度去认识和开展秘书公共关系,对改善和推动现代秘书工作是有利的。

秘书公共关系的基本内容从公众对象来分,可以分为秘书内部公共关系和秘书外部公共关系。秘书内部公共关系核心需要处理的是内部工作环境中客观存在的三大人际关系,即与上级领导的关系、与部门内同事的关系、与组织各部门人员的关系。秘书外部公共关系旨在代表组织,发展和促进与本组织相关联的外部组织的良好合作关系,在相关公众中树立良好形象。

二、秘书礼仪

1. 礼仪的一般概念

关于什么是"礼仪"和"秘书礼仪",杨剑宇先生在其《涉外秘书礼仪》一书中这样写道:"礼仪是人们在社会交往中为了表示对对方的尊重、尊敬和善意友好而约定俗成的行为规范和准则。"两种常见的说法是:"礼仪是在人际交往中,以一定的、约定俗成的程序、方式来表示尊重对方的过程和手段。""是人际交往中约定俗成的示人以尊重、友好的习惯做法。"

在 Cambridge Advanced Learner's Dictionary 中,对于礼仪(etiquette)有这样的解释:"在特定的社会群体或社会环境中调节人们行为的一整套规则和习俗。"或"由社会习惯或权威当局所规定的行为方式"。

不同活动领域的礼仪会有各自的内容和特点,如外交礼仪、政务礼仪、商务礼仪、社交礼仪和家庭礼仪等。不同活动领域的礼仪还可以进一步细化,如细化为签字礼仪、谈判礼仪、会务礼仪、结婚典礼、开业典礼、饮食礼仪、信函礼仪等等。

显然,礼仪的概念覆盖了仪表、礼貌、礼节、仪式这样一些词。但从通俗的角度理解,无非是接人待物、为人处世的适宜方法,无非是"说的规矩"和"做的规矩",主要是要明确哪些该说,哪些不该说;哪些该做,哪些不该做;以及如何正确地说和做。

2. 秘书礼仪

依据礼仪的一般概念,结合秘书工作实际,秘书礼仪可以理解为:秘书在工作、社会交往中,按照规定或习俗对对方表示尊重、友善和诚意的正确行为方式。秘书礼仪规范中不仅应包括秘书各项具体工作中所涉及的礼仪内容,如接待礼仪,而且应发展以秘书礼仪为特有对象的内容。其中最核心的建设内容应是秘书的仪容(容貌和形体等外貌)、仪表(服饰打扮等)、仪态(举止)以及言谈等礼仪,它们也是构成现代秘书个人形象的四要素。当然成功的秘书,不仅要有合适的行为举止,良好的个人形象,而且要有内在的修养和足以胜任的工作能力。秘书礼仪与成功秘书之间的关系见图6-1。

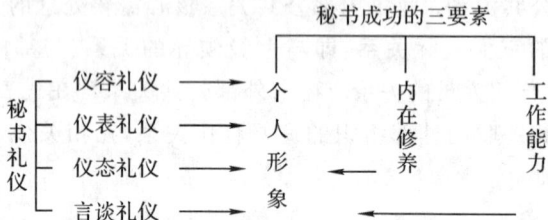

图 6-1 秘书礼仪与成功秘书之间的关系

秘书礼仪作为秘书个人修养的象征,作为组织和社会文化的表征,作为人际交往的艺术和手段,对秘书个人形象的塑造具有特别重要的意义。而秘书的个人形象又将影响组织形象和组织公共关系,影响组织内外各种矛盾和事务的处理。

秘书公关和礼仪关系到秘书工作的绩效,关系到组织机体的健康发展,属于组织管理的行为科学范畴。

三、秘书公关礼仪的重要性

中华民族素有"礼仪之邦"的美誉。我国历史上第一位礼仪专家孔子就认为礼仪是一个人"修身齐家治国平天下"的基础。礼仪是普通人修身养性、持家立业的基础,是一个领导者治理好国家、管理好公司或企业的基础。

如果每一位秘书都能够做到接人待物知书达理,着装得体,彬彬有礼,谈吐高雅,有良好的公关形象,组织就会赢得社会的信赖、理解、支持。反之,如果言语粗鲁,衣冠不整,举止失度,就会有损组织形象,使组织在竞争中处于不利的地位。人们往往从某一个职工、某一个小事情上,衡量一个组织的可信度、服务质量和管理水平。

在秘书日常生活和工作中,公关礼仪能够调节人际关系,是人际关系和谐发展的调节器。人们在交往时按礼仪规范去做,就有助于加强人们之间的互相尊重,建立友好合作的关系,缓和或避免不必要的矛盾和冲突。一般来说,人们受到尊重、礼遇、赞同和帮助时就会产生吸引心理,形成友谊关系,反之会产生敌对、抵触、反感甚至憎恶的心理。秘书公关礼仪具有很强的凝聚情感的作用。

所以,秘书的公关礼仪是企业形象、文化、员工修养素质的综合体现。到位的公关礼仪才能使组织在形象塑造、文化营造上具有一个较好的平台。

6.2　人际关系处理

秘书公关礼仪的核心就是要正确处理各种人际关系,尤其是在重视人情世故的我国。首先要明确人际关系及其特点,其次是要充分认识正确处理人际关系的重要性,最后是要把握处理各种人际关系的原则与方法。

一、什么是人际关系

1. 人际关系的概念

人际关系是社会心理学和行为科学的一个概念,主要指个人在社会实践活动中形成的人与人之间的关系,其外延很宽广,包括朋友关系、夫妻关系、子女关系、同伴关系、师生关系、同事关系等等。人际关系中的双方会因为心理因素相互作用和相互影响,因此,有的学者也从心理学角度来定义人际关系,认为"人际关系是指人与人在相互交往过程中所形成的心理关系"。

2. 人际关系的一般特点

人际关系与其他社会关系相比有其特点,主要表现如下:

(1)个体性。即人际关系表现在具体的个体间的互动过程之中。

(2)情感性。即人际关系的基础就是人们彼此间情感的流动。依据情感倾向人际关系可以分为两类情况:一种是因为好感而产生的相吸关系;另一种是因为反感而产生的相离关系。这就是形影不离或相互敌视甚至伤害等种种人际关系现象发生的原因。

(3)对应性。即人际关系总是与人际行为相对应。比如喜欢某人,便会表现出亲近和帮助对方的行为,而厌恶某人,则会表现出回避或攻击的行为。

(4)管理性。即人际关系是对人的一种组织的形态和方式,而这样的组织就是一种管理模式,一种管理的方法。

秘书作为领导的左右手,要帮助领导处理事务,必定会接触到不同的人。秘书人员在工作中与接触到的人之间的关系就构成了秘书的人际关系。秘书人际关系的好坏是秘书工作能否顺利开展的关键。事实上,秘书在工作过程中要建立良好的人际关系并不能简单地凭借情感倾向,更重要的是要理性、全面地考虑组织目标、关系双方的需求和社会背景等各种因素,尤其是要理性地把握情感倾向。

二、正确处理人际关系的重要性

由于办公自动化(OA)进程的加快,现代通信技术的发展,特别是互联网越来越渗透进人们的日常工作和生活,现代秘书工作正在发生一场悄悄的但又是深刻的革命。传统的秘书工作,如存档、起草文件等,在秘书日常工作中所占的比重越来越低,而秘书为上司搜集决策所需的信息在工作中所占的比重越来越大。秘书处理人际关系的能力决定了秘书搜集信息的质量和数量,所以有的学者提出秘书学就是人际关系学,并不是耸人听闻。

台湾资深秘书石詠琦所在的秘书协会曾对工作两年以上的秘书做过一项问卷调查,得出的结论是:"无论办公室大小,人员多少,秘书所做的工作如何繁琐、技能如何熟练,到头来决胜因素的取舍,往往系之乎人际关系是否良好。"以自身的丰富体验,石詠琦反复表达了这样的理念:"秘书的成败往往不在效率第一,而在人缘第一。"[①]

所以在秘书的职业生涯中,怎样强调良好的人际关系的重要性都不过分。秘书良好的人际关系有利于营造、愉悦的工作气氛,使公司充满活力,这样的结果是管理者和员工都希望看到的。

三、秘书正确处理人际关系的原则

处理人际关系是一门学问。"世事洞明皆学问,人情练达皆文章。"一个

---

① 见《秘书之友》2001 年第 6 期 13 页。

秘书如果能言善交,具有亲和力并令人信赖,那么做事的成功率就提高。为此,全美秘书协会章程对秘书人员的9条要求中位居第一的就是:像心理学家一样善于观察和理解他人。为了提高能力,正确处理人际关系,秘书人员应遵循以下基本原则:

1. 平等原则

平等原则即要求在思想上和心理上要有人格平等意识,平等待人和尊重他人。这是建立良好人际关系的前提。平等原则是社会进步对人的普遍要求,也是秘书人员要遵循的首要原则。秘书人员只有从思想上和心理上摈弃封建社会的人分三六九等、各有尊卑贵贱的遗毒,确立人格平等的意识,才能真正由内而外地尊重他人,包括他人的思想、行为、名誉权、自尊心、感情以及个人隐私等。

2. 诚信原则

诚信原则即要求秘书人员在人际交往中"诚而有信",以建立个人和组织的信誉,获得他人或组织的支持,促进人际关系的稳定发展。在人际交往过程中,秘书诚信对组织具有重要的价值,它不仅是秘书个人的无形资产,也是组织无形资产的重要组成,是组织诚信的表现方式。诚信作为秘书自身的品行修养,也是秘书魅力和亲和力的重要原因。

3. 宽容原则

宽容原则即要求秘书人员在人际交往中要有"能容天下难容之事"的气度,体贴细致,善解人意,具备不计名利得失的耐力。"海纳百川,有容乃大。"秘书人员坚持这一原则,就能在实际的人际交往中,求同存异,在坚持原则的基础上,妥善处理各种小节问题,避免矛盾的发生和激化。

4. 适度原则

适度原则即要求秘书人员在人际交往中出言行事要有分寸。有言道:"知其可以言而不言,为失人;知其不可言而与之言,为失言。"人际交往中的交往对象素质各异,需求不同。秘书人员在人际交往时,要善于观察和了解对方,做到有针对性、个性化的适度交往。通俗的理解就是"说该说的话,做该做的事"。

5. 礼仪原则

礼仪原则即要求秘书人员在人际交往中要注意为人处世的基本礼仪,要讲文明、讲礼貌。无论面对何种交往对象,秘书人员首先尽礼,这是基本的要求,也是正常人际交往的前提和必要条件。秘书人员不能要求别人礼数周到,但自己必须礼数周到,以掌握交往的主动权。就目前的社会环境,这是应该大力倡导和加强的方面。礼仪状况实质上是道德修养的一种外在表现。它对人际关系的影响通常并不直接显露,而是潜在影响人的内心,因此,礼仪在人际关系调节中的作用不可忽视。比如,微笑就是最基本的秘书礼仪,它能使生疏变为亲密,使隔阂化为融洽,使烦心转为开心。

6. 学习原则

学习原则即要求秘书人员在人际交往中要具有学习的欲望和学习的能力,以适应现代人际交往水平和需求不断提高的要求。具体来说,也就是要学会有效地倾听,共享对方的想法;学会欣赏和肯定对方的长处;学会交往中的信息互动和驾驭能力;学习在实践中自我提高,包括理解和领会的能力、应变能力、自控能力等人际关系处理中应该具备的一些重要能力。这是建立友好的人际关系、改善不良的人际关系的有效方式。

四、三大人际关系的正确处理

秘书在人际关系处理上主要是要处理好三大关系,即与领导的关系、与同事的关系、与有关各部门人员的关系。

1. 正确处理与领导的关系

秘书与领导之间的关系是三大关系中最重要的一种关系,也是重点要处理好的一种关系。秘书与领导之间不仅存在着领导与被领导的上下级工作关系,同时也由于距离较近而同时交织着私人情感。秘书人员在正确处理秘书与领导关系时应注意把握以下事项:

(1)自觉服从。秘书与领导在人格上是平等的,但从职务分工上是上下级关系,因此,秘书人员应增强服从与服务意识,自觉领会领导的意图、贯彻领导的指示和完成领导交办的事宜。

(2)维护形象。领导是组织的代表,是各项工作的指挥者,需要有一定的权威和威信。这是一个领导人能够实施领导的必要条件。秘书人员作为领导的辅助者应以工作为出发点,顾全大局,自觉维护领导者的威信和形象。尊重所有领导,不对领导评头论足,不对领导亲疏有别。

(3)主动服务。要成为受领导欢迎的秘书,就要学会将被动的工作变为主动工作,要做工作的有心人,不要领导拨一拨,动一动。要主动沟通、主动汇报、主动请示,为领导的各项事务分忧解难,提前做好相关事务的准备工作,尤其是信息工作和具体事务的落实工作。但在主动服务过程中需要注意的是不能越位,要参与而不干预。

(4)自我把握。在与领导的交往过程中,秘书要能把握自我,坚持为人处世的一些基本原则,积极献计献策,有所贡献。欧洲管理学院教授安德烈·罗伦特说:"在面对老板时,我们都过于强调能否达成老板的要求,却忘了自己也有权力影响老板的决定。"事实上,一位优秀的秘书,不仅是一位有效率的执行者,还必须是一位值得老板信任的忠告者。不同的领导有不同的决策风格,因此,好的秘书应能根据不同的领导,采用恰当方式进言和开展说服工作。此外,还要注意的一点是领导也是人,会有决策和行为办事出现差错的时候,此时,秘书要注意宽容而不盲从。

2. 正确处理与同事的关系

秘书之间的同事关系是秘书需要正确处理的另一种重要的人际关系,这一关系处理得恰当与否,不仅关系到秘书团队的合作和整体工作的效率,而且会影响到领导层人员之间的相互关系。秘书人员在正确处理同事关系时主要应注意把握以下事项:①工作事业上互相帮助,而不是互相拆台和互相推诿。②思想生活上互相关心,加强相互之间的友谊。③行为举止上注意守节,避免违纪违规,产生不必要的摩擦和酿成一些不良的后果。比如,传播小道消息、泄露有关机密、透露别人隐私等等。

3. 正确处理与各部门人员的关系

秘书人员需要正确处理的最后一个重要关系就是与各部门人员之间的关系。各部门人员包括组织内部各职能部门的人员和组织外部的有关人员。这一关系实际上已经不是简单的人际关系的处理问题,而是关系到领导层与内部各机构的关系、领导与群众的关系以及组织与组织的关系等,关系到组织目标的最终实现问题。因为,大量的事务是要由各部门来具体落实的。秘书人员在正确处理与各部门人员之间关系时主要应注意把握以下事项:

(1)等距离与组织内各部门人员的交往,不要厚此薄彼,以减少各部门人员对领导想法的误解及部门之间矛盾的产生。

(2)疏通信息渠道,而不是相反,使上下左右、内部外部的真实信息能够畅通无阻,从而有利于不同层次、不同部门人员之间的相互理解。

(3)注意做好协调工作,不做"二首长",不随意指手画脚。对下要多关心,少指责,调动大家的积极性;对上要多反映,多争取,以利于各项事务的落实。

(4)热情、主动、周到地与外界各部门人员进行有建设性的交往,尽量使人际关系和工作关系能互相促进。

案例 6-1

白小姐是一家广告公司的办公室秘书,能力有目共睹,已经有传言说公司正在考虑提升她为总经理秘书。但没过多久,公司还是从外面挖来了高手李小姐担任此职。李小姐年轻能干却很低调,时时向白小姐请教工作中的难题。这样两人在一起的机会多了,有时也会闲聊几句,偶尔白小姐也议论一下公司同事的短长。但是不久白小姐隐约感到公司上层对自己的工作有些不可理喻的挑剔,而且还有好几个同事对自己爱理不理,这时白小姐才惊觉李小姐的厉害,从此再也不敢随意议论同事了。

思考:1. 白小姐在人际关系处理方面出了什么问题?
2. 你如何看待同事相处时的闲聊?

6.3 秘书仪表礼仪

金正昆谈仪表礼仪

我们曾经说,人的一切都应该是美好的。美的心灵,美的仪表,美的语言,美的服饰,美的风格,表里需要如一。一个人仅仅徒有其表是不够的,但是仪表不修饰,或者修饰不规范也是不可以的。那么在日常交往和工作中,我们说到某人的时候,比如说到金教授我,我们立刻就会形成一个对方仪表的概念。那么什么是仪表?仪表者外观也。实际上我们说到某人的仪表,就是这个人外部轮廓、容貌、表情、举止、服饰给我们的总体印象。

具体而论,一个人的仪表其实由两部分构成,第一个部分我们可以说它是静态的,比如高矮胖瘦、年龄状态,相对在某一个时间之内不会突变。你是男的就是男的,你是女的就是女的,老人家就是老人家,孩子就是孩子,胖就是胖,瘦就是瘦,这是静态的。长胡子没有,头发长头发短,黑的还是白的,这是静态的。另外一方面它是动态的,就是他的举止和表情。平常我们说这个人很木,表情呆板、呆滞,我们说这个人活泼大方,表情比较善于和别人去互动。但是这样的问题我们在日常工作和交往中你要不注意它就比较麻烦。有一天早上参加一个会议吃早点,餐厅里面吃自助餐,我估计那个餐厅的服务员也是刚参加革命的人,没有经验。他过来数数,大概怕我们有人混进来蒙吃。一个,两个,三个,我问他,我说你数鸡呢?他说为什么,我说数人哪有这么数的,和别人说话拿手指,指点别人是非常不礼貌的。老师讲课可以指,但那是空指,这个很重要,不能实指。指着别人身体有教训之嫌,指着别人鼻子和头有侮辱之意,他说那要怎么指,我说你应该这么指,掌心向上,手指并拢,这样,一位,两位,三位,这个就比较好看。

提示:金正昆先生在该文中明确了仪表的广义概念,以及静态和动态的两部分构成,并以生动的故事说明了动态的仪表礼仪的重要性。仪表礼仪的重要性表现在工作和生活的方方面面,在有意和无意之中对个人和组织产生着影响力。你能讲述一个关于失礼的故事吗?

仪表,从人的外观的角度理解是一个是非常宽泛的概念,如金正昆先生在上文中所说的,包括了容貌、体形、装饰、行为举止等等。其中有先天赐予的,也有后天包装和培养的。但在世人的一般理解中,仪表主要是指人的外表或外包装,包括人的着装、发式和佩饰等外在内容。本章将从比较狭义的角度来谈仪表、仪容、仪态等礼仪问题。在政务和商务活动以及各种社交场合中,仪表不但可以体现一个人的文化修养、审美趣味,有时还代表着他的主张和倾向,是社交的一种方式。仪表得体,不仅能赢得他人的信赖,给人留下良好的印象,而且还能够提高与人交往的能力。相反,仪表不当,举止不雅,往往会降低身份,损害形象。秘书应该具有怎样的仪表呢?这里主要讲讲秘书服装礼仪和发式礼仪。

一、秘书服装礼仪

1. 秘书着装的重要性

服装不是没有生命的遮羞布。它不仅是布料、花色和缝线的组合,更是一种社会工具,它向社会中其他成员传达信息:"我是什么个性的人? 我是不是有能力? 我是不是重视工作? 我是否合群?"秘书要在职场上具有竞争力,得体的着装也是非常重要的,其不仅是对他人的尊重,也能为自己的发展谋得机会。

例如,有这样一位秘书,她有很好的学历背景,常能为领导提供很好的建议,在公司里一直表现很出色,深受本单位领导的器重。但每当她陪同领导外出公干时,对方公司往往不太注重她的建议,她的才能难有机会发挥。经时装大师分析后,她知道了问题的关键所在:形象和身份不相称。她26岁,身高147厘米,体重43千克,喜爱着童装,看上去像个小女孩,机敏可爱,但让客户缺少安全感和依赖感,这是她的建议不受重视的主要原因。为此,她采纳了时装大师的建议,着稳重大方的职业套装,有时还戴上与套装相配的帽子和眼镜。结果,客户的态度有了较大的转变。

又例如,一位女秘书在美国北部工作,一直都穿着深色套装,提着一个男性化的公文包。后来她调到阳光普照的南加州,仍然以同样的装束去参加应聘,结果不够理想。后来她改穿色彩淡的套装,换了一个女性化的皮包,着装的这一变化,使她轻松应聘了自己喜爱的工作。

2. 职业秘书着装规则

职场上的秘书究竟该如何着装,在我国并没有明确的规定,各单位可以根据需要加以原则性规定,或按照组织内对办公人员的衣着要求执行。在国外,这方面的规定一般都包含在办公风格或办公制度中。比如,在具有不同文化背景的组织中,就规定接见外宾不能露胳膊露腿。

从有利于工作的角度考虑,职业秘书在着装上可注意以下原则规定:

(1)着装要得体大方,一般正式场合穿正装而不是便装,以示整洁端庄。正装以套装为主流,这是秘书服装风格的第一原则。

(2)要具有实用功能,有利于日常办公。比如,夏天女秘书的裙子最好要有口袋,以便放置笔、纸、钥匙等必要的随身办公用品等。

(3)根据办公环境选择合适的款式、颜色和配饰,以使办公环境和谐而富有生气。

(4)避免过分时尚或有伤风雅的着装,比如夏天男性一般不能穿背心和拖鞋来办公室上班,女性不能穿着怪异的舞台装上班。

总之,穿着得体大方是秘书工作的需要,也是组织文化的需要。秘书着装的整体美,表露的是秘书的工作与生活态度和能力。每一个职业秘书都应对自己着装的整体美加以注意。

二、秘书美发礼仪

美发礼仪指的是有关头发护理与修饰的礼仪规范。美发的礼仪,是装束礼仪之中不可或缺的一个重要组成部分。在正常情况之下,人们观察一个人往往是"从头开始"的。位居于头顶之处的头发,自然不会被错过,而且还经常会给他人留下十分深刻的印象。因此,商务礼仪专家指出:"每当人们与一位商务人员陌路相逢时,最注意对方的,大都是其发型、化妆、着装等几点。正因为如此,一名商务人员假如不想使本人形象受损,就不能够在外出应酬时不重视上述各点。"

从可操作的角度来讲,美发礼仪主要分为护发礼仪与做发礼仪两个部分。前者主要与头发的护理有关,后者则重点关注头发的修饰问题。

秘书人员要使自己"头上有礼",就要注意使自己的头发清洁美观,并适合自身的个性和职业特点。

1. 护发礼仪

护发礼仪的基本要求是清洁和整齐。为此,需要在头发的洗涤、梳理、养护等几个方面多加注意。

洗涤主要是要去除灰垢,消除头屑和消除异味,以便使人觉得清爽;梳理主要是为了保持头发整齐,为此,可以随身携带梳子,需要时随时进行梳理。养护又称护理,主要是为了保护和修复头发,使发质光亮有弹性,减缓头发损毁和发质质量下降的速度,为此,可以在洗发之后,酌情使用适量的护发剂,或其他护理措施,当然也可以采用食物进行护理。比如黑芝麻一类的"黑色食品",有利于头发乌黑发亮。

2. 做发礼仪

秘书做发礼仪的基本要求是美观大方,符合个性与职业的需要。这一要求的满足主要是通过剪发和造型来实现的。

头发的造型,通常称为发型,一个人在美发的时候,首先所要面对的,就是做一个什么样的发型。塑造发型是美发的关键环节,也是美发礼仪的关键环节。秘书人员在为自己选定发型时,除了要考虑个人的喜爱和品位外,还应该考虑工作的需要,要使自己的发型与个人的性别、年龄、职业、发质、脸形、身材等条件相适应。

案例 6-2

董事长秘书小韦平时十分重视形象。有一回要陪同董事长出席重要会议,为了郑重起见,事前小韦特意向个人形象顾问咨询,有无特别需要注意的事项。形象顾问仅向小韦提了一项建议:换一个较为精神而干练的发型,并且不要长发飘飞地出现在会议现场。他的理由是:发型对一个人的上镜效果至关重要。果不其然,改换了发型之后的小韦在会议上亮相时,形象确实焕然一新。新发型使她显得精明强干,谈吐显得深刻沉稳。两者相辅相成,令小韦在会议中表现得非常出色。

思考:发型对秘书人员的个人形象究竟有多大的影响? 如果你是董事长秘书,你会给自己塑造怎样的发型?

6.4　秘书仪容礼仪

礼仪手册

小李的口头表达能力不错,对公司产品的介绍也得体,人既朴实又勤快,在业务人员中学历又最高,老总对他抱有很大期望。可他做销售代表半年多了,业绩总上不去。问题出在哪儿呢?

原来,他是个不修边幅的人,双手拇指和食指喜欢留着长指甲,里面经常藏着很多"东西"。脖子上的白衣领经常是酱黑色,有时候手上还记着电话号码。他喜欢吃大饼卷大葱,吃完后,也不知道去除异味。在大多情况下,根本没有机会见到想见的客户。

在竞争日益激烈的今天,仪容对一个人的作用是万万不能忽视的。形象创造价值、形象决定命运的说法绝不是夸大之词。

仪容美是内在美、自然美、修饰美这三个方面的统一。在三者中,因为修饰美是最直接可见的,是仪容礼仪关注的重点。它不仅是打扮和美容,实际上体现的是你的精神面貌和生活态度。

(资料来源:南方人力资源网,2006/11/20)

提示:仪表与仪容是在内容上具有密切关系的两个词。上文小李的不良业绩,不仅涉及仪表与仪容问题,而且涉及一些不好的行为习惯。那么,你对秘书仪容礼仪的内容、意义和要求有什么认识?

仪容狭义的理解可以是指人体的外貌,主要包括面容、身材和表情等与身体本身相关的部分。人的容貌一般情况下是天生为主,但后天也可以进行美容和整形,可以进行气质的熏陶和培养。秘书仪容礼仪就是有关秘书在仪容方面的一些规定或被认可的正确方式。这里主要介绍眼神礼仪、表情礼仪和化妆礼仪。

1. 眼神礼仪

眼神往往能够明显、自然、准确地展示一个人的心理活动,具有传递信息和表达的功能。比如瞳孔放大,传达正面信息,如爱、喜欢、兴奋、愉快等;瞳孔缩小,则传达负面信息,如消沉、戒备、厌烦、愤怒等。眼神在面部表情中占据主导地位。因此,秘书在公关活动和人际交往中要更好地了解对方或表现自己,就要学会有礼貌地观察对方的眼神并正确地运用自己的眼神。眼神礼仪也是秘书公关礼仪中的内容之一。

秘书眼神礼仪主要是要注意以下一些礼仪要求:

(1)与人交谈时要同别人进行目光接触。这既是一种礼貌,又能帮助维持某种联系,使谈话在频频的目光交接中持续不断,更重要的是眼睛能帮你说话。因为眼神与谈话之间一般有一种同步效应,它能够忠实地显示或反映说话的某些真正含义。

(2)要注意把握眼神停留时间。据研究表明,与别人谈话30分钟时,如果只有10分钟以内对方是看着你的,说明他在轻视你;如果看你的时间在10分钟至20分钟之间,说明他对你是友好的;如果看你的时间在20分钟至30分钟时,可能有两种情况:一种是重视,另一种是敌视。秘书在与人交谈过程中,一方面要对对方的眼神有所理解并作出友好反应,另一方要注意控制自己的眼睛注视对方的时间,始终保持友好的眼神与人谈话。

(3)要正确使用眼神注视部位。一般情况下,眼神注视在额头上,属于公务型注视,常用于不太重要的事情和时间也不太长的情况;眼神注视在眼睛上,属于关注型注视;眼神注视至唇部,属于社交型注视;眼神注视到胸部,属于亲密型注视。秘书在日常工作中适宜采用关注型注视。

(4)要正确使用眼神注视方式。眼神注视方式主要可以分为平视、斜视、俯视、仰视几种,秘书在日常工作中应尽可能采用平视和仰视方式,以平等、尊敬的目光去看人,应尽可能避免使用斜视和俯视方式,以免失礼和引人反感。

2. 表情礼仪

表情即面部表情,是指头部包括脸部在内的各部位对于情感体验的反应动作,它与说话内容的配合最便当,因而使用频率比手势高得多。达尔文在《人类与动物的表情》一书中指出,现代人类的表情动作是人类祖先遗传下来的,因而人类的原始表情具有全人类性。这种全人类性使得表情成了当今社交活动中少数能够超越文化和地域的交际手段之一。笑与无表情是面部表情的核心,其他面部表情都发生在笑与无表情两极之间。发生在此两极之间的其他面部表情都体现为这样两类情感活动表现形式:愉快如喜爱、幸福、快乐、兴奋、激动;不愉快如愤怒、恐惧、痛苦、厌弃、蔑视。愉快时,眉毛轻扬,瞳孔放大,嘴角向上,面孔显短,所谓"眉毛胡子笑成一堆";不愉快时,面部肌肉纵伸,面孔显长,所谓"拉得像个马脸"。无表情的面孔,平视,脸几乎不动。无表情的面孔最令人窒息,它将一切感情隐藏起来,叫人不可捉摸,实际上它比露骨的愤怒或厌恶更深刻地传达出拒绝的信息。

微笑,真诚的微笑是社交的通行证。它向对方表白自己没有敌意,并可进一步表示欢迎和友善。因此微笑如春风,使人感到温暖、亲切和愉快,它能给谈话带来融洽平和的气氛。

此外,其他常用的面部表情及其含义还有:点头表示同意,摇头表示否定,昂首表示骄傲,低头表示屈服,垂头表示沮丧,侧首表示不服,咬唇表示坚决,撇嘴表示藐视,鼻孔张大表示愤怒,鼻孔朝人表示高兴,咬牙切齿表示愤怒,神色飞扬表示得意,目瞪口呆表示惊讶,等等。

秘书人员在实际的公关活动和人际交往过程中,要能够及时地捕捉对方的各种表情变化,并理解这种非正式语言形式的表达方式及其含义,以采取合适的应对措施。同时,也要学会正确地运用表情这种无声语言,通过它来传递适当的信息,以利于双方沟通的顺利进行。总之,秘书要多用微笑、愉快、积极的表情。

3. 化妆礼仪

化妆,是一种通过对美容用品的使用,来修饰自己仪容、美化自我形象的行为。简单地说,化妆就是有意识、有步骤地来为自己美容。

化妆从行动上看属个人行为,但从实际的效果看已超出了个人的范围,作为一种外在的形象,作为一种精神状态的存在,会对他人、环境产生一定的影响。比如,教师通过化妆,使自己站在讲台上精神焕发、神采奕奕,不仅使讲授者自己有一种良好的感觉,而且还给讲授环境注入了活力。正因为如此,秘书化妆也存在礼仪问题。秘书化妆礼仪是有关秘书在化妆方面的一些规定或被认可的正确方式,内容应包括秘书化妆的目的和秘书化妆礼仪要求等。

(1)秘书化妆的目的和需求。作为职业秘书,其化妆与普通人的个人化妆在目的上还是应有区别的,它属于职业化妆。这也是秘书对美容化妆进行适度把握的依据。秘书化妆的目的和需求主要有三个:

■ 职业的目的和需求或组织的目的和需求。即从职业和组织的角度出发要求组织内人员在工作场合进行适当打扮,包括化妆。这主要是为了工作便利,维护组织形象。因此,有单位规定化妆上岗、淡妆上岗。

■ 环境的目的和需求。化妆后以较好的精神状态出现在他人面前,这本身也是对见面对象、交往对象的尊重。没有人喜欢看无精打采、憔悴不堪的脸,所以得体的化妆也是一种对他人的尊重。

■ 个人的目的和需求。当然,化妆也是个人爱美求美的一种表现,是增强自信心、保持自身良好感觉的需要。曾有一位哲人这样说："化妆是使人放弃自卑，与憔悴无缘的一味最好的良药。它可以让人们表现得更加自爱，更加光彩夺目。"

正因为化妆具有如此多的作用和好处，因此，在欧美国家，化妆上班已成为一种普遍习俗，职业秘书更是如此。

（2）秘书化妆礼仪要求。秘书化妆已不只是一件个人私事，而是与组织的形象和利益有关，因此组织可以就此作出统一的原则性规定，以下规则可供参考。

■ 规则一，化淡妆。通常化妆有晨妆、晚妆、上班妆、社交妆、舞会妆、少女妆、主妇妆、结婚妆等多种形式，它们在浓淡的程度和化妆品的选择使用方面，都有一定的差异。秘书人员的化妆自然应采用上班妆且宜淡妆，而不是浓妆艳抹，以简约、清丽、素雅、精神为原则，不过分地突出自己的个性，不过分地引人注目，切忌"应召女郎"式的化妆。

■ 规则二，适当使用芳香型化妆品。芳香型化妆品的代表就是香水。清香让人心情舒畅，浓香可能会让人头晕气闷，而香臭混合则会让人反胃恶心。秘书人员使用香水要适量适宜，这就要注意两点：一是注意香型的选择，不用刺激性太大的香水；二是使用适量，不过量使用香水。有人认为与他人相处时，自己身上的香味在一米以内能被对方闻到，不算是过量。如果在三米开外，自己身上的香味依旧能被对方闻到，则肯定是过量使用香水了。其实，香水使用的适当程度是一个相对概念，与社会的整体环境相关。欧美国家的人普遍使用香水，相对国人肯定算过量使用，他们习惯并喜欢香型的环境。而在我国，香水的使用并不普及，人们对香气也比较敏感。因此，使用芳香型化妆品时，要依据具体的办公环境和社会环境作出选择。

■ 规则三，工作时间应避免当众化妆或补妆。一方面由于化妆品并不具有持久性和牢固性，另一方面因为某些特殊活动的临时需要，在办公室工作一整天的秘书人员有必要进行补妆或化妆。但需要注意的是，不要在办公室公开化妆，或在公务活动中当众化妆，否则会令人尴尬或被认为影响工作。因为，这一方面不属于秘书工作内容，另一方面通常被看作个人隐私。工作时间补妆或化妆可以去化妆间或盥洗室。

■ 规则四，工作时间应禁止与他人探讨化妆问题。这主要是因为以女性为主体的秘书人员对化妆、美容兴趣较大，容易将此作为话题开聊，而影响正常工作。

■ 规则五，注意维护自己妆面的统一性和完整性。从稳重的角度出发，秘书人员的淡妆最好有统一的风格，不要一天一个样，变幻莫测；另外，使用彩妆化妆过的各个部位，如用唇膏、眼影、腮红、指甲油等化妆过的妆面，要注意检查，避免出现残缺破损，力求整体完整美观。

6.5 秘书仪态礼仪

"求职计划指导"面试前准备：言谈举止篇

经常可以看到这样的情况：刚从校园走出的大学生，穿着刚买来或借来的西装，踌躇满志地走进某公司的面试办公室，在面对考官的时候，他们口若悬河，并不时蹦出一个个连专业人士也不经常使用的"凶悍"词汇，仿佛这样才够成熟、够"职业"。李健说，大学生就是大学生，人事经理一眼就能看出你有没有经验。既然公司准备招收应届毕业生，就有这样的心理准备，知道自己面对的肯定是没有太多经验的新人。而现在有很多的毕业生，为了显示自己的能力，为了让自己显得不太稚嫩，往往用很"职业"的语言和举止来"包装"自己，装得像也就算了，要是装得不像，会让面试官感到"很奇怪"，看了"不舒服"。比如做一个 Presentation，有经验的工作人员来做和刚刚毕业的大学生来做，无论是时间的安排，还是词汇的运用，一定都有很大的区别，给人的感觉会完全不一样。大学生首先要承认自己本来就经验不足，而不是"装"作有经验。如果一味地学习别人，反而把自己的本性给掩盖了，给面试人员不自然的感觉。好心可能办坏事。

有的时候，毕业生们过于"职业"的言谈举止是为了增加自己的信心。有信心是好事，但是人事经理看重的信心来自于你的专业和你的能力，而不是来自你咄咄逼人的言语和过分包装的举止。

（资料来源：《北京日报》，2005/07/15）

提示：上文以毕业生为例，讲了大学生就业过程中一般的心理和仪态举止，指出与自身素养不一致的过度的外在表现会出现"好心可能办坏事"的结果。与毕业生就业一样，秘书在其工作中对仪态举止的适度把握也是非常重要的。那么，你如何理解秘书工作中言谈举止的"适度"二字？

仪态又称举止，是指人的行为动作和表情，日常生活中的站、坐、走的姿态。一举手一投足，一颦一笑都可以称为举止。行为举止是心灵的外衣，仪态礼仪就是有关秘书在行为举止方面的一些规定或被认可的正确方式。这里主要介绍姿态礼仪和手势礼仪。

一、姿态礼仪

形体姿态是仪态礼仪的重要内容。姿态美是一种极富魅力和感染力的美，它能使人在动静之中展现出人的气质、修养、品格。从某种意义上说，一个人的各种姿态更引人注目，形象效应更为显著。姿态举止往往胜于言语而真实地表现出人的精神。端正秀雅的姿态，从行为上展示着一个人内在的持重、聪慧与活力，可谓"此时无声胜有声"。如果一个人容貌俊秀，衣着华贵，但没有相应的姿态美，会给人一种虚浮粗浅感。形体姿态主要包括站、行、坐、卧几个方面，因此，秘书人员应把握这几方面正确的礼仪方式。

1. 站姿

站立是静态最基本的举止，其原则要求是：男士"站如松"，刚毅洒脱；女士秀雅优美，亭亭玉立。秘书正确的站姿要求：

(1)头正，双目平视，嘴角微闭，下颌微收，面容平和自然。

(2)双肩放松，稍向下沉，人有向上的感觉。

(3)躯干挺直，挺胸，收腹，立腰。

(4)双臂自然下垂于身体两侧，中指贴拢裤缝，两手自然放松。

(5)双腿立直、并拢，脚跟相靠，两脚尖张开约 60°，身体重心落于两脚正中。

2. 坐姿

坐是举止的主要内容之一，无论是伏案学习、参加会议，还是会客交谈、娱乐休息都离不开坐。传统坐姿的原则要求是："坐如钟"，指人的坐姿像座钟般端直，当然这里的端直指上体的端直。优美的坐姿让人觉得安详、舒适、端正、舒展大方。

秘书正确的坐姿要求：

(1)入座时，要轻、稳、缓。女子入座时，若是裙装，应用手将裙子稍稍拢一下再就座，否则不优雅。正式场合一般从椅子的左边入座和离座，这是一种礼貌。若需挪动椅子应当先移后坐，而不能相反，否则有违社交礼仪。坐在椅子上，就座时应至少坐满椅子的 2/3 或宽座沙发的 1/2。

(2)就座后，要端、雅、便。正式工作状态，一般要求双膝自然并拢，双腿正放或侧放，双脚并拢或交叠或成小"V"字形。男士两膝间可分开一拳左右的距离，脚态可取小八字步或稍分开以显自然洒脱之美，但不可尽情打开腿脚,那样会显得粗俗和傲慢。落座后至少10分钟左右不要后靠椅背。时间稍久后,可轻靠椅背。谈话时,坐姿可适当侧向交谈者,以方便交谈和显示礼貌。

(3)离座时,要自然稳当,右脚向后收半步,而后站起离座。

3. 走姿

走姿又称步态。传统走姿的原则是:"行如风",是指人行走时,如风行水上,有一种轻快自然的美。人们走路的样子千姿百态各不相同,有些步态十分难看,如"鸭子"步(即八字步)。秘书走姿的基本要求应是从容、平稳的,按直线行走。

秘书在日常走姿礼仪上特别要注意以下几点:

(1)双目向前平视,昂首挺胸,不东张西望,不低头闷走。

(2)男性步伐矫健稳重,女性步履自然轻盈,不要制造大的声响。据研究,男性步伐频率每分钟约100步时,具有阳刚矫健之美。女性步伐频率约每分钟90步时,具有阴柔秀雅之美。

(3)行走时不可把手插进衣服口袋里,尤其不可插在裤袋里。

古人云:"站如松,坐如钟,行如风,卧如弓。"也就是说坐立行,应当坐有坐相,站有站态,走有走姿,这是古人提出的姿态范式,它在今天仍可为秘书的礼仪规范提供借鉴。

二、手势礼仪

手势是人们在交往或谈话过程中用来传递信息的各种手势动作。它是人类最早使用的至今仍被广泛运用的一种交际工具。在长期的社会实践过程中,手势被赋予了种种特定的含义,具有丰富的表现力,加上手有指、腕、肘、肩等关节,活动幅度大,具有高度的灵活性,手势便成了人类表情达意的最有力的手段,在体态语言中占有最重要的地位。秘书在工作中可以根据需要正确地使用手势,发挥手势的作用。手势可以分为4种类型:情绪手势、指示手势、模拟手势和象征手势。

1. 情绪手势

情绪手势是伴随着说话人的情绪起伏发出的,常常用来表达或强调说话人的某种思想感情、情绪、意向或态度,是说话人内在情感的自然流露。比如,高兴时拍手称快,悲痛时捶打胸脯等。秘书人员应尽量少用和慎用情绪手势。

2. 指示手势

指示手势是用来指示具体对象的手势动作,具有快速明确对象的功能。

其中指示的具体对象包括人、物、方向、数目以及谈论内容等。比如,伸出一只手,手掌向上指向某一座位,是示意对方在该处就座。秘书人员在具体的工作中应有效地使用指示手势,以提高工作效率,展示职业修养,指示手势可以较多地用于会议接待、日常电话等工作之中。

3. 模拟手势

比划事物形象特征的手势动作叫做模拟手势。如抬起手臂比划张三的高矮,伸出拇指、食指构成一个圆圈比划鸡蛋的大小等。模拟手势在一定程度上能使听者如见其人,如临其境,由于它往往还带有一点夸张意味,因而极富有感染力。秘书人员在工作中可以适当地使用模拟手势,以起到辅助理解的作用。

4. 象征手势

象征手势是表示抽象意念的一类手势动作。这种手势往往具有特定的内涵,使用十分普遍。第二次世界大战期间,英国首相丘吉尔推广的一种象征胜利的"V"形手势,即伸出右手的食指和中指构成"V"字形状,余指屈拢。19世纪初风行于美国而后在欧洲被普遍采用的表示良好、顺利、赞赏等意思的"OK"手势,即大拇指与食指构成一个圆圈,其他三指伸直张开,就是属于此类。在我国,举起握成拳头的右手宣誓表示庄严、忠诚和坚定;跷起大拇指表示称赞、夸奖;跷起小指或拇指朝下表示贬斥、蔑视等等。象征手势能给谈话制造特定的气氛和情境,从而加强语言的表达效果。秘书人员在工作中要合理使用象征手势。

总之,秘书的仪表、仪容、仪态等状况将直接影响秘书的个人形象,而秘书的个人形象将决定是否能工作顺利和走向成功。因此,秘书礼仪对于秘书而言不是可有可无之事,而是必须了解和把握的知识和技能。

6.6　秘书语言礼仪

卡耐基指出,跟别人交谈的时候,不要以讨论异见作为开始,要以强调而且不断强调双方所同意的事情作为开始。不断强调你们都是为相同的目标而努力,唯一的差异只在于方法而非目的。

要尽可能使对方在开始的时候说"是的,是的",尽可能不使他说"不"。

一个"否定"的反应,是最不容易突破的障碍。当一个人说"不"时,他所有的人格尊严,都要求他坚持到底。也许事后他觉得自己的"不"说错了,然而,他必须考虑到宝贵的自尊! 因此一开始就使对方采取肯定的态度,是最最重要的。

懂得说话的人都在一开始就得到一些"是"的反应,接着就把听众心理导入肯定方向。就好像打撞球的运动,从一个方向打击,它就偏向一方;要使它能够反弹回来的话,必须花更大的力量。

这种心理模式很明显。当一个人说"不",而本意也确实否定的话,他所表现的决不是简单的一个字。他身体的整个组织——内分泌、神经、肌肉——全部凝聚成一种抗拒的状态,通常可以看出身体产生一种收缩或准备收缩的状态。总之,整个神经和肌肉系统形成了一种抗拒接受的状态。反过来说,当一个人说"是"时,就没有这种收缩现象产生,身体组织就呈前进、接受和开放的态度。因此开始时我们愈能造成"是,是"的情况,就愈容易使对方注意到我们的终极目标。

这种"是的"反应是一种非常简单的技巧,但是被多少人忽略了! 一般看来,人们若一开始采取反对的态度,似乎就能得到他们的自重感。激烈派的人跟保守派的人在一起时,必然马上使对方忿怒起来。而事实上,这又有什么好处呢? 他如果只是希望得到一种快感,也许还可以原谅。但假如他要实现什么的话,他在心理方面就太愚笨了。

(资料来源:付全梅编著:《处世与礼仪》,中国华侨出版社 2006 年版)

提示:上文强调了语言交流中的一个重要观点,即从交谈的一开始就不断强调双方的认同点。采用"是的反应"模式和心理导向,是实现交谈目标的有效方法。语言不仅有表面的含义,背后还隐含着更多的含义。但无论表面的语义与隐含的语义是怎样的比例,20/80 规则也好,40/60 比例也好,语言是人类离不开的工具,是人类本身的特性之一。语言的功能是明显的,但要驾驭语言,使用恰当的语言,使用文明的语言,产生语言美,就不仅仅是汉语水平的问题,还有语言礼仪的问题。那么秘书语言礼仪究竟包括哪些内容? 应注意哪些事项呢?

语言是人类所特有的用来表达意思、交流思想的工具。它包括书面语和口头语两种类型。语言礼仪存在于书面语和口头语之中,本节的秘书语言礼仪只局限于口头语,且主要涉及两方面:言谈礼仪、倾听和答问礼仪。

一、言谈礼仪

秘书的角色规定了口头沟通是秘书的主要工作方式,无论是面对面的沟通还是电话沟通,秘书每天需要说话。话有说得清楚与不清楚之分,中听与不中听之分,美与丑之分。比如,秘书对尊贵的客户说:"老板在办公室等你,你过去一下。"这就很不中听,很失礼,结果,客户可能会扬长而去。如果,秘书换一种说法:"请您这边走,王总经理一直在办公室等候您。"效果就会完全不一样。

鲁迅曾言:"语言有三美:意美的感心,一也;音美的感官,二也;形美的感目,三也。"语言美的这种认识,目前在电话沟通领域被演绎为"电话三要素",即通话者的声音、态度表情和使用的言词这三个要素。秘书人员在把握言谈礼仪时,也可以从语言的三美出发,运用各种言谈的艺术,结合本职业的特点演绎出相应的礼仪。具体来说,主要包括言词妥善、表情友好和声音柔美。

1. 言词妥善

秘书在言谈交流中应根据交流对象恰当用词。恰当用词有两点:一是准确地表达含义,即想说的事要能够说明白,这可以通过语言的技能和技巧来实现,如说诚实、清楚、简短、切题的话;二是能够表达美好的心愿,即在明事的基础上,还要替人着想,尽量说中听的话,说别人愿意接受的话。其中后一点主要依靠对话的礼仪来实现。

秘书的对话礼仪主要包括:

(1)尊重对方和自我谦让。这是谈话文明礼貌的基本原则。其中较为常见的简单做法是对人采用敬语、客语,对己采用谦语,多用"您"字、"请"字。比如"请您稍候"、"贵姓"、"免贵姓李"、"承蒙关照"等等,忌讳对上溜须拍马,对下指手画脚。

(2)运用肯定的方式。运用肯定的方式是西方非常流行的与人交往与合作的方式。如果想与人维持有效的工作关系,就要与人友好相处,而要与人友好相处就要学会欣赏对方的长处,保持肯定的态度,以示友好。所以肯定人是相互合作的前提。不懂得肯定别人的人,是很难获得真诚的合作伙伴的。

对话中肯定的方式主要表现为:

■ 在与人交谈中首先肯定别人的某些合理的想法,以使交谈能友好地继续下去。

■ 在交谈合适的时候用适当的言语表示支持,以示自己的关心和重视。

■ 尊重别人的观点,当与他人意见不一致时,尽量避免当面冲突,尽量包容别人的观点,并同时表达自己的观点。

(3)适当运用交谈的艺术。交谈的艺术主要是为了优化语言,达到好的说话效果。其实,前面所提到的两种说话礼仪也是说话的艺术,除此之外,秘书在恰当用词时,还可以根据需要和情况,选用或结合使用委婉法、幽默法和模糊法等方法和艺术。

■委婉法就是用一种温和婉转的语言来表意的谈话方式,如"对不起,我明天还有点事"就婉转地表示了"明天我不去"的含义。

■幽默法就是用一种幽默的语言来表意的谈话方式,最安全的幽默方式之一是拿自己当幽默对象,来使谈话环境变得轻松,同时表达自己的想法。

■模糊法就是用一种模糊的语言来表意的谈话方式,在避免矛盾冲突时可以采用这种谈话方式,但在向领导汇报工作时又要尽量少用模糊法,少用"大概"、"左右"、"还不太清楚"、"差不多"等等用语。

2. 表情友好

在与人交谈中运用友好的表情也是秘书必须注意的礼仪。交谈中的友好表情主要表现为微笑着看人说话,以示友善;根据谈话的内容使自己的表情作适当的变化,以作回应,以避免让人感觉漠不关心或对牛弹琴;较多地使用平和、放松、自然的表情;尽可能控制情绪化的表情起伏和极端表情的出现;忌讳对上媚态百出,对下横眉冷对。在使用友好表情时,还可以使用暗示法,即用一种暗示的语言来表意的谈话方式,如点点头表示支持。

3. 声音柔美

声音和语调是与人交往的重要印象之一,更是电话交往的第一印象,秘书人员一定要引起高度重视。声音柔美的要求和表现主要是:

(1)清晰。即说话要求吐字清楚,音质清晰,最好使用标准的普通话。

(2)柔美。即说话语调要求婉转、平和,音调不要太高;说话频率要适中,不可太快。总之,说话要轻声细语,柔和甜美。

声音美可以明显地提高秘书人员的办事效率,做到事半功倍,并能帮助秘书人员建立友好的人际关系网。秘书人员要实现声音美首先要从思想上意识到声音的重要性,并对自己说话的声音高度重视;其次是要在日常工作中坚持有意识的自觉操练,使柔美的声音和言语礼仪变为良好的习惯;最后是要不断地学习新的礼仪和工作技巧,以适应形势的发展和进步。

二、倾听和答问礼仪

有说有听,有听有答,这才是沟通和交流。在现实社会中,许多人都喜欢说,喜欢表达自己,但不太有耐心倾听或比较忽视倾听。有的人甚至有独霸话语权之嫌。其实,学会倾听,学会有礼貌的倾听,以及在倾听中有礼貌有技巧的答问会给自己带来许多收益,会给工作带来许多帮助的。倾听和答问礼仪是有效倾听和提问的推动器。

1. 倾听礼仪

外国曾有谚语:"用十秒钟的时间讲,用十分钟的时间听。"据美国保罗·兰金(Paul Rankin)教授统计,在人们日常的语言交往活动(听、说、读、写)中,听的时间占 45％,说的时间占 30％,读的时间占 16％,写的时间占 9％。这说明,听在人们交往中居于非常重要的地位。

听,可以了解交谈的对方是否真正理解自己说话的含义;听,可以获得必要的信息,最新的情报资料;听,可以更好地了解交谈对方的需要、态度、期望和性格等;听,可以比较容易地获得交谈对方对自己的好感,从而拉近人与人之间的距离,因为倾听本身是一种对人的极大尊重。

秘书人员作为信息传递员和工作协调员尤其要注意倾听,运用正确的倾听方式。那么,在倾听过程中应注意哪些礼节呢? 有礼貌的倾听主要应把握以下几点:

(1)言语上,不要随便插话,不要随便打断人说话,耐心倾听是对人最大的尊重之一。不随便插话不是说始终一声不吭,没有一点反应,这也是很扫兴很失礼的,而是要求在倾听过程中能够抓住说话的重点和时机适当附和,俗话说要能接话茬,以助兴或进一步把握真实的情况。

(2)表情上要专注,不能左顾右盼或一脸不耐烦或一股木相;听话时,应尽量以柔和的目光与对方交流(不是盯视),以达到心灵上的交流和默契。

(3)心思上,要全面倾听,不仅用耳,而且用心,去全面理解和听懂对方的话,不仅是表面的,还有隐含的。

(4)行为上,要避免一边忙活一边听话,这是最容易伤人的,使说者不愿再讲,更不愿讲心里话,甚至从此远离你。当然,为了表示重视,还可以做些记录,或选择一个理想的交谈环境。

总之,倾听是开启心扉的钥匙,是成功谈话和建立友谊的秘诀,因为任何人都会对诚心诚意倾听自己谈话的人心生感激之情。最好的倾听方式就是站在对方的立场去听,去认识,去理解。

2. 答问礼仪

答问礼仪主要是关于交谈过程中回答和提问的礼仪。有礼貌的答问有利于谈话继续,有利于进一步了解情况,有利于双方的感情互动。

秘书人员在答问过程中应主要注意以下礼节:

（1）有针对性地进行答问，要根据交谈的内容来组织答问。比如想进一步核实对方的观点，就可以用这样的提问："您的意思是……"，或"对不起，您能再重复一遍吗"，要避免提问与交谈内容不搭边的问题，也要避免交谈双方各说各的，出现平行线。

（2）要关注交谈的重点内容和重点问题，并就此进行回答或提问。比如对方遇到困难向你倾诉，你就应抓住困难的原因及解决方案等问题进行答问，你可以这么问"你打算怎么办"或"你看，这件事是否可以这样解决……"

（3）一般不要涉及敏感问题或隐私，也不要明知故问一些简单、无聊的问题。比如明知接待一位刚来杭的东北客人，还这样问："你是东北人吧？""你刚到杭州吧？""东北比杭州冷吧？"等等，如果换一个问法："我有好几年没到过东北了，东北这两年变化大吗？"话匣子可能就打开了，友谊也随之建立。

（4）在答问过程中要避免吹毛求疵，自以为是，这会让人觉得答问者缺乏诚意而心生反感。

综上所述，秘书人员在与人交谈的过程中，不仅要话说得体，还要用礼貌的倾听来赢得对方，促进双方的交流和友好，推动工作的进展。

6.7 秘书对外交往礼仪

交际礼仪是秘书必修课

北京市职业技能培训指导中心秘书培训项目主管王秀娣说，秘书这个职业是1998年被列入《中华人民共和国职业分类大典》的，其职业定义为：从事办公室程序性工作、协助领导处理政务及日常事务并为领导决策及其实施提供服务的人员。

王秀娣表示，秘书职业在文明礼仪、道德规范方面的要求是非常严格的。在初级培训过程中，交际礼仪是必修课之一，秘书在工作中的走姿、站姿、坐姿及怎样接待宾客、怎样接物递物，培训老师都会用动作做出示范。接待来访者是很多秘书的日常工作之一，也是最能体现一个秘书职业礼仪水平的工作。秘书的接待工作要求中就专门有接待礼仪这一项，如"对预约或未预约的来访者热情友好、接物与递物举止不失礼仪、能够按照礼仪规格以礼送客"等。但这只是一个秘书最基本的接待工作要求，中、高级秘书还应该在接待工作中妥善地处理或解决来访者的要求和意见，能够安排好领导与外宾会见、会谈,并根据涉外礼节、外宾所属国文化传统、民族习惯安排好迎送外宾工作。

都说秘书是领导、老总身边的人,很多时候单位中的一些重要事件、重大决定在公布之前只有领导层和秘书知道,所以,秘书一定要做好保密工作,对单位忠诚,这是秘书的一条职业操守。虽然是领导身边的人,但秘书扮演的仍然是一个执行者的角色,不应该借着领导的名义在其他员工面前表现出一种高高在上的姿态,而应该起到上下级沟通的桥梁作用,把领导的指示、要求传达给员工,把员工的声音反映给领导。

提示: 秘书礼仪和秘书交际礼仪是互有密切联系的两个概念。秘书交际礼仪也就是秘书人际交往的礼仪,包括对内交往礼仪和对外交往礼仪。那么,秘书交际礼仪具体包括哪些内容呢?上文涉及的内容都属于秘书交际礼仪范畴吗?

秘书代表组织的外部公关活动也是一个对外交往的过程。在这一过程中,如何接人待物、礼尚往来也很有讲究,而且事关秘书人员在他人心目中的形象确立。本节主要介绍握手礼仪、介绍礼仪、名片礼仪和拜访礼仪。

一、握手礼仪

握手是对外交往中的常用方式。秘书人员握手的基本礼仪主要有三点:

1. 遵守握手的基本动作标准

握手时一般距离对方一米站定,正面朝向对方,上身稍稍前倾,双目注视对方,微笑着伸出手去。伸出手时稍带角度,高度与脐部相平,手肘与身体的距离约有手掌宽,且拇指向上,双方虎口应互相接触。一旦接触,便应轻轻放下拇指,用其余四指包住对方的手掌。握手要坚定有力,但也不要捏断别人的手。晃动两至三下即可,然后松开。

在握手过程中主要忌讳的动作是:①手臂伸直;②只伸手不伸臂。

2. 根据需要握手,不要见人就握手

一般礼节应是:与领导同行时,领导先握手,你根据需要决定是否握手;与长辈同行时,一般以长者为先;当主人时,一般要主动握手;在正式场合接待宾客时,一般不握手,而是问候和引导;遇到不想握手的人,可以用问候、交谈、借故等方法来回避;遇到握住不放者时,要微笑着和对方周旋,同时巧妙地找借口或机会抽手。

3. 要遵循跨文化握手礼仪

随着国际交往的频繁,秘书人员在跨文化环境遇到握手环节时,要注意符合国际礼节,注意握手禁忌。以下介绍四点有关跨文化环境中的握手礼节。

(1)用右手握手。握手一般不用左手,除非没有右手。右手握手一是因为习惯;二是因为在有些国家,左手被认为不洁之手。

(2)与异性握手一般不用双手,除非是故友重逢、慰问对方等。

(3)不能戴手套握手。一般情况下最好先脱帽摘墨镜,再握手,这是西方常规的握手礼貌。

(4)在国际交往中,握手时要避免交叉握手或十字握手,这是基督教文化中的忌讳。

二、介绍礼仪

介绍是对外交往中的必要环节。介绍是相互认识和交流的开始,也是初始印象形成的环节。介绍有自我介绍、介绍别人和回应介绍之分,秘书人员在这一环节中要注意分清介绍类型以行相应之礼。

1. 自我介绍礼仪

自我介绍是让对方认识自己的过程。自我介绍时要注意介绍要素全面。自我介绍主要有四个要素:姓名、单位、部门、职务。其中职务根据需要决定取舍。介绍单位、部门、职务时首先要注意使用全称,之后再使用简称,除非人人皆知的规范化简称,比如 WTO,可以直接使用简称,否则,就有可能南辕北辙,产生误解。比如说自己是"南航"的,哪个"南航"? 有南方航空公司,还有南京航空航天大学等,别人搞不清楚。自我介绍时要面露微笑,自然、平和、友好,并以客气语开场,比如"您好,我叫……,是……"

2. 介绍别人礼仪

介绍别人是让其他的双方相互认识的过程。介绍别人时要注意三点:

(1)行为规范。比较规范的做法是:面向双方,伸出手朝向被介绍者,伸手时先伸臂,再五指并拢手掌向上打开做个停顿,重点在手腕的抖开上,但手肘应弯曲,手臂不能伸得太直。

(2)介绍顺序。一般介绍顺序是:将男士介绍给女士,将年轻者介绍给年长者,将职位低者介绍给职位高者,将晚到者介绍给早到者,将自己上司或同事介绍给客人;然后再反过来介绍。

（3）介绍者类型。介绍别人时需要有介绍人。介绍人可以是秘书人员，也可以是其他人员。介绍人一般有这样几种类型：

■ 女主人当介绍人，这通常是国际社交界的惯例。

■ 专业对口人士当介绍人，这经常发生于专业领域的牵线搭桥过程之中。比如某专家学者请一位熟识的国外同行来讲座和访问，牵线的专家学者就有义务向校领导和相关人员介绍来宾。

■ 公关礼宾人员当介绍人，这些人员可以是外事办公室的同志、办公室的主任或者秘书或者专门委托的接待陪同人员等。这主要发生在日常的各项接待活动之中。

■ 领导当介绍人，一般用于特殊来宾或职位较高来宾的见面。这时通常会按政务和商务的对等原则和相关礼仪进行介绍，领导人互见后，再由领导介绍他的下属人员。

介绍别人时也要注意先用礼貌语。再具体介绍，比如先说："请允许我向您介绍……"

3. 回应介绍礼仪

回应介绍是对方向你作自我介绍后你予以回应的过程。对方自我介绍后不予回应，这是很不礼貌的。被介绍人在对方自我介绍后应该立即有所回应表示，可以微笑示意，可以伸手相握，可以点头呼应，可以起身相迎，可以回话并做自我介绍等等，总之，要依据实际情况采用适当的方式予以回应。比如采用回话并做自我介绍的方式时，可以这样说："很高兴认识您，我……"交谈就继续了。

三、名片礼仪

名片是一个人身份的介绍，是自我介绍的简便方式，是对外交往中的基本媒介和工具。秘书在名片的使用和管理上要注意以下礼节。

1. 名片的递送礼节

名片递送的正确方式是：将名片正面朝上，并正对对方，双手奉上；眼睛注视对方，面带微笑；同时说些客套话，如："这是我的名片，请多多关照。"

交换名片的一般顺序是："客先主后；身份低者先，身份高者后"，但这不是绝对的。当与多人交换名片时，可由近及远，依次进行，切勿跳跃式地进行，以免对方产生厚此薄彼之感，引起误会。

2. 名片的接受礼节

接受名片的过程一般可分两段：一是接受他人名片的阶段；二是回送名

片的阶段。

(1)接受名片阶段。接受名片可以分三步进行:第一步,承接名片,要求起身,面带微笑,注视对方,双手接回名片,同时说"谢谢"。第二步,阅读名片,接过名片后,最好有一个随后微笑阅读名片的过程。阅读时可适当地选一些内容有声地念出,让对方觉得"对,本人也",产生一种自豪感和受重视的满足感。第三步,放置名片,接过、读过对方的名片后,最好当面慎重小心地将其放入西服左胸的内衣袋或名片夹里,女士可以放入包中,以示尊重。切忌随意摆弄或扔在桌子上。

(2)回送名片阶段,接受名片完后,一般应回敬本人的名片,但如果没有名片或未带名片或不愿递送,最好有所说明或作歉意的表示。

四、拜访礼仪

拜访或作客可以因公,也可以因私。大多数公务访问和接待都在组织内办公场所或外部的公共场所,但秘书人员在公关活动和人际交往中也有因工作需要或联络感情的需要而前往领导、同事、亲朋好友居所拜访和作客,这也是正常的人际交往中不可缺少的应酬。秘书人员作为公关人员,在正式场合迎来送往时一般比较重视和注意规范礼仪,而去居所拜访时,容易看作私访,放松随便,随性而为。其实,小节坏大事,如果秘书人员在登门拜访时,不注意必要的礼节,那么就会成为不受欢迎的人,不仅会影响个人的形象,还会影响组织的形象,甚至国家的形象。

关于接待工作的注意事项和礼仪,在秘书办事一章和秘书办会一章都有涉及,可以参见。那么,秘书人员去他人住所拜访时应注意哪些礼节呢?

1. 拜访应有约在先

拜访他人应有约在先,这是做客之道的基本规则。登门拜访可以是主动提出的,也可以是应邀访问,对于不同的情况要有不同的处理。

(1)主动拜访的情况。主动拜访预约时,一定要事前与对方联系,并征得对方同意;要客气婉转地表达愿望或进行说服工作;切忌不约而至或强行要求拜访,在涉外环境中是大忌。征求对方同意时的一般原则是客随主便,可以说:"您什么时间方便,我想来看看您?"或更主动的问话:"周六晚上有空吗? 有点急事想找您商量商量,行吗?"与海外人士相约,通常要提前很长时间进行安排,甚至需要提前半年一年的,因为,欧美人士强调计划性,是否能预约需要对照自己的日程安排后才能做决定。一般情况下,紧急的临时性预约是不太礼貌的,也不受欢迎的。

(2)应邀访问的情况。得到邀请去他人居所访问时,一般应给予认真考虑。对于邀请要有明确的回复,去或不去,但表达的方式可以灵活。无论应邀与否,都首先要表示感谢,这是基本礼仪。海外人士居家接待客人,这是日常生活人际交往的最高优待,应予以高度重视,一般情况不宜拒绝。如果邀请不得不拒绝,最好能说出让人理解和乐于接受的理由。

2. 拜访前要做好充分准备

一旦决定登门拜访,就必须做好充分准备。

首先,为了向被拜访者表示敬重和对此次拜访的重视,在拜访前应"梳妆打扮",穿着得体,这时,可以适当地多考虑自己的个性和拜访地的活动环境。

其次,根据需要考虑是否需要带礼物或带什么礼物。若需送礼最好选择既有纪念意义又有实用价值的礼品。礼品的送法参见下一节相关内容。

再有,如果携家人或朋友同去,则还要对家庭成员进行交代,尤其是要关照孩子。需要注意的是不要随便带事前邀请者不知的人员随往,这会带来一些不方便或尴尬,比如有可能打乱原先双方想谈的内容。

3. 拜访时间要注意控制

拜访时间控制方面主要是留心两点:一是访问时间一般以接待方的方便为准,是放在周末还是假期等,要根据情况考虑。习俗上一日三餐的吃饭时间、午休时间、凌晨与深夜都不宜拜访人。周末接待一般不宜放在上午,尽量避免占用"上班族"的度假期等等。拜访时间一旦敲定后不要随意变动。二是适时到,及时退。一般礼仪是如约而至,居家拜访最好略微晚到一些,但通常不要过早到,以免影响接待方的准备。此外,要根据预先说好的大致拜访时间,到点及时撤离。一般宁可稍微提前离开,但不要推后多占他人时间,除非接待方兴致高,执意多留。

总之,在对外交往中要尽可能地尊重他人,替他人考虑,要有体谅、宽容、友善之心。

6.8　中外礼仪习俗

现代民俗及中外民俗的差异

从文化层面来讲,礼俗是一种文化的模式。这种模式往往是无形的、口头的和非物质的。但确确实实存在于我们的生活中,我们对于这种无形的、非物质的民俗文化现象要给予更多的重视。

《梁山伯与祝英台》是中国家喻户晓的爱情故事。最近几年,《梁祝》正在争取申报世界文化遗产。宁波人认为梁山伯是鄞县(今奉化县)县令;上虞人说祝英台故里就在绍兴的上虞;杭州人也据理力争,万松书院主人公读书的地方呀……其实《梁祝》是哪里的并不重要,关键是《梁祝》反映了中国人某一阶段的婚姻模式。远古的时候,越地的女性都比较刚烈,魏晋南北朝时北方的文化向南方转移以后才有了《梁祝》,从刚烈走向柔和。所以《梁祝》文化实际上反映的是一种社会转型期新的婚姻文化模式,和人们对两性祈求的心理,表达了对爱情的忠贞和生死不渝的情感,这是典型的中国男女之间无形的口头的礼俗文化。

无形的口头的礼俗文化模式其实相当多,不仅在中国,在国外也如此。例如,有一个学生在澳大利亚学习,请当地老师来家里吃饭。其中有一道汤,老师喝完觉得很鲜。问他是什么,他说是野鸭子。老师大吃一惊,马上说澳大利亚抓野鸭子是犯法的。学生恍然大悟,说下次一定注意。可没料到过了三天,一张罚款单来了,动物保护委员会罚他5000澳元,把他一年半勤工俭学的钱全罚走了。在中国人看来这个老师有问题,鸭子也吃了,还告状?但在澳大利亚,这样做是很正常的,老师不告发反而有问题。这也是一种文化模式,我们现在更要关注这种文化模式。

譬如日本也有它独特的文化模式,像樱花情结。在日本一到樱花要开的时候,整个国民都会很兴奋。外国人对樱花的感觉是不太艳丽,但是日本人就感觉到樱花和自己的生命差不多,不求生命的长短,而是求生命的灿烂。日本的武士道、谈情说爱都和这个有联系。渡边淳一的《失乐园》,情节很简单:中年男子外遇一个少妇,两家的家庭条件都很好,但两人想结合在一起。开始双方家庭都不同意,后来终于离成了,两个人可以自由自在地住在一起了,结果却在做爱过程中自杀了。这就是日本典型的生命文化,在他们看来,生命、爱情不在于长短,而在于能不能达到最高点。他们感到把各种困难都排除的时候,他们的爱情是最辉煌的,如果再相守下去,两人感情温度肯定会下降,所以还不如在爱情至高点死去,最美好的就成了永恒。所以他们把樱花当作生命的象征。

(资料来源:农历网 www.nongli.com)

提示: 该文认为"从文化层面来讲,礼俗是一种文化的模式"。不同的国家有不同的礼俗文化,如果一国的国民不能很好地理解它、尊重它,隔阂就产生了,误解就产生了,问题也就产生了。礼俗是一个无法回避的现象,更是一个不能忽视的现象。那么,在秘书工作中,秘书人员应该注意和把握哪些礼俗要点呢?

　　中西方价值观和文化的差别必然会渗透于中西方礼仪习俗之中,使中西方在礼仪习俗上有各自的特色。中西方礼仪习俗差别表现在众多方面,本节主要选择了一些有助于秘书人员工作的内容,做一简略介绍。主要内容包括:女士优先原则、中西方礼品礼仪比较、中西方餐桌礼仪比较、中外节日礼俗。这一方面的知识对于秘书人员,尤其是涉外秘书人员在公关活动和人际交往过程中,选择正确的行为方式,加强沟通对象之间的相互理解和彼此合作,是大有裨益的。同时,也是帮助外国上司、同事和客户等了解中国习俗的需要。

一、女士优先原则

　　女士优先是西方社会的基本礼仪,也是较为明显的特色礼仪,它实质上是对男子行为的一种规范。女士优先原则渗透于社会活动的各个方面,是西方社会对女性表示尊重和爱护的体现,也是西方女性争取自由和平等的结果。女士优先是西方文明的重要组成部分,也是西方人引以为豪的传统。若不遵从这一原则,在西方人眼里会被视为一个行为粗鲁和缺乏教养的人。其理念和行为比较明显的特征有:
　　(1)男士对女士礼让。常见的现象有:男女进出时,女士先行;在社交场合,女士走进房间时,男士要起立;男女约会,男士要先到;男女就座,一般是让女士先座;拜访时,须先向女主人致意;介绍时,应先向女士引见男士,即使向父母引见友人,也应先向母亲引见。
　　(2)男士帮助女士。男士帮助女士主要体现在日常的各种服务上。比如出门替女士取衣;上车替女士开门,在需要帮助的时候立即伸出援助之手。
　　(3)男士保护女士。男士保护女士不仅在男士的意识中,而且也反映在他们的行为中。比如,传统习惯上,男女同行时,要男左女右并肩行走,其习俗形成之初就是出于保护妇女的目的。因为右行制环境中,男人走在左边,便于保护同行的女性,免受意外的撞击或其他危险。上楼梯时,男士让女士走在前面,下楼梯时,男士让女士走在后面,也含有保护的目的。

二、中西方礼品礼仪比较

礼尚往来是国际上通行的社交活动形式之一,是向对方表达心意的物质表现。在人际交往和外事活动中,为了向宾客或对方表示恭贺、感谢或慰问,常常需要赠送礼物,以增进友谊与合作。

秘书人员常常是一个组织中礼品的准备者,需要为领导准备礼品献计,也需要具体落实礼品。因此,秘书人员了解和掌握有关中西方礼品礼仪的常识是有必要的。比较中西方礼品礼仪,存在这样一些共同性和差异点。

1. 送礼目的上比较

国人送礼送情意,西方人送礼送心意。从总的来看,中西方送礼都是为了表达感情和显示礼节,具有共同性。但从价值观分析,对情意和心意有各自的理解。因此,具体来说,在目的上还是存在着一些差别,这也决定了中西方送礼的价值趋向有所不同。

2. 礼品价值上比较

中国人送礼大多比较看重礼品的价值,因为礼品的价值一定程度上代表了送礼人的情意。情深义重通常是和礼物的贵气或实物的价值连在一起的。但西方人由于送的是心意,在他们看来心意是无价的,因此,一般并不赠送贵重礼品,而是一些包装精美的小礼品,以达到心灵的愉悦为目的。其实,西方人的这种送礼习俗,不仅与他们的文化传统有关,还与他们的法制环境有关,接受贵重物品会涉及纳税和受贿问题。所以,给外国人送礼一般可以送些具有民族特色或地方特色的小礼品、纪念品即可。比如民乐碟片、中国筷子、绣花台布、小手帕等等。

3. 礼品数量上比较

国人送礼一般一次送一份,具有象征意义,没有具体的针对性,即使登门送礼也是送一份给全家。而西方人送礼往往送个人,通常会有针对性地分别准备。登门作客,若需送礼也要为主人家中在家的每一位成员准备一份礼品,要么一个都不送。

4. 礼品包装上比较

国人送礼讲究货真价实,不太重视外包装,尤其是对小礼物,更是不把包装放在眼里。而西方人非常重视礼品的外包装。所有的礼品都必须包装后才能送出,这是他们习惯的做法。精美的包装不仅使人心情愉悦,还使礼物蒙上了一份神秘和期待,更给礼物打开的过程带来一阵欢喜。

5. 送礼方式上比较

在送礼方式上,东西方也存在着明显的差异。西方送礼有其独特之处,还有一些基本的约定俗成的"规则"。西方送礼的一般程序是：首先，送礼人要公开表示送礼，决不能把礼品不声不响地留在某处；其次，知道有礼品相送时，收礼人要表示高兴，并征求是否可以打开。当接受宾朋的礼品时，绝大多数国家的人用双手接。再次，收礼人当面或当众打开礼品包装，并对礼物表示赞赏，显示出兴奋或惊喜之情，说感谢之话并与在场人分享快乐。如果收礼人不当面打开礼物包装，会被认为是对送礼人的不礼貌，会被认为收礼人不喜欢或不在乎这件礼物。对收礼人是否真正喜欢收到的礼品不用太介意，因为西方人送礼本身就是送的心意，享受的是送礼的欢乐过程。最后，将礼品收起放好。在西方，拒绝别人的小礼物是很不礼貌的。

6. 送礼语言上比较

在送礼语言上，中西方更是有较大差别。外国人在送礼及收礼时，总是说高兴赞美之词，都很少用谦卑之词。中国人在送礼时则习惯说"礼不好，请笑纳"或"小小礼物，不胜敬意"等等，这些话在外国人听来大有遭贬之感。中国人习惯在受礼时说"受之有愧"，"您太客气了，不敢当"等自谦语，这会使外国送礼者不愉快甚至难堪。

由此，我们能体会到中国式的送礼和西方式的送礼有多么不同。秘书人员在准备礼品和送礼时要明确送礼对象，尊重不同的礼俗文化，采用合适的送礼方式，达到有效送礼的目的。

三、中西方餐桌礼仪比较

中华饮食源远流长。在这自古为礼仪之邦、讲究民以食为天的国度里，饮食文化自然成了中华文化的重要内容，饮食礼仪则是饮食文化的一个重要部分。

中国的饮宴礼仪号称始于周公，经千百年的演进，终于形成今天为大家普遍接受的一套饮食进餐礼仪，它是古代饮食礼制的继承和发展。了解中华文化可以从饮食开始。

同为饮食，由于中西方的价值观和文化的差异，导致中西方在饮食礼仪方面也存在一些差别，这些差别对处于组织人际关系旋涡中心的秘书人员而言，应引起重视。

1. 中餐餐桌礼仪

中餐餐桌礼仪主要的注意事项有：

(1)中餐座次。从古至今，随着桌具的演进，座位的排法也在发生着相应的变化。总的来看，在我国，只要是正式场合，对座次安排都是非常重视和讲究的,会议是如此,饮食也是如此。

今天,随着饮食文明的进步,餐饮的方式有了多样的形式,像工作餐、自助餐等餐饮形式不需要排座位,非正式的宴会一般也不必提前安排座次,只要大致有上下之分就行。但正式的宴会一般都需事先安排座次,以便参加宴会者入席时井然有序,同时也是对客人的一种尊重。餐桌座次的基本原则是:"面朝大门为尊",即面对着门的位置为上座,又称首席。其余的排法有两种,一种是按会议主席台的排法,即以上座为准,左右序列,左手边坐开去为2、4、6等,右手边坐开去为3、5、7等。这主要适用于内部工作宴会。另一种就是按会客礼仪,右为上宾,即主人的右手位置是最主要的来宾位置,上座的右边是一号主宾位,左边是二号主宾位,以此类推。这主要适用于接待来宾的宴会。在安排来宾宴会时要注意尽可能使主宾间隔而坐,这也是礼宾礼仪。离门最近的、背对着门的位置是下座。

(2)餐饮程序。中餐宴会上菜的一般程序为六步或六道:第一道凉菜;第二道主菜,一般会是特色菜或主打菜;第三道热菜,需要根据人数多少进行配菜;第四道汤菜;第五道甜菜,主要是提供各种点心,这时通常也会按照需要提供米饭或面食等;最后上水果。

(3)用餐礼仪。在我国,由于疆域辽阔,餐饮习惯和礼仪各不相同,用餐礼仪很难笼而统之地加以概括。在许多非正式的用餐场合,桌上的行为举止通常是比较放开的,因此,会出现许多热闹的场面。中餐餐具主要是筷子、勺子、碟子或盘子、小碗和酒杯。碟子主要用来放垃圾,小碗主要用来盛汤或放置新的食品。正式的或较为正式的餐桌用餐则有许多讲究:①要按座次入座。②要按次序夹菜,夹菜一般从首席开始,然后依次进行。③不能随便说话。④席间需要相互敬酒,尤其是晚辈、低职位者需要向长辈、向上级、向来宾不断敬酒,以示尊敬和感谢。餐间劝酒和夹菜是热情待客的表示。⑤上菜分量比较足,一般要有余量,不能空盘不够吃等等。当然,在用餐礼仪方面,一些约定俗成的传统习俗也在悄悄地发生变化,向更文明的方向发展。

2. 西餐餐桌礼仪

(1)西餐座次。在社交活动中,西餐座次较之中餐座次比较明显的差别有以下几点:大多数宴会是由男女主人发起的,且在座次上体现女士优先原则,也就是男女主人为核心,为主位,且女主人占据第一主位,男主人占据第二主位;以右为尊,男主宾坐于女主人右侧,女主宾坐于男主人右侧;恭敬主宾,男女主宾分别靠近女主人和男主人。

（2）餐饮程序。正式西餐上菜的一般程序为七步或七道：第一道开胃品，又叫头盘，比如鱼子酱；第二道汤，比如蘑菇汤；第三道副菜，即鱼类菜肴；第四道主菜，即肉、禽类菜肴；第五道配菜，即蔬菜类菜肴，如蔬菜沙拉。第五道菜可以在第四道菜之后上，也可以同时上；第六道甜点，比如各式蛋糕；第七道饮料，咖啡或茶。

西餐七道看似很多，但由于每道一般只有一种，所以其菜肴远不如中餐丰富。

（3）用餐礼仪。西餐用餐过程一般比较斯文轻松。西餐餐具主要是刀子、叉子、盘子、饮料杯等。盘子主要是用来放食物的。由于西餐食物中少有骨刺等不可吃的东西，再加不想吃的东西可以不取，因此，一般情况下应将盘子中的食物吃净，当然少量剩余也是允许的。正式的或较为正式的西餐用餐的一般特点和规则有：①分食制，即将自己需要的食物放入自己的盘中再吃；②用餐时不能边吃边说，食物进嘴后，关嘴嚼食或吞咽，这也是为什么西方人不吃烫的食物的原因之一；③使用刀、叉、盘等餐具时，一般不发出大的响声，嚼食也要尽量不发出响声，否则，会被认为不雅和失礼；④用餐过程中不劝酒、不给人添食，尊重他人的饮食需要，但可酌情询问、推荐和鼓励；⑤用餐过程中也运用女士优先原则，一般情况下，男士会为女士提供一些绅士性的服务，比如，拉椅子、递盘子等；⑥西餐准备时会充分考虑来者的不同文化背景以及饮食忌讳，如果有伊斯兰信仰的客人，就会避免忌讳的食物上桌；⑦西餐重在聚聊，并非吃喝或办事，这也是西餐与中餐很不相同的一点，西餐过程的一个重要目的就是享受在一起的聚聊快乐。

四、中外节日礼俗

1. 西方节日礼俗

（1）圣诞节。圣诞节是西方国家一年中最盛大的节日。每年从12月24日到翌年1月6日为圣诞节节期。圣诞节原本是基督徒的节日，由于基督教对西方文化和社会都产生了极为广泛而深刻的影响，加之人们生活的需要，圣诞节逐渐演变为一个一年一度亲人团圆的日子，这就与我国的春节相类似了。

圣诞节最具特色的物品是圣诞树。布置圣诞树，让圣诞树发光闪烁，琳琅满目，堆满每一个人的礼品，这是最重要的活动和最愉快幸福的事。当然，由于地域不同，信仰不同，各地圣诞节的具体习俗也有一些差别。

以保加利亚为例。根据保加利亚的历法，圣诞节是灵魂出没、妖邪猖狂的日子。因此,人们要借助火来驱妖镇邪。圣诞节前夜,家家都燃起火堆,一直燃到天亮,不得熄灭,否则会招来横祸。由男人取圣诞木点火进屋并高声念道:"圣诞节降临,牛、羊、猪、马长满圈,麦苗出满垅,人人走好运。"在屋里等候的人则齐声回答:"阿门!"

(2)复活节(Easter Day)。复活节是西方除了圣诞节之外最重要的一个节日。每年在教堂庆祝的复活节一般定为每年春分月圆后的第一个星期日,如果月圆那天刚好是星期天,复活节则推迟一星期。因而复活节可能在从 3 月 22 日到 4 月 25 日之间的任何一天。

复活节一般具有两周左右的假期,是西方人一年中安排外出旅游的重要节假日,是家庭和亲朋好友安排游乐活动的好日子。

复活节中最具代表性的吉祥物和礼物就是五颜六色的彩蛋,最常见的传统活动就是寻找彩蛋。鸡蛋在西方象征着死后又要复苏的生命。关于复活节彩蛋和兔子,历史上还有一个有趣的传说:旧时复活节前 40 天禁食鸡蛋。有一年复活节来临时,一位母亲为了给孩子们一个惊喜,便将煮好的鸡蛋着上颜色藏在门外的草丛里,并告诉孩子们那片草丛中有复活节的惊喜。孩子们兴高采烈地仔细寻找,突然从草丛里蹿出一只兔子,而彩蛋也随即暴露出来。于是孩子们到处叫喊:"复活节的惊喜是兔子给我们带来了彩蛋(Easter Egg)。"

(3)万圣节(Halloween Festival)。万圣节也叫"鬼节",是西方国家比较特殊的一个传统节日。每年的 10 月 31 晚,被称为"Halloween",也就是"万圣节之夜"。万圣节起源于两千多年前英国的爱尔兰、苏格兰等地,原本是为了祭奠死人和驱赶死魂附体的,后逐渐演化为求吉祥保平安的活动,到了今天则更多的具有了孩子娱乐元素。

今天,万圣节最具特色的物品是以黑色为主色调的各种妖魔鬼怪的面具和橘色光洁的南瓜。南瓜用来雕空做灯笼。万圣节最具特色的活动是当天的夜晚,人们戴上各式各样的面具去参加舞会或聚会。孩子们则被允许戴着精灵鬼怪的面具,提着南瓜灯笼挨家乞讨糖果,这时,不开门或不准备糖果是很不吉利,也很失礼的。通常开门见面时,怪模怪样的孩子们会千篇一律地发出"不请吃就捣乱"的威胁,而主人自然不敢怠慢,连声说:"请吃!请吃!"同时把糖果放入孩子们的手里或口袋里。

(4)感恩节(Thanksgiving Day)。感恩节为每年 11 月第四周的星期四,是美国人民独创的一个古老节日。今天的感恩节已成为美国的全国性节日,也是美国人合家欢聚的日子。现在许多欧洲国家也都普遍过感恩节。

感恩节的由来要一直追溯到美国历史的发端。1620年，著名的"五月花"号船满载不堪忍受英国国内宗教迫害的清教徒102人到达美洲。1620年和1621年之交的冬天，他们遇到了难以想象的困难，处在饥寒交迫之中。冬天过去时，活下来的移民只有50来人。这时，心地善良的印第安人给移民送来了生活必需品，还特地派人教他们怎样狩猎、捕鱼和种植玉米、南瓜。在印第安人的帮助下，移民们终于获得了丰收。在欢庆丰收的日子里，按照宗教传统习俗，移民规定了感谢上帝的日子，并决定为感谢印第安人的真诚帮助，邀请他们一同庆祝节日。

感恩节最具有特色的活动之一是举办感恩宴会，其中最主要的食品是火鸡。当然还有其他各种传统的庆祝活动。比如南瓜赛跑就是一项传统游戏。它是比赛者用一把小勺推着南瓜跑，规则是不能用手碰南瓜，先到终点者获胜。比赛用的勺子越小，游戏就越有意思。

2. 中国节日礼俗

(1)春节(Chinese New Year)。春节是我国古老的传统节日，也是全年最重要最隆重的节日，是合家团圆、欢度新年的日子。春节作为农历新年的第一天，每年的时间都不相同。

春节期间传统的习俗活动有除夕前要扫尘，即家家户户都要打扫卫生；贴春联、年画、窗花和倒贴"福"字等，以增加喜庆的气氛和祈求来年的吉祥平安；吃除夕的年夜饭，全家共享天伦之乐；除夕守岁，直到天明迎来新年的第一天；放烟花爆竹，驱鬼辟邪，图求吉利；年后走亲访友，相互拜年，互相祝福，通常长辈要给小辈发红包。

(2)元宵节(Festival of Lanterns)。元宵节是中国民间比较重要的一个传统节日，又称元夕、元夜或上元节，因为这是新年中的第一个月圆夜。元宵节的时间为每年农历的1月15日，因此，俗话说"正月十五闹元宵"。元宵节是一个祝福家庭团圆、国家太平的日子，是一个全国民众上下同乐的日子。

元宵节期间传统的习俗活动主要有观灯、猜谜、吃汤圆、舞狮、踩高跷等活动。其中吃汤圆和观灯是最核心的活动。而猜谜是最讲究智慧的游戏。

据传，有一年元宵节，清朝乾隆皇帝带着一群文武大臣，兴致勃勃前去观看灯会。期间，大臣纪晓岚写了一副对联让大家猜：

黑不是，白不是，红黄更不是。和狐狼猫狗仿佛，既非家畜，又非野兽。

诗不是，词不是，论语也不是。对东西南北模糊，虽为短品，也是妙文。

乾隆皇帝看了冥思苦想，文武大臣个个抓耳挠腮，最后还是纪晓岚自己揭了谜底:猜谜。

(3)清明节(Tomb-sweeping Day)。在我国,每年公历的 4 月 5 日为清明节,主要用来祭拜祖先,慰藉亡灵。清明节前后的核心活动就是扫墓,一般是前往祖先或亲人的墓前进行清扫整理,放上供品、鲜花等。由于各地的风俗不同,规定不同,扫墓仪式存在着差别。原先扫墓要烧香、烧纸钱等,现在为了环境安全,许多地方也逐渐废弃了这种做法,而改用献花等更为文明的一些方式。

在古代,中国有清明、七月半和十月朔三大鬼节,可见,清明节也是中国传统的三大鬼节之一。由于古人认为柳有辟邪的功用,比如北魏贾思勰在《齐民要术》里说:"取柳枝著户上,百鬼不入家。"而清明时节,正值柳条发芽时节,因此古人也有清明插柳戴柳的习俗,以驱鬼辟邪。

清明在农耕上也是一个重要的节气。清明一到,气温升高,正是春耕春种的大好时节,故有"清明前后,种瓜种豆","植树造林,莫过清明"的农谚。

传统的鬼节习俗和农耕习俗延续至今,交织在一起,演变为了今天清明前的另一项重要活动,就是植树造林。

(4)端午节(Dragon Boat Festival)。农历五月初五为端午节,又称端阳节、午日节、五月节、艾节、端五、重午、午日、夏节等,是中国民间古老的传统节日,主要用来纪念中国历史上著名的爱国诗人、战国时期楚国的政治家屈原。其主要的活动有挂艾叶菖蒲,以驱魔祛鬼;赛龙舟,原是为了纪念屈原先生的,现则变成了一种竞赛或娱乐活动;吃粽子,原也是为了祭祀屈原先生的,现则作为一种风俗保留了下来。

(5)中秋节(Mid-autumn Festival)。中秋节是中国最古老、最富有诗情画意的传统节日。每年的农历八月十五为中秋节。

据传,中秋节起源于月神的祭祀活动,而在今天,它已成了亲人、恋人团圆或彼此传递思念之情的日子。在台湾,它已成为法定假日。"每逢佳节倍思亲",在一轮明月高高挂的中秋节用得最多,也最有一份深切体会。

中秋节的活动充满了浪漫情调,主要有:赏月,欣赏月色、月光和关于月的故事;吃月饼,象征着团圆不分离;团圆,月光下大家相聚一起,享受着人间的平安、和谐和美好。

【本章小结】秘书礼仪是秘书人员的必修课。它虽然不是秘书工作的基本职责,但却是秘书工作的润滑剂和助推器。有效和高效的秘书公关活动,不仅需要良好的愿望、双赢的目的,而且需要秘书礼仪的支撑,需要秘书良好的个人形象。本章以塑造秘书人员良好的个人形象为核心,重点阐述了秘书人员在人际关系处理上,仪表、仪容、仪态上,语言上以及对外交往上合乎礼仪的正确行为方式和必备的礼仪知识,为秘书人员日常工作中的得体言行举止提供参考和指导。

思考与训练

1. 简答秘书公关的含义和基本内容。

2. 简答秘书礼仪的含义和基本内容。

3. 简要分析秘书礼仪和成功秘书之间的关系。

4. 简述秘书公关礼仪的重要性。

5. 简述秘书人员正确处理人际关系的重要性。

6. 秘书正确处理人际关系时应遵循哪些原则?

7. 秘书人员如何正确处理与领导的关系?

8. 秘书人员如何正确处理与同事的关系?

9. 秘书人员如何正确处理与组织内外各部门人员的关系?

10. 秘书人员如何使自己拥有得体的仪表?

11. 秘书人员在人际交往中应如何正确运用眼神?

12. 秘书人员在仪容礼仪上应重点注意哪些方面?

13. 秘书化妆应注意哪些问题?

14. 在举止仪态方面,秘书人员应该注意避免哪些行为?

15. 简述手势的四种类型以及用途。

16. 秘书在言谈中如何追求语言美?

17. 秘书如何在言谈中有礼貌的倾听和答问?

18. 握手过程应注意哪些礼节?

19. 人际交往过程中相互介绍时应注意哪些礼节?

20. 递送名片过程应注意哪些礼节?

21. 居家拜访中应注意哪些礼节?

22. 分析中西方礼品礼仪的差别。

23. 说明西方用餐的礼仪特点。

24. 描述中国餐桌座次安排的常见方式。

25. 西方主要的节日有哪些?并列举两个节日描述其礼仪特点。

第七章

文档与信息管理

明朝那些事儿

广州有位自称为"当年明月"的 27 岁公务员在自己的博客网站上,依据史料和其他素材,用通俗和流行的笔法洋洋洒洒写 300 年的明朝兴亡史,吸引了上百万网民。根据《广州日报》的报道,此大作还得到了中国人民大学历史系教授、博士生导师,著名明史学家毛佩琦先生的肯定。这部被热捧的《明朝那些事儿》的开篇之章是这样开始的。

一、童年

我们从一份档案开始

姓名:朱元璋

别名(外号):朱重八、朱国瑞

性别:男

民族:汉

血型:?

学历:无文凭,秀才举人进士统统的不是,后曾自学过

职业:皇帝

家庭出身:(至少三代)贫农

生卒:1328—1398

最喜欢的颜色:黄色(这个好像没得选)

社会关系:父亲:朱五四农民;母亲:陈氏农民(不好意思,史书中好像没有她的名字)

座右铭:你的就是我的,我的还是我的

主要经历:

1328 年——1344 年放牛

1344 年——1347 年做和尚,主要工作是出去讨饭(这个……)

1347 年——1352 年做和尚,主要工作是撞钟

1352 年——1368 年造反(这个猛)

1368 年——1398 年主要工作是做皇帝

一切的事情都从 1328 年的那个夜晚开始,农民朱五四的妻子陈氏生下了一个男婴。大家都知道了,这个男婴就是后来的朱元璋。大凡皇帝出世,后来的史书上都会有一些类似的怪象记载。

比如刮风啊,下暴雨啊,冒香气啊,天上星星闪啊,到处放红光啊,反正就是要告诉你,这个人和别人不一样。朱元璋先生也不例外。他出生时,红光满地,夜间房屋中出现异光,以至于邻居以为失火了,跑来相救(明实录)。

……

在小朱五四出生一个月后,父母为他取了一个名字(元时惯例):朱重八,这个名字也可以叫做朱八八……

1344 年是一个有特殊意义的年份。在这一年,上天终于准备抛弃元了,他给中国带来了两个灾难,同时也给元挖了一个墓坑,并写好了墓志铭:石人一只眼,挑动黄河天下反。

他想得很周到,还为元准备了一个填土的人:朱重八。

当然朱重八不会想到上天会交给他这样一个重要的任务。

这一年,他十七岁。

很快一场灾难就要降临到他的身上,但同时,一个伟大的事业也在等待着他。只有像传说中的凤凰一样,历经苦难,投入火中,经过千锤百炼,才能浴火重生,成为光芒万丈的神鸟。

朱重八,来吧,命运之神正在等待着你!

(资料来源:当年明月:《明朝那些事儿》,中国友谊出版公司 2007 年版)

以上的故事说明信息是可以这样纵横流淌的。昨天的文档是今天的史料,而今天的文档也将是明天的史料。然而,在今天的现实中,流动着的信息又何止是史料一种。那么,秘书和秘书部门会接触哪些文档与信息呢?它们究竟有怎样的作用呢?如何对它们进行科学管理,更好地为组织目标服务呢?这些都是本章要解决的问题。

一切社会组织都离不开信息。信息在一个组织中不仅是其财富的必要组成,也是重要的可开发和利用的资源。一个组织的运行中总是存在着物流、人流、资金流和信息流,在这纵横交错的流动中,信息流就像潜流着的血

液和处于核心地位的神经中枢,它促使并控制着其他事物的流动。信息的重要功能就在于此。如领导决策需要信息依据,决策的落实需要信息传递。口头沟通的是信息,书面沟通的也是信息。语言传递的是信息,肢体甚至灯、光、电传递的还是信息。秘书和秘书部门作为领导和领导层助手,作为一个组织的枢纽,信息是其管理的重要对象和工作组成,具备信息意识是其基本的职业素质。

7.1 组织内信息分类

通常一个组织的信息按来源可分为内部信息和外部信息。内部信息即由内部产生的信息,外部信息即外来的信息;按对象属性可以分为文件、档案、图书、情报、资料等。不同的信息类型各有其特点和功用,管理时既要能区分它们,发挥其长处,又要能进行整合,发挥它们的综合价值。那么,究竟什么是信息?什么是文件与档案?什么是图书、情报与资料呢?

一、信息与知识

1. 什么是信息

从广泛的视角看,信息不仅包括社会信息,而且包括自然信息和生物信息。信息是物质的普遍属性,一切能够表达一定物理形式和物理量的,如代码、符号、声音、光亮、颜色等都可称为信息。

日常工作中通常使用的信息概念是社会信息概念,即人类社会中存在的一切消息和知识。目前,见于世界各国的法规、标准、学术著作和论文中关于信息的定义至少有几十种,基本都是从社会信息的角度来定义的。有人认为信息是那些"有意义的数据"或"沟通的内容"。澳大利亚标准AS5037-2005中将信息定义为"活动场景中产生的并对其具有意义的数据或资料"。国际文件管理信托组织(International Records Management Trust)将信息定义为"人类通过他们的感知获得的感性知识。在它以数据的方式呈现之前,它的存在是无形的。当它作为文件数据时,能被存储、传递和使用。"

2. 信息的关键功能

信息的本质功能就是用来消除"不确定性"。在一定的条件下,人们掌握的信息越多,就越能减少不确定性,就越能减少决策的风险和误判的概率。信息可以共享,但所有信息过程都不可逆转,就像覆水难收,信息在不断的产生和消失之中。一般情况下,信息传播之后的状态不可能再还原到传播之前的状态。甲把 A 事件告诉乙,乙就不可能再回到不知 A 事件的状态。信息活动具有四个基本要素:信源(即信息发出者)、信道(即信息传播渠道)、信宿(即信息接收者)和信息。信息论认为,只有在信源、信道、信宿三者之间具有协同性时,信息才能产生效应。

3. 信息概念的产生与发展

信息自古有之。在人类社会中,人们最初对信息的理解是从音信、消息的角度来理解的。如早在一千多年前,唐朝诗人李中在《碧云集·暮春怀古人》一诗中写到"梦断美人沉信息,目穿长路依楼台"。但作为科学概念的出现则是 20 世纪通信工程研究的成果。1928 年,哈特莱(R. V. L. Hartley)在《贝尔系统技术杂志》上发表了一篇题为《信息传输》的论文。该文中,他把"信息"理解为选择通信符号的方式。他认为,只要从符号表中选择的符号数目一定,发信者所能发出的信息的数量就被限定了。如选择了"I am well"的符号,就是发出了"我平安"的信息;选择了"I am sick"的符号,就是发出了"我病了"的信息。哈特莱的思想和研究成果,为信息论的创立奠定了基础。而 1948 年贝尔实验室的申农(C. E. Shannon)在《贝尔系统技术杂志》上发表的《通信的数学理论》一文则标志着信息论的诞生。他的信息概念被我国学者诠释为"信息是指有新内容、新知识的消息"。这种理解几乎与我国长期沿用的情报概念具有一致性。信息与知识具有交叉关系。什么是知识? 知识是人们在实践活动中所获得的认识和经验的总和,是人类认知和思维的产物。人们通过学习可以获得知识,并运用科学知识去提升实践水平。

80 年代之后,随着我国国门的敞开,中国以飞快的速度在技术和经济领域与国际接轨,进入信息时代,电脑与网络走进了社会的各个角落,信息一词家喻户晓,信息的传播、沟通和交流已成为时尚和现代的生活方式,也成了一切学科的链接点。信息的神奇更在于它的无处不在和增值功能,我们生活在信息的海洋之中。

4. 信息的基本特性

信息具有这样一些显著的特性:

(1)客观性。信息作为事物的基本属性是客观存在的,是可以被识别的。比如太阳升起传递了天气晴朗的信息,气温 39℃传递的是高温炎热的信息。

(2)传递性。信息是可以转换传递的,如由口头转化为书面传递,由模拟信号转化为数字信号传递等。

(3)时效性。信息是会随着所依附的事物的变化而产生和消亡的,会随着时间的变化而伴随价值变动的。比如会议通知,如果迟到就会失效。

(4)有用性。信息是可以复制再生的,信息是可以加工处理和形成新的信息产品的。

(5)共享性。信息和知识一样具有共享性特点,这是信息与物质实体相比的一个最大特点和优势。信息和知识交流沟通的结果是彼此增加和分享信息和知识,而同一实物的流动则必是鱼和熊掌无法兼得。

信息像一把大伞,覆盖了文件、档案、图书、情报、资料等事物和概念,而信息的基本特性又为各类信息的开发利用提供了广阔的舞台。

二、文件与档案

1. 什么是文件

文件因活动的需要而产生,是活动的伴生物,是游离于人脑的信息载体。澳大利亚是文件管理标准化工作走在世界前列的国家。1996 年产生了澳大利亚文件管理标准 AS4390－1996,这是第一个关于文件管理的世界性标准,在此基础上于 2001 年形成了关于文件管理的第一个国际标准 ISO15489—2001,并反哺产生了澳大利亚新的文件管理标准 AS ISO 15489－2002。在 2002 年澳大利亚文件管理标准中,给出了非常简单的"文件"定义:"能作为独立单元被处理的信息载体或记录物。"

20 世纪七八十年代,在联合国教科文组织和国际档案理事会的活动成果《文件与档案管理规划》报告选编(A Selection of Reports from RAMP)中也曾指出文件是"一个机构或组织在其工作中形成、接受和保存的所有有记载的信息(不论其物质形式或特征如何)。它包括所有已公布或未公布的视听、制图和机读文件——只要这类文件与某个机构或组织的工作事务相关"。

目前国际上关于文件的普遍共识和理解上的发展趋势是强调不受形式局限的大文件概念或广义文件概念,以及非支离破碎的具有完整性的独立实体概念。写在竹片上的孙子兵法是文件,网上公布的《反国家分裂法》也是文件。纸质文本是文件,图纸、照片、录像带也是文件。但孤立的一条记录、一个数据是信息但不是文件,因为它缺乏完整性,也就没有了文件本身具有的特质。

我国 90 年代之前主要使用的是狭义的文件概念,它有两种理解:一种是现行文件,即为具体工作需要产生并正在运行使用中的文件;另一种将其代指"红头文件"。

2. 什么是档案

1996 颁布的《中华人民共和国档案法》第 1 章第 2 条指出:档案是"过去

和现在的国家机构、社会组织以及个人从事政治、军事、经济、科学、技术、文化、宗教等活动直接形成的对国家和社会具有保存价值的各种文字、图表、声像等不同形式的历史记录"。

在西方许多国家,对于档案是分阶段来理解的,并通过"record"和"archive"两个单词来进行更细化的区分。前者可以被称为"中间档案"或"档案文件",后者可以被认为是"历史档案"。"中间档案"由文件转化而来,"是指组织和个人因法律义务和业务处理的需要,可以作为证据和情报的那些创建、收到或维护的信息"(AS ISO 15489)。通俗的理解也就是,文件处理完毕,完成了它的成文使命后仍然具有证据价值和情报价值的文件就进入了非现行文件阶段。"历史档案"指的是那些"通过鉴定后被认为具有持续价值的非现行文件"。这些文件是非现行文件中的一部分,通常被鉴选出来在档案机构永久保存。在西方,据估计一个组织中大约有5%～10%的非现行文件具有永久保存价值。历史档案所具有的持续价值主要指史料价值、科学研究价值和文物收藏价值等。历史档案属于非现行文件。在中国,我们通常把非现行文件包括中间档案和历史档案统称档案,只是分阶段在档案室和档案馆保存和管理而已。

3. 文件、档案和信息的相互关系

文件(现行文件)、非现行文件、历史档案都承载和传递信息,但不是所有的信息都能作为文件和档案。比如书店发行的图书属于信息但不属于档案。历史档案是非现行文件的子集,非现行文件是文件的子集,文件是信息的子集。文件、档案和信息的相互关系见图7-1。

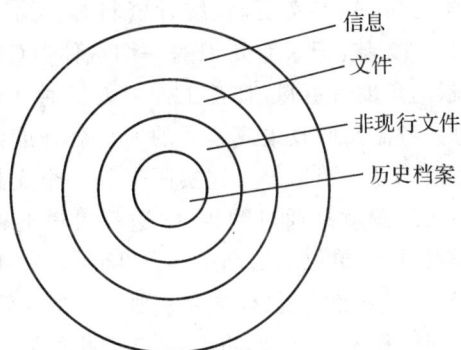

图 7-1　文件、档案和信息的相互关系

三、图书、情报与资料

如果说一个组织中的文件与档案大多数为内部信息的话,那么,图书资料则主要属于外部信息。知己知彼才能百战不殆。知己的重要渠道之一是掌握本单位的第一手资料文件与档案,因为它们真实记录了活动主体及其活动过程的情况。而知彼的重要渠道之一是掌握外单位的文件与档案。但事实上,要获得外单位的第一手资料是很困难的,因此,决策中知彼的信息大量的是来自于第二手资料,这就是外来的图书、情报和其他各种资料,包括丰富的网络信息资源。

图书有狭义和广义两种理解,广义理解为"书籍期刊画册图片等出版物的总称",即所谓的书报期刊。狭义理解为记载系统知识的出版物,一般专指书籍。

"情报"概念,比较通俗的理解就是"泛指一切最新的情况报道"或"传递过程中有用的知识、信息"。基于对情报信息本质的认识,1992年,国家科委决定将"科技情报"改称"科技信息"。情报与文件的关系可以见图7-2。

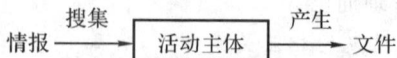

图 7-2　情报与文件的关系

资料一解为生产、生活中必须的物品,如生活资料、生产资料等。家庭中的锅碗瓢盆是生活资料,企业中的厂房设备是生产资料。二解为用做依据的文献材料,如学习资料、参考资料、统计资料等。第二种理解就属于文献范畴或信息范畴。"文献:记录有知识的一切载体"(GB3792.1-83文献著录总则)。从文献的角度看资料,日常工作中人们通常将作为工作、生产、学习和科学研究等参考需要而收集或编写的一切公开或内部的材料统称为资料,包括图书、情报、文件、档案等。这实际上是一个文献资料的概念。还有一种对资料的狭义理解就是通过购买、赠送等渠道汇聚形成的只有参考价值的资料,一般不包括本单位或活动主体产生的文件和档案,因此也常称参考资料,如从书店购买来的法规、标准和手册等类的书籍。

随着计算机和网络技术的普及,办公室自动化的发展,电子文档、电子图书、电子数据等数字化信息正在爆炸性地激增,大量垃圾信息、虚假信息伴随而来。这为信息的甄别带来了难度,也给现代秘书带来了挑战。

以上这些信息类型都是秘书人员在日常工作中会遇到的。要正确地管理和利用各类信息,不仅需要了解信息的类型与各自的本质特点,还需要了解各类信息相互之间的异同和转化关系。

四、信息类型的联系与区别

文件、档案、图书、情报等各种信息类型的界线,不是绝对分明或不可逾越的。它们相互之间既有区别也有密切的联系。

1. 各类信息相互之间的联系

各类信息相互之间的联系主要表现在以下三个方面:

(1)都是信息载体,都内含信息。这就为各类信息优势互补、综合开发和利用信息提供了可能性。

(2)一种信息载体在一定的条件下可以同时具有多重属性。比如珍贵的古籍样本就具有多种属性,既是图书,也是文件和文物,同时还可能具有重要的情报价值。

(3)不同类型的信息在一定的条件下能够互相转化。比如,可以从档案馆调出多年不生产的产品设计图,重新投入生产,这就会导致档案再生文件的现象;从外单位搜集而来的设计图纸,必要的话可以直接采用作为本单位设计依据或直接用于制造,这是将情报转化为文件。这种转化现象是值得信息工作者留意的,因为它关系到对文献的正确处置。对组织而言,本单位的档案文件总是信息管理的主体。

2. 各类信息相互之间的区别

各类信息相互之间的区别主要表现在以下三个方面:

(1)产生规律不同。对于活动主体而言,文件是针对特定的工作和活动的需要产生,是活动的伴生物,因此记述和反映活动的主体。它可以是自编产生的,也可以是收到执行的。如作为生产依据的外来的订单是文件,本单位的工作计划也是文件。档案是人们为了将来备查有意识地对文件进行捕捉和保存的产物。图书是为了社会读者而产生的加工品。社会领域的情报则是信息用户捕捉到的最新的有用的消息或信息,是活动主体的搜集物。文献资料可以是文件,也可以是图书。产生规律的不同,决定了各类信息的内容和功能也存在一定的差别。

(2)内容构成不同。相比较而言,图书中内含的信息比较系统全面,具有知识性;文件的内容则比较零碎,具有针对性;档案的内容比较重要,具有保存性;情报的内容比较灵活,具有新颖性;资料的内容比较庞杂,具有广阔性。

（3）功能作用不同。文件是工作的条件、依据、必要步骤和重要成果，具有工作依据作用、信息工具和管理工具的作用。文件与档案作为原生信息，是第一手材料，具有回溯历史的证据价值和日常工作的查考价值。图书和情报则一般只具有参考作用。资料的功能则需根据其来源决定。

7.2 信息管理概述

《2006—2020 年国家信息化发展战备》节选

信息化是当今世界发展的大趋势，是推动经济社会变革的重要力量。大力推进信息化，是覆盖我国现代化建设全局的战略举措，是贯彻落实科学发展观、全面建设小康社会、构建社会主义和谐社会和建设创新型国家的迫切需要和必然选择。

一、全球信息化发展的基本趋势

信息化是充分利用信息技术，开发利用信息资源，促进信息交流和知识共享，提高经济增长质量，推动经济社会发展转型的历史进程。20 世纪 90 年代以来，信息技术不断创新，信息产业持续发展，信息网络广泛普及，信息化成为全球经济社会发展的显著特征，并逐步向一场全方位的社会变革演进。进入 21 世纪，信息化对经济社会发展的影响更加深刻。广泛应用、高度渗透的信息技术正孕育着新的重大突破。信息资源日益成为重要生产要素、无形资产和社会财富。信息网络更加普及并日趋融合。信息化与经济全球化相互交织，推动着全球产业分工深化和经济结构调整，重塑着全球经济竞争格局。互联网加剧了各种思想文化的相互激荡，成为信息传播和知识扩散的新载体。电子政务在提高行政效率、改善政府效能、扩大民主参与等方面的作用日益显著。信息安全的重要性与日俱增，成为各国面临的共同挑战。信息化使现代战争形态发生重大变化，是世界新军事变革的核心内容。全球数字鸿沟呈现扩大趋势，发展失衡现象日趋严重。发达国家信息化发展目标更加清晰，正在出现向信息社会转型的趋向；越来越多的发展中国家主动迎接信息化发展带来的新机遇，力争跟上时代潮流。全球信息化正在引发当今世界的深刻变革，重塑世界政治、经济、社会、文化和军事发展的新格局。加快信息化发展，已经成为世界各国的共同选择。

……

提示:文件与档案是可以开发和增值的重要的信息资源,是一个组织的重要财富,是外化的知识世界或经验世界。你是如何认识文件与档案管理的重要性和开发利用的重要性的呢?

信息是一个组织内客观存在的事物和现象。信息的特点以及它的重要性决定了它既是管理的重要对象,也是管理的重要条件和基本手段。秘书部门和秘书人员在开展文档与信息管理时,借助信息管理知识可以提升信息管理水平。

一、信息管理与知识管理

信息管理是一个组织内管理的必要组成。有效和高效的信息管理不仅能为领导层的决策提供依据和参考,而且可以对一个组织中的各项工作提供强大的支撑,因为信息和信息的活动贯穿于整个管理过程。

信息管理是对各类信息进行管理,从而为信息用户提供优质服务的管理活动。国际文件管理信托组织给信息管理下的定义是:"计划、控制和开发一个组织的信息资源以支持业务活动。又称为信息资源管理。"典型的信息管理过程包括:信息的创建、信息的组织、信息的存储、信息的使用和信息处置。从管理对象上分析,一个组织的信息管理可以描述为这样一个分层系统,见图 7-3。

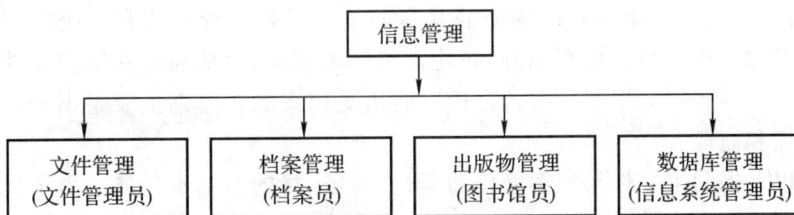

```
                    ┌──────────┐
                    │  信息管理  │
                    └──────────┘
        ┌───────────┬────┴──────┬───────────┐
   ┌────────┐  ┌────────┐  ┌────────┐  ┌──────────┐
   │ 文件管理 │  │ 档案管理 │  │出版物管理│  │ 数据库管理 │
   │(文件管理员)│ │ (档案员) │  │(图书馆员)│  │(信息系统管理员)│
   └────────┘  └────────┘  └────────┘  └──────────┘
```

图 7-3　信息管理层级系统

知识管理是继信息管理之后发展的新概念,并随着知识对新经济影响的认识提升而日益引起重视。知识经济呼吁知识管理。知识管理既是一种理念也是一种实践,作为一种理念,其核心内容是认为组织机构内成员的隐性知识(内在知识)是组织中最重要的财富。通过合理的人力资源政策和实践,寻求实现从隐性知识向显性知识(外化知识)的转化,可以达到组织成员间知识的共享。显性知识通过传播、存储和检索利用可以极大地规避组织风险和抓住现实机会。而对于这样一种理念的实践则是正在如火如荼进行中的"创造学习型组织"。隐性知识可以内藏于个体人物之中,也可以外化体现在各种技能的运用、讨论和沟通之中,以及文化环境的营造过程,还可以固定在文件、档案、图书等各类信息载体之中。

信息管理走向知识管理,实际上是一种由信息资源共享走向知识和思想共享的转变。但说到底知识和思想的传播和共享还是一种信息的传播和共享,同时,信息也是知识的基础和知识的构成成分。文件的本质是信息工具,但同时也是外化知识存在的一种形式,是外化知识的载体之一。

这种认识可以作为秘书部门和秘书人员加强与领导、客户和同事等的交流和合作,加强自我学习、相互学习和开展培训活动的理论基础。

二、文件与档案管理

文件与档案管理作为信息管理的一个子系统,对一个组织具有重要意义,是一个组织中信息管理的主体。

文件管理的最新理解是对文件从创建直到鉴定保存或处置的整个生命周期进行管理的过程,包括对对现行文件的管理、非现行文件(中间档案)的管理和历史档案的管理,包括对纸质文件、电子文件和多媒体文件的管理。它的目的在于获取有关某一机构的政策和业务工作的准确、完整的记录,管理、改进和简化文件和文件系统,慎重地保存和处置文件。

档案管理是对中间档案和历史档案的管理。中间档案的管理对一个组织来说,是其满足业务功能需要的基本职能。它是负责有效和系统控制中间档案的形成、收集、保管、利用和处置的管理领域,包括捕捉和维护文件中有关业务活动的证据和情报的过程。而历史档案的管理则主要是出于社会的责任和需要。

以上揭示了文件与档案管理的属性、对象、目的和基本任务。由于文件和档案具有血缘关系,因此一个单位有效的信息管理方式就是建立一个整合的一体化的文件与档案管理系统,或称文档系统。鉴于文件、档案的信息本质和机关单位综合开发利用各种信息资源的需要,21世纪的政务和商务组织正在朝着文件管理、档案管理、图书情报管理、知识管理系统整合或一体化的信息管理的方向发展。秘书部门和秘书人员作为主要的信息制作者和管理者,应面对发展的需要积极推动本单位的信息一体化管理。

三、文档与信息管理的重要性

一个组织为什么需要对文档和信息进行管理?这是由文档与信息管理

的重要性决定的,而文档与信息管理的重要性则受制于一个组织对文档与信息的需求状况。一般情况下,一个组织对文档与信息的需求主要表现在四个方面:工作需要、法律需要、制度环境需要和历史与文化的需要。

文档与信息的功能与作用,以及文档与信息管理的重要性突出表现在以下几个方面:

1. 文档与信息管理在组织机构工作运行中具有重要意义

这方面的重要性集中体现在促进组织核心竞争力的提升和降低组织风险上。

(1)有效和高效的文档与信息管理系统能够提升一个组织的核心竞争力。文档与信息是领导和领导层科学决策的依据和条件。文档与信息活动贯穿于科学决策的全过程,有效和高效的文档与信息管理系统能够通过提供完整、可靠、准确的信息保障科学的决策。

文档与信息是组织内科学管理的重要工具,尤其是规范化的公文,它承载了管理者的思想和意图,固定了工作经验总结而来的工作的流程和制度,突破了时空的限制,为实际工作提供了最佳实践标准和指导。有效和高效的文档与信息管理系统能够通过文件方式,作为管理工具,实施对现实活动的有效管理和控制,提升管理水平。ISO9000族的质量管理体系中使用的一个核心方法就是文件方法。

文档与信息是组织内有效工作的基础。沟通是工作的基本要素,组织内人际沟通或人机沟通的媒介和内容就是文档与信息。活动的链条是由信息的链条连接起来的,信息断链也会导致活动断链。

(2)有效和高效的文档与信息管理系统能够减少或规避组织风险。任何能引起组织价值下降的原因都可被认作是组织风险,组织风险是由内外环境引起的。市场经济中,企业面临的风险就更大。组织尤其是企业在生存和发展过程中会遇到各种类型的风险,如价格风险、信用风险、纯风险(物质财产的损坏、法律诉讼和人员伤害等)等,其中一种重要风险就是信息风险。

组织内部常见的信息活动有:组织各职能部门之间的信息沟通;决策者及执行者之间的信息沟通;工作业务活动中信息的形成、使用、分析、整理、鉴定与存储,技术创新过程中各环节之间、各部门之间信息的采集、传递、分析、加工和反馈;企业内部与外部的信息沟通等。如果一个组织不能建立起可靠的、畅通的信息网络,使各种信息有序传递并避免信息阻塞或封闭,使每一个决策者在适当的时间适当的地方获得他所需要的可靠的信息,就可能发生信息风险。信息所带来的决策风险主要是因为信息不全不准引起的。比如旷日持久代价惨重的伊拉克战争,美国方面承认决策战争的依据性信息中存在非真实可靠信息。又如某省一铅锌矿发生主井钢梁损坏,造成全矿停产的严重事故。之后,由于文件管理系统及时提供了有关的科技文件,使工程修复进度大大加快,提前一个月恢复了生产,挽回损失1800万元。据统计,70%的企业因为文档工作混乱和电脑程序及数据的丢失而导致企业失败;40%的组织在遭受重大灾害一年后淘汰出局;43%的组织在遭受重大灾害后不再开张等。组织内的文件与档案是一个组织重要的信息资源。有效和高效的文档与信息管理系统有助于及时提供完整、准确的信息,减少或规避组织风险。

2. 文档与信息管理在法律事务的处理中具有重要意义

在社会日益加强法制化建设的过程中,作为证据保存档案文件以便有效处理法律纠纷就变成了组织保护自身利益的需要。过去这种需要主要表现为一种个人需要和民营企业的需要,但现在是国有企业和国家机关在法律诉讼过程中同样需要用证据说话。那么究竟哪些文件可以作为证据?按惯例和有关的法律法规,原始纸质文件即档案文件是公认的证据,而复制件或二手材料一般不能在法庭上作为证据。正因为如此,组织需要对作为证据的档案文件的形成和保护予以足够的重视。事实上,这方面被我国企业广泛忽视,导致许多不必要的损失。如草率签订合同导致利益受损。而国外最重要的一件事是不可以随便签字,因为签字与法律责任是连在一起的。

近10年,随着电子文件的普及使用,电子文件可否作为证据,成了档案界、法律界及社会各界共同关心的世界性话题。目前在这一问题上的总体趋势是:电子文件被有条件地作为证据。也就是说如果能够证明电子文件自产生后未经变更,是真实可靠的,就可成为证据。1990年的南澳"证据修正法案"中,已认可电子文件被有条件地作为证据。2000年美国的《电子签名法案》使电子签名在美国合法化,2004年《中华人民共和国电子签名法》也促成了电子签名在我国的合法化。按照这种趋势,企业应高度重视能够证明电子文件真实性、可靠性的元数据的形成和管理。

有效和高效的文档与信息管理系统能够有效保存、及时提供和利用具有证据价值的文件。

3. 文档与信息管理作为依据在应对外界制度环境中具有重要意义

一个组织收集、保存和维护文档与信息,一方面是因为自身的需要,另一方面也是因为社会环境中相关制度的规定,或义务与责任的需要。在国内外一些行业性的规章制度中,对于应当保存哪些文件、保存多久都有一些定性的甚至是非常具体的规定。比如《中华人民共和国档案法》第 3 条规定:"一切国家机关、武装力量、政党、社会团体、企业事业单位和公民都有保护档案的义务。"1983 年国家计委颁发了《关于基本建设项目进行可行性研究的试行管理办法》,从此将《可行性研究报告》列入了大中型基本建设项目应当形成和保存的文件之列,作为竣工验收的成套文件的必要构成。又如《医药卫生档案管理暂行办法》(1991 年 3 月 5 日卫生部、国家档案局发布)第 17 条规定:科研、医疗卫生技术和基建档案应在项目及技术工作完成后两个月内归档。澳大利亚的《税法》中详细说明了各类税务档案文件的保管期限,像营销税档案文件在与此相关的业务办理完毕后需要保存 5 年。

此外,随着政务公开和公民权利意识的增强,机关和企业事业单位需要对自己的行为负责,并有义务在必要时向有关人员、部门和公众为自己的行为或导致的结果作出解释。这种说明性需要也决定了档案文件管理的必要性。对于批评性的舆论,最有力的澄清方法就是出具证据,包括文件证据。某一大学的著名教授,在与韩国合作进行药品的人体实验过程中,由于许多应该形成的审批文件以及按规定应该形成的实验参加者同意书等都未形成,结果在实验参加者发生病变后被媒体曝光,受到置疑。

ISO/DIS9000 标准中提出,在质量管理体系中使用这样几种文件类型,见图 7-4。

有效和高效的文档与信息管理系统能够有效保存、及时提供和利用具有依据作用、能满足对外说明需要的文件,或按规定移交相关的文件。

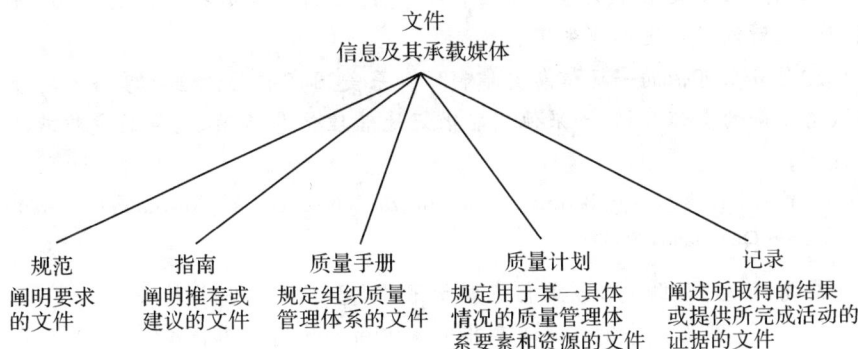

文件
信息及其承载媒体

规范	指南	质量手册	质量计划	记录
阐明要求的文件	阐明推荐或建议的文件	规定组织质量管理体系的文件	规定用于某一具体情况的质量管理体系要素和资源的文件	阐述所取得的结果或提供所完成活动的证据的文件

图 7-4 质量管理体系的文件类型

4. 作为历史记录和文化沉淀在历史文化传承中具有重要意义

文件不仅记录了活动的过程,而且记述了人们的思想和智慧;不仅记录了活动的成果,而且还沉淀了与活动相关的环境文化。文件不仅可以在现实社会中做横向的传递和使用,而且可以在历史的长河中做纵向的传播。今天的文件可能因为其内容的典型性或创新性、内容所反映对象的特殊地位和意义,以及文件形式上的原因而对未来具有历史研究和科学研究的史料价值,或文物收藏和艺术欣赏价值等。比如像"联想"、"Google"这样的著名公司、杨三郎这样的著名画家等,他们的材料会作为特定时代的文化遗产被收集并传承下去。

有效和高效的文档与信息管理系统能够以对社会对历史负责的态度,有效地保存与维护具有历史文化遗产价值的文档与信息,不仅可用它来对外传播本单位的文化,为本单位的可持续发展服务,还可用来造福于全社会和全人类。有效的文档管理可以使具有历史意义和社会意义的档案文件永久地保留下去,在历史上发挥积极的作用。

案例 7-1

可怕的信息灾难

1999 年 9 月 23 日,美国宇航局发射的"火星气候轨道者"宇宙飞船消失了。这艘宇宙飞船已经正常飞行了 9 个半月。科学家最初完全懵了,不知道哪里出了错。他们进行了反复检查和计算,结果发现项目合作者对美国宇航局使用公制计量单位不清楚,提交的关于力的加速度数据用的是英制计量单位"磅"而不是公制计量单位"牛顿"。就是因为没有把"磅"转换为"牛顿"计量,所以宇宙飞船消失了。

这是多么可怕的一场信息灾难啊!如果美国宇航局能全面掌握具有重大战略使命的全部数据,如果他们能很好地管理信息活动,这样的灾难就不会发生。

(资料来源:〔澳〕Jackie Bettington. *Information management*. Australia:University of Southern Queesland,2006)

思考:1. 此案例中涉及的信息属于哪种类型的信息? 为什么?

　　　2. 此案例中的信息表现出哪些方面的作用? 为什么?

7.3　文档管理模式与方法

　　虽然,秘书部门和秘书人员只是参与文档与信息管理,并非专业人员和部门,但由于许多秘书人员扮演的是兼职档案员、信息员的角色,再加上目前的电子文档与信息环境也使相关部门和人员不得不介入,因此,秘书部门和秘书人员了解和掌握文档管理模式与方法很有必要,也具有现实意义。

　　如前所述,文档管理是一个组织内信息管理系统的核心部分。它记述和反映本单位的情况,是本单位的独特财富,具有不可取代性。有效和高效的文件和档案管理实践需要用科学的理论与方法做指导。在这里,主要介绍几种此领域目前比较先进科学的管理模式与理念:文件生命周期模式、文件连续体模式和若干重要的档案文件管理原则等。

一、文档管理模式

　1. 文件生命周期模式

　　文件生命周期是指文件从形成到销毁或永久保存这一完整运动过程的时间跨度。文件生命周期模式是这样一种理念和方法:把文件看作有机的生命,有出生、发展和死亡的过程,具体表现为文件有一个产生、使用和被销毁处置或进入档案机构保存的过程。文件管理需要根据文件的运动阶段进行科学管理。文件生命周期模式揭示了纸质文件的线性运动规律,为传统的纸质实体文件管理提供了科学的理论基础,是基于纸质档案文件的传统方法。

　　1992年,美国档案学家威利斯(Wallace)等人在《文件管理:综合信息系统》一书中给出了文件生命周期图形并将整个生命过程划分为8个阶段,从而使人们可以依据文件运动的这种规律去建立文件管理系统。这8个阶段按顺时针方向依次是文件形成、文件传递、文件使用、现行文件存储、文件移交、非现行文件存储、文件处置、文件永久保存,见图7-5。

　　文件生命周期模式是指导纸质档案文件管理的有效方法。这种管理模式和方法的最大特点是按实体文件运动的时间顺序和各阶段的特点进行管理,包括管理场所、管理方法等的选择;并以归档为分界,将现行文件运动阶段与档案文件运动阶段作了较为明显的划分,因此文件的整个生命周期实际上由(现行)文件生命周期和档案生命周期两个时间跨度组成。

　　文件生命周期模式与中国文件与档案管理实际相结合,产生了中国特

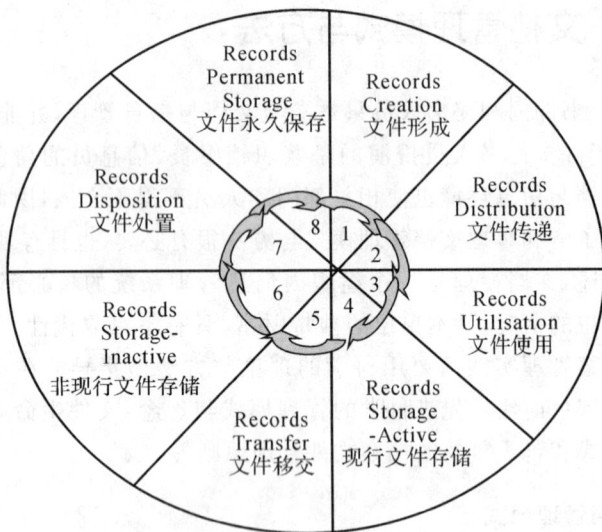

图 7-5　文件生命周期模式

色的文件生命周期的四阶段学说。在中国,文件生命周期一般分为四个阶段,即文件的制作产生阶段、现实使用阶段、暂时保存阶段、永久保存阶段。每一份文件都因特定工作的需要产生,可以自制也可以收到;然后作为现行文件传递使用,执行成文使命;现行使用完毕暂时不用或对本单位日后仍有查考作用的非现行文件,在适当的时间经过鉴定归入档案室,作为档案文件保存,业务部门具体归档时间按本单位的归档制度执行;档案室保存一定时期之后按规定要求将重要的具有历史和社会价值的档案文件移交进入档案馆,永久保存。如《机关档案工作条例》和《档案馆工作通则》规定:省以上机关将永久保存的档案在本机关保存 20 年左右;省辖市(州、盟)和县级以下机关应将永久、长期保存的档案在本机关保存 10 年左右,再向有关档案馆移交。中国式的文件生命周期模式见图 7-6。

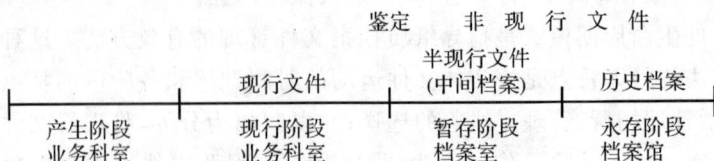

图 7-6　中国式的文件生命周期模式

文件生命周期模式作为对纸质文件运动规律的认识,不仅对今天的纸质文件与档案管理具有重大指导意义,而且对于电子文件与档案的管理以及双轨制下的文件与档案的管理也具有极大的参考价值。

2. 文件连续体模式

八九十年代,随着计算机的普及应用和网络技术的快速推广,电子文件大量产生并在文件管理中占据了日益重要的地位。这种文件管理需求与环境的变化,促使文件管理者与档案学者重新思考文件管理问题,文件连续体模式正是适应这种信息载体和信息环境的革命性变化而产生的。

1985 年在加拿大档案工作者年会上,加拿大档案专家阿瑟顿(Atherton)详述了连续体概念。1996 年澳大利亚制定颁布了对文件管理国际标准具有重要影响力的文件管理国家标准 AS4390—1996。其中给文件连续体下了如下定义:"文件存在的整个领域。指从文件创制(包括创制前文件保管系统的设计)到文件作为档案保存和利用的管理全过程中连贯一致的管理系统。"1997 澳大利亚档案学者弗兰克·厄普奥德(Frank Upward)在他的著作中提供了文件连续体的四维图形,见图 7-7。

对于文件运动的四维空间可作以下理解:

一维空间:针对活动需要形成的文件,如电子邮件、Word 文件、Excel 文件等。

二维空间:文件与其相关的元数据等信息结合而形成的证据文件。

三维空间:组织机构内的文件与文件有机结合形成作为组织整体记忆的机关档案或机关全宗(本单位的档案文件有机整体)。

四维空间:因社会和历史等记忆的需要或由各组织移交而形成的文件有机整体——档案全宗(移交档案馆的档案文件有机整体,形成社会重要活动的记忆)。

文件连续体模式揭示了电子文件及其运动的特点,指出了电子环境中文件对元数据的需要和四维空间同步运动中文件管理整合设计的需要和理念。西方学者目前普遍认为:电子文件的管理,需要使用的是文件连续体模式而不是文件生命周期模式,并已在电子文件管理系统的设计与实现中有成效地运用了新的模式与方法,其中较为突出的表现是改变传统实践中将鉴定与处置环节放在文件现行使用完毕之后的做法,而前置于文档管理的源头,前置于文档管理系统设计之中。文件连续体模式作为一种新理念和新方法,对于未来的电子文档管理系统的设计和组织整体的文档与信息管理系统的设计将具有重要的指导意义。

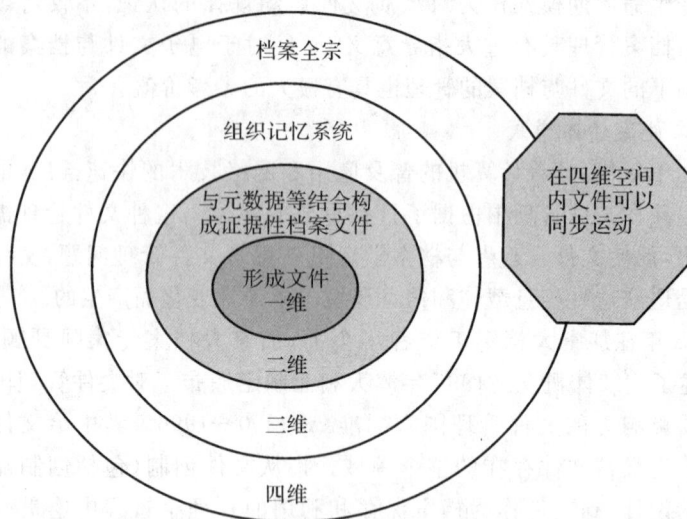

图 7-7　文件连续体模式

二、档案文件管理原则

在档案文件管理中需要坚持的具有普遍意义的重要原则主要有：来源原则、全宗原则、成套原则。

1. 来源原则

在长期的实践中，人们发现文件与档案管理不能按照图书资料那样完全按内容主题来整理和保存，否则就会使原本具有密切联系的文件分散而不再能完整地反映活动的真实过程，这样档案文件的查考价值就会打折甚至完全丧失。于是，就诞生了来源原则。

来源原则即要求确保档案文件有机整体的建立和保护的原则，要求记述和反映文件伴随活动而产生的过程和文件相互之间的内在联系或历史联系，包括在电子环境中要求生成和捕捉与文件相连的对原始文件具有证明作用的元数据。

来源原则在中国也称为有机关联原则，"就是要求在档案的收藏和管理过程中注意保持档案文件之间的有机联系"。这一原则无论对档案文件的宏观管理还是微观管理均具有重要的指导意义。

2. 全宗原则

全宗原则又称"尊重全宗原则"，即"在整理档案文件的过程中必须尊重历史上形成的档案整体——全宗"。全宗原则可以认为是来源原则的一种演化形式。全宗是文件与档案管理中的一个重要概念。"全宗是一个独立的机关、组织或人物在社会活动中形成的档案有机整体",即一个组织或一个人物的全部档案文件。一般情况下,一个组织的全部档案文件构成一个组织全宗,一个人物的全部档案文件构成一个人物全宗。全宗内的文件相互之间具有密切的联系,共同反映同一主体的活动,不可分割。全宗类似构成社会细胞的家庭,它已成为国际范围内的档案学通用术语和核心概念,并被作为档案分类和整理的原则而广泛应用,主要使适用于国家档案馆体系建设和各级各类档案馆的馆藏建设。

区分全宗是档案整理工作的重要环节。一般的基层单位只有本单位一个全宗需要管理,而一个集团公司就会依据构成单位的多少形成相应数量的子全宗,进行管理。档案馆馆藏主要是由基层单位移交的全宗为主体构成的。档案馆也以全宗为基本单位进行分类、排架、价值鉴定和数量统计。

对于基层单位的秘书而言,了解全宗原则的意义具体在于两点:第一,就是要配合文档与信息管理职能部门维护本单位全部档案的完整,做到按规定按要求整理移交档案文件;第二,如果有相对独立的下属机构或子公司则需要注意区分子全宗,将不同单位或公司的档案文件加以区分和整理。

3. 成套原则

成套原则是在有机关联原则和全宗原则的基础上产生的。由于大多数基层单位需要管理的是本单位内的档案文件,即一个全宗内的文件。如何按客观规律和要求去有效地管理全宗内的档案文件就成了一个重要问题。

成套原则的提出基于对科技档案形成规律的研究,以及科技活动文件的成套规律的发现。科技活动文件的成套规律是"围绕同一科技活动项目必然形成以客体对象为核心的由一系列文件所构成的有机整体"。成套原则要求"在科技档案的收藏与管理中,注意维护科技活动文件成套"。"科技活动文件成套"是指"一个单位在进行一项相对独立的科技活动中应当形成的、具有保存价值的全部文件"。成套原则的本质也是要求维护文件的有机联系,因此也可看作有机关联原则的分支原则。成套原则不仅可以指导并运用于科技文件与档案的整理和管理活动,而且可以指导并运用于一切以项目为核心形成的档案文件的管理,如项目档案文件、专利档案文件、合同档案文件、客户档案文件等的管理。

坚持成套原则在基层运用时,最实用的做法就是把不同项目的文件分开,把同一项目的文件合在一起,然后将合在一起的同一项目的文件按自然形成规律进行排序。比如将同一个会议的文件合在一起并按形成时间的先后顺序排列。

7.4 文档宏观管理体制

秘书人员适当地了解文档宏观管理体制，对辅助领导做好相关的信息工作是有益的。文档宏观管理体制可以从两个层面来理解和把握，即国家的文档宏观管理体制和单位内文档宏观管理体制。

一、国家的文档宏观管理体制

新中国成立之后，我国逐步建立和健全了国家范围的文件与档案管理的宏观管理体制。该体制建设的基本原则是："档案工作实行统一领导、分级管理的原则，维护档案完整与安全，便于社会各方面的利用。"该体制的基本构成是从中央到地方到基层的档案局、处、科和档案馆室系统。在中央有国家档案局，是国务院直属的职能机构，是国家最高文件与档案管理行政机关，负责对全国的文件与档案事业进行统筹规划、组织协调、统一制度，监督和指导。国家级的档案馆主要有三个：一是中央档案馆，集中保存自"五四"运动以来的、具有全国意义的革命历史档案和中华人民共和国成立后党和国家中央机关的具有永久保存价值的档案。二是故宫博物院内的中国第一历史档案馆，又称明清档案馆。三是位于南京的中国第二历史档案馆，主要收藏中华民国时期各个政权的中央机关以及直属系统的档案。在我国的各省、市、区级范围还设置了相应的档案局和档案馆或信息中心，负责掌管本区域范围的文件与档案事务。在基层各类组织建立有档案科室，负责管理本单位的文件与档案。这些分级设置的文件与档案管理机构在整个国家的文件与档案管理体系中是分而不散，实行自上而下的统一管理。

二、单位内文档宏观管理体制

对于每一个基层的秘书而言，最关心的是如何做好本单位或自己身边的文件与档案工作，既能满足本单位的需要又能应对外界需要。这就首先要对一个单位档案文件的管理系统有个基本了解。一个组织档案文件管理系统的基本构成见图7-8。其次要了解与把握档案文件管理过程中鉴定、捕捉、整理、存储和利用等具体各项业务环节的原则、方法和技能。

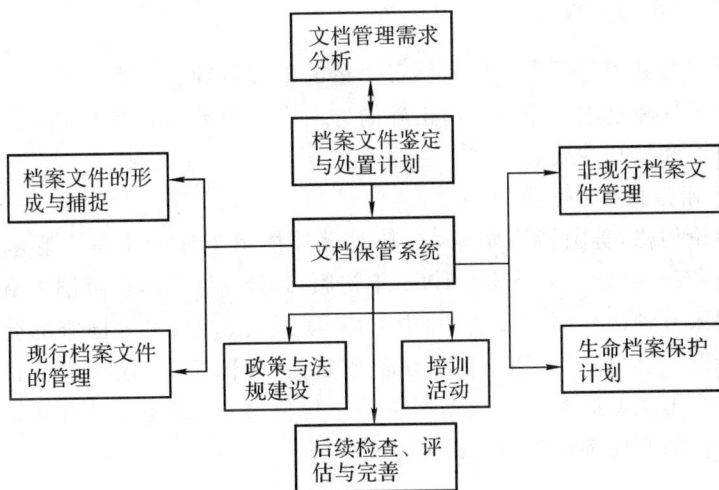

图 7-8　一个组织档案文件管理系统的基本构成

7.5　文档鉴定与处置

一、鉴定与处置概念

因活动需要而产生的文件都要归档保存吗？一方面，文件还在大量增生，如果有文必档，没有鉴定筛选过程，那么形成和使用过的文件就会堆积如山，真正有用的文件就会淹没在文海之中，大海捞针之利用效率可想而知。此外保管文件也需要经费开支，但同时组织又需要保护对组织有利的各种文件，需要防止过早地剔除和销毁文件对组织的损害。所以，为了应对这种两难境地，有效保存那些现行使用完毕或文书处理完毕后仍然有价值的档案文件，并使其得到科学管理，就需要对文件进行鉴定与处置。

档案文件鉴定是一个对其价值进行判断以决定文件的留舍、保管期限、移交时间等的决策过程。其基本内容或基本任务是：判断文件有无归档价值，即是否需要由现行文件转化为档案文件，对需要剔除的文件进行标注；判断有留存价值文件的价值大小，确定其大致的保管期限，如永久、30 年、10年等；判断各类档案文件从业务科室移交本单位档案室或从本单位档案室移交档案馆的时间，并进行标注。

档案文件处置是依据档案文件鉴定结果对其进行处理的落实行动。

二、鉴定与处置方法

鉴定与处置是关系文件与档案命运的重要行动。科学的鉴定与处置方法有利于保障这项工作不偏离正确的方向和少出差错。在鉴定与处置中可用的方法和技巧主要有：

1. 谢伦伯格价值鉴定法

谢伦伯格，美国档案学家，在其对世界档案工作产生重大影响的著作《现代档案——原则与技术》(1956 年初版，1975 年再版，在英国大百科全书中被列入五种档案学名著之一)中，分析了英、法、德、美等国家的公共文件鉴定标准，从而提出了谢伦伯格价值鉴定法，见图 7-9。这一方法目前仍被世界许多国家普遍参考。依据谢伦伯格价值鉴定法，凡是具有初始价值和从属价值的文件都应该归档保存。

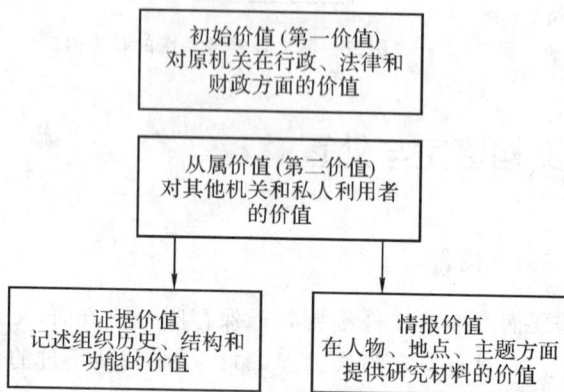

图 7-9　谢伦伯格价值鉴定法

2. "风险价值"分等鉴定法

一个组织的文档依据其对组织的重要性即"风险价值"大小可以分为四类，见表 7-1。这种分类方法可以帮助所有专职和兼职的文档管理人员，包括秘书人员和其他管理人员区分文件的价值大小，明确关键的少数和次要的多数，帮助确定文件的保管期限，针对不同的管理对象制定分门别类管理和保护的策略。

表 7-1　文档风险价值分类

分类	含义	举例
生命文档	指的是对组织具有不可替代性的文档,包括对组织继续运行不可缺少的文档;能提供组织合法身份的证据性文档;保护组织、客户、股东财产和利益的文档。一般需要永久保存。约占一个组织全部文件的10%。	董事会纪要、公司注册证、地契、专利、合同、重要的实验笔记、产品说明书、负债表……
重要文档	对组织继续运行具有重要意义的文档,它能从原始资源中再生,但再生成本昂贵。	章程手册、应付款、财税文档、营销文档等
有用文档	指的是可替换性文档,丢后对组织会产生暂时的不方便。	大多数来往信函,如书信、传真件、备忘录、银行证明等
无用文档	完成成文使命后不再为组织需要的文件。一般用后可毁掉。	日常通知、日常电话记录等

3. 宏观鉴定法

宏观鉴定法是 20 世纪 90 年代以后出现的一种新的文件鉴定方法。该方法的基本思维就是从产生文件的社会活动中去分析和把握文件的价值。在这种分析过程中需要运用的是系统的方法、全面分析的方法。比如中央政府档案文件的整体价值高于县政府档案文件的整体价值、上市公司档案文件的整体价值高于民营小公司档案文件的整体价值等。

4. 成套文件鉴定法

成套文件鉴定法就是采用从宏观到微观、从整套到单件的次序依次进行文件鉴定的方法。这种鉴定次序一般不能逆转。对于文件的鉴定不应该从孤立的单份文件开始,而是要从全宗、成套文件等文件的有机整体开始鉴定和判断其价值,确定其总的保管价值和保管期限,然后再对整体内的具体文件分析其价值。一般情况下是成套内的具体文件价值服从整体价值,如果一个全宗的保管期限都定为永久,那么一般情况下其中所有文件都可按永久来处理。但在实践中也要具体问题具体分析。比如公安机关的犯人卷宗,无论是普通卷宗还是要犯卷宗,其中判决书都是最重要的文件,即使某一犯人卷宗在保存一定时期后需要销毁,其中的判决书也必须抽出另存。

5. 价值因素分析法

价值因素是指决定文件有无使用价值以及使用价值持久程度的原因要素。陈作明教授认为,档案的使用价值由三大因素构成:①史料价值因素;②文物收藏价值因素;③工作查考价值因素。史料价值是文件对于历史研究的价值,包括企业史、地方史、行业史和国家史等。史料价值是档案文件最高的保管价值之一,具有典型史料价值的文件需要永久保存。文物收藏价值主要看有无纪念价值和工艺、美术欣赏等价值。凡是具有文物收藏价值的档案文件,都应当永久保管。工作查考价值根据工作查考的需要价值有大有小,其保管期限根据情况而定。

当然,对于一些历史上遗留下来的档案文件,则需要具体情况具体分析。比如老龄档案应得到尊重,重要档案文件丢失时,次要的档案文件价值会上升,等等。比如,建国前的档案文件一般都需要永久保存。正本损毁时,副本的价值会提高。

以上各种鉴定方法各单位可以根据需要选用或结合使用,具体从事文档管理的人员也可以此为指导谨慎处置文件。

6. 档案保管期限表

档案保管期限表是一种用来说明档案文件保存时间长短的表格式文件。在我国,档案保管期限表通常由两部分组成:一部分是说明部分,主要用来说明编制依据和确定保管期限的原则与方法、适用范围和使用方法以及其他需要说明的问题。另一部分为条款部分,它是保管期限表的主体,一般是分类列条,逐项列出文件类型以及具体的保管期限。条款栏目主要有顺序号、条款名称、保管期限、备注四项构成。

档案保管期限表实际上是运用档案文件价值鉴定方法,对文件进行分析决策的结果,同时也是实践中指导文件鉴定和处置的标准,对保证鉴定与处置工作的质量和效率具有重要意义。我国的保管期限表比较简单,具体的保管期限也比较笼统,保管期限一般定为永久、定期两种。定期一般分为30 年、10 年。见表 7-2。国外的保管期限表中,除了说明不同类型文件的保管期限外,通常还会包括有关档案文件的移交时间(移交至文件中心或档案馆的时间),以及档案文件利用方面问题的说明。档案保管期限表的类型主要有三类:①通用的档案保管期限表或标准档案保管期限表,由国家档案行政管理机关编制,供全国各类组织参照执行,如 2006 年 12 月 18 日发布的《机关文件材料归档范围和文书档案保管期限规定》;②行业或专业或系统的档案保管期限表,由行业或系统的主管机关编制,供本行业或专业或系统内的组织参照执行,如《预算会计档案保管期限表》、《中国人民解放军文书档案保管期限表》等;③单位的档案保管期限表,是以上述两种保管期限表为依据,以本单位的档案文件为对象,结合本单位的工作实际制订形成的。在国外,档案保管期限表还可以由中介机构产生,以为需要的组织提供指导和帮助。

表 7-2   文书档案保管期限表(节选)

顺序号	条款名称	保管期限	备注
8.5	机关联合行文的文件材料		
8.5.1	本机关为主办的		
8.5.1.1	重要业务问题的	永久	
8.5.1.2	一般业务问题的	30 年	
8.5.2	本机关为协办的		
8.5.2.1	重要业务问题的	30 年	
8.5.2.2	一般业务问题的	10 年	

7. 电子文件的鉴定

基层单位传统的纸质文件的鉴定,按照文件的生命周期规律,一般放在两个阶段进行:一是在现行文件使用完毕或暂时告一段落进入档案室时的归档鉴定;二是在档案室进行的定期鉴定,主要为管理和移交服务。但大量产生的电子文件如果沿用传统做法就会因文件得不到及时保护而丢失或消失,这在现代办公环境下极易产生。另外电子文件证据价值的证明也远比纸质文件困难。因此,在对电子文件进行鉴定时,要注意以下三点:

(1)电子文件的鉴定环节要提前,应在文件产生之后尽快进行,为此,需要开发自动归档系统,嵌入标准的档案保管期限表,并提高鉴定频率。

(2)注意保证具有证据作用的元数据的形成、完整和可靠。

(3)可以根据实际需要运用传统的和现代的鉴定方法。

7.6   文件积累、归档和整理

一、文件积累

文件每天都在产生,如果不有意识地积累,文件就会丢失。而文件不完整一方面会给工作带来不便,另一方面会给本单位的档案文件管理带来困难,因为档案文件是由现行文件转化而来的。文件积累是将形成的文件保留下来的行动。做好文件积累工作需要注意以下事项:

(1)文件积累的范围大于文件的归档范围,一般原则是凡是工作中形成的文件都应加以积累,无论是何种载体形式,即"有文必先留"。归档的文件只是那些经过鉴定后有保存价值的文件。

(2)日常积累文件时,要注意利用文件袋夹等工具,按照活动情况进行初步的分类整理,以便日常查考和日后的鉴定、整理和归档。电子文件积累时要及时备份。

(3)日常积累工作主要在办公室进行,但要注意适当集中,避免分散于个人手中。

二、文件归档

1. 归档制度

归档是将有保存价值的文件归入档案文件管理系统的过程,是一个文件档案化的过程和标志,也是文件鉴定和处置的一种结果。

做好归档工作的一个重要前提是建立健全归档制度,它是开展文件归档工作、提高归档工作质量和效率的基本依据。归档制度的基本构成是归档范围、归档时间、归档份数、归档要求和归档手续四部分。归档范围主要说明一个单位中哪些文件应该归档保存,是归档制度的主体,比如说明蓝图与底图具有同等的保存价值,底图若归档,相应的蓝图也应归档。归档时间主要说明文件档案化的时间。纸质文件环境下,具体的归档时间主要有项目结束时归档、项目告一段落时归档、年度归档和随时归档几种方式。比如某一科研课题结题后归档属于项目结束时归档方式;基建项目一期工程结束后归档属于项目告一段落时归档方式;每年的年初或第一季度移交归档文书档案属于年度归档。归档份数或套数要根据本单位的需要和向上级主管机关及有关档案馆移交的需要确定。归档要求和归档手续主要就归档文件的内容、形式、整理状况和移交手续提出要求。与鉴定和处置需要前置一样,电子文件的归档也需要前置。正因为归档与文件鉴定和处置具有密切的关系,因此许多单位将归档范围和保管期限表合二为一制订,见表7-3。另见2006年12月18日国家档案局发布的《机关文件材料归档范围和文书档案保管期限规定》。

对于秘书部门和秘书人员来说,在文件归档环节主要是要按归档制度办事,同时也可以根据实际情况和工作经历,向分管领导以及文档和信息管理职能部门提一些合理化建议。

表 7-3　基本建设项目文件材料归档范围和保管期限表(节选)

归档文件	保管期限			
	主管机关	建设单位	施工单位	设计单位
一、可行性研究、任务书				
1. 项目建议书	长期	永久		长期
2. 可行性研究报告	长期	永久		长期
3. 项目评估	长期	永久		长期
4. 环境预测、调查报告	长期	永久		长期
5. 设计任务书、计划任务书	长期	永久		永久

2. 档案文件的基本属性

为了形成和捕捉应当形成的档案文件,作为文档的重要制作者、使用者和保管者,明确档案文件的基本属性是非常必要的。

哪些文件需要被作为档案文件捕捉?按照 2001 年的文件管理国际标准,被认可的档案文件应具有四个属性:

(1)真实性。文件的形成过程是真实的,的确是由特定的人在特定的时间为了特定的需要产生的。

(2)可靠性。文件的内容与其所反映的活动和事实是相符合的。

(3)完整性。文件本身是完整和未经篡改的。

(4)可用性。文件能够被定位、检索、还原再现、提供利用和展示产生文件的相关活动。

三、文件整理

1. 文件整理的目的

文件在工作中是零散形成的。文秘人员每天的工作非常繁忙,不同的工作会形成不同主题和归属不同项目的文件,同一主题或同一项目的文件往往由于形成时间的不同而分散,这对于日后的查询极为不利。比如同一事件的来文和复文是一个有机联系的整体,应该一起保存以便查询,但在产生过程中两份文件是分别形成的。

文件整理是一个使文件由相对无序走上有序的过程,是一个还原文件之间的内在联系,使单份文件群体化、有机化,从而使其具有利用价值的过程。其基本内容主要由系统化和基本编目两部分组成。系统化又主要包括文件的分类和系统排列,基本编目主要包括案卷的编目和案卷目录等的编制。

文件与档案整理的基本原则是遵循文件的形成规律,维护文件之间的有机联系,便于保管、保密和利用。即要遵循有机关联原则,包括全宗原则和成套原则。

2. 办公室档案文件整理的具体步骤

文件整理在具体单位一般分两个阶段:一是在办公室阶段的整理,二是在档案室阶段的整理。办公室阶段文件整理是档案室阶段文件整理的基础。秘书人员主要从事的是办公室阶段的文件与档案整理。这项工作对秘书人员来说既有优势,同时也是挑战。优势源于他们处在工作第一线,对文件的产生运行背景比较了解,容易鉴别档案文件,挑战是因为许多秘书缺乏相关专业知识和技能的培训,不清楚相关的基本标准和规范做法。那么如何才能有效和高效整理办公室的档案文件呢? 有效做法是分两个阶段进行整理:初步整理和归档整理。

(1)初步整理。初步整理指平时归整,即文书处理部门或秘书部门在平时注意本部门文件的积累,并有计划地将文件进行初步分类和归入卷、夹、盒等,同时做好必要的标志和情况记录。

(2)归档整理。归档整理即按照归档制度和本单位制定的档案文件分类表,对本部门需要移交归档的文件进行正式整理的活动。这时需要剔除无须归档保存的文件;需要依据档案文件保管期限表核实和确定文件的保管期限;需要按规定检查和调整初步整理结果,形成合格的文件有机体或"案盒",并进行必要的登记和编目,以便于考证和利用。

案卷移交归档时应形成移交清单或在网上有所记录。移交清单一般一式两份,一份交本单位档案部门,一份留存办公室备查。

3. 档案文件分类表

一个单位的档案文件分类表一般由单位的档案部门依据国家或行业等的相关文件,在对一个组织的职能活动进行分析的基础上形成的多级类目分类体系。编制档案文件分类表时要遵循分类规则,科学设置类目。一个单位的档案文件分类表一般由3~5级构成,每一类都由类目名称和类目序号组成。比如按照《工业企业档案分类试行规则》可以将工业企业中档案文件的一级类目分0—9十类:0党群工作类、1行政管理类、2经营管理类、3生产技术类、4产品类、5科学研究类、7设备仪器类、8会计账簿类、9干部职工档案类。秘书部门和秘书人员可以依据本单位的档案文件分类表,对文件进行分门别类、系统化。

4. 组织案卷

组织案卷是文档整理的核心环节。组织案卷又简称组卷,它是按照一定的原则和方法,将具有内在联系的文件组合在一起的活动。组卷的结果在形式上可以表现为卷、册、袋、盒等多种形式,是文档管理最小的实体单位。它具体涉及两项工作:一是卷内文件的系统化,二是案卷编目。

(1)卷内文件的系统化。卷内文件的系统化就是按照分类表对文件进行分卷或归卷,并在此基础上按照文件之间的内在联系进行序列的活动。组卷从一个组织的分类体系看属于最小层次的分类,也就是说分类表的末端类目是组卷的起点。

运用合适的组卷方法是卷内文件系统化的重要保证。组卷常用的方法多种多样,可以按照传统的"六个特征",即按作者特征、问题特征、文种特征、时间特征、地区特征、通讯者特征等公文整理方法来分类和组卷,也可以按项目、结构、专业、价值大小等特征来分类和组卷。比如将某一新产品研发的全部档案文件组成一卷(夹),这属于按项目组卷。将案卷分为永久卷、长期卷、短期卷就是按照价值大小组卷。组卷方法可以单独使用,也可以根据需要结合使用,以使案卷符合管理和利用的需要。如把一个年度的决议组成一卷(夹)就采用了时间和文种两种组卷方法。案卷的系统化除了需要运用适当的组卷方法对文件进行分门别类外,还需要按正确的方法对卷内文件进行合理排序。排序方法除了可以从组卷方法中选用外,还可以采用其他排序方法。列举几种主要排序方法如下:

■ 按照文件的重要程度排序,重要文件在前,次要文件在后。

■ 按照文件之间的逻辑关系排序,复文在前,来文在后;正文在前,附件在后;正本在前,定稿在后等;综合性的文字材料在前,素材性的图纸在后,或主体性的图样在前,说明性的文字材料在后;等等。

■ 按照图样目录和图纸的原编号顺序排列,等等。

总之,组卷的结果要符合有机关联原则,保证档案文件的完整和维护其固有的有机联系。

(2)案卷编目。案卷编目是将卷内文件系统化的成果巩固下来的活动。卷内文件系统化后,如果不进行编目,其结果就无法稳定,原有的秩序就会游移和打乱,这对管理和使用显然是不利的。案卷编目包括对卷内文件以及整个案卷进行编目。具体内容有五项:

■ 编制页号。一般按顺序用阿拉伯数字逐页编号,许多单位使用打码机。

■ 填写卷内文件目录。作为卷内文件的明细表,通常位于卷内文件之前,起文件检索和保护作用。卷内文件目录参考格式见表7-4。

表 7-4　卷内文件目录

顺序号	文件编号	责任者	文件材料题名	日期	页号	备注

■ 填写卷内备考表。它主要用来说明卷内文件的基本情况和变化情况，具有管理功能，如卷内文件共多少份，其中文字材料多少，图样材料多少，有无鉴定和注销过等等。卷内备考表参考格式见表 7-5。

表 7-5　卷内备考表

```
┌─────────────────────────────────┐
│ 本卷情况说明：                   │
│                                 │
│                                 │
│                                 │
│                                 │
│                                 │
│                 立卷人：        │
│                 年　月　日      │
│                 检查人：        │
│                 年　月　日      │
└─────────────────────────────────┘
```

■ 编制案卷封面。这是一个在印制好的标准案卷封面上进行逐项标引著录的过程。它概要地介绍和揭示了卷内文件的内容和形式特征，是对档案文件进行管理的重要工具。科技档案案卷封面参考格式见图 7-10，文书档案案卷封面参考格式见图 7-11。在诸多的著录项目中档号和案卷题名是最重要的也是最具技术难度的著录项目。"立卷单位"填写具体负责组卷的部门；"起止日期"填写案卷内文件形成的起止日期；"保管期限"填写鉴定后所给的保管期限，可以是永久、长期和短期，也可以填写具体时限；"密级"按要求填写，有绝密、机密和秘密之分，无须保密的不用填写。

档号是档案部门赋予归档文件案卷的代码，相当于案卷的身份证。每一个案卷都有唯一的档号，它由分类代号和案卷顺序号两部分构成，中间一般用横杠隔开。分类代号由分类体系决定，可以包括全宗号、类目号、项目号等，可以由一级类目、二级类目、三级类目等代号构成。如 s. b. 45. s. j—002，表示设计档案类第 45 号办公楼建筑施工设计文件第二卷。

```
┌─────────────────────────────────┐
│ 档号_____                     │
│ 档案馆号_____                 │
│                                  │
│          案 卷 题 名             │
│                                  │
│                                  │
│ 立卷单位_____                 │
│ 起止日期_____                 │
│ 保管期限_____                 │
│ 密级_____                  │
└─────────────────────────────────┘
```

图 7-10　科技档案案卷封面

案卷题名即案卷标题,用来揭示案卷内容和形式特征,一般主要由项目对象或上位类目、案卷针对内容和文种三部分构成,比如某案卷题名为"浙大城院 2006 年院务会纪要"。案卷题名要力求简明准确,便于检索。

■ 编贴案卷脊背标签。为了节约存放空间,案卷一般是竖立放置的,封面在里脊背在外,这就使案卷脊背标签的编制或粘贴成为必要,以方便查找利用。案卷脊背参考格式图 7-12。

卷内文件的大小最好采用标准大小 A4 幅面(即标准复印纸大小),如果是图样文件需要剪裁折叠成标准幅面。组卷格式上的具体要求以《文书档案案卷格式》(GB/T 9705－1988)和《科学技术档案案卷构成的一般要求》(GB/T 11822－2000)为依据执行。目前,在文书档案领域,国家也在提倡以"件"为单位对文件有机体进行组织,即立小卷、立薄卷,以方便管理和利用。

2000 年 12 月 6 日,国家档案局发布了《归档文件整理规则》,公文的整理归档有了不少新规则:如文书整理工作以"件"取代"卷",即对文书实行文件级管理;并以"案盒"取代"案卷",作为保管单位;以"年度、机构(问题)、保管期限"的文书整理分类方式取代过去"六个特征"的分类方式;用"归档文件目录"代替"卷内文件目录",取消"目录号",增设"保管期限";取消案卷目录,增设归档文件目录,作为移交清册等等。这个新规则在文件整理时不是绝对的,文件的整理归根结底要维护文件之间的有机联系,便于信息保管、保密和利用。

全宗名称		
类目名称		
案卷题名		

自　年　月至　年　月	保管期限
本卷共　件　页	归档号

全宗号	目录号	案卷号

图 7-11　文书档案案卷封面

保管期限

档号

案卷题名

图 7-12　案卷脊背参考格式

7.7　存储与保护

不同的文档对组织的意义是不同的。如前所示,根据"风险价值"的大小,一个组织的文件可以分为四类:关键文件、重要文件、有用文件和无用文件。其中关键文件对组织的生存和发展具有至关重要的意义,具有不可替代性,因此也称为生命档案。一把火烧掉的可能不仅是设备厂房,更严重的是烧掉了承载体制、技术、知识等信息的档案文件,从而导致企业的重创或失败。比如 1994 年杭州市十大商场之一、华东地区最大的工艺品销售中心天工艺苑发生特大火灾,不仅直接经济损失几千万元,而且祸及紧邻的杭州著名的民间工艺之一王星记扇子的一个样品图纸库房,一些在"文革"中被抢救下来的扇面和工艺图纸也被焚毁,使其也蒙受巨大的不可挽回的损失。因此,分门别类地对文档进行存储和控制,尤其是加强对生命档案的保护是十分必要的。但相比较而言,工作人员容易重视活动过程本身,而对活动的伴生结果——档案文件却予以轻视或忽视,这实际是一种潜伏的危机,应当引起警惕。办公过程形成的档案文件应给予适当的存储和保护。

一、档案文件存储

档案文件存储就是有意识地捕捉档案文件并予以保存的过程。文件在其生命运动的各个阶段都存在静态存放问题。档案室和档案馆是专门存放和管理档案文件的场所,一般具有较好的存储设备和环境。但为了方便现实使用和实行有效管理,档案文件又不能过早地归入档案系统或随时归档,这就需要对不断形成的暂时不用的档案文件就地存放或就近存放。办公阶段的秘书人员在从事档案文件存储活动时要注意以下事项:

1. 与文件的日常积累相结合

档案文件存储活动最好以日常的文件积累为基础,并与其相结合,以提高效率。凡是记述和反映本单位活动的有保存价值的文件都是本单位的档案文件,无论是自制的还是收到的,都要明确捕捉和保存那些收发过程形成的本单位的档案文件,尤其要留心清退文件的收集,这可以以归档制度和保管期限表为依据。

2. 选择合适的存放地点和存放设备

档案文件的存放地点,根据其运动规律以及本单位的规模大小和实际情况需要区分对待。目前在文件管理中达成共识的存放法则是:文件总是应该保存在距离其利用者利用最方便的地方。依据这一方便利用原则和文件价值逐步由单向向多维发展的趋势,文件的存放场所在国内外均呈现出三步曲格局,即办公室——档案室(文件中心或中间档案馆)——档案馆。秘书以及其他各类工作人员应该根据文件所处的运动阶段选择合适的存放场所并进行及时"位移"。

对于秘书人员来说,主要应关注的是如何为正在使用的现行文件和仍然经常要查考的半现行文件选择合适的存放地点和存放设备。一般情况下,这些现行文件和半现行文件可以相对集中存放于办公室的文件柜架中,或集中保存在离工作场所不远的专用库房中。为了有效利用存储空间,专用库房中的文件柜架最好能充分占有墙面,往高空发展,并备有移动方便的阶台,或采用先进的大容量的密集架。文件柜架应依据标准卷、夹和不同存储介质的规格要求进行标准化设计。比如底图应平放或卷放,不宜折放,因此放置底图需要底图柜屉。磁带、录像带、照片、光盘等档案文件载体的存放也需要特殊的设备。

3. 选择合适的存储介质

对于档案文件采用怎样的存储介质,也是一个值得关心的问题。不同的存储介质耐久性和安全性是不同的。比如磁介质在良好的保存状态下其寿命是 20 年左右。光介质的使用寿命受技术与设备的严重影响和限制。纸质存储虽然廉价且相对安全,但却需要占有大量的空间。所以,秘书人员应根据需要学会合理选用存储介质。目前为了确保留存证据性文件,同时又利于信息的快速传递和处理,各单位都采用了双轨制,即在形成和存储电子文件的同时,也保存相应的纸质文件,以应对活动中不同的需要,发挥电子文件和纸质文件相互引证和相互补充的作用。

4. 注意及时将整理合格的档案文件输入归档系统

一个单位的归档系统一般有三种可供选择的模式:

(1)集中归档模式。也就是集中存放、集中控制的集中管理模式。它是将一个单位的全部档案文件集中存放于一地,并由统一的档案部门来管理和控制的模式。

(2)分散归档模式。也就是分散存放、分散控制的分散管理模式。它是一种一个单位内各部门各自保管其档案文件的模式。

(3)网络归档模式。也就是集中控制、分布式存放的综合管理模式。它是一种各部门的卷宗由各部门在网络中自行定位放置,但存放地址等由一个单位的档案管理部门集中统一管理,以便掌控一个单位全部档案文件的模式。

在我国,档案文件要求实行集中统一管理。因此,一个单位的归档系统的建设适宜选用第一种和第三种。秘书人员要注意将已很少使用的非现行文件及时按要求移交档案室,或按照要求及时进行网络归档。

二、档案文件保护

1. 生命档案

随着信息作为组织重要的战略资源,档案文件的管理尤其是生命档案的管理对组织变得日益重要。信息灾害会对组织构成严重威胁。因为一个组织的许多信息作为组织的财富一旦损失将无法弥补。信息灾害可以因管理等因素而人为引起,比如火灾、内乱、偷盗等,也可以由自然因素引起,如地震、洪灾等。档案文件的保护应作为组织风险管理、危机管理的组成部分。而生命档案则是其中保护的重点。

生命档案是指那些失去它组织就无法继续运行的文件。它们包括灾后组织重建需要的信息,包括能保护组织及其客户和股东财产和利益的文件。组织机构全部文件中有大约10％的文件归入此类。

档案文件保护是运用科学的方法和技术保护档案文件载体和内容,使其安全留存和可利用的行动。如何让具有典型史料价值的档案文件按照人们的意愿永久地流传下去,如何让具有重要证据价值的文件不丢失,如何让具有查考价值的文件字迹不褪色、音色保真、图像清晰,如何让技术专利等敏感性信息不泄露不被盗,如何使机读文件可再现和可利用,这些都属于档案文件的保护范畴。

2. 保护方法

档案文件的保护方法常见的有物理方法、化学方法和环境方法。比如使用符合要求的档案库房,采用安全的存储介质和存储设施,这属于物理方法,在对本单位的档案文件具体进行保护中可以考虑使用。化学方法一般用于已遭危害需要救治的档案文件,比如档案文件长霉可以用棉球蘸福尔马林溶液拭搽,档案文件感染虫疫可以用化学药剂熏蒸杀虫等,当然不含萘的樟脑制品等也可作为防虫的驱避剂。不过,化学方法较少地用于"防",较多地用于"治"。环境方法是一个通过创造一个有利于档案文件保护的环境来达到确保档案文件安全的方法。环境方法实际是一种综合方法,其中会运用到物理的等其他方法,是每一个单位在文档管理中都应关注的一个重要内容。作为大量形成和处理文件的秘书部门和秘书人员来说,不仅应有档案保护意识,而且应具备一些必要的保护常识。办公室运用环境方法保护档案文件的具体措施包括:

(1)制订或落实生命档案保护计划,明确关键的少数以及相应的保管策略,使生命档案的安全得到最可靠的保证。

(2)制定岗位责任制,将档案文件管理纳入职责范围和管理体制,做好日常登记、安全检查和保密工作,以防文件丢失和泄密。

(3)正确选择档案文件的存放地点和装具以及存储介质,如应尽量避免将档案文件放在顶层和低层,以防止夏日高温或地面潮湿对文件的不利影响,尽量使用不具挥发性气体和具有抗磁性能的装具等。

(4)保持办公室清洁卫生,以防尘埃、害虫对文件的危害。

(5)对办公环境的温湿度进行适当控制。对档案文件耐久性有利的温湿度环境是温度14～24℃,湿度45%～60%。高温高湿、低温低湿或高低变化幅度过大的温湿度环境对档案文件都极为不利。

(6)对档案文件应尽可能采用密闭法和暗藏法。

(7)对电子文件和其他声像文件等特种载体的文件要注意及时复制和备份。

(8)对其他不耐久的档案文件注意转化,比如热敏传真件字迹易灰变消失,属于不耐久字迹,因此这样的传真件需要复印留存。

总之,要从防火、防盗、防湿、防霉、防虫、防光、防尘、防磁、防高温、防老化、防有害气体等多种角度出发,对档案文件采取综合预防与保护。

3. 安全销毁

大量产生的文件中,不少文件处理完毕后或保存一段时间后没有继续保存的价值,需要销毁。哪些文件可以销毁?如何销毁呢?文件销毁环节关系文件的命运和组织的运行,必须慎重。安全销毁过程需要把握好以下几点:

(1)计划销毁的文件必须得到批准或按制度规定进行,不能擅自决定。

(2)销毁方式可以根据需要和可能进行合理选择。对于无密可保的文件,如果外单位缺失,可以注销转送。比如同一基建项目的文件,设计单位不需要时可以给建设单位,这是"注销实存"的销毁方式。对于存在一定机密性或不希望实体留存的文件则可以焚烧、送造纸厂化浆再造纸、用碎纸机碾碎等,这些销毁方式将使文件"注销实亡",再无回旋余地。为了慎重起见,采用实体销毁方法时,通常会在批准后保存一段时间再执行,即"缓期执行"而不"立即执行"。焚烧方式既不环保又存隐患,目前很少使用。

(3)对于悬而未决的文件不许销毁。

(4)销毁过程要办理必要的手续和注意保密,如要有销毁人和监销人。

(5)被批准销毁的文件如有副本和复印件等,无论是何种载体形式都应一并销毁。

7.8 保密与利用

档案文件的保密与利用是既对立又统一的一对概念。对具体的个体而言,文件保密了就不能利用,而利用了就不保密。但从宏观看,无论是保密还是利用都是为了整体的利益。

秘书和秘书部门作为领导的助手、内外联系的中枢是接触机密最多的。大量的内部信息都含在文件之中,文件是最具情报价值的一类。同时,文件作为沟通的手段和工作的依据又是必须利用的。因此,秘书部门和秘书人员应充分把握好档案文件的保密与利用的尺度,处理好相互的关系,在两者之间进行平衡和最佳选择,确保在不泄密不失密的前提下最大限度地开发利用文件与档案。为此,秘书部门和秘书人员应掌握文档价值运动和实现规律、国家有关信息安全和保密的法规、本单位业务以及保密和利用方面的规定、文档保密和开发利用的基本手段等。

1. 文档价值运动和实现规律

(1)文档密级递减律。文档密级递减律是指随着时间的推移,文档的机密性逐渐弱化与消失的发展趋势。一般情况下文档机密性的强弱与文档的保管时间成反比,即文档的保管时间越长,机密性就越弱。随着时间的推移,原来绝密的文件会降为机密、秘密,并最终向全社会开放。这也是许多国家包括我国推行 30 年档案开放制的理论依据。当然人为锁定密级或销毁密档除外。由此可见,形成文件之初所确定和标注的密级不是不可变动的,理解这一点可以帮助文秘人员正确处理和利用文档。

(2)文档价值扩散律。文档价值扩散律是指从总体上看,随着文件的向前运动,文件的价值在增加、作用范围在扩大的发展趋势。文件在产生形成之初具有初始价值,为针对的活动服务,作用面较窄,之后表现出对单位具有的查考价值,并为整个单位服务,以及对外单位和个人所具有的史料价值、工作借鉴价值和文物收藏价值等社会价值,其作用范围不断在扩大。由此为依据对档案文件的利用价值进行分析时要结合本单位在社会中的地位,进行具有前瞻性的全面分析,不能鼠目寸光。

2. 信息安全和保密法规

在具体处理档案文件的保密和利用关系时,不仅要了解本单位相关的规章制度,还要了解国家关于信息安全和保密方面的法规政策,尤其在电子政务和电子商务日益发达的今天。

美国在克林顿和布什两届总统任职过程中,一直在进行国家信息安全保护计划和信息保障战略方面的研究。2002 年美国发布了《联邦信息安全管理法案》(FISMA),俄罗斯、法国等国也颁发了相关的法规。我国也正在加快信息化方面的法律法规的立法步伐,国家《信息安全条例》、《个人信息数据保护法》、《政府信息公开条例》等相关法律法规正在研究和制定之中。

1995 年我国发布了《科学技术保密规定》,该《规定》共分五章,其中第二章指出了国家科学技术秘密的范围和密级,第三章阐明国家科学技术秘密密级的确定、变更及其解密,第四章专门就国家科学技术秘密保密管理作了说明,这也是处理文档保密与利用的重要依据。

3. 保密和利用的基本手段

在办公室的文档管理阶段,秘书部门和秘书人员可以通过以下基本手段来对档案文件进行适当的保密和有效的开发利用。

(1)对机读文件进行加密。

(2)对纸质文件依据密级不同进行区分对待和保管,尤其对密级较高的文件更要注意保管。

(3)对日常形成的文件进行及时登记,并进行初步整理。

(4)在日常登记和初步整理的基础上,编制形成目录和目录体系,主要是文件目录、案卷目录和分类目录等,以方便文件的查询和利用。文件目录、案卷目录和分类目录是文档最基本的检索工具和保管工具,为提供利用奠定基础。

(5)注意文档密级的调整,及时开发利用相关文件。

7.9 文档与信息管理系统的建立与完善

随着信息技术的发展,计算机和网络的普及,档案文件管理在经历了传统的档案库房柜架的手工管理后,转入了计算机辅助档案管理阶段,即将纸质文件和检索工具输入计算机的半自动化阶段,而无纸办公的扩大,导致了电子文件的大量出现,电子文档的管理的需求又推动了自动化的电子文件管理系统软件的诞生,而组织的整体需求与个性化特点则正在呼唤能兼容纸质文件和电子文件整合的个性化的电子文档管理系统,文档管理面临着发展机遇和挑战。

文档与信息管理系统是一个组织管理体制的必要组成,它的建立与完善对于成长发展中的组织具有一定的影响力。一个企业越成功,文档与信息管理系统就会变得越重要。而在文档与信息管理系统的建立与完善过程中,计算机和网络技术对于提升文档与信息管理系统功能的有效和高效将扮演重要角色。

每一个组织尤其是现代的企业都是个性的,有其自身的条件和环境,那么一个组织如何建立与完善与本组织相适应的文档与信息管理系统呢?这是本节要解决的主要问题。

一、系统模式与类型

1. 按先进程度划分

按先进程度划分,一个组织的文档与信息管理模式有手工管理模式、半自动化管理模式和现代化管理模式三种类型。

(1)手工管理模式。基于纸质文件的手工管理模式为传统模式,即完全依靠人力和传统方式对文件与档案进行管理。在中国,20世纪80年代之前普遍使用这种模式。它的主要特征为:一完全依靠人力对纸质文件与档案进行管理,建立档案机构,开展档案文件的收集、整理、鉴定、保管、统计和利用;二现行文件管理与档案文件的管理处于割裂状况,前者处于自行管理状态,后者采取有组织有控制的集中统一管理模式,总体工作效率比较低下。

(2)半自动化管理模式。半自动化管理模式是一种在局部范围内借助计算机辅助管理文件与档案的模式,也称为单机辅助档案管理模式。最初,由于计算机工作系统还未联网,均为单机运作,因此机器辅助人力集中在将纸质文件输入转换为数字信息和辅助检索和编研的环节上。在中国,20世纪80年代至90年代普遍使用这类模式。它的主要特征为:一利用计算机逐步代替人力对纸质文件与档案进行管理,使用计算机辅助档案管理系统软件;二无法解决日益增长的电子文档管理问题。

(3)现代化管理模式。现代化管理模式即计算机联网的全程档案信息系统管理模式。在这个管理模式中,已形成了既有联系又相对独立的两个子系统:主要起证据作用的档案实体管理系统和主要起情报作用的档案信息系统。一个优质高效的现代化管理系统,应能够将这两个子系统进行对应衔接。现代化管理模式自20世纪90年代之后,出现了这样一种发展趋势,首先适应电子办公的现代环境,开发了电子文件管理软件,加强对电子文件的管理,在此基础上对电子文档和纸质文档进行整合的一体化管理,对一个组织的全部信息进行整合的一体化管理。这一探索和研发过程还在进行之中。

2. **按集中统一管理程度划分**

按集中统一管理程度划分,一个组织的文档与信息管理模式有高度集中式、相对集中式和分散自由式三种类型。衡量集中统一管理程度的尺度有两个:一是组织机构的统一归口状况,二是管理系统的整体运作状况。

(1)高度集中式。如果一个组织的各类信息资源的管理统一归口于一个部门主管并有一个分管的领导,信息管理系统按统一的规章制度、统一的管理程序运作,这样的管理体制即为高度集中式。

(2)相对集中式。如果一个组织中的各类信息资源有两个或两个以上的归口主管部门,且针对文件、档案、外部信息等不同类型的信息建有相对独立的系统,不同的信息系统之间没有整体的协同关系、统一运行机制和规则,这样的管理体制可认为是相对集中式。

(3)分散自由式。如果一个组织中没有信息管理或档案管理部门,或者有一个以上文档管理部门,但只被动地起仓库保管的作用,大量的文档分散在各部门或个人手中,由他们自由处置。这种管理体制属于分散自由式。

一个组织应根据自身的发展阶段、实际条件与需求,理性地选择最经济有效、最有利于组织发展壮大的文档与信息管理系统模式,但在信息时代,应尽可能避免采用纯粹手工管理和分散自由式管理模式。

二、文档与信息管理系统的需求分析

1. 系统需求分析步骤

一个组织在建立文档与信息管理系统时,无论是自行设计还是成品购买,都需要进行需求分析。需求分析是理性选择的前提和保障。

文档与信息管理系统需求分析的具体步骤是:

(1)与组织高层管理者进行沟通,获得支持并明确目标。

(2)对现行文件与信息管理系统的基本状况、存在问题和用户需求进行初步调查。

(3)明确组织综合文档与信息管理系统的基本构成要素。

(4)收集相关信息,并在此基础上进行数据分析,建立和评估可选的方案。

(5)成本效益分析,成本分析包括建设成本和运行成本,效益分析包括可见和不可见的效益分析。成本效益分析需要对新老系统或不同的新系统就成本和效益进行对比,以便作最优选择。

(6)在以上调查研究的基础上形成可行性研究报告或需求分析报告,将分析结果递交管理层。

2. 系统选择中的考虑因素

(1)理想系统的标志。

• 能有效地捕捉到所有档案文件,包括电子的和纸质的;

• 能有效地存储和管理所有档案文件,包括电子的和纸质的;

• 能最大限度地满足信息查询者、文件形成者和档案管理者的需求。

系统选择的原则是:适合自己的就是最好的。企业是发展的,因此系统也是需要发展的。

(2)具体考虑的因素。

• 系统功能需求,包括档案文件登录、分类、存储、鉴定和处置、检索和利用、流动跟踪等功能;

• 管理不同类型文档的能力要求;

• 技术需求,包括技术系统构建的应用软件和硬件设施基础;

• 环境支持要求,包括原有的系统环境基础,购买或研发、实施和维护系统的财力和人力资源的可获性等;

• 整合性需求,包括与各业务软件的整合等。

(3)一体化文档管理系统建设过程中若干对策。

● 针对电子文件的易失性,在文档管理中应实现超前控制,从源头和系统设置抓起,如归档提前,鉴定提前,并尽可能实现自动化;

● 针对信息匹配需要,采用条形码技术与方法对各种类型的档案文件进行物理定位和跟踪;

● 为了保证档案文件持续可用,应高度重视档案文件元数据的记录与管理。

三、文档与信息管理系统的建立与完善

任何一个组织都需要建立与自身需求相符合的有效和高效的文档与信息管理系统,以支持其发展。文档与信息管理系统的建立与完善,也就是文档与信息管理系统的设计和实施过程,这其中自然包含作为设计依据的需求分析。

1. 文档与信息管理系统的建立

依据国际标准,建立与完善一个组织的文档管理系统一般可分8个步骤进行:①初步调查;②职能活动分析;③文档需求分析;④现行系统评估;⑤满足文档需求的战略研究;⑥文档系统设计;⑦文档系统实施;⑧文档系统实施后的评估和修正。

很显然,在上述八个步骤中,前五个步骤是系统建设的需求分析。

2. 文档与信息管理系统的实施

购买引进一个系统或自行设计一个理想的系统方案并不意味着系统能够正常或有效的运行。新建的文档管理系统要成功实施,应当关注对系统实施起关键性作用的一些因素:实施规划、用户联络、导航、维护和支持、培训、编制和提供手册、应急预案准备、定期检查等。

(1)实施规划。制定文档与信息管理系统实施进度表,包括明确各阶段的任务和落实的具体部门。

(2)用户联络。向本单位的所有用户介绍新系统,并让他们做好变化的必要准备。

(3)导航。也就是开展试点活动,即选择特定的部门试运行新系统,以便发现和解决问题,对系统进行适当的调整和完善,以便推广使用。

(4)维护和支持。明确系统正常运行后所需的维护和支持人员,并建立友好合作的关系。

(5)培训。系统安装后,应对所有相关人员进行必要的培训,以便用户和管理者有效使用新系统。培训可以由软件供应商提供,也可以由本单位

文档与信息管理人员提供。

（6）编制和提供手册。这是任何文档与信息管理系统都需要和必备的。对于成功实施非常关键的有两类手册：一是用户指南，二是设备维护指南。

（7）应急预案准备。应急预案主要用于计算机系统无法使用时，比如对于部分重要数据库进行纸质备份。

（8）定期检查。系统实施后的定期检查主要用来确保系统能够有效运行，满足组织对文档与信息管理的需要。

四、元数据管理

元数据是计算机网络环境中产生的新概念。元数据对今天的许多人来说仍然非常陌生，十有八九不知其为何物，但它确实已经成为现代文档与信息管理中无法回避的一个重要概念和具有重要意义的现象。

什么是元数据呢？比较简练非正式的描述是"data about data"，或"record about record"或"information about information"，即"数据的数据"、"记录的记录"、"信息的信息"。而较为正式的定义是"对文件的描述和概括，包含了有关文件来龙去脉、形式与内容的信息"。它是电子文件保管的最重要成分。比如计算机自动生成的有关说明某一电子公文的作者、形成时间、版本、字节等就是这一电子公文的元数据。它是数字文件作为活动证据所必需的，是证明文件可靠性真实性的必要条件。一体化文档管理系统中，在对档案文件进行保存时，必须同时保存元数据，以便将来作为证据和情报使用。也就是说，在电子环境中，文件是否如同所说的那样真实产生过、使用过，在存储和传递过程中有无更改过，与其他文件的相互关系，形成的具体环境等等，所有这些有关档案文件的产生、运动和管理过程，都需要通过元数据来辅助证明。因此，对元数据进行科学设计和管理应作为文档与信息管理系统必要和重要的构成。

元数据的基本构成要素有两个：结构格式和和规范化用语。两者结合才能对信息的内容、地点、价值等作准确而概括的描述。比如，大家去图书馆查询图书，就会从预先设计好的检索页面针对作者、书名、主题（学科）、地点等著录项目去输入信息，这些规定的著录项就是人工设置的元数据结构格式，按照设定的结构格式，用规范化的用语进行信息输入，计算机进行记录，就形成了元数据。如果没有这些元数据，用户就无法分析判断该图书是否自己需要的图书，管理者也无法证明用户开展了这项查询活动和自己提供了相应的服务。

　　档案文件管理中的元数据管理涉及三个方面:档案文件元数据管理,即对档案文件具有说明功能的元数据管理,如文件名称等的管理;档案文件管理元数据管理,即对档案文件管理具有说明功能的元数据管理,如档号、保管期限等的管理;元数据的元数据管理,即对元数据进行管理中形成的信息的管理,比如数据库目录、索引等的管理。目前,档案文件需要登记的最低限度的元数据包括:

- 具有唯一性的档案文件标识符,比如档号;
- 注册日期与时间;
- 名称和简要描述;
- 形成者、传递者或发送者。

　　事实上,最低限度的元数据管理对文档与信息管理系统的发展显然不够,元数据管理的加强势在必行。需要注意的是新添和修改元数据后,不要删掉原来的元数据,因为它具有证据作用和历史查考作用。

案例 7-2

解决棘手问题

　　方明最近被任命为一家电子商务公司的信息主管。该公司位于沿海发达的省会城市,有 10 年历史,100 多名员工,工作系统普遍计算机化和网络化。

　　方明到任之前,该公司的所有职工都各自管理其活动中产生的组织文件,公司没有统一的信息管理制度。职工唯一被告知的就是:“所有文件保留 5 年,以便查考,然后全部复制为纸质文件销毁原文件。”目前,该公司所有能用的空间已被文件占满,除了一间潮湿的地下室和顶层不隔热的阁楼。

　　方明到任之后,发现了公司在文档与信息管理中的诸多问题,决定实行改革,使本公司的文档与信息管理系统科学化、规范化。于是,他向公司董事会递交了“关于公司文档与信息管理改革的报告”,陈述了改革的方面与理由,提出了具体改革的方案和措施。董事会通过了该报告。之后,该公司的文档与信息管理系统得到了建立和完善,为该公司在竞争激烈的信息社会提供了强有力的支持。

　　思考:如果你是该公司的信息主管,你会如何行动? 如果你写相关的改革报告,你会如何写使报告具有说服力和可行性?

7.10　信息调研

信息调研是信息工作和调研工作的合称,由于这两项工作之间具有密切的关系,且共同为领导的决策服务,因此,许多较大规模的单位常设置信调科室,列入秘书系统。秘书人员开展信息调研是秘书人员参与决策、服务决策的体现,是秘书人员发挥参谋作用的体现。

广义的信息工作包括文件与档案工作,但主要为领导层的科学决策服务的信息工作实为情报工作,即便涉及文件与档案,它也是作为情报来使用的。那么一个组织中的秘书如何有效地开展日常的情报/信息搜集和加工工作,协助领导了解情况,把握动态和进行科学决策呢? 首先,要了解信息工作的一般知识;其次,要了解和把握信息搜集的渠道和方法——信息调查;最后,是要学习和训练信息加工的技能——信息分析与预测。

一、信息工作

1. 信息工作概念

范立荣先生主编的《现代秘书学教程》中这样描述信息工作:"信息工作,就是信息的搜集、加工、传递和存贮工作。它包括三项主要内容:一是信息的搜集,即按照确定的渠道和程序,采用科学的方法和手段,把分散无序的信息资料集中起来。二是信息的加工,即对现有的信息资料进行综合处理,使其具有使用价值。三是信息的提供,即将加工后的信息及时提供给领导者、机关部门和有关机构使用,以发挥信息共享的作用。"可见,信息工作的最终目的是要提供可靠有用的信息加工产品,为决策提供科学依据。

2. 信息方法

在信息工作中,信息方法是其中使用的主要方法。所谓信息方法,就是运用信息观点,把工作过程看作为了实现特定目标而从事的信息搜集、传递和加工处理的过程。这种方法以信息概念为基础,以信息处理技术为手段,以提供可靠有用的信息加工产品为结果,以有效指导和服务实现活动为目标。信息方法的本质是将系统有目的性的运动过程作为一个信息变换过程。信息方法见图 7-13。

3. 信息工作的一般程序

秘书部门和秘书人员运用信息方法开展信息工作的一般程序依次是明确任务,信息搜集,信息整理、评价和分析,信息产品的制作和提供,见图 7-

信息 —→ 输入 —→ 存储 —→ 处理 —→ 输出 —→ 信息

反馈

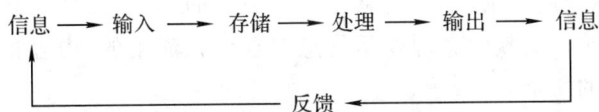

图 7-13　信息方法

14。有效的信息工作必须首先明确工作的任务、目标和方向。信息工作的任务可以是领导布置后接受的任务,也可以是中心工作需要自拟的任务;信息搜集不应是盲目的,而是应围绕信息工作任务进行;信息整理、评价和分析环节实际是一个对所搜集的信息进行梳理、鉴别和内容分析思考的过程,这是信息工作的核心部分,是一个形成和得出结论的过程;信息产品的制作和提供利用则是将信息组织和思维的成果固化和发挥其作用的过程。

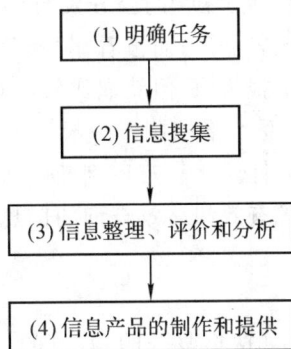

(1)明确任务

↓

(2)信息搜集

↓

(3)信息整理、评价和分析

↓

(4)信息产品的制作和提供

图 7-14　信息工作的一般程序

二、信息调查

信息搜集是信息工作的基础环节,信息分析与预测的质量和效果很大程度上也依赖所获取的信息的范围和质量。秘书部门和秘书人员要做好信息搜集工作,要注意把握信息源、信息调查方法和信息调查原则。

1. 信息源

信息源即信息的来源。秘书部门和秘书人员了解了信息源就可以知道从哪里去检索和获取相关信息。从总体考察,信息源可以分为两大类型:文献信息源和非文献信息源。

(1)文献信息源。文献信息源又称为记录信息源。关于文献的概念前面已提及,文献是指记录有知识/信息的一切载体,包括文件、档案、图书、资料等等,包括纸质文献、电子文献和其他载体的文献,如感光载体型或磁性载体型文献等。文献信息源就是信息来自可以流动的,内容相对稳定且具有表达功能的文献。

(2)非文献信息源。非文献信息源主要有口头信息源和实物信息源。口头信息源即信息来自口口相传。实物信息源即信息来自不具表达功能的实物本身。

不同的信息源各有不同的特点和不同的价值,比如通过亲口品尝香梨蜜橘等实物可以获得鲜活真实的实物原始信息,从而得到感性认识,但此类信息源内容信息的挖掘和传递有一定难度。通过参加会议,与人接触可以获得最新的一些信息和肢体语言等信息,但同时此类信息源容易出现信息不准不稳、难以留存等问题。同样是文献信息,不同类型的文献信息其优缺点也各不相同。被称为"白色文献"的公开发行的图书等出版物,信息获取容易,但信息内容有可能比较滞后;而被看作"灰色文献"的文件与档案等非出版物,虽然具有很高的情报价值,但获取比较困难,尤其是被称为"黑色文献"的密级文件,利用更是受严格控制。一般情况下,纸质文件比较容易辨别真伪,而网络信息的可靠性就比较难以判断。所以,信息搜集过程中要根据目标任务,分析可能实现有效和高效查询的信息源,并采用相应的信息调查方法。

2. 信息调查方法

信息调查方法是为信息搜集服务的,其目的是为了获取可靠有用的信息。与信息源相对应的信息调查方法主要有两种:文献调查法和社会调查法。

(1)文献调查法。文献调查法就是通过搜集相关文献来达到信息搜集目的的方法。运用文献搜集法来搜集信息时,主要是通过图书馆、情报所、文献中心、档案馆(室)、文件中心、资料室和网上相关文献数据库等途径进行,主要从文件、期刊、报纸、图书资料等入手。具体搜集时可以采用系统检索法和追溯检索法。

系统检索法即针对任务目标或主题以手工或计算机检索为基础正面、系统地查寻和获取文献信息或文献线索的方法。比如针对"企业文化建设"这一主题,从"企业文化建设"标题或相关的主题词入手,从内部与外部信息源全面检索与此相关的文献。

追溯检索法分两种:一种是利用文献末尾的引文注释或参考文献来进行"滚雪球"似的检索和获取文献的倒寻法;另一种是通过正式发行的引文

索引来进行检索和获取文献的引文索引法。比如可以利用美国出版的《科学引文索引》(SCI),通过主题词、作者等项目步步追踪,查到原文和相关的文献。追溯检索法实际上是通过从一点切入,比如从一篇文章入手,进行线索追踪和原文查寻来获取文献的方法。

对于基层单位的秘书来说,出于方便快捷的考虑,可以以系统检索法为主、追溯检索法为辅开展文献搜集工作。

(2)社会调查法。社会调查是搜集信息的普遍方法,也是一种重要方法。社会调查法是通过深入社会活动实际获取信息的方法,包括人物访谈、实地考察、样品测试、问卷调查等具体方法。它是搜集非文献信息的主要途径。

问卷调查这种搜集信息、掌握事物动态的调查方式,目前已被广泛使用,并在了解现状和预测未来中具有较为明显的作用。问卷调查看似容易,提些问题让人作答便可,但事实上,问卷调查要获得理想的结果也并不简单,其中也有科学。今天的秘书人员要做好信息工作,其中掌握和正确运用问卷调查方法也是必备技能。

问卷调查作为社会调查的主要方法,其质量与效果主要取决于问卷调查表的设计质量和运行模式。科学实施问卷调查需要注意以下事项:

■ 科学设计问卷调查表:要对问什么、如何问进行思考,并进行合理的编排组织,让人容易答、愿意答。比如具体提问前最好要有身份和目的等说明,以便答者配合;具体提问设置要避免不切实际或隐私问题,也要避免过多的自由式提问(回答时需要答者费时费神写出自己的主观意见),尽量采用选择提问;提问顺序要先大后小、先易后难等等。

■ 正确选择问卷调查表的运行模式:问卷调查表如何发放? 如何回收? 如何获得积极支持和获得较好的效益? 这些问题与问卷调查表的运行模式直接相关。在目前采用的当面调查问卷、函寄调查问卷、发放调查问卷和网络调查问卷这几种常见的调查问卷模式中,网络调查问卷模式以其经济、发放面大、具有互动性等优势而日益成为一种主选的问卷调查表的运行模式。相比较而言,在一个相互熟悉的环境中,采用当面调查问卷的方式也能起到很好效果。在国外,开展问卷调查活动时,常常会配以一些激励的措施,比如通过抽奖、感谢等方式以示对问卷配合者的谢意,这种做法令人愉悦,通常也能收到较好的效果。

3. 信息调查原则

为了使信息调查卓有成效,秘书部门和秘书人员在开展信息调查时可以遵循以下原则：

(1)针对性。即信息调查要与一定时期的单位中心工作相结合,要与领导布置的信息工作任务相结合。

(2)有效性。即围绕信息工作任务或单位的中心工作所开展的信息搜集工作要做到全面系统,符合科学分析和统计的需要。也就是要求尽可能客观地全方位地搜集相关方面的材料,包括强相关的和弱相关的、正相关的和负相关的、国内的和国外的、本单位和外单位的信息等等,并尽可能保证所搜集的信息具有一定的量,相互之间具有关联性和可比性,以便使下一步的信息分析和预测具有客观有效的信息基础。

(3)新颖性。即信息调查中所搜集的信息要能够反映最新情况和最新成果。因为信息调查是为信息分析和预测服务的,是为科学决策服务的。信息分析和预测成果需要有前瞻性,科学决策需要准确把握现状、动态和未来走势。

(4)可靠性。即信息调查中所搜集的信息要真实可靠。这是信息调查的基本要求,信息失真失实不仅会使信息工作的成果毫无价值,而且有可能导致错误决策而带来损失。

(5)科学性。即信息调查要有计划按科学的方法和步骤进行,否则会直接影响信息调查成果的质量和效果,并进而影响信息分析、预测和科学决策。

三、信息分析与预测

信息分析与预测从比较广义的范围来理解也就是信息工作,但在具体的信息工作中,一般是指信息搜集之后对信息的加工过程,其中包括两个核心环节或类型:一是信息整理与评价;二是信息分析与预测。两个环节的加工过程逐渐深入,逐渐由粗至精,由简单加工产品到复杂的加工产品。秘书部门和秘书人员可以根据本单位的社会地位和职业状况,根据领导和各业务机构的具体需要,选择和开展能满足用户需求的信息分析与预测类型,提供合适的信息加工产品。

1. 信息整理与评价

信息整理在信息分析与预测中属于初级加工过程,主要是对所搜集的不同内容和形式的信息按照任务主题需要进行分门别类的条理化和系统化,并开展一些标注性说明和摘要介绍,以便后续的准确评判和深入分析或为形成一些简单的信息产品做准备。比如可以对搜集的照片或音像资料配个标题、做个文字说明等。

　　为了剔除那些无用的、价值不大的或虚假的信息,提高分析与预测的质量和效率,需要对所获取的信息进行价值评价,要对重复信息、过时信息进行剔除,对自相矛盾的信息、真伪难辨的信息进行提示,要对重要的关键信息进行突出。信息价值评价主要可以从可靠性、先进性、适用性等标准入手来评判。信息价值评价需要贯穿于整个信息整理过程中,最好能延伸进入信息整理的前后环节。这一环节可以形成《信息介绍》和《内容摘要》等简单的信息加工产品,帮助有关人员了解相关的信息情况。比如,可以形成照片加简单说明的《产品介绍》,把某一方面的规章制度汇集形成的《制度汇编》等。这类产品制作简单,具有普遍的参考价值,一般广受单位上下的欢迎,因此秘书部门和秘书人员可以充分挖掘本单位的信息资源,多开发此类简单的信息加工产品。

　　2. 信息分析与预测

　　信息分析与预测过程是一个对已整理的信息内容进行分析,揭示事物发展的规律,并进而对未来或未知作出合理判断的过程,是一个对信息的研究过程。所以信息分析的核心是"揭示规律",信息预测的关键是"鉴往知来"。信息分析是信息预测的基础,信息预测是信息分析的深化和最终目标,两者之间具有密切的关系。

　　信息分析与预测相比较信息整理与评价属于信息的深加工活动,它需要产生能满足用户决策需要的结论性产品。信息分析与预测的结论按其难易可以分为表象性结论和规律性结论,并产生相应的新的信息加工产品。这类信息产品按类型划分一般可以分成消息类产品、数据类产品和报告类产品。

　　(1)消息类产品。这是最简单最常见的信息分析与预测产品,主要起介绍和报道国内外或本单位某一领域某一主题发展的最新情况和动态趋势的作用,是领导和相关人员把握现状、了解动态的重要途径,很受单位领导层的欢迎。这类产品一般在信息分析环节产生,常见的冠名为"简报"、"动态"、"快报"、"通讯"之类。制作高质量的消息类产品要注意两点:一是要注意具有针对性,即围绕特定的主题或任务制作;二是要注意以素材信息为主,在进行规律性分析的基础上配以适当的评论信息或内涵现象规律的揭示,能够呈现表象性结论。比如围绕"大学生就业"为主题,单纯以报刊剪贴方式形成的信息产品《大学生就业面面观》就不属于信息分析与预测产品,而属于信息整理产品。

(2)数据类产品。数据类产品一般根据日常工作的需要产生。它是针对特定的信息工作对象,以数据信息为原料,在信息整理的基础上通过分析研究,加工制作而形成的信息产品。比如"手册"、"指南"、"大事记"等等。这类信息加工产品也是信息分析研究的结果。由于其具有信息密集、适用、内涵规律等特点,因此对于日常工作具有极大的帮助,是一种重要的信息工具。

(3)报告类产品。报告类产品是典型的信息分析与预测产品,是信息分析与预测产品中研究深度最深、制作难度最大、利用价值也最高的加工产品,主要为重大决策、重要问题的论证和解决服务。这类产品包括综述性研究报告、述评性研究报告、预测性研究报告、评估性研究报告和背景性研究报告。在国外,大公司董事会讨论解决重大问题的前提就是要有可供讨论的相关报告。

综述性研究报告主要是在搜集大量相关信息的基础上对各种重要的、新颖的、具有典型意义的信息进行客观的归纳整理和条理性叙述,是对大量原始信息的浓缩和点化。有研究表明,写一篇具有一定质量的综述性研究报告,一般需要 50～250 篇原始文献。

述评性研究报告是在综述基础上的发展,除了需要对信息进行综述外,还强调"评论",因此含有制作者个人的观点、意见和建议。比如各类考察报告、调研报告等等。高质量的述评性研究报告是科学决策和重大决定的重要依据。

预测性研究报告侧重对未来的预测,因此,这类信息产品的制作,不仅需要大量有效的信息,而且需要借助数学模型等科学方法以及现代技术和工具。这类信息产品技术含量较高,对某一领域的发展影响较为深远。比如《21 世纪能源预测》、《2007 年中国经济发展趋势》等。

评估性研究报告是在掌握评估对象全面信息的基础上,运用适宜的现代评估方法,对评估对象进行分析研究而形成的一种信息加工产品。这类报告对于工作总结和迎接检查具有重要意义。

背景性研究报告在海外比较流行和受到重视。它是在获取相关人物、业务等背景信息的基础上,分析研究形成的一种信息分析与预测产品。它主要为各专项事务和活动提供重要的参考,比如为具体的对外策略的制定、投资的决定、出访与谈判等活动提供参考。

将信息调查和信息分析与预测相结合就构成了信息调研工作,它对于科学决策和解决工作问题具有重要意义。这项工作随着市场经济的发展和核心竞争力提升的需要,显得日益重要。它也是一项能够带动和促进一个组织信息管理水平全面提升的推动力。

【本章小结】文档和信息管理是秘书工作的基本内容。本章主要分三部分来对文档和信息管理方面的知识进行阐述:第一部分主要阐释信息与信息管理的相关概念、不同类型信息的特点以及相互之间的关系,由此可以理解和把握实际工作中客观存在的信息现象和信息事物。第二部分全面介绍和分析了作为一个组织信息管理基础和主体的文档管理工作,为文档管理提供了最新的理念、最佳的实践标准和实用的工作指南。第三部分重点阐明了对科学决策和解决工作问题具有重要意义的信息调研工作,也就是通常人们所理解的信息工作或情报工作。其中信息调查和信息研究的具体原则、工作方法和各类信息产品对于实际工作具有非常实用的价值和积极的推动作用。一个组织的文档和信息管理系统的建设和完善,秘书部门和秘书人员不是主角,但却是重要的参与者和责任人,对本单位信息管理水平的提升具有一定的影响力。因此,秘书部门和秘书人员应不断提升信息工作的能力和水平,以满足领导层和组织各职能部门不断增长的对信息利用的需求和对信息管理水平提升的需求。

思考与训练

  1. 一个组织内有哪些主要的信息类型?

  2. 简述不同信息类型相互之间的联系和区别。

  3. 信息有哪些显著的特性?其中最大的优势是什么?

  4. 如何理解文件与档案的血缘关系?

  5. 简述信息管理的含义与范围。

  6. 论述文档与信息管理的必要性和重要性。

  7. 简述文件生命周期模式及其意义。

  8. 简述文件连续体模式及其意义。

  9. 简要分析来源原则与全宗原则、成套原则之间的关系。

  10. 指导档案文件管理的重要原则有哪些?至少列举两个并加以说明。

  11. 简述一个组织档案文件管理系统的基本构成。

  12. 文档鉴定可以采用哪些基本鉴定方法?至少列举两个并加以说明。

  13. 简述档案保管期限表的构成和作用。

  14. 简述归档制度。

  15. 档案文件必须具备哪四个基本属性?

  16. 简述办公室文件与档案整理的基本内容和步骤。

17. 简述组卷的基本内容和主要工作环节。

18. 简述档号与案卷题名编制的一般格式。

19. 简述档案文件存储的注意事项。

20. 环境方法保护档案文件可采取哪些具体措施?

21. 安全销毁文档常用哪些方法?

22. 正确处理档案文件保密与利用关系的理论依据有哪些?

23. 正确处理档案文件保密与利用关系的基本手段有哪些?

24. 结合具体单位分析文档与信息管理系统的模式,并提出改革方案。

25. 简单描述元数据和元数据管理。

26. 简述电子文档管理中的注意事项。

27. 描述信息工作的一般程序。

28. 如何有效和高效地开展信息调查活动?

29. 比较信息分析与预测活动产品,举例说明各类信息产品的特点。

第八章

办公室管理

办公环境与工作效率

员工是否在上班时间无精打采？那么，试着对办公环境进行一些改善或者改变吧。实践证明，办公环境整洁有序，可以提高员工的工作效率，提升士气。

每个办公室都存在效率低下的现象：传真机无法正常工作、文件杂乱无章或者丢失、办公室里人来人往使人根本无法高效工作——这并不奇怪。而令人惊讶的是，许多公司只是被动地适应这些毛病而不是加以改进。

检查一下你的办公室，看看是否存在造成工作效率低下的以下八种通病，然后加以改进。

1. 过时的技术设备。过时的计算机、打印机、软件和其他技术设备将会降低工作效率。例如，一名使用低性能电脑的图形设计人员每次打开或保存一幅图像时都要等待 20～30 秒；低速上网的员工也面临同样问题。怎样判断技术设备是否过时了呢？一条通用的准则就是，如果你的计算机不能运行一套关键软件的最新版本，那么就需要进行升级了。每年在新设备的投资会很快在提高的工作效率中收回来。

2. 工作空间安排不合理。花上几天时间观察公司的工作方式，找出由于工作空间安排不合理造成的效率低下问题。例如，由于桌面不够大，每次要打开文件都要跑到别的房间去；由于电脑离电话太远，每次电话会议结束后你都要重新输入会议记录。要解决这些问题，通常只需要重新安排一下工作空间，比如将乱堆的书本从桌面上移开或者是多拉一根电话线。

3. 效率低下的文件管理制度。文件管理的杂乱无章会造成信息查找的困难，从而造成大量人力和时间浪费。要解决这一问题，就要保证将必要文件归档的条件。看看是否需要增加文件柜，使员工能够容易地将文件归类，以便于查找。还可以将不常用的文件搬到贮藏室去,以便更容易找到常用的文件。

4. 未加管制的信息流。由于电子邮件和移动电话等通信技术的广泛使用,使得工作环境充斥着各种新闻、市场信息、垃圾邮件和私人联络信息。这些外来因素会分散员工的注意力,降低工作效率。为了减少分散注意力的信息,应使用电子邮件过滤工具,将私人电子邮件和工作电子邮件分开;在办公室时关掉移动电话,只将电子邮件地址或者是移动电话号码告诉相关的人。

5. 组织拙劣的会议。召开不必要、没有重点的会议将降低工作效率,打击员工士气。经常会发生这样的情形:员工被召集起来讨论某个主题,结果会期拖得很长,决定也未能做出,或者是偏离了会议要解决的问题。正确的做法是,开会之前要看这一问题能否通过打电话或者其他方式解决。如果确实需要开会,要限制时间,用议事日程使会议不要跑题。同时指定会议主持人,其责任是在有跑题迹象时采取行动,使会议回到正轨。

6. 低于标准的研究资源。依靠不可靠或者是过时的杂志、网站、白皮书或是其他资源将会使你付出更多的劳动。为了解决此问题,应该只订阅那些有质量的出版物,推荐有价值的搜索工具,提供高质量的网上信息资料等。

7. 干扰。许多小公司的办公室不够宽敞,大声说话、电话铃声、键盘敲击声和开关门的声音都会降低整个办公室的工作效率。为了避免干扰,应该重视工作场所的噪声污染问题并采取措施。将电话铃声调小,关掉音箱,提醒大声喧哗者降低嗓门;用屏风、植物等在开放的办公地点中营造私人空间,减少视觉干扰。

8. 混乱。许多成功主管者的桌面都有一个非常突出的特点——没有杂物,非常整齐。混乱会造成干扰,降低工作效率。环视你的办公室,看看哪里是造成混乱的根源。它可能是一条乱拉的电话线,也可能是一个放在过道的盒子,或是办公桌上一台已经损坏了的设备。将用不着的东西移出视线之外。

提示与思考 办公环境是影响办公效率的重要因素。你认为办公环境由哪些方面组成?其中影响办公效率最关键的因素是什么?为什么?

办公室作为组织内部的综合办事机构,是秘书辅助领导处理日常公务的枢纽,也是其发挥参谋助手作用的主要办公场所。所以,办公室管理是秘书工作一项基础性工作,是秘书工作辅助职能的一个主要体现。有效的办公室管理,可以提高秘书的服务质量,推动组织有序高效地运转,促使组织的整体功能得到更大程度的发挥。

办公室在不同的语境下有不同的理解。具体分析,办公室有以下几种理解:广义办公室可以泛指一切有别于教室、车间、实验室等的办公场所;狭义办公室指某一类职业人员或某一级职务人员的办公场所;综合性办公室指党政机关、企事业单位内的综合办事机构,级别高的称"办公厅";专门性办公室指某种专门的独立的工作机构,如国务院新闻办公室、外事办公室等。

由于办公事务方面的内容在秘书办事及其他章节已经展述,故在此不再赘述。本章的办公室管理专门针对作为秘书人员主战场的综合性办公室,并以办公室本身作为管理和研究对象,其中最主要的内容是办公室的软硬件环境管理,包括办公室环境发展、优化,办公室的日常管理和办公自动化等。

8.1　办公室的昨天、今天和明天

20世纪80年代初,阿尔温·托父勒(Alvin Toffler)在他的《第三次浪潮》一书中,探讨了三次变革浪潮对文明世界的冲击,其中包括给办公室带来的影响。第一次浪潮是在一万年前由农业革命掀起的,第二次浪潮是约在300年前由工业革命推动的。在文明世界第二次浪潮期间,"办公室成了打字员、秘书、文书人员、机务员、管理员和经理进行通讯联系、编制报表、文件管理和归档的地方"。在这样的环境中,办公室工作的重点放在有形的产品上面,比如起草信件和备忘录,编制报表和开具发票,做纪要和会议记录,把副本和抄件存入档案柜里。这种意义上的办公室工作直到现在,显然还是我们办公室工作的主要模式。

第三次浪潮下的办公室将远远不同于传统的办公室。办公室工作的主要用品——纸张将大量(但并非全部)被取代。相当一部分办公室工作人员,特别是生产或处理信息的人员,将会通过网络在家里完成他的部分工作,这将使得许多家庭变成电子家庭。总之,决策工作将变得更为重要,并要求组织成员更加广泛地参与这项工作。我们现在正处在第三次浪潮的过程中,人在办公室中的角色正悄悄发生变化,许多复杂的工作由人和系统共同完成,这就要求办公室工作人员更加专门化,同时具有广博的知识和能力,善于用信息技术手段提高工作效率。

阿尔温·托父勒对变革浪潮下办公室变化的描述,较为准确地勾勒了办公室昨天、今天的状况和明天的发展趋势。

一、传统办公室的特点及存在问题

办公就是处理人类集体事务的非物质性活动,办公成为处理各种事务工作的总称,办公的基本任务主要有制订计划、组织实施和监督控制。

传统办公室给人的印象是:一个房间,房间里有办公桌椅、文件文具和柜子、电话电脑和其他设备,大量文件摊在桌面、电话铃声不断响起、不断有人进进出出、键盘总是被嗒嗒敲击等。

1. 传统办公室类型

办公室是为进行特定工作而设立的办公机构或场所。从人员、职能等角度看,传统办公室有三类:

(1)事务型办公室。事务工作是整个办公活动的基础,也是研究办公活动的切入点。这类办公室中最常见的工作就是处理文件或资料的收发、归档及查找、接待来访、抄写、打字、复制、报表统计、打电话、起草报告或文件等等。总之,信息的收集、整理、存储和检索,简单的信息生成和比较确定的例行事务是此类办公室的工作。其工作特点是工作量大、繁琐,多为机械性、重复性、有规律的工作。

(2)管理型办公室。事务处理和管理控制是管理型办公室的双重任务,即在完成内部事务性工作的同时,运用行政的、经济的、法律的等多种手段管理有关公共事务,并对与管理有关的信息进行控制和利用。

(3)决策型办公室。这类办公室主要从事与人创造力密切相关的决策活动,并加强管理的功能,主要作用是非确定型决策处理。这类办公室的工作内容是根据上级指示,结合本系统、本单位、本部门的实际情况和基础信息进行思考、研究和决策,制订出适当的实施计划,下达给具体办事部门;具体办事部门将计划实施情况,以数据、报表形式反馈上来后,通过统计、分析、研究以获得事物发展状况的信息,并据此修改原计划,不断把工作推向更高一级的水平。

2. 传统办公系统的基本功能

宏观上,各类办公系统的共性是对信息的管理控制,它的基本功能有:

(1)接收和生成信息。输入系统的信息包括两类:接收系统外部传来的信息和系统内部因办公而生成的信息。具体表现为：在行政事业单位，主要有下级机构所呈交的报表、公文，上级机构下发的文件，相关机构及环境所产生的信息等；在生产经营单位，主要是有关市场、价格、生产、技术、货存、人事管理、劳动管理等信息。

（2）记录与保存信息。这是将输入系统的信息以及经过系统加工与处理的信息，以规范的方式记录、组织起来进行保存，供需要时查询、利用。

（3）加工处理信息。这是将输入与存储的信息按其性质、内容和需要进行各种技术性加工，并且对信息进行判断、分析、综合等深层次的处理。

（4）传输信息。传输信息是指将系统内部经过加工处理的信息或者决策等信息，通过纸张、电子通信等多种方式完成上传下达等传输工作，或者印出以便保存、利用。

（5）利用信息。办公系统的最终目的是对加工处理的信息进行利用。不同级别的办公人员或办公活动对信息加工程度的需求不同，利用的深度和方式也不同。对信息使用的结果会产生一些新的信息，既有支持本办公系统内部工作的信息，又有输出至系统外部（如上级机关、相关机构等）的信息等。

（6）销毁信息。各类办公系统输出的信息中，都会有一部分不具有保存价值的信息或有保存价值但留存后会产生危害的信息，对此类信息则会采取特定方式方法和技术手段予以销毁。

3. 传统办公系统的问题

传统的办公系统是以手工处理为基础的，随着时代的发展，办公内容、办公环境以及人们对办公活动的要求等都在不断变化。传统的、手工式处理逐渐暴露出的主要问题有：

（1）办公效率低。办公是以脑力劳动为主的活动，传统的办公系统建立在手工操作的基础上，办公效率低下。完成大量的事务工作，主要靠增加人员或者延长办公时间，使得办公室逐渐成为劳动力密集型场所，这就难以进一步提高办公效率，也不能适应现代社会生产力的发展。

（2）办公压力大。现代社会已经是一个信息社会，大量信息的生成给办公室带来了极大的压力。效率低下与信息激增的矛盾，造成了办公人员和办公费用的剧增。20世纪80年代初，发达国家首次出现了白领人数超过蓝领人数的局面。世界各国都面临办公经费紧张，办公人员、办公机构数量居高不下的问题。办公人员和办公机构的增加，还导致了管理和监控工作的增加、内耗的增加，以及人员、部门之间的相互牵制。

（3）不具备信息系统功能。传统办公系统难以发挥现代信息系统的功能。信息社会对传统办公系统提出了新的要求：不仅要容纳、处理大量的信息，而且更应成为一个快速反应系统。要在瞬息万变的情况下，把握稍纵即逝的时机，以求取得理想的成绩。这种信息反应速度加快的形势，使得原来靠增加人力缓解矛盾的做法不再有效。

（4）帮助决策功能弱。传统办公系统难以满足科学决策的需要。传统办公系统中，决策主要是经验决策，即主要靠领导者个人的经验和领导艺术，容易导致决策失误。办公决策现代化的趋势是科学决策，需要大量的信息、决策规则和决策模型，而要准确、快捷地获得大量的信息和参考模型，在手工系统中是非常困难的。

（5）信息开放度低。传统办公系统的开放性弱，适应不了世界经济快速发展这一新形势下的开放性要求。办公系统不是一个封闭系统，在一个逐步走向现代化的国际环境中，它想要与外界交换信息，要想与其他系统发展关系，就需要信息共享，实现现代化的办公方式。目前许多国际组织、商务机构已通过网络办公，实现了办公信息共享。

二、现代办公室的特点

办公室是脑力劳动的场所，组织的创造性大都来源于该场所的个人创造性的发挥。因此，现代办公室应重视个人环境，兼顾集体空间，以方便办公人员的思想交流，活跃人们的思维，加强民主管理，提高办公效率。同时，一个完整、统一而美观的办公室形象，能增加客户的信任感和员工的心理满足感。现代新型办公室都是开放式设计，是一种集体和个人空间的综合体。

现代办公室真正以人为本，秩序感、明快感、现代感都是现代办公室的特征。OA 系统家具运用了"人体工程学"理念，不但美观、实用和安全，还具备营造情景和搭配完整环境的功能。办公室的布局、通风、采光、人流线路、色调等充分考虑了对员工精神状态和工作效率的影响，高科技的办公设备在现代办公系统中发挥出了令人难以置信的高效率。

现代办公室外在的具体表现特征还有：①个人空间和集体空间系统的便利化；②办公环境给人以心理的满足；③提高工作效率；④办公自动化；⑤从功能出发考虑空间划分的合理性；⑥导入口的整体形象的完美程度；⑦提高个人工作的集中程度等。

现代办公室是智能化的，OA 系统是办公室智能化的核心和未来办公室建设的重点。

8.2　OA 系统

一、OA 系统概念

办公室作为现代人的工作场所和工作环境与越来越多的人发生着密切的联系。"蓝领"的相对减少和"白领"相对增加这是各国社会发展的普遍现象。在英国,约有 170 万间单独的办公室,约占 1/3 的工作者从事的是办公室工作;在美国,约有半数的雇员属于白领阶层。中国的发展趋势也将是如此。

"办公自动化"概念于 20 世纪 40 年代起源于美国,英文全称为"Office Automation",简称为 OA。此概念最初用来表示使用机器来处理办公业务,70 年代以后,随着三论(信息论、系统论、控制论)、IT 技术和经济的发展,很快扩展延伸到整个办公和管理领域,并开始发展办公自动化系统,以提高办公效率。中国于 80 年代初引入并开始关注这一概念。1986 年我国发布了《国务院电子振兴办公室关于 OA 系统设计的指导报告》,并指出:办公自动化系统是利用先进的科学技术,不断使人们的部分办公业务借助于各种办公设备,并由这些设备与办公人员构成服务于某种目标的人机信息系统。90 年代之后,随着网络技术的推广,无纸办公的领域在不断扩大,计算机、打印机、扫描仪、传真机等各种现代办公设备及其构成系统,以及使其运行的配套软件越来越多地被用于办公环境。由此可见,我国的办公环境从 20 世纪 80 年代以来正在发生着一场革命性的变革,而变革的核心和关键就是 OA 系统。我们正在逐渐告别主要由桌椅笔纸构成的传统的办公环境。OA 系统的不断完善,办公自动化程度的不断提高,办公环境日益智能化,这必然是未来办公室发展的趋势。

现代办公环境从 OA 系统状况考察实质上包含了由低到高的三个层次:①各种现代办公设备;②由软硬件设备构成的系统;③由前两者产生的人机关系以及新的人际关系准则和行为方式。这就要求现代人对现代办公环境有足够的了解和充分的准备,以适应现代办公环境的需求。

二、OA 系统构成要素

一个典型的办公自动化系统大致包括人员、办公信息、组织机构、办公制度、技术工具和办公环境等构成要素。

1. 人员

按照工作性质,OA系统中的人员主要分为三类:

(1)信息使用人员。主要是决策人员和管理人员,他们所承担的是重复性小、具有创造性或者决策性的工作。决策人员利用系统提供的信息完成科学决策,管理人员利用信息了解决策执行情况并控制其执行过程。

(2)系统使用人员。主要是办公室工作人员,其中既有从事重复性事务处理活动的一般办事人员,如会计、统计员、通讯员等,又有从事决策辅助工作的知识型人员,如秘书、行业专家、法律顾问等。他们的工作是辅助决策,减少管理人员的事务性工作,简化工作程序,提高工作效率,是利用系统完成业务工作的人员。

(3)系统服务人员。包括系统管理员、软硬件维护人员等,其职责是保证系统的正常运行,提高系统的工作效率。

这三类人员构成了OA系统中的人员要素,他们的自身素质、业务水平、敬业精神、对系统的使用水平和了解程度等,对系统的运行效率乃至成败至关重要。

2. 办公信息

办公信息是各类办公活动的处理对象和工作成果。办公信息覆盖面很广,以不同的标准,办公信息可以分为不同种类。各类信息对不同的办公活动提供不同的支持:为事务工作提供基础;为研究工作提供素材;为管理工作提供服务;为决策工作提供依据。OA系统就是要辅助各种形态办公信息的收集、输入、处理、存储、交换、输出乃至利用的全部过程,因此,对于办公信息的外部特征、办公信息的存储和显示格式、不同办公层次需要和使用信息的特点等方面的研究,是研制OA系统的基础性工作。

3. 组织机构

现代办公组织和办公机构的设置很大程度上决定了OA系统的总体结构。现代办公机构是OA系统运行的依托。目前我国的组织机构多采用管理职能、管理区域、管理行业和产品、服务对象以及工艺流程等划分方法,或者综合上述方法进行划分。OA系统,既要考虑对现有机构的适应性,又能在机构调整时显示一定的灵活性。现代先进的科学技术的冲击,办公组织机构也许会与传统状况发生背离。随着OA系统应用的不断普及和深化,运用系统科学的方法,重新分析、设计、组织办公机构,就成为可能。国外一种普遍存在的办公组织——“行政支持”、我国的“办事大厅”等,都是推行OA系统后新产生的行之有效的组织方式。

4．办公制度

办公制度是有关办公业务处理、办公过程和办公人员管理的规章制度、管理规则,也是 OA 系统设计的依据之一和运行制度。办公制度的科学化、系统化和规范化,使办公活动易于纳入自动化的轨道。

5．技术工具

技术工具包括支持办公活动的各种设备和技术手段,是决定办公质量的物质基础。OA 系统中的设备主要为三大类:计算机、通信设备和其他现代办公设备(如传真机、复印机、多功能电话、缩微系统、打印机、碎纸机等)。技术手段主要包括计算机技术、信息处理技术(包括数据处理、文字处理、语音处理、图形图像处理等技术)、网络通信技术等。信息与通信技术、工具的水平与成熟程度,直接影响 OA 系统的应用与普及。

6．办公环境

办公环境包括内部环境和外部环境两部分。内部环境指部门内部的物质环境和精神环境的总和。外部环境指和本部门存在办公联系的社会组织或与本系统相关的其他系统。作为办公环境的社会组织与本部门之间,有的是上下级关系,有的是业务关系,也有的是服务与被服务关系。外部环境对 OA 系统的功能和运行给出了约束条件,所以,外部环境也是系统不可缺少的一个组成部分。

三、OA 系统的基本特征

OA 系统的基本特征有四个:

1．交互式

即 OA 系统需要根据不同的输入调动不同的程序控制,因而人机对话中,人的干预不可缺少。

2．自主性

即系统既要随时间、任务的推移按一定的"周期"自动激活,又要能随着服务请求随时激活,作出必要的反应。

3．集成化

集成可以理解为整合,它是现代 OA 系统最重要的特征。它综合利用多种学科(尤其是计算机、通信和现代管理科学)的理论、技术和工具,把一系列独立分散的设备和专用系统连接起来,构成一个能协调运转和相互通信的集成系统。

4．多任务并行

OA 系统能实现多项任务并行处理,确保办公的高效率。

四、OA 系统的主要功能

1. 资料制作

资料可分为两类：以文字文本为主的资料和以数据为主的资料，后者常常要利用数据制作图表。任何一个办公室都涉及资料制作工作。这是 OA 系统必备的基本功能。资料制作实际上就是文字处理、数据处理、制表与绘图等功能的综合利用。

2. 电子秘书

作为 OA 系统基本功能的电子秘书，并不是指人，而是特指能够代替人力辅助秘书完成各类重复性的、程序性的、繁杂的日常工作的计算机软件，因此，又称为"计算机秘书"或"电脑秘书"。它是秘书人员人工智能化的产物，与现代秘书概念完全不同，不能混淆。目前市场上开发的许多办公软件都具有电子秘书的一些功能，如接待来访、日程管理、电话号码簿、名片管理、会议管理、会议室预约等辅助办公的功能。如美国前总统里根的"计算机秘书"，每天要临摹里根的笔迹处理 4000 多封公民来信，做到有信必复。

3. 电子邮政

信息的联通和传递在办公活动中占很大比例，电子邮政系统可以综合电话、传真、普通邮政及数据处理的多种优势，快速完成办公室所需的信息交流工作。

4. 电子文档管理

保管资料是各类办公室的共同事务。电子文档管理就是用计算机对各种材料、文件、档案乃至书籍、刊物进行登录、保管和检索。与手工管理类似，它同样可以处理单份资料、文件夹、抽屉、文件柜等不同组合。

5. 决策支持

领导者、管理人员和经营者要利用各类信息实现决策。决策支持功能就是利用系统所累积的全部信息，以便于观察、易于分析的形式显示出来，帮助决策者进行分析、判断，为决策提供可选方案。实际上，决策支持系统也需要上述各项功能的共同支持。

五、OA 系统发展的趋势

随着社会需求、支持技术的发展，OA 系统正呈现以下的发展趋势：

1. 小型化

光、磁存储技术的发展使得大规模数据存储成为可能，也使得计算机的体积进一步缩小,小办公室、家庭办公室(SOHO)和掌上电脑等设备迅速增长,系统的小型化已经成为一种趋势。

2. 多媒体化

把计算机技术、网络通信技术和声像处理技术结合起来,以多种信息媒体综合集成性、人—机交互性模拟信息数字化为特点的多媒体技术,可以为办公活动提供多方位的支持,如为管理人员提供多彩的工作环境、生动的人—机界面,特别是全面的信息处理。

3. 集成化

现在的办公系统有着集成的特点。比如,数据的集成,实现数据的相互操作和解决数据语义的异构问题,实现了真正的数据共享;应用程序的集成,实现不同的应用程序在同一环境下运行和同一应用程序在不同节点下运行;界面的集成,实现不同系统下操作环境的一致,至少是相似;网络的集成,实现异构系统下的数据传输。这些是整个系统集成的基础。

4. 网络化

OA 网络已不仅是本单位、本部门的局域网互联,而且将发展成为各种类型网(数据网、增值网、ISDN 网、局域网等)的互联,局域网、广域网、全球网的互联,专用网与公用网的互联等。总之,建立完全的网络环境,使 OA 系统超越时空的限制,这也是实现移动办公、在家办公、远程办公的基础。

5. 智能化

人工智能是当前计算机技术的前沿课题,也已经取得一些成果。它们虽然未能使机器像人一样思考和工作,但已在很多方面对办公活动予以辅助。办公系统智能化的广义理解还可以包括:手写输入、语音识别、基于自然语言的人—机界面、多语互译、基于自学的专家系统、智能设备等。

8.3　现代办公室的理想环境

有意思的办公室

美国一家家具公司,利用先进的灯光技术创造了虚拟加州海滩氛围的工作环境,工作人员可以穿着海滩裤、T 恤上班,享受 100％ 的新鲜空气和自然光。有趣的是,根据美国《商业周刊》报道,这家公司的生产率因此增长了15％。其中,有八位被挖墙脚跳槽的员工,在离职两周后自动回来,原因竟然是"他们无法忍受其他单位灰暗的工作环境"。办公室多使用冷系色的日光灯,常常造成工作人员看起来像"每天只睡一小时"的错觉。

空气和自然光是理想的办公室环境组成因素之一,良好的办公室环境对提高工作效率有着直接的关系。秘书总是在特定的环境中活动,环境是秘书工作的客观条件。从组织管理学的角度看,组织与环境相互依存、相互作用,环境的优劣对行为的积极性和有效性有着直接的关系。

环境有大环境和小环境。从宏观上说,它是指一定组织机构及其所有成员所处的社会环境,包括政治、经济、法制、文化、教育、科技、自然等因素;从微观上说,它是指组织机构秘书部门工作所处的环境,包括工作环境、场所布局、办公设备、组织状况及人际关系等因素。

办公室环境包括两层含义:自然环境和人文环境。自然环境包括办公地点、建筑设计、室内空气、光线、颜色、温度、湿度、噪声和办公室的布局、布置、物品管理等。人文环境包括组织风气、工作制度、群体意识、协作关系、领导作风、人际关系等。

社会大环境作为秘书部门和秘书人员是难以掌控和改进的,而办公室的人文环境,秘书人员可以在某种程度上可以尽各自的努力使其变得更加和谐舒畅。至于办公室的自然环境,秘书人员就有更大的余地去进行选择和优化。

一、什么是理想的办公室环境

办公环境总离不开办公场地、设备和人员状况等。所谓理想的办公室环境,即优化办公室环境,就是通过对办公室自然环境进行合理的设计、控制和组织,使其达到最优状态。

人体工程学认为,人—物—环境是一个密切相连的系统,强调人在这个系统中的主体作用,即应以人为主体,以人自身的生理、心理特点为出发点,从外观、视觉、听觉、空气直至安全、保险等方面研究办公活动的工作环境,使其更适合办公人员的身心活动要求,让办公人员能更主动、更高效地支配设备和环境,更健康、愉快地工作。

除了办公用房筹建时就要考虑合理选择办公地址、设计适宜的内部结构外,优化办公室外,还可以参照以下标准。

1. 方便

办公室的布局应该力求方便,争取时效,如相同或相关的部门应该尽可能安排在相邻的地点,有利于缩短工作流程,避免不必要的迂回穿插,便于工作的密切联系和同步进行。

2. 舒适整洁

光线、色彩、气候、噪音、工作间的布置等在不同程度上对工作人员的情绪都会产生影响,所以,对一个办公室来说,很重要的一点就是舒适整洁。整洁有序的工作环境,有助于工作效率的提高。不论是办公室、办公桌,还是抽屉,不要放置与办公无关的东西,文具的摆放要井然有序。可以想象一下,一个凌乱肮脏的工作环境怎么会产生令人满意的工作效率呢?

3. 和谐统一

办公环境中如果有和谐的人际关系,就能激发工作人员的团队精神,取得最佳的工作效果;同时,如果办公桌椅、文件柜等办公室用品的大小、样式、颜色等协调统一,不仅能增强办公室的美观,而且能强化成员之间的平等观念,创造出和谐一致的工作环境。一个高效快捷的办公室,不一定要有昂贵的设备,只要适当放置一些工艺品或花草,就可以改善办公室的单调环境,但要注意避免粗俗,否则将会影响整个组织的形象,因为办公室是组织的一个"窗口"。

4. 高效

有序高效的组织运转离不开 OA 系统支持。在一个高智能化的时代,不要舍不得投资新的技术设备,它很快会在提高的工作效率中收回来。一个训练有素的秘书,加上先进的计算机和最新软件、先进的通信设备和其他办公设备,利用畅通世界的网络,其工作效率是非常惊人的。相反,过时的技术设备和手工式的处理方式,即使是再优秀的秘书,也很难进一步提高工作效率。

5. 安全

保证组织的物品安全和信息保密,是秘书的重要职责之一,也是优化办公室不可忽略的一个标准。布置办公室时要留意附近的环境和办公室存放财物的安全,要考虑一些保密信息如纸质文件、存储在计算机里的数据等是否能得到安全保密保障。

二、现代办公室的布局

合理设计办公室布局,对于创造理想的办公室环境至关重要,它是优化办公室环境的重要内容。

1. 开放式布局

开放式布局就是将组织内部各职能部门所有的管理人员,常常包括领导在内,全部集中在一间大办公室内,一起办公,并按照一定的工作程序,排列办公桌。室内一端安放几张沙发,作接待会客之用。

这种模式在国外的公司被普遍采用。我国相当多的"三资企业",特别是外商独资企业,也多采用这种布局。需要注意的是,这种模式不适宜脑力劳动较高的群体,比如大学教师、高级智囊团和政府机关的高层领导等,而更多地适宜于一般的行政管理和业务管理场所。

开放式布局的优点是:第一,办事效率高。由于所有的职能部门集中一处,相互之间信息交流及时,合作协调灵便。凡是涉及几个部门的事情,只要过几张桌子就能商量解决,杜绝了扯皮、拖拉、推诿、公文旅行的官僚主义作风,大大节约了时间,提高了办事效率。第二,有利于监控。职员集中于一处办公,客观上互相监督,杜绝上班时间闲聊、干私事的现象,也有利于领导接触员工,观察员工工作,掌握和控制工作的进度。第三,有利于办公空间和办公经费的节省。有关数据显示,开放式布局设计要求使用的地面面积比传统的办公室可以减少 20%~30%;重新布局方便、办公设备共享性高、能源消耗减低等,都是节省办公经费的有效途径。

开放式布局的缺点是:在大办公室中,难以进行带有秘密性质的工作;嘈杂的说话声和机器声,对人干扰较大,使人难以集中注意力开展工作;没有单独的工作间,使人产生被监控的感觉,难以开展创造性的工作。

2. 封闭式布局

封闭式布局是一种较为传统的办公室布局,即把组织内部各个职能部门独立安排在一个个小房间内,组成一个个小办公室。我国党政机关和企事业单位大多采用这种布局模式。

封闭式布局的优点是:工作环境相对安静,使人能集中注意力进行更为细致和专业的工作;工作环境相对安全,有利于保密工作;有相对独立的私人空间,能保护个人隐私和进行创造性工作。

封闭式布局的缺点是:各职能部门之间的信息沟通难以及时有效,工作协调不够快捷灵活,使工作效率受到一定程度的影响;非办公空间占用率较大,无形中增加行政费用。

可见,办公室开放式布局和封闭式布局的优缺点正好相反。

3. 混合式布局

混合式布局是指在开放式布局的大办公室内,把组织内部各职能部门用组合式办公用具或者其他材料分隔开来,组成若干个工作单元。

这种布局模式,把开放式和封闭式结合起来,扬长避短,使各部门既相对集中,又在一定程度上避免了相互干扰,是目前较为科学合理的办公室布局模式。因此,尽管它的花费较多,但还是被许多企业采用。

三、现代办公室的布置

对秘书来说,也许无法左右办公室的整体布局,但秘书直接的工作空间是由秘书本人布置的。如果布置得合理有序而又舒适,可以提高工作效率。秘书直接的工作空间主要包括工作台或办公桌椅、计算机及输出输入设备、电话、文件夹、文具、书籍和柜架等。放置这些设备和物品,既要考虑自己的工作需求、效率,又要考虑领导的工作习惯和他对办公室环境的要求。

一般来说,秘书的办公桌大小要适中,以足够放置常用的办公用品,并有空余的位置进行工作为好。如果使用多平面转角计算机办公桌,自然是比较理想的,它的工作容量大,功能多样,适合使用计算机和读写多种要求。物品安排要适当、有序,将最常用的物品,如电话、文具盒、便笺等,放在不必起身就能伸手拿到的地方,常用的参考书、文件盒等放在离办公桌不远的柜架中。桌面尽量少放东西,桌上的材料以够用为度。办公桌抽屉里也要井井有条,信封、信笺、印泥、订书机、回形针、夹子等要有序地排列好,特别要妥善放置胶带纸、胶水等,以免和其他物品粘在一起。办公桌最好要有一个带锁的抽屉,来存放有保密要求的东西和私人物品。抽屉也要经常清理,及时清除没有价值的东西。

常用的文件夹应该整齐地叠放在桌边或直立在文件架上,同时按一定的方法予以分类管理,注意保密文件和不常用的文件要按照要求存放在安全的地方或者文件柜里。参考书可以放在桌子上面或者伸手能取到的抽屉里。

计算机、复印机、打印机、传真机等,都是秘书办公的重要设备,一些软件和参数等资料要放好。公用物品,比如公用文件、办公用品、电话簿、字典、时刻表、报纸杂志、宣传资料等,也要摆放有序,既能严格管理,又方便大家取用。

总之,秘书的工作空间,特别是办公桌面要收拾得干净整洁,取用方便,这既是秘书的门面,也是秘书好心情和高效率的源泉。

另外,办公室可以根据组织的性质和组织文化的特点摆放一些工艺美术品,不仅可以提高办公室的品味,还能有效展示组织形象和组织文化。

四、现代办公室环境的物理条件

在办公室建筑设计、布局布置时要十分重视环境的物理条件,充分利用和调节好环境的空气、光线、色彩、声音等物理条件。

1. 空气

办公室环境里的空气好坏,对人的心理和行为有着直接的影响。清新的空气使人清醒、精神振奋,浑浊的空气使人萎靡、精神不振,而且还有损健康。室内通风和空气调节对保持工作的高效率有直接的作用。空气环境的好坏是以空气的温度、湿度、清洁度和流动速度来衡量的,业界称之为空气的"四度"。

温度对人体的舒适与否直接相关。温度过高,会使人困倦烦躁,思维迟钝;温度过低,人的动作会迟缓下来。适当的温度则使人心情舒畅,精力集中,思维流畅。一般而言,办公室的适宜温度是 20~25℃。

湿度与空气中水蒸气的含量有关,会影响人的舒适度。湿度低于 20%,说明空气太干燥,这会使人精神困倦、情绪低落;湿度高于 70%,说明空气太潮湿,这会使人皮肤黏湿、感觉不爽。据有关研究表明,在正常温度下,办公室的理想相对湿度是 40%~60% 之间。

空气的清洁度是表示空气的新鲜程度和洁净程度的物理指标。空气的新鲜程度是指空气中氧的比例是否正常。在一个封闭的办公室中,空气浑浊,氧的比例降低,人会出现胸闷或压抑的不适感而影响工作效率。因此,办公室应该不时打开门窗或利用有关设备,如开启换气扇、空调、电风扇、多离子发生器等,调节办公室内的空气。做好办公室的清洁工作,以保证办公室空气的新鲜和洁净。

空气的流速是办公室内空气流动的速度。室内空气的更换是通过空气的流动来实现的。一般说来,空气流速保持 0.25 米/秒,就能使人体的热量散发保持正常。常开门窗换气,保持室内空气的对流很重要。

绿色植物是调节办公室小气候的有效方式,所以办公室放置花木与办公室的空气质量有相当大的关系。植物通过光合作用能吸收对人体有害的二氧化碳,同时释放出氧气。绿色还有利于恢复视觉疲劳,使人产生安全感,促使人奋发向上。许多花卉都有宜人的芳香,能给人们带来美妙的心理情绪。所以绿化被誉为是办公室"无声的音乐"。

2. 光线

办公室的光线是保证工作人员处理事务的必要条件。根据我国标准,办公室的最低照度是:据地 80 厘米的水平面上须有 50 度。亮度过高过低,都容易造成视力疲劳并引发其他不适。科学试验证明,适当而稳定的光线,可以增加生产力和工作安全性,使工作效率提高 10%~15%。

因此,办公室注意以下问题:第一,办公桌最好安放台灯,以 20~25 瓦为宜,要加灯罩,避免灯光直射人眼。打字时,灯光来自左右两方是最好的。第二,尽量利用自然光。自然光要优于人工光,不易使人疲累,而且有益于身心健康。所以,办公室的窗户宜采用有利于采光的百叶窗。第三,尽量避免由电脑显示屏、桌面玻璃台板以及光亮表面物品等造成的光污染。

3. 色彩

"青绿悦目,淡雅赏心",色彩对人的情绪有明显的影响。因此,必须注意办公室的内墙、天花板、办公家具、地面、窗帘、图案以及灯光等颜色的和谐。办公室的色调从总体上以单纯柔和为宜,使人置身其中感觉平静舒适。一般而言,办公室的天花板、墙壁用白色或乳白色,会议室、接待室多用淡黄色,地板多采用不易被污染的棕色为佳。

4. 声音

环境安静才能使人集中精力工作。排除、降低噪音,是办公室对声音的要求。噪音会使人注意力分散,思维下降,记忆力减退,并令人产生烦躁、厌恶等负面情绪。根据中科院声学研究所的《环境噪声标准》,办公室的噪音,白天应在 45 分贝以下,晚间应在 35 分贝以下。

因此,办公室布置时应采取相应的措施排除或降低噪音。第一,尽可能使办公室远离噪音源。如果无法避免,可以在办公室和噪音源之间种植绿化带。第二,采用隔音玻璃、隔音板等控制噪音。把容易发出噪音的设备单独放在一室或移到办公室一角。有条件的话,在工作休息时播放一些轻快抒情的轻音乐调剂。

五、现代办公室的安全管理

在以人为本的今天,人们越来越关注办公室的安全,它已经成为优化办公室环境的一项重要内容。

1. 办公室的健康安全管理

秘书在办公室健康安全管理中,要善于发现办公室隐患,做到防患于未然。首先要树立健康安全意识,学会用法律保护自己的合法权益,熟悉并自觉遵守有关安全生产、劳动保护的规定和本组织的有关规章制度,定期细心检查存在于工作场所以及仪器设备等的隐患,发现隐患及时请人解决,改进工作环境。

办公室健康的隐患主要有以下方面的问题:①建筑隐患。主要是地面、墙壁、天花板、门窗等隐患,比如地板太滑、窗户锁不住等。②物理环境方面的隐患。如光线不足或过强、光污染、噪声污染、空气污染等。③办公家具方面的隐患。如办公家具和设备摆放不当而阻挡通道,家具和设备有突出棱角,橱柜顶端堆放太多存在倾斜倾向的东西等。④办公设备及其操作方面的隐患。如电线磨损裸露,拖曳的电线电话线,设备的违规操作及辐射等。⑤工作中疏忽大意的人为隐患。如站在转椅上举放物品,女士的长发卷进机器,办公室内抽烟,安全标识不明显或难识别等。⑥消防方面的隐患。如乱扔烟头,灭火器已经损坏或过时,消防设备上堆放物品,火灾警报失灵等。

2. 办公室的信息安全管理

在办公室管理中,信息安全是很重要的一项工作,信息保密是所有员工,更是秘书重要的职责之一,是保证国家利益、组织利益的起码要求。秘书在工作中要遵守国家和组织有关保密的法律法规和规章制度。严格做好文件保密、会议保密和科技保密,同时注意一些特殊信息的保密,比如人事信息、财务信息、产品信息和客户信息等。

从载体来看,办公室信息安全工作可分为三类,即口头信息安全保密、纸质信息安全保密和电子信息安全保密。对不同的信息种类应采取不同的安全措施。

(1)口头信息安全管理。口头信息在安全管理方面主要应注意这样几点:第一,所有员工不得在组织内外对其他工作人员、客户、朋友和亲属等谈论组织的保密信息;在没有确认对方身份或被授权之前,不要传递对方的保密信息。第二,控制来访者在组织内的流动,只向来访者提供组织允许提供的信息,若超出范围,应向领导请示。第三,遵照会议的要求传达会议信息。

(2)纸质信息安全管理。纸质信息安全包括纸质文本、表格、图形等的安全,要严格按规章制度执行,防止大意泄密,比如复印时将保密原件忘在复印机的玻璃板上。

(3)电子信息安全管理。电子信息安全管理主要应注意这样一些方面:安装计算机网络防火墙,进入计算机和文档文件要有密码保护,计算机及其储存设备要保养防护防止损坏,重要数据文件要备份等;计算机显示器要注意背对他人,有客人来时应迅速滚动页面或关闭当前的保密信息;打印保密材料时人不离机,并注意保存和传递;提交电子信息之前,要确认经过授权,并注意使用密码保护;密码要不时更换,计算机要经常查毒杀毒,不要安装借来的程序;存有保密信息的存储设备要同保密文件一样采取保密措施等。

8.4　现代办公室办公资源管理

下面先看一则新闻材料：

编者按：……为了表彰先进、弘扬传统、再创辉煌，后勤集团于 10 月 16 日举行了校庆工作总结暨表彰大会。校党委书记×××应邀出席了本次大会，并作了重要讲话……现将×××书记的讲话刊载如下（根据会场录音整理，未经本人审阅）：

后勤集团的各位领导、同志们：

今天晚上，我怀着崇敬、感激的心情来参加后勤集团的总结表彰大会……

校庆大典中，主席台的搭建，当时我也有点担心。中央警卫局和省警卫局的同志都问，这个主席台上要坐 500 多人，万一塌下来怎么办？是啊，因为有二级保卫的同志，还有省市领导同志，如果主席台出事，那可是出大问题了。××校长和我商量了之后，决定让 600 多个学生在台上跳。经过检验，台子没有问题，证明了我们后勤同志的工作是非常优秀的。我和××校长告诉中央警卫局和省警卫局的同志："绝对能够保证首长的安全！"……

谢谢大家！

二〇〇三年×月×日

提示：这则新闻材料在网站发布后，引起了该校学生和校外网友的关注，造成很坏的影响。这件事说明，秘书在网站内容组织的管理方面责任重大。

现代办公室办公资源是指秘书办公所需要的各种设施。它包括办公用品、办公设备和办公网络等。在现代信息社会，秘书所使用的办公设施日益先进，价格也越来越贵，使用和维护越来越讲究，办公成本也明显提高。因此，对这些办公资料进行科学、有效的管理，最大限度提高办公设施的使用效率，是现代办公室管理的重要内容之一。

一、现代办公室的用品管理

办公室常用办公物品的管理直接影响到办公人员的工作效率。对办公物品的适时、适量和按需发放，并进行科学、有效的管理，才能保证办公活动的高效率。

办公物品大致可以分为五类：一是纸簿类消耗品，有 A4、B5 等办公打印纸、复印纸、稿纸、带组织名的便笺及信封、笔记本、备忘录、直线纸、复写纸、卷宗、标签纸、文件夹、日历台历等；二是笔尺类消耗品，相关型号和颜色的直尺、三角尺、铅笔、水笔、钢笔和墨水、荧光笔、橡皮、夹子、胶水胶带、修正液、印泥盒、打码机、姓名章、日期章和日期戳等；三是装订类消耗品，有大头针、回形针、图钉、电池、剪刀、美工刀、刀片、订书机、打孔机等；四是办公设备耗材，有打印机墨盒、色带、计算机磁盘、优盘、光盘、移动硬盘等；五是接待类消耗品，饮用水、茶叶、咖啡、饮料、一次性杯子、名片等。

1. 订购和分配办公用品

秘书经常要购买和储备办公用品，这就涉及需要什么、何时何地购买、使用前存放何处的问题。订购和分配办公用品常见的有三种情况：

(1)在公司内部申请办公用品。规模大的组织往往专门设立一个部门，储备办公用品。这种情况下，秘书只要填写一张组织内部使用的申请表交到储备部门即可。为了防止可能出现的缺货，最好提前打招呼作准备。

(2)在外面购买办公用品。规模小的组织，需要秘书自己采购办公用品。在订购时，应该保留购货的订单或票据，以便收到货物时核对和用作凭证。自己购置办公用品要注意：货比三家，对不同的供货商进行价格、质量和售后服务等方面的比较；在确定供货商后，通过网络购物、电话订购或传真订购，可以提高交货速度；在不能确定办公用品数量或不知新的办公用品使用的确切时间时，最好能提前准备，并在数量上留有余地。一般情况下数量大价格会更优惠。有些部门还采用在邻近办公地的固定商店，允许职员购买小额必需的办公用品，部门定期统一结账的方式，此时，一定要注意写清物品名称、数量、用途、购者姓名和时间，以便以后审核。

(3)向同事分发办公用品。如果不加控制，让员工随意领取办公用品，会引起不必要的浪费或办公用品的短缺。因此，有的单位就制定相应的规章制度，根据规定和程序发放办公用品。办公用品领用，要填写领用单，并定期检查。

2. 储备办公用品

为了保证办公活动的顺利进行，对于那些常用的办公用品，一般组织都会采购一定数量的办公用品存储起来，以满足日常办公的需要。

秘书可以用库存储备办公用品一览表，查看某一特定时期（比如一个月）物品的平均需求量是多少，什么时候库存即将用完，什么时候就要开始重新订购等。

办公用品应该分类摆放,把不常用的办公用品存放在架子的最上面或者最下面,或者放在储物柜或室的最里面。将材料分类后,在包装上记下数目,领走多少再记上相应的数目和余数,到月底时,就可以很清楚地看出剩下的数量。

二、现代办公室常用设备管理

现代办公室使用的信息处理设备和通讯工具发生了很大的变化,为现代秘书办公提供了丰富的办公资源,比如计算机、打印机、电话机、传真机、复印机、DV 机、数码照相机、碎纸机等。秘书应该熟练掌握办公室常用办公设备,以提高为领导工作和组织运转服务的效率和水平。下面就现代办公室四种常用办公设备的使用和管理作简要的介绍。

1. 传真机的使用与管理

传真机(FAX)是利用电话线路(有线或无线)把一方文字或图像按照真迹远距离传送给另一方的技术。传真机有多种功能,比如遥控功能,即在对方无人值守的情况下,自动进行图文接收;选择传真速度功能,能自动保证最佳传送效果;复印功能,可将收到的图文进行复制;保密功能,可以附设加密器来增加保密性;双向功能,可以同时发送和接收图文。高速和彩色传真机,功能更加繁多。

发送传真时,先把原稿放入传真机内,并根据原稿情况选择发送参数(扫描线、密度、对比度),打电话给接收传真的单位,询问对方是否可以进行传真,并说清楚传真过去的是什么资料。听到对方的传真信号后,启动按钮发送传真件,放下话筒。发送结束后,传真机自动恢复到待机状态。传真接收方接到发送方的电话,通话后可放下话筒,按下启动键开始接收,直到接收完毕。

使用传真机的注意事项:

(1)发送前要检查原稿纸张的质量。纸张太厚或太薄的文件,有皱褶、卷曲、潮湿或者切边不齐的图文不宜发送,以免发生堵塞、损坏等现象。同时,还应将图文上的紧固件,如回形针、订书针、胶带等除去,以防机器出现故障。

(2)如果发送的文件很长,要先打电话给对方询问发送的合适时间,以免长时间占据对方传真机。

(3)如果发送私人或机密的传真件,应该请对方到传真机等候,以免别人转送时有意或无意看到而泄密。

（4）一般用于紧急情况或日常事务，不是什么信息都可以用传真机来传送的。比如感谢信、祝贺信或吊唁信，或者是写给受尊敬者的信函，用传真会让对方觉得不受尊重，还是邮寄比较正式。

2. 复印机的使用与管理

复印机的型号很多，秘书在操作时应该根据办公室所用复印机的具体情况，严格遵守操作规范，确保机器正常运行。

复印机一般操作步骤如下：

（1）开机预热，开机后控制面板上显示出预热等待信号，信号消失即可复印。

（2）放置原稿，把原稿放在玻璃板相应的标志线之内，复印件的大小和横竖方向应与原稿的大小和放置方向一致。

（3）选择和安装复印纸，选择复印纸的尺寸后，将其抖松以清除静电，防止粘连，然后把纸磕齐装入纸盒插到机器上。

（4）选择复印倍率，据此来确定复印纸的尺寸。

（5）确定复印份数，用按键设定。

（6）调节曝光量，根据原稿的深浅和反差来改变和调节。

（7）开始复印，等复印指示灯亮时，就可按下复印按钮，开始复印。

（8）复印完毕，从接纸盘上取出复印品，整理并装订好，同时将原稿从台板上取下整理好，放回原处。

复印机需要经常性的保养，在复印数达到一定量后，要对复印机中易污染的部件进行清洁、吹拂和擦拭。经过长期使用后，应对复印机的机件进行全面检查和维护，全面清洁、润滑、调整以及更换易损件和失效的零部件，还要对各种消耗材料进行定期的更换和补充。

3. 录音机（笔）的使用与管理

录音机（笔）对秘书的帮助很大。可以录下开会的整个过程，方便秘书记录、整理会议材料；可以录下领导口述的内容，方便秘书为领导撰写材料。使用录音机（笔）前，应详细阅读使用说明书，了解机器的性能和特点，并按照程序操作，录音距离以 30～150 厘米为佳。

录音机在录音时，会自动抹去磁带上原有的记录。如果要保存录制好的内容，可将磁带两侧的防抹片除掉，这样录音键按不下去就保护了内容。如果需要重新录音，可用胶带纸把除掉了防抹片的小口封上即可。

数码录音笔相对于录音机更小巧，功能更多，录音时间更长。还可以把录音文件通过 USB 接口上传保存到计算机,也可以从计算机下载音频文件到录音笔中。

4. 投影仪的使用与管理

数码投影仪在会议、讲座、教学等多媒体演示中起着越来越重要的作用,受到广泛欢迎。秘书在掌握投影仪的使用技巧和维护知识时,应该注意以下问题:

(1)安置窗帘遮挡室外光线,屏幕上方或近处光源应该关闭,墙壁、地板尽量不要使用易反光材料,局部范围照明,可使用聚光灯。

(2)投影仪使用前,应掌握与其他设备,如计算机、电视机、话筒、录像机、视频展台等的正确连接。不要把投影仪和电脑的插头插在同一个电源插座上,以防止造成影像的不稳定以及条纹现象。

(3)投影仪与电脑的连线完成以后可以打开投影仪,再打开电脑电源。这样可以有充分的时间检查是否连接出错。如果电脑的启动信息没有出现在屏幕上,抓紧时间检查,比如投影仪镜头盖是否去掉,与电脑的视频接口是否插紧。

(4)正确使用遥控器。开机后注意机器面板上指示灯的变化,了解机器的预热及正常的工作状态。在 30 秒左右的预热过程中,图像可能会不清晰。

(5)检查电脑分辨率是否与投影仪匹配。信息源的分辨率和投影仪的分辨率应该设置成一致。一般投影仪分辨率为 800×600,这样电脑也应该调整成 800×600。如果电脑是 1024×768,投影屏幕上将只会出现部分阴影信息,其余被切割掉了。

(6)关掉电脑的桌面屏幕保护功能。以避免演示者演示过程中手忙脚乱地取消屏幕保护,而给观众留下不好的印象。

(7)如果演示者要和观众深入探讨一个问题,应把投影仪关掉,这样可以让听众把注意力集中到讨论上来,以免被花花绿绿的投影屏幕所分散。

(8)演示者通常要用激光教鞭指示屏幕,绝对不能用这个激光教鞭指向观众的眼睛,这可能会造成伤害。

(9)演示者来回走动的时候,注意不要踢到投影仪的数据线和电源连接线,避免出现意外。

投影仪的安装和维修注意事项:

• 机器的移动要十分注意,轻拿轻放;

• 尽量使用投影仪原装电缆、电线;

• 选择与环境搭配的投影屏幕,并控制好室外光线和室内灯光;

- 投影仪使用时要远离水或潮湿的地方；

- 注意防尘，采取一定的防尘措施；

- 使用投影仪需要远离热源；

- 注意电源电压的标准值，机器的地线和电源极性；

- 一般不可自行维修和打开机体，内部电缆零件更换尽量使用原配件；

- 投影仪不使用时，必须切断电源，使用过程中如有异常也应先关闭电源；

- 了解关机冷却的重要性，使用后要先使投影仪冷却。

三、办公网络管理

网络是当前最便捷的信息传播工具。为了充分利用互联网和计算机技术，目前无论是各级党政机关还是各类企事业单位，大多建有自己的网站（或网页），网站的建设和管理成为秘书办公室管理一项重要的内容，因此，现代秘书应尽可能地学习和掌握网站的基本知识，成为办公网络建设和管理的行家。

1. 网站的基本知识

（1）网站的构成。网站一般有网页、网页空间和网址三个基本组成部分。第一，网页。网站的内容由许多张网页组成，大到数百张，小到可能只有一张。在网站上通过浏览器看到的第一张网页，称为该网站的首页（Home Page），在首页上可以通过单击超级链接（Hyper Link）连到其他网页上进行浏览。第二，网页空间。在本地电脑上做好网页之后，就需要在因特网上申请空间作为安"家"之处，用以存放网页，正如找一块地基才可以盖房子一样。第三，网址。在因特网上申请到网页空间的同时，也就拥有了一个与之相对应的地址——网址。通过它，用户就可以顺利地在网上找到"家"。

（2）网站的分类。网站一般有三种类型。第一，ISP 型网站。ISP 是 Internet Service Provider 的缩写，中文意思是因特网服务提供商，规模较大的有中国电信、东方网景等，而规模相对较小的 ISP 多得数不清，它们提供建立网站所需的网页空间及其他的相关资源。建立这样一个网站，比较费钱费时，所以不在本书讨论范围内。第二，独立网站。指网站或其他 ISP 租用的因特网专线，一般 64KB 的带宽就足够了。这类网站也需要有与软硬件设置和维护相关的服务器，需要相当的资金投入和软件技术，一般适用于较大的单位。第三，一般网站。一般网站指不需要具有任何设置服务器的技术，也无需高价租用因特网专线，只要向 ISP 申请即可自行建立的网站。也可以这样说,ISP 已经在因特网上建好了网站,具备了所需要的一切服务器软硬件设备,一般网站建设者只需要租用该 ISP 网站的硬盘空间来存放网页即可。这样一来网站建设者就可在不需要任何设置服务器和维护软硬件技术的情况下,轻松完成建立网站的任务。

(3)网站的作用。政府机关、社会团体、企事业单位等各自的性质和特点不同,其网站建设的关注点和功能作用也不相同,这是一个组织建好网站必须考虑的重要方面。

第一,政府网站的作用。中国计算机报副总编张向宏最近在一次"如何建设好政府网站"的访谈中说,政府网站有三大功能定位:

- 信息公开。网站能提高政府的透明度,使政务做到"以公开为原则,不公开为例外",以保障公民的知情权。

- 在线办事。网站不应仅成为政府的宣传阵地,更应当服务好企业和社会公众的办事需求,提供"一站式、一体化"办事服务。

- 公众参与。网站可以扩大公民参政、议政的范围,保障公民参与权、监督权,提升政府的政治文明程度。

一个政府应该同时做好这三件事,这也是一切政府网站工作的出发点和落脚点。

第二,企业网站的作用。企业网站作用点与政府有所区别,企业网站建设最关心的是能给企业带来哪些利益。有人总结出企业网站的五大作用:

- 树立企业形象,提高企业的知名度;

- 扩展营销渠道,扩大市场,提高营销效率;

- 了解顾客的意见,掌握顾客的需求;

- 改善服务,提高企业服务质量;

- 改变业务流程,提高企业信息化水平和管理水平。

第三,学校网站的作用。这可以从以下几个方面进行概括:

- 能够更好地树立学校形象,展示学校风采,有利于增强学校教师、学生、管理人员的凝聚力,有利于拓展学校的招生渠道。

- 能够高效率地进行教学管理。利用网站可以下发通知、公开校务、交流信息、征求意见等等,提高学校管理的透明度。

- 有利于教师提高专业水平,有利于学生提高学习效率。网络为教师提供了共享学术资源和交流经验的平台,教师还可以通过网络解答学生的疑问,弥补教学资源的不足。

- 对于高等院校,网站还提供进行远程教学的必要条件,学校可以在更大范围内,充分利用优质教学资源,实现社会效益最大化。

其他类型网站的作用就不一一列举了。总之,现代网络技术已经不再是早期单纯的、便捷的通讯手段,它已经渗透到社会生活的各个方面。

2. 网站的建立

建立网站需要一定的软硬件配置,包括建立网站所需的基本设备和设施、主页空间的申请、网站内容设计、网站界面设计等。

(1)硬件配置。有人以为建立网站需要强大的技术支持,实际上,一般单位建立一个普通网站,需要的硬件支持并不高,基本需要有:①一台普通PC机(586以上,2001年后购买的微机都符合基本要求。当然,运行速度越快越好,内存越大越好)。②基本的上网条件(最好是宽带上网;如没有宽带接入条件,一部可拨号上网的电话配上速率14.4Kbps以上的MODEM也可以)。③经济条件许可的用户可以配置扫描仪等器材,以方便图像和文字的录入。④其他软件,如自动注册搜索引擎的Addweb等。

(2)主页空间申请。申请主页空间需要做好三方面的准备。

■ 选择好站点。站点就是存放主页的空间。因特网上用户提供主页存放空间的站点很多,可以根据需要进行选择。各个站点提供的具体服务千差万别。有的仅提供空间,有的还附带提供免费的域名、邮件地址、计数器、聊天室、论坛、留言板、CGI和ASP支持;有的不限制用户使用空间的多少,有的则有明确的空间限制。

选择站点可以遵循以下五项原则:

• 根据网站功能的需要选择适当的空间,最好选不限空间的站点;

• 附带的免费服务越多越好,如计数器、留言板等功能;

• 最好支持CGI,这样可以让网站拥有自己的邮件列表、反馈表单等等;

• 访问速度快,能用FTP方式上传主页文件;

• 提供免费服务的站点信誉度要高。

■ 申请免费主页。选好站点,就可以向选定的ISP网站进行申请。申请时必须了解"站规"。提供免费服务的ISP的站规一般由三部分组成:即警告不得在主页上放置政治腐败、黄色和其他违反本国法律的内容;给用户提供空间的ISP权限说明;自己的权利和义务,这一部分要小心看。权利和义务的主要内容是账号和空间,对账号来说,如果在其开通后一至两周内还未使用,账号将被自动收回。主页更新的最大期限是6个月,任何主页6个月内没有任何修改将会被看作是自动放弃账号。

了解站规后,如果不能做到就放弃;如果能做到就单击"我同意以上条件,请让我申请空间"做出确认。然后再填写"用户名"或"账号"和"密码"。最后单击"申请"按钮,很快可以等到 ISP 管理员的回复。管理员一般会用 E-mail的方式通知用户账号是否已经开通,并告知用户所申请的用户名、密码及上传主页的服务器名等信息。

■ 申请简易域名。主页空间申请好后,由于服务器管理的原因,会发现主页的 URL 太长不便于使用。为了方便用户访问,可以申请简易域名,申请的步骤与申请主页空间基本一样。

3. 网站内容设计

网站要发挥作用,必须吸引用户,让用户感到网站对他们非常有用。"内容为王"是网站成功的关键,如果内容空洞,无论页面制作如何精美,也不会有多少用户访问,网站的作用也就有限。在网站内容的设计过程中,特别需要把握两个方面的内容:网站内容设计的原则和基本构成。

(1)网站内容设计的原则。一个组织的网站内容设计总原则应是"客户优先,服务优先"。具体应注意的原则有:

• 网站信息的总体结构要层次分明,尽量避免形成复杂的网状结构。

• 图像和多媒体信息的使用要适中,图像、声音和视频信息虽然能够比普通文本提供更丰富、更直接的信息,但是占用空间大,展开速度慢,而文字符可提供更快的浏览速度。

• 重视主页或首页的内容设计,因为它们能够给用户很深的第一印象,好的第一印象能够吸引用户再次光顾。

• 网站内容应该随时进行修改和更新,在主页上要注明更新日期。一般来说,用户不会浏览一个月没有任何更新的网页。

• 网页中应该提供一些联机帮助功能,通过简洁明了的帮助说明,让初次登陆本网站的用户了解使用方法。

• 文本内容简单明了、通俗易懂。所有内容都要针对设计目标而写,不要节外生枝。

(2)网站内容设计的基本构成。内容是网站吸引浏览者最重要的因素,内容少或信息不实用的网站无法吸引匆匆浏览的访客。建议事先对人们希望阅读的信息进行调查。不同性质单位的网站具体内容各有侧重,但以下十大标准网站的内容构成是任何一个组织都需要的。

• 站点结构图(SITEMAP)。站点结构图是一种有关站点结构、组织方式的示意图。

站点的主要栏目或者关键内容列在其下的副标题中。当访问者单击标题、题目或副标题时,相关的网页就会出现在屏幕上。简明合理的站点结构图可以使访问者迅速找到信息所在的位置。

• 导航栏(NAVIGATION BAR)。每个网站都应该包括一组导航工具,它出现在此网站的每一个页面中,称为导航栏。导航栏中的按钮应该包括主页、联系方式、反馈及其他一些用户感兴趣的内容。这些内容应该与站点结构图中的主要题目相关联。

• 联系方式页面(CONTACT PAGE)。在此页面中创建可发送 E-mail 的链接,使 E-mail 地址可以自动地出现在"收信人"栏中。访问者在录入内容后单击"发送"按钮即可完成发送操作。

• 反馈表(FEEDBACK FORMS)。利用反馈表,用户可以随时提出信息需求,而不必记下电话号码。用户反馈表是不断提高服务质量以满足用户需求的重要依据,通过反馈表可以了解网站中哪些信息对用户来说是重要的,哪些是无关紧要的。

• 引人入胜的内容(COMPELLING CONTENT)。在每个网页中都要包含相关的、引人入胜的内容;将特别重要的内容用符号标注出来,但不要用得过多,以保持页面的简洁。

• 常见问题解答(FAQs)。创建 FAQs 可以避免重复回答相同的问题以节省管理者和访问者的时间和精力。在导航栏中应包含 FAQs 按钮。

• 精美的图片(GOOD GRAPHICS)。图片不要用得过多,要选择合适的、无需太多内存及下载时间的图片。可以降低图片精度,对每页的文字和图像进行限制。

• 搜索工具(SEARCHING MECHANISMS)。用户可以在搜索工具中输入关键词语或词组,在单击查询按钮后,与关键词相关的网页列表就会出现在屏幕上。

• 新闻页面(NEWS PAGE)。引导用户访问最新信息有以下几种方法:在最新更新的信息边加注一个靓丽或闪烁的小图标"新!"或"new";为最新信息创建单独页面,并在一段时间后将其移到适当的目录中;在主页或每个页面下加注一行文字,表明本网站或每个单独的页面最近一次被更新的时间。

• 相关站点链接(RELEVANT LINKS)。好的站点通常都可以链接到其他相关站点以提供更多信息。网站管理者应定期访问各链接站点,删除那些"死"站点。

4. 网站界面设计

界面会给网站浏览者留下第一印象,因此对用户利用网站具有重要意义。设计网站界面可从以下四方面入手：

（1）栏目的编排。栏目是一个网站的大纲索引，应该力求主题明确、层次清晰，切忌花哨混乱。要既能最大限度地方便和满足用户的需要，又能最大限度地符合本组织的利益和实现本组织的目的。编排栏目时需要注意以下几点：

- 尽可能删除那些与主题无关的栏目；
- 尽可能将网站内最有价值的内容标列在栏目上；
- 尽可能从访问者角度来编排栏目，以方便访问者的浏览和查询；
- 网站简介、版权信息、个人信息等不必放在主栏目里。

（2）板块编排。"板块"是"栏目"的上位概念或上位类目。对众多"栏目"进行分类和归类就形成了"板块"，例如安徽省"芜湖市人民政府网站"分为走进芜湖、透视政府、芜湖政务、市民办事、企业办事、投资芜湖、城市名片、市民心声等8大板块。每个板块有自己的栏目。如"市民心声"板块，就设有市民论坛、咨询投诉、督办反馈、城市管理、新闻督办、百姓话题、社区生活、乡土芜湖、社区生活、百姓话题、通讯科技、情感码头等13个栏目。设置板块时，应该注意以下几点：

- 各板块之间要有相对独立性；
- 板块之间要能互相链接；
- 各板块的内容要围绕网站主题。

（3）创建目录结构。网站目录是指建立网站时创建的目录。目录结构是一个容易被忽略的问题，因为目录结构好坏，浏览者不会有明显的感觉，但是对于网站本身的维护和以后内容的扩充和移植却有着重要的影响。因此，对目录结构也要仔细安排，下面提几条原则性建议：

- 不要将所有文件都存放在根目录下。否则很容易造成文件管理混乱，搞不清哪些文件需要编辑和更新，哪些无用的文件可以删除，以及哪些是相互关联的文件等，结果文件越来越多，一个也不敢动，影响工作效率。根目录下文件过多还会使上传速度变慢。
- 按栏目内容建立子目录。子目录的建立，首先应按主栏目建立。内容较多，需要经常更新的可以建立独立的子目录；而一些相关性强，不需要经常更新的栏目，例如，网站简介、站长情况等可以合并放在一个统一目录下。
- 在每个子目录下都建立独立的 Images 目录。一般来说，一个网站根目录下都有一个默认的 Images 目录。将所有图片都存放在这个目录里很不方便，比如在删除栏目时，图片的处理相当麻烦，所以有必要为每个主栏目建立一个独立的 Images 目录。

- 目录的层次不要超过三层等。

（4）建立链接结构。网站的链接结构是指页面之间相互链接的拓扑结构。在一个有许多页面的网站中，每个页面都是一个固定点，链接则是在两个固定点之间的连线。网站的链接结构有两种可供选择的基本方式：

- 树状链接结构（一对一）。首页链接指向一级页面，一级页面链接指向二级页面。浏览时，一级级进入，一级级退出，条理比较清晰，浏览者可明确知道自己的位置，但是浏览效率低，要从一个栏目的子页面转到另一个栏目的子页面，必须回到首页再进行。

- 星状链接结构（一对多）。每个页面相互之间都建立有链接。这样浏览比较方便，随时可以到达自己喜欢的页面。但是由于链接太多，容易使浏览者迷路，搞不清自己在什么位置，看了多少内容。

在实际的网站设计中，一般将这两种结构混合起来使用。总的目标是希望浏览者既可以方便快速地到达自己所需要的页面，又可以清楚地知道自己的位置。最好的办法是：首页和一级页面之间用星状链接结构，一级和二级页面之间用树状链接结构。

关于链接结构的设计，在实际的网页制作中是非常重要的一环，采用什么样的链接结构直接影响到版面的格局。

5. 网站的日常管理

（1）网站管理制度。网站的基本管理制度包括以下方面内容：

第一，分级管理制度。分级管理制度是指任何一级机关、任何一个单位的网站都由本机关管理，绝大多数单位的网站由办公室直接管理，少数大型综合性机关成立独立于办公室的"信息中心"。一级机关的领导和秘书部门只对本机关的网站负责，虽然网站与许多其他网站链接，但对这些链接的网站，既没有管理的义务，也不负管理的责任。例如，省政府网站与各省辖市政府的网站直接链接，由省政府网站可以直接点击进入某市政府网站，但是省政府网站的管理者对市政府网站不具有管理的权力和责任。

一般情况下一个独立单位只建有一个独立的网站，而它的各二级机构和各职能部门则建有各自的网页，成为单位网站的有机组成部分。单位领导可以要求它们建立自己的网页，并提出一些具体要求，但单位网站的管理者不必参与这些网页的日常维护。

第二，专人管理制度和岗位责任制度。网站管理的工作量相当大，大的网站需要有一支专门的管理队伍，小单位的网站也必须指定专人负责。有的网站建立后,运转不良,如出现故障后很长时间得不到处理,甚至管理者还未发现,往往是因为没有专人管理。

设立专门的机构或确定专门的管理人员后,必须建立岗位责任制度,明确规定网站管理人员的具体职责。

第三,保密制度。由于网站是一个公开的媒体,网站信息管理必须特别强调保守国家机密。单位的网站同时要做好保守单位特殊秘密(如商业机密、暂时不宜公开的政务秘密、人事秘密等等)。

第四,信息审查制度。首先是要遵守我国信息产业部颁布的《计算机信息网络国际互联网安全保护管理办法》中的规定,任何单位和个人不得利用国际互联网制作、复制、查阅和传播下列信息:

- 煽动、抗拒、破坏宪法、法律及行政法规实施的;
- 煽动颠覆国家政权,推翻社会主义制度的;
- 煽动分裂国家、破坏国家统一的;
- 煽动民族仇恨、民族歧视,破坏民族团结的;
- 捏造或者歪曲事实,散布谣言,扰乱社会秩序的;
- 宣扬封建迷信、淫秽、色情、赌博、暴力、凶杀的;
- 公然侮辱他人或者捏造事实诽谤他人的;
- 损害国家机关信誉的;
- 其他违反宪法和法律、行政法规的。

网络管理人员自己不得发布上述信息,在一些网民自由参与的栏目(例如 BBS)中,如果发现明显违反上述规定的言论,也要采取措施妥善处理。但是,只有确实违反宪法和法律的言论才能依法过滤,网络管理人员必须尊重网民的言论自由,不要动辄删帖,侵犯宪法赋予公民的民主权利和言论自由权利。

除此之外,在网站上发布有关本单位重大活动的新闻、主要领导人的内部讲话等等,也要经过领导人(或领导授权的人员)审核确认,否则可能会造成不良后果。

(2)网站内容的更新。建立网站不是赶时髦、做样子,而是充分利用因特网强大的传输信息功能为单位服务。网站最基本的作用是发布信息和交流信息,起情报作用,而信息的时效性决定了网站上的内容必须及时更新。如果打开一个网站,发现其最新"公司新闻"是两年之前的,读者就不会再浏览其余内容。

网站应该形成定期更新信息制度。例如,一个政府网站,该市新闻栏最好每个工作日都要更新,就像日报每天的新闻版一样;一家公司的网站则应该每星期更新1~2次。网站除主页的信息要及时更新外,还应该督促站内各独立网页(各职能部门、二级机构负责管理)也建立定期更新的制度。除了新闻外,其他栏目的内容也要及时更新。

网站内容除了要及时增加最新信息外,还包括及时消除陈旧的失效的信息。如一家自学考试的网站上,至今保留着1998年自考时间安排的内容,虽然它同时发布有最新的2006年自考时间安排的内容,但将近10年的自考时间安排都同时发布在同一页面上,增加了网民浏览页面的时间。如果认为有必要作为历史资料保存以便使用者查询,可以将这些失去时效的信息分门别类地放到"历史回顾"或"历年文件"之类的专门目录中,不要让新信息与历史信息出现在同一网页中。

(3)网站信息的处理和利用。与平面媒体相比,互联网的一个巨大优势就是可以及时互动,信息可以双向交流。不但机关领导可以通过网站向单位内外的公众发布信息,而且公众也可以通过网站提供许多反馈信息,对领导机关工作提出许多非常具体的要求、意见和建议。对这些反馈信息,秘书部门应该视为重要的信息资源。除了按照信息工作和信访工作的要求广泛收集、认真研究外,秘书人员从网站管理的角度还要对公众反馈的信息加以及时的处理。

下面简介"首长信箱"和"公众论坛"信息的处理和利用。

首长信箱。许多机关单位的网站建有首长信箱,如市长信箱、厂长信箱、校长信箱等,其作用主要是接受内外公众对机关工作的批评、意见和建议。事实证明,公众用实名或网名通过网站提供的电子信箱给领导写信,比直接发起信访活动的积极性要高得多。一般情况下,这些信件由秘书部门整理后再转给领导人处理,秘书可以提出处理建议。对首长信箱的来信应该及时回复,那些提出建设性意见或反映重要问题而对机关工作提供重要帮助的,应该给予表扬、感谢和奖励。2006年3月9日,辽宁石油化工大学校长办公室在校园网站上登出《关于领取校长信箱来信获奖人员奖金的通知》,对2005年3月以来通过校长信箱对学校工作提出重要批评和建议的来信人给以奖金鼓励。8名获奖者中有3人署真名,2人署名为"教师",1人署名为"学生",一人署名为"毕业生",还有一人署名为"愤青"。这所大学的领导不要求来信署真名,一视同仁认真接受批评建议,并对来信人给以精神和物质奖励的做法,反映了他们虚心接受意见的诚意,赢得了师生员工的尊重。这种态度和具体做法值得借鉴。

公众论坛(BBS)。一些网站设有供公众自由发表意见的论坛,许多事实证明,公众论坛是网民最喜爱的栏目,也是公众参与公共事务、行使民主监督权利的有效手段。但是也有许多机关或单位因为种种不必要的顾虑,不敢开设论坛,甚至将已经开设的论坛关闭。

下面我们以安徽省芜湖市人民政府网站处理"市民心声"栏目的一则公众言论为例,说明公众论坛在构建和谐社会、促进政府与公民双向沟通、加强城市精神文明建设中起到的作用。

案例 8-1

2006 年 3 月 21 日,市民成全友在"市民心声—百姓话题"栏目发表一篇题为"走近芜湖'臭水沟'!"的帖子,并且配发了自己拍摄的一组图片,全面反映该市一条明渠被严重污染的情况。该帖发出后,引起强烈反响,两天之内有 1000 多人点击浏览,50 多人跟帖对政府提出批评和意见,而市政府办公室也迅速责成市政部门对该问题公开答复,答复时间距原帖发出时间仅 20 小时。现将"市政处办公室"的回复帖摘录如下:

网友您好:

感谢您对城市建设管理工作的支持和理解。您反映市中心的这样一条"臭水沟"即是我市重要的城市排涝和泄洪调蓄的河道——保兴垾。保兴垾综合整治工作近几年来一直列为城市建设改造的重中之重,有关部门花费了几年时间来研究制定全线整治的可行性方案。2006 年 4 月份保兴垾治理工程的雨污分流、河道清淤、两岸护坡等项目的施工图设计将正式提交,开始招投标,预计 6 月份将开工建设,年内将基本完成……明年完成沿线的景观、便道、绿化等配套设施建设,使保兴垾成为供市民休闲娱乐的城市带状公园。在此,我们也呼吁广大市民不要向河道内乱倒垃圾杂物,乱排污水,让我们共同保护好市中心的水系。

市政处办公室
2006 年 3 月 22 日

分析:类似这种重视市民论坛上的公众意见,及时处理并给予回复的例子,在该论坛的"市民心声"中大量存在。这种"公众论坛"的做法值得借鉴推广。

【本章小结】现代办公室是领导的综合办事机构组织,也是组织高效运转的推动力量。秘书如何加快办公室的办公自动化进程,创设理想和安全的办公环境,有效地利用办公用品、办公设备和办公网络等各种办公资源,对于提高秘书的工作效率和服务水平、加快组织的运转速度具有重要的意义。本章面对办公室正在发生的变革和历史发展的必然趋势,重点展述了现代办公室的环境设计和营造,以及现代办公室的办公资源管理方面的知识,以供秘书部门和秘书人员在相关建设和工作中作为参考。

思考与训练

1. 传统办公室存在哪些问题?

2. 简述现代办公室 OA 系统构成要素及其特征。

3. 理想的办公室有哪些标准?

4. 现代办公室的安全管理包括哪些内容?

5. 现代办公室用品管理包含哪些内容?

6. 现代办公室网站管理的内容有哪些?

7. 案例分析

网上采购与节约成本

江苏省某企业生产的产品中,原材料采购的成本占 60%,生产、销售及相关的行政费用占 30%,纯利润为 10%。该厂后来利用网上采购的方式,使原材料采购成本从原来的 60% 下降到 55%,而这看似不起眼的 5% 却使该厂的利润增加了 50%。

基于上述情况,如果用其他方式获得同样 50% 的利润增加额,企业可能要增加 30% 的销售量;或将利润提高 40%,但利润的提高反过来又将造成销售量的下降;第三个方案或许就是裁员。所有这些方案的实施,绝非一日之功,而且往往伴随着痛苦的抉择。

那么在这种情况下,公司只有压缩可以降低的成本,譬如减少在办公环节中因人为因素而造成的一些资源浪费。实践证明,采购一直是各公司在运营过程中存在的一个比较大的成本浪费环节。在现代社会利用网上采购来节省成本是一个非常重要的手段。

思考:生活在信息时代的秘书如何利用网络来提高组织的办公效率和降低企业的成本?

主要参考文献

1. 杨树森著.秘书学概论.合肥:安徽人民出版社,2005

2. 杨树森编.秘书实务.合肥:安徽大学出版社,2006

3. 范立荣主编.现代秘书学教程.北京:首都经济贸易大学出版社,2005.

4. 陈合宜.秘书学.广州:暨南大学出版社,2001

5. 欧阳周、陶琪编著.现代秘书学——原理与实务.长沙:中南大学出版社,2004

6. 杨蓓蕾编著.现代秘书工作导引.上海:同济大学出版社,2005.

7. 孙荣等编著.秘书工作案例.上海:复旦大学出版社,2005

8. 安忻编著.秘书工作理论与实务.北京:中国档案出版社,2000

9. 田中笃子著,谭一平译.秘书的理论与实践.北京:高等教育出版社,2004

10. 谭一平著.一个外企女秘书的日记.北京:学苑出版社,2003

11. 蔡超、杨锋主编.现代秘书实务.广州:暨南大学出版社,2006

12. 朱传忠、叶明主编.秘书理论与实务.杭州:浙江大学出版社,2005

13. 司徒允昌、陈家桢.秘书学教程.上海:上海人民出版社,2003

14. 杨剑宇编著.涉外秘书学概论.武汉:湖北科学技术出版社,2000

15. 杨剑宇编著.涉外秘书实务.武汉:湖北科学技术出版社,2000

16. 詹银才.涉外秘书学.浙江:杭州大学出版社,1994.

17. 〔美〕玛丽·A.德弗里斯,胡敏、陈彩霞译.涉外秘书全书(第七版).中信出版社.1999

18. Lesley Jefferson, Sue Sealy. *Administration Procedures for Higher Secretarial Diplomas*. Heinemann, 1999

19. 〔美〕Mary Munter 著,钱小军、张洁译.《管理沟通指南(第六版)》,北京:清华大学出版社,2003

20. 李化德. 现代常用公文导写. 重庆：重庆出版社,2004

21. 陈作明. 文秘工作原理与技术. 北京：中国档案出版社,1995

22. 张大成主编. 组织会议和活动. 北京：中国人民大学出版社,2002

23. 肖庆国、武少源编著. 会议运营管理. 北京：中国商务出版社,2004

24. 张晓彤著. 高效会议管理技巧. 北京：北京大学出版社,2004

25. Jay Kennedy, Cherryl Schauder. *Records management*. 2nd edition,Longman,1998

26. Jackie Bettington. *Information management*. Australia：University of Southern Queesland,2006

27. 岳剑波. 信息管理基础（面向 21 世纪课程教材）. 北京：清华大学出版社,1999

28. 孙芳芳主编. 科技文件管理理论与实务. 杭州：杭州大学出版社,1997

29. 陈兆祦、和宝荣、王瑛玮主编. 档案管理学基础. 北京：中国人民大学出版社,2005

30. 查先进著. 信息分析与预测. 武汉：武汉大学出版社,2000

31. 胡鸿杰主编. 办公室事务管理. 北京：中国人民大学出版社,2004

32. 胡鸿杰主编. 办公室事务管理案例与实务. 北京：中国人民大学出版社,2004

33. 陆予圻、郭莉. 秘书礼仪. 上海：复旦大学出版社,2002

34. 曾仕强. 人际关系与沟通. 北京：清华大学出版社,2005

35. 廖金泽著. 中国秘书大全. 海天出版社,2004

读者反馈表

亲爱的读者：

　　非常感谢您使用浙江大学出版社的教材。为了给您提供更好的服务,请您抽出宝贵的时间将您的意见以下表的方式告诉我们,以便我们不断地提高教材品质。

> 您的意见是
> 我们创造精品的
> 动力源泉!

姓名:_____　　　　性别:_____

1.您的年龄:①20～35 岁②35～50 岁③50 岁以上

2.您的身份:①学生　　②教师　　③其他

3.您的联系方式:电话_____　移动电话_____

　　　　　　　E-mail:_____

4.您对本书的评价:

(1)结构内容:　　①很好　　②较好　　③一般　　④差

(2)语言表达:　　①很好　　②较好　　③一般　　④差

(3)外观设计:　　①很好　　②较好　　③一般　　④差

(4)价　格:　　①高　　②较高　　③一般　　④便宜

3.您希望本书在哪些方面进行改进:

(1)_____

(2)_____

(3)_____

(4)_____

希望您继续支持我们,让我们为您做得更好!

　　寄回地址:杭州市天目山路 148 号(邮政编码 310028)浙江大学出版社孙秀丽收或将您的意见发送 E-mail 至 sunly428@163.com。